审计学教程

宋良荣／主　编
陈志勇　李文卿／副主编

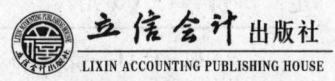

立信会计出版社
LIXIN ACCOUNTING PUBLISHING HOUSE

图书在版编目(CIP)数据

审计学教程/宋良荣主编. —上海:立信会计出版社,
2018.8
ISBN 978 - 7 - 5429 - 4892 - 2

Ⅰ.①审… Ⅱ.①宋… Ⅲ.①审计学—教材 Ⅳ.
①F239.0

中国版本图书馆 CIP 数据核字(2018)第 231595 号

策划编辑	赵志梅	
责任编辑	赵志梅	
封面设计	南房间	

审计学教程

出版发行	立信会计出版社		
地　　址	上海市中山西路 2230 号	邮政编码	200235
电　　话	(021)64411389	传　　真	(021)64411325
网　　址	www.lixinaph.com	电子邮箱	lxaph@sh163.net
网上书店	www.shlx.net	电　　话	(021)64411071
经　　销	各地新华书店		
印　　刷	上海天地海设计印刷有限公司		
开　　本	787 毫米×1092 毫米	1/16	
印　　张	24.25		
字　　数	601 千字		
版　　次	2018 年 8 月第 1 版		
印　　次	2018 年 8 月第 1 次		
印　　数	1—3100		
书　　号	ISBN 978 - 7 - 5429 - 4892 - 2/F		
定　　价	49.00 元		

如有印订差错,请与本社联系调换

前　言

　　审计作为社会监督体系的重要组成部分和市场经济管理的重要环节之一,已逐渐被人们所认识并日益重视起来。本教材结合我国长期以来的审计工作实践,尤其是中国注册会计师审计迅速发展的经验,以及学术界对有关审计问题的研究成果,并充分地吸取了适合我国国情的其他国家的审计理论和实务,编写而成。

　　在本教材编写过程中,编者坚持以现代风险导向审计模式为基本理念,以注册会计师审计为主线,全面、系统地讲解了审计的基本理论、基本方法与基本技巧、财务报表审计实务。其主要内容包括审计的起源与发展、概念、性质、特征、职能、作用、分类,以及审计流程、审计方法和审计测试要点等;具体介绍了注册会计师的管理、职业规范体系、审计责任、审计目标、总体审计策略与具体审计计划、审计重要性与审计风险,审计证据、获取审计证据的程序、审计工作底稿,风险评估、风险应对、审计方案,抽样技术在审计测试中的应用、信息技术对审计影响的考虑,以及各个审计循环的审计程序;展开介绍了销售与收款循环、采购与付款循环、存货与仓储循环、筹资与投资循环、货币资金与现金流量等业务循环的审计实务和会计估计、持续经营、首次接受委托时对期初余额的审计考虑以及审计报告的编制。

　　审计的实践性较强,学习审计主要是学习怎样从事审计工作,知道在特定环境下要审查什么,怎样进行审查。正确的实践有赖于正确理论的指导。理论只有与实践结合起来,才能做到行之有效、有的放矢。为此,本教材既强调现代审计基本理论的阐述,又重视审计基本理论、方法与技巧在审计实务中的应用,求"新"、求"实"、求"广"。具体表现在以下几方面:

　　(1) 创新性。本教材在参阅了大量审计文献的基础上,以新的视角,广泛吸收了审计理论研究的新成果和审计实务积累的新经验,更新了审计理念,努力构建了适应我国实际的审计课程教学新体系。

　　(2) 实用性。本教材的大部分章节里配有例题,以帮助读者正确理解审计的基本理论、方法和技巧,各章后均配有复习思考题和练习题,并在本教材后面的附件中附有练

习题的参考答案。教材中的内容重点突出,详略得当,兼顾实用性和可操作性。

(3) 广泛性。本教材以注册会计师审计为主线,全面阐述了审计的基本理论、基本方法与基本技巧,销售与收款循环、采购与付款循环、存货与仓储循环、筹资与投资循环、货币资金与现金流量等业务循环的审计实务和其他特殊项目的审计考虑以及审计报告的编制,尽量为读者提供一种以风险导向为理念的审计思路。

本教材适用于高等院校会计学、审计学(注册会计师专门化)、财务管理和经济类、管理类相关专业,也可以作为高等教育自学考试、注册会计师资格考试"审计"课程基础学习用书以及其他对审计感兴趣读者的参考书。

本教材共三篇十八章,由上海理工大学管理学院教授、上海财经大学会计学院中国注册会计师(CPA)考前培训"审计"主讲宋良荣担任主编,由上海理工大学管理学院陈志勇、李文卿担任副主编。宋良荣负责设计写作大纲和整本教材的统稿工作,并负责撰写第一、第二、第三、第四、第五、第六、第七、第八、第九、第十、第十二、第十三、第十四、第十五、第十六和第十七章;陈志勇负责撰写第十一章;李文卿负责撰写第十八章。本教材是在经济全球化进程加快、科学技术不断进步、企业流程再造、管理制度创新、企业风险增加、市场竞争加剧的审计环境下编写的。时代的特征既可使它具有一定的开拓性,也不可避免地会使它具有较大的不成熟性。加之我们的水平有限,疏漏,甚至错误在所难免,敬请广大读者批评、指正,以便再版时修订。作者的电子邮箱是:liangrong1966@163.com。同时,本教材在编辑过程中,参考了部分作者的资料,并列入上海理工大学"精品本科"系列教材,特此说明并表示真诚的感谢!

为方便教学,本教材配有教学用课件(PPT),需要的教师可与出版社联系,课件中还插入了一定的课堂测验题,以帮助读者正确理解重要的知识点。

宋良荣　陈志勇　李文卿

目　录

第一篇　审计基本知识

第二篇　审计基本方法与技巧

第一篇 审计基本知识

内容提要

　　以注册会计师审计为主线,概括了审计的起源与发展,以及20世纪以来我国审计的发展沿革;阐述了审计的概念、类别、方法模式和审计监督体系。

　　介绍了国内外注册会计师的考试与注册登记制度、注册会计师的业务范围,会计师事务所的组织形式和注册会计师的自律组织。介绍了注册会计师职业规范体系的内容,包括注册会计师职业道德规范、注册会计师业务准则和会计师事务所业务质量控制准则。

　　分析了注册会计师法律责任的成因,归纳了我国注册会计师法律责任的内容,并提出了注册会计师避免法律诉讼的具体措施。

第一章 审计概论

审计监督是社会经济监督体系的重要内容之一,了解审计的起源与发展、本质与种类,以及审计监督体系的构成,是学习审计的基础。

第一节 审计的起源与发展

一、审计的起源

无论在中国还是在西方,审计都是在一定的经济关系下,基于经济监督的需要而产生的。这个问题可以进一步表述为:当财产所有者将其财产交付于他人代管或代为经营时,由于客观上存在着查错防弊、监督他人,以维护财产所有者利益的需要,从而委派或委托另一机构和人员对他人代管或代为经营的业绩进行检查、评价和监督,于是在委托代管或委托经营这样一种经济关系下,就产生了审计这种经济监督活动。

(一)政府审计的起源

审计最初起源于政府审计①。据考证,早在古代的中国、古埃及、古希腊和古罗马,就已经有对账目进行控制和检查的审计活动。例如,根据《周礼》记载,早在中国西周时期(公元前 11 世纪至公元前 771 年)已出现了带有审计性质的财政经济监察工作。西周在周王之下设天、地、春、夏、秋、冬六官,分掌政令。其中天官(亦称大宰),居百官之长,掌邦国之治,并总揽财政大权。在天官之下设有司会官职,掌国之百物财用,为计官之长,建立了由司会根据月要(月度报告)和岁会(年度报告)考核官员政绩的财政监督制度。周王朝除在行政系统设司会实行会计监督外,还在天官之下设小宰官职,协助大宰掌管政令,其所属宰夫一职,则负有"考其出入,而定刑赏"的职权。宰夫一职虽也隶属于行政系统,而且地位不高,但其所从事的工作却具有审计的性质。在古埃及,中央国库收纳以实物支付的贡税,其记账官登记的账簿须经仓库监督官的检查。古罗马采用了"听证账目"的办法,即一个官员的记账需与另一个官员的记录以口头验证的方法进行核对,以防止负责财务的官员欺诈。听账人的拉丁文是 Auditus,这就产生了英文 Auditing"审计"这个名词。

(二)内部审计的起源

古代和中世纪的内部审计萌芽,是因受托管理责任关系的产生而产生的。在西欧,据史料记载,大约公元前 510 年以后,罗马的奴隶主建立了许多大庄园,使用奴隶种植葡萄、橄

---

① 周勤业.审计学[M].北京:中国财政经济出版社,2001:2.该著作认为,审计的最初形态是官厅审计,审计产生于奴隶社会的末期。

榄、谷物和开展畜牧业等方面的生产,并将产品在市场上出售①。大奴隶主将自己的各个庄园委托给精明强干的人,代其负责日常管理②,这就产生了委托受托管理责任关系,并且分解了管理职责与权力,增加了管理层次。为了了解情况,以便采取恰当措施促进受托管理人有效地履行受托管理责任,奴隶主(委托管理人)委派亲信审查并向其报告受托人是否诚实地履行了受托管理责任,这就是庄园内部审计的萌芽。

企业的内部审计是从19世纪中叶开始,伴随着资本主义经济的发展和企业规模的扩大而逐步兴起的。由于股份制这种集中和积聚资本的有效形式被广泛采用,企业规模迅速扩大,跨国公司增加,其分支机构众多,经营地点分散,因而企业不得不实行分权管理。尤其在美国,如铁路公司、电话电报公司等,不仅区域跨度很大,业务活动广泛,而且对许多其他公司进行控股。在这种情况下,主管人员已不可能亲自收集经营管理所需的信息,而必须依靠中层管理人员来反映、提供有关情况和信息。为了鉴别这些情况与信息的真实性和可靠性,企业主管人员就需要在企业内部设置专门的审计机构和人员来进行检查、评价和验证。但是,那时的内部审计范围主要还是审查资金是否安全完整,查核舞弊行为,审查面较窄。后来,人们逐渐认识到,内部审计不仅可以预防错误与舞弊,而且可以帮助企业提高经济效益、实现价值增值。

(三) 注册会计师审计的起源

注册会计师审计又称民间审计,起源于16世纪的意大利。当时地中海沿岸的商业城市已经比较繁荣,而威尼斯是地中海沿岸国家航海贸易最为发达的地区,是东西方贸易的枢纽,商业经营规模不断扩大。由于单个的业主难以满足投入巨额资金的需要,为了筹集所需的大量资金,合伙制企业便应运而生。尽管当时合伙制企业的合伙人都是出资者,但是有的合伙人参与企业的经营管理,有的合伙人则不参与企业的经营管理,于是出现了所有权与经营权的分离。这样,那些参与经营管理的合伙人有责任向不参与经营管理的合伙人证明合伙契约得到了认真履行,利润的计算与分配是正确、合理的;同时,不参与经营管理的合伙人也希望监督企业经营情况,及时了解和掌握企业的财务状况。因而,在客观上都希望有一个与任何一方均无利害关系的第三者能对合伙企业进行监督、检查,这就需要聘请会计专家来担任查账和公证的工作。可见,合伙经营方式产生了对注册会计师审计的最初需求,财产的所有权与经营权的分离是注册会计师审计产生的客观基础。

二、注册会计师审计的形成与发展和专业服务的拓展

注册会计师审计虽然起源于意大利,但它对后来注册会计师审计事业的发展影响不大。注册会计师审计形成于英国的股份制企业制度,发展和完善于美国发达的资本市场。

(一) 注册会计师审计的形成

18世纪下半叶,英国的资本主义经济得到迅速发展,生产的社会化程度大大提高,企业的所有权与经营权进一步分离。企业主希望有外部的会计师来检查他们所雇用的管理人员是否存在贪污、盗窃和其他舞弊行为,于是英国出现了第一批以查账为职业的独立会计师。他们受企业主委托,对企业会计账目进行逐笔检查,目的是查错防弊,检查结果也只向企业主报告。因为是否聘请独立会计师进行查账由企业主自行决定,所以此时的独立审计尚为

---

① 许涤新.政治经济学词典[M].北京:人民出版社,1980:198-199.
② 文硕.世界审计史[M].2版.北京:企业管理出版社,1996:469-470.

任意审计。

股份公司的兴起,使企业的财产所有权与经营权进一步分离,绝大多数股东只向企业出资而完全脱离了经营管理。因此,股东们要求由经理人员组成的管理层定期向他们提交财务报告,以便了解公司的财务状况和经营成果。同时,随着资本市场的快速发展,企业融资渠道进一步拓宽,债权人、潜在的投资者等社会公众都迫切需要了解公司的财务状况和经营成果,以作出贷款、投资等相应的经济决策。因此,为确保财务信息的真实与公允,由独立会计师对股份公司的财务报告进行审计就显得尤为必要。

值得一提的是,注册会计师审计产生的"催产剂"是1721年英国的"南海公司事件"。当时的南海公司以虚假的会计信息诱骗投资者上当,其股票价格一时扶摇直上。但好景不长,南海公司最终未能逃脱破产倒闭的厄运,使股东和债权人损失惨重。会计师查尔斯·斯耐尔(Charles Snell)受英国议会聘请对南海公司的会计账目进行了检查,并以"会计师"名义出具了一份"查账报告书",指出了南海公司财务报告中存在的严重舞弊行为,这标志着独立会计师——注册会计师的诞生。随后,为保护投资者和债权人的利益,监督股份公司的经营管理者,防止其徇私舞弊,避免"南海公司事件"重演,英国议会于1844年颁布了《公司法》,规定股份公司必须设监察人,负责审查公司的账目。次年,又对《公司法》进行了修订,规定股份公司的账目必须经董事以外的人员审计。于是,独立会计师业务得到迅速发展,独立会计师人数越来越多。此后,英国政府对一批精通会计业务、熟悉查账知识的独立会计师进行了资格确认。1853年,苏格兰爱丁堡创立了第一个注册会计师的专业团体——爱丁堡会计师协会。该协会的成立,标志着注册会计师审计职业的诞生。1862年,英国修改的《公司法》确定注册会计师为法定的公司破产清算人,从而奠定了注册会计师审计的法律地位。

从1844年到20世纪初,是注册会计师审计形成的时期,注册会计师审计处于会计账目审计阶段。在这一时期内,由于英国的法律规定了股份公司和商业银行必须聘请注册会计师审计,致使英国注册会计师审计得到了迅速发展,并对当时欧洲、美国及日本等产生了重要影响。这一时期英国注册会计师审计的主要特点是:①注册会计师审计的法律地位得到了法律确认;②审计的目的是查错防弊,保护企业资产的安全和完整;③审计的方法是对会计账目进行详细审计;④审计报告使用人主要为企业股东等。

(二)注册会计师审计的发展

从20世纪初开始,全球经济发展重心逐步由欧洲转向美国,因此,美国的注册会计师审计得到了迅速发展,并对注册会计师职业在全球的迅速发展发挥了重要作用。注册会计师审计的发展大致经历了以下三个阶段:

(1)资产负债表审计阶段。该阶段大致包括20世纪的前30年。在20世纪初,由于金融资本对产业资本更为广泛的渗透,企业筹资主要依靠银行贷款解决,企业与银行之间的利益关系更加紧密,银行逐渐把企业资产负债表作为了解企业信用的主要依据,于是在美国产生了帮助贷款人及其他债权人了解企业信用的资产负债表审计。同时,企业也希望借助注册会计师对其资产负债表的审查,更好地获取银行信用。在这一时期,美式注册会计师审计的主要特点是:①审计对象由会计账目扩大到资产负债表;②审计的主要目的是通过对资产负债表数据的检查,判断企业信用状况;③审计方法从详细审计初步转向抽样审计;④审计报告使用人除企业股东外,扩大到了债权人。

(2)财务报表审计阶段。从1929年到1933年,资本主义世界经历了历史上最严重的经济危机,大批企业倒闭,投资者和债权人蒙受了巨大的经济损失。这在客观上促使企业利益

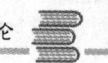

相关者从只关心企业财务状况转变到更加关心企业盈利水平,产生了对企业利润表进行审计的客观要求。为保护投资者的权益,美国1933年《证券法》规定,在证券交易所上市的企业的财务报表必须接受注册会计师审计,向社会公众公布注册会计师出具的审计报告;美国1934年《证券交易法》规定,上市公司必须向证券交易管理部门报送经过审查的资产负债表和利润表。为顺应这种需要,注册会计师审计从资产负债表审计逐步扩大到财务报表审计。在这一时期,注册会计师审计的主要特点是:①审计对象转为以资产负债表和利润表为中心的财务报表及相关财务资料;②审计的主要目的是对财务报表发表审计意见,以确定财务报表的可信性,查错防弊转为次要目的;③审计的范围已扩大到测试相关的内部控制,并以控制测试为基础进行抽样审计;④审计报告使用人扩大到股东、债权人、证券交易机构、税务、金融机构及潜在投资者;⑤审计准则开始拟订,审计工作向标准化、规范化过渡;⑥注册会计师资格考试制度广泛推行,注册会计师专业素质普遍提高。

(3)现代审计阶段。第二次世界大战以后,经济发达国家通过各种渠道推动本国的企业向海外拓展,跨国公司得到空前发展。国际资本的流动带动了注册会计师审计的跨国界发展,形成了一批国际会计师事务所。随着会计师事务所规模的扩大,形成了"八大"国际会计师事务所,20世纪80年代末合并为"六大",之后又合并为"五大"。2001年,美国出现了安然公司会计造假丑闻。安然公司作为美国的能源巨头,在追求高速增长的狂热中利用会计准则的不完善,进行表外融资的游戏,并通过关联交易操纵利润。出具审计报告的安达信会计师事务所,因涉嫌舞弊和销毁证据受到美国司法部门的调查,之后宣布关闭,世界各地的安达信成员所也纷纷与其他国际会计师事务所合并。因此,时至今日,尚有"四大"国际会计师事务所,即普华永道(Pricewaterhouse Coopers)、安永(Ernst & Young)、毕马威(KPMG)、德勤(Deloitte Touche Tohmatsu)。与此同时,审计技术也在不断发展:①抽样审计方法得到普遍运用;②风险导向审计方法得到推广;③计算机辅助审计技术得到广泛应用。

(三)注册会计师专业服务的拓展

进入20世纪90年代以后,传统的财务报表审计已经成为一个相对成熟的服务产品,社会期望甚高,同业竞争激烈,诉讼风险加大,迫使注册会计师行业另辟蹊径,在咨询和鉴证方面进行拓展。于是,注册会计师的专业服务实现了从"审计"向"鉴证"的一次重大跨越。鉴证业务(assurance service)又称"保证服务"、"认证业务"或"可信性保证业务",是20世纪90年代中后期国际会计师行业对注册会计师专业鉴证性服务的一个新的概括和提法,是注册会计师专业服务产品向纵深开发的结果。

注册会计师执行的业务现在分为鉴证业务和相关服务两大类。鉴证业务包括审计、审阅和其他鉴证业务;相关服务包括税务代理、代编财务信息、对财务信息执行商定程序等。本教材主要介绍财务报表审计。

三、20世纪以来我国审计的发展沿革

由于我国长期处于封建社会,商品经济很不发达,因而在20世纪初期以前的历代王朝中,皇家审计一直处于绝对统治地位,无民间审计可言。在历代王朝中多设有专门机构,委派官员,作为皇家代理人,专司财政经济监察的职责。辛亥革命以后,北京的北洋政府在1914年设立"中央审计处",南京的国民政府在1920年设立"审计院"(后改为审计部隶属监察院),这些政府审计都带有皇家审计的色彩,即通过国家的强制力贯彻审计监督权。

进入 20 世纪以后，我国资本主义工商业有所发展，随之民间审计应运而生。当时一批爱国会计学者鉴于外国注册会计师包揽我国注册会计师业务的现实，为了维护民族利益与尊严，他们积极倡导创建中国的注册会计师事业。1918 年 9 月，北洋政府农商部颁布了我国第一部注册会计师法规——《会计师暂行章程》，并于同年批准著名会计学家谢霖先生为中国的第一位注册会计师，谢霖先生创办的中国第一家会计师事务所——"正则会计师事务所"也被批准成立。此后，又逐步批准了一批注册会计师，建立了一批会计师事务所。但是，在半封建半殖民地的旧中国，注册会计师职业未能得到很好的发展，注册会计师审计也未能充分发挥应有的作用。会计师事务所主要集中在上海、天津、广州等沿海城市，注册会计师业务主要是为企业设计会计制度、代理申报纳税、培训会计人才和提供其他会计咨询服务。

1949 年，中华人民共和国成立后，在当时全面学习苏联，实行财政与审计相统一的情况下，我国没有设置独立的政府审计机构。1956 年，随着我国工商业实行全行业公私合营后，私有制被公有制所代替，民间审计也随之消亡。之后的相当长一段时间内，我国既没有政府审计，也没有民间审计。直到 1982 年 12 月 4 日，我国第五届全国人民代表大会第五次会议通过的《中华人民共和国宪法》，第一次明确规定我国要建立政府审计机构，恢复审计工作，并于 1983 年在国务院下成立了我国的最高审计机关——审计署，在县以上各级人民政府成立了审计局（厅）。与此同时，由于我国实行"对外开放、对内搞活"的方针政策，商品经济得到了迅速发展，为注册会计师制度的恢复重建创造了客观条件。

随着外商来华投资日益增多，1980 年 12 月 14 日，财政部颁布了《中华人民共和国中外合资经营企业所得税法实施细则》，规定外资企业会计报表要由注册会计师进行审计，这为恢复我国注册会计师制度提供了法律依据。1980 年 12 月 23 日，财政部发布《关于成立会计顾问处的暂行规定》，标志着我国注册会计师职业开始复苏。1981 年 1 月 1 日，"上海会计师事务所"宣告成立，成为我国第一家由财政部批准独立承办注册会计师业务的会计师事务所。之后，我国的《会计法》、《注册会计师法》、《审计法》先后颁布实施，在国家法律、法规的规范下，我国的会计、审计事业得到了快速发展。目前，我国已形成了由政府审计、内部审计和注册会计师审计共同构成的审计监督体系。

第二节　审计的概念与分类

一、审计的概念

审计自产生的那一天起，经过不断的完善和发展，到今天已经形成了一套比较完备的科学体系。人们对审计的概念也进行了深入的研究，最具代表性的是美国会计学会（AAA）在 1973 年发布的《基本审计概念说明》的公告中，把审计概念描述为："为确定关于经济行为及经济现象的结论与所制定的标准之间的一致程度，而对与这种结论有关的证据进行客观收集、评定，并将结果传达给利害关系人的系统过程。"要正确理解 AAA 审计概念的内涵，必须把握其中的几个关键术语[1]。

（1）经济行为及经济现象的结论。被审计单位的经济行为及经济现象的结论反映在财务报告中，这些经济行为及经济现象又称为经济活动和经济事项，它们引起被审计单位的资

---

[1]　刘明辉. 审计[M]. 大连：东北财经大学出版社，2007：6-7.

产、负债、所有者权益及收入和费用发生增减变化。被审计单位管理层对有关经济行为及经济现象的认定就是审计的对象,它可以是公司的财务报告,也可以是某一建造合同的总成本等。

(2) 对与这种结论有关的证据进行客观收集、评定。客观意味着没有偏见,这不仅是对信息获取方法的质量要求,也是对审计人员的道德要求。审计证据是审计人员用来确定被审计的结论(认定)与既定标准是否一致的资料。获取和评价证据是审计的中心环节,客观地获取和评价证据要求对被审计单位有关结论(认定)的形成基础加以审查,并对其结果加以公正的评估。

(3) 与所制定的标准之间的一致程度。所制定的标准是指判断企业管理层的结论(认定)时所采用的衡量标准,这些标准可能是立法机关所制定的规则,或管理层所拟订的预算或绩效衡量标准,也可能是财务会计准则委员会或其他权威机构所制定的一般公认会计原则。就财务报告审计而言,既定标准可具体化为企业会计准则。一致程度就是将被审计单位所作的结论(认定)与所制定的标准相比较所验证的两者之间的接近程度,如企业的财务报告与会计准则的一致程度。

(4) 结果,即审计结果。这是基于对审计证据的分析与评价而得出的对企业管理层结论(认定)与结果的一致程度的评价。审计结果的传达通常采用书面报告的形式,如财务报告的审计报告等。

(5) 利害关系人。审计服务的对象并非仅限于被审计单位或审计的委托人,还可能是所有利害关系人,包括股东、债权人、证券交易机构、税务部门、金融机构以及潜在的投资者等。

(6) 系统过程。审计是一个系统化的过程,该过程由一系列合理的、有序的、有组织的步骤或程序组成。审计作为一种遵循顺序、逻辑严密的活动,要求审计事前规划必须详细周到,执行过程必须合乎顺序,传达结果的报告必须用词明确且准时送达。审计的系统化过程,如图1-1所示。

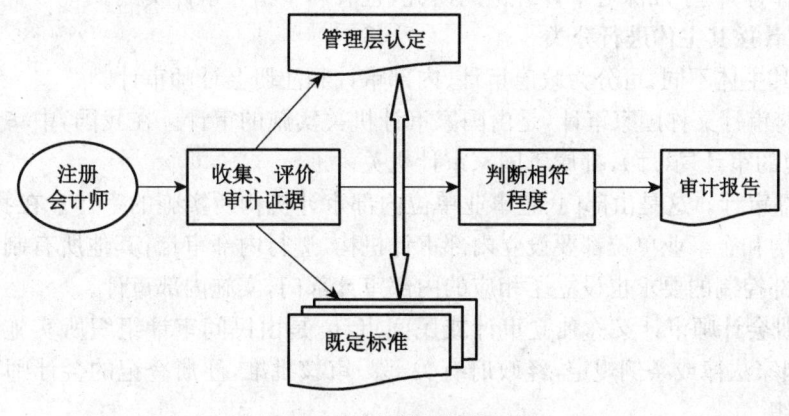

图1-1 审计的系统化过程

注册会计师审计作为审计的一种类型,其内涵具有特殊性。因此,国内外许多会计职业组织都对注册会计师审计概念下了定义,其中影响较大的是国际会计师联合会(IFAC)和美国注册会计师协会(AICPA)的定义。

国际会计师联合会下设的国际审计与鉴证准则理事会(IAASB)将注册会计师审计概念

描述为:"财务报表审计的目标是,使审计师能够对财务报表是否在所有重要方面按照确定的财务报告框架编制发表意见。"

美国注册会计师协会在《审计准则说明书》第 1 号中,对审计概念的描述为:"独立审计师对财务报表审计的目标是,对财务报表是否按照公认会计原则在所有重大方面公允地反映财务状况、经营成果和现金流量发表意见。"

财务报表审计是注册会计师的传统核心业务。财务报表审计是指注册会计师对财务报表是否不存在重大错报提供合理保证,以积极方式提出意见,增强除管理层之外的预期使用者对财务报表信赖的程度[①]。该定义可以从以下几个方面加以理解:

(1)审计的用户是财务报表的预期使用者,即审计可以用来有效满足财务报表预期使用者的需求。

(2)审计的目的是改善财务报表的质量或内涵,增强预期使用者对财务报表的信赖程度,即以合理保证的方式提高财务报表的可信度,而不涉及如何利用信息提供建议。

(3)合理保证是一种高水平保证。当注册会计师获取充分、适当的审计证据将审计风险降至可接受的低水平时,就获取了合理保证。由于审计存在固有限制,注册会计师据以得出结论和形成审计意见的大多数审计证据是说服性而非结论性的,因此审计仅能提供合理保证,不能提供绝对保证。

(4)审计的基础是独立性和专业性,通常由具备专业胜任能力和独立性的注册会计师来执行,注册会计师应当独立于被审计单位和预期使用者。

(5)审计的最终产品是审计报告。注册会计师针对财务报表是否在所有重大方面按照财务报告编制基础编制并实现公允反映发表审计意见,并以审计报告的形式予以传达。注册会计师按照审计准则和相关职业道德要求执行审计工作,能够形成这样的意见。

二、审计的类别

审计按照不同的标准,可以划分为不同的类型。对审计进行科学的分类,有助于揭示各类审计的规律性,便于加深对审计理论的研究,也有利于指导审计实践。

(一)审计按其主体进行分类

审计按其主体不同,可分为政府审计、内部审计和注册会计师审计。

(1)政府审计又称国家审计,是由国家审计机关实施的审计。在我国,中华人民共和国审计署,各地的审计局(厅),都属于国家审计机关。

(2)内部审计。这是由部门、企事业单位内部审计机构所实施的审计。在我国,要求国有的金融机构和企事业单位都要设立内部审计机构,进行内部审计;其他所有制形式的企事业单位按内部控制的要求也设立了相应的内部审计部门,实施内部审计。

(3)注册会计师审计又称独立审计或民间审计,是由民间审计组织所实施的审计。在我国,根据国家法律或条例规定,经政府有关部门审核批准,注册登记的会计师事务所属于民间审计组织。

(二)审计按其目的和内容进行分类

审计按其目的和内容的不同,可划分为财务报表审计、经营审计和合规性审计。

(1)财务报表审计。财务报表审计的目标是注册会计师通过执行审计工作,对财务报

---

① 中国注册会计师协会.审计[M].北京:中国财政经济出版社,2018:4-5.

表是否按照规定的标准编制发表审计意见。规定的标准通常是企业会计准则和相关会计制度。当然,对按照计税基础、收付实现制基础或监管机构的报告要求编制的财务报表,注册会计师进行审计也较普遍。财务报表通常包括资产负债、利润表、现金流量表、所有者权益(或股东权益)变动表以及财务报表附注。

(2)经营审计。这是注册会计师为了评价被审计单位经营活动的效率和效果,而对其经营程序和方法进行的评价。在经营审计结束后,注册会计师一般要向被审计单位管理层提出经营管理的建议。在经营审计中,审计对象不限于会计,还包括组织机构、计算机信息系统、生产方法、市场营销以及注册会计师能够胜任的其他领域。在某种意义上,经营审计更像是管理咨询。

(3)合规性审计。合规性审计的目的是确定被审计单位是否遵循了特定的程序、规则或条例。例如,确定会计人员是否遵守了财务主管规定的手续,检查工资率是否符合工资法规定的最低限额,或者审查与银行签订的合同,以确信被审计单位遵循了法定要求。合规性审计的结果通常报送给被审计单位管理层或外部特定使用者。

财务报表审计、经营审计和合规性审计三种审计类型的差异如表1-1所示。

表1-1   三种审计类型比较表

审计类型	认定的性质	既定标准	审计报告的性质	示例
财务报表审计	企业个体的财务报表信息	一般公认会计原则	对财务报表是否公允所发表的意见	上市公司年度财务报表审计
经营审计	经营活动或执行的资料	管理层或法令设立的目标	观察到的效率或效果;改进的建议	经济效益审计
合规性审计	认定或资料是否遵照政策、法令、法律、规定及规章等	管理层的政策、法律、规定或第三者的要求	对所发现偏差的汇总及对合规程度的保证	财经法纪审计

(三)审计的其他分类

审计还可以按与被审计单位的关系、审计范围、实施时间和执行地点等分类。

(1)按与被审计单位的关系不同,审计划分为内部审计和外部审计。

(2)按审计范围的不同,审计划分为全面审计和局部审计,综合审计和专题审计。

(3)按审计实施时间的不同,审计划分为事前、事中和事后审计,定期和不定期审计,期中和期末审计。

(4)按审计执行地点的不同,审计分为就地审计和报送审计,远程审计和网上审计。

还有其他一些分类方法,诸如:从被审计单位接受审计的可选择性角度,可划分为强制(无选择)审计和任意(可选择)审计;从审计工作的有偿性角度,可划分为有偿审计与无偿审计等。但能体现审计本质的分类是按主体和按目的、内容的分类,这是审计的基本分类。

三、审计方法模式

100多年来,虽然审计的根本目标没有发生重大变化,但审计环境却发生了很大的变化。为了实现审计目标,审计方法随着审计环境的变化也发生了相应的调整。例如,注册会

计师为了适应审计环境的变化,审计方法从账项基础审计逐渐发展到风险导向审计①。

（一）账项基础审计

在 19 世纪以前,即注册会计师审计发展的早期,由于企业组织结构简单,业务性质单一,注册会计师的审计主要是为了满足财产所有者对会计核算进行独立检查的要求,促使受托责任人(通常为企业经理或下属)在授权经营过程中作出诚实、可靠的行为。注册会计师审计的重心在资产负债表,旨在发现和防止错误与舞弊,审计方法是详细审计。详细审计又称账项基础审计,由于早期获取审计证据的方法比较简单,注册会计师将大部分精力投向会计凭证和账簿的详细检查。根据有关文献记载,当时的注册会计师在整个审计过程中,大约 3/4 的时间花费在合计和过账上。从方法论的角度上讲,这种审计方法被称为账项基础审计法(accounting number-based audit approach)。

在账项基础审计法下,注册会计师的审计流程与会计账务处理流程基本一致,即检查记账凭证所附原始凭证的真实性,核对账证、账账、账表是否相符等。

（二）制度基础审计

19 世纪即将结束时,会计和审计步入了快速发展时期。注册会计师的审计重点从检查受托责任人对资产的有效使用转向检查企业的资产负债表和利润表,判断企业的财务状况和经营成果是否真实和公允。由于企业规模日益扩大,经济活动和交易事项内容不断丰富、复杂,注册会计师的审计工作量迅速增大,而需要的审计技术日益复杂,使得详细审计难以实施,企业对审计费用难以承受。为了进一步提高审计效率,注册会计师将审计的视角转向企业的管理制度,特别是会计信息赖以生成的内部控制,从而将内部控制与抽样审计结合起来。因为注册会计师逐渐认识到,设计合理并且执行有效的内部控制可以保证财务报表的可靠性,防止重大错误和舞弊的发生。从 20 世纪 50 年代起,以控制测试为基础的抽样审计在西方国家得到广泛应用,从方法论的角度,该种方法被称为制度基础审计法(system-based audit approach)。

制度基础审计法的审计流程一般包括三个基本步骤:①了解被审计单位的内部控制设计是否合理? 是否得到执行? 初步判断内部控制的可信赖程度(较多地信赖或较少地信赖)。②根据对内部控制可信赖程度初步了解的情况决定对内部控制测试的范围,以评价控制风险。如果准备较多地信赖内部控制,则应适当地扩大对内部控制的测试范围,否则应减少内部控制测试的范围。③根据控制风险的评价结果,决定实质性测试的性质、时间和范围(审计抽样的规模)。

【例 1-1】 对存货的真实性进行审计,在制度基础审计法下,注册会计师首先要了解被审计单位的仓库保管制度和存货盘点制度等;其次,对这些制度设计是否合理、适当,以及是否实际发挥作用进行测试,如果发现被审计单位要求存货储存在加锁的仓库里,并在每月末都进行一次全面的盘点,则可判断存货真实性的控制风险处于低水平;最后,在低控制风险水平下,注册会计师可以选择较少的存货实施监盘程序。

（三）风险导向审计

由于审计风险受到企业固有风险因素的影响,如管理人员的品行和能力、行业所处环境、业务性质、容易产生错报的财务报表项目、容易遭受损失或被挪用的资产等导致的风险,又受到内部控制风险因素的影响,即账户余额或各类交易存在错报,内部控制未能防止、发

---

① 中国注册会计师协会.审计[M].北京:经济科学出版社,2008:7-8.

现或纠正的风险。此外，还受到注册会计师实施审计程序未能发现账户余额或各类交易存在错报风险的影响，职业界很快开发出了审计风险模型。审计风险模型的出现，从理论上解决了注册会计师以制度为基础采用抽样审计的随意性，又解决了审计资源的分配问题，要求注册会计师将审计资源分配到最容易导致财务报表出现错报（即重大错报风险）的领域。从方法论的角度，注册会计师以审计风险模型为基础进行的审计，称为风险导向审计法（risk-oriented audit approach）。

风险导向审计法的审计流程一般包括以下三个基本步骤：①了解被审计单位及其内外环境，包括了解内部控制，以识别、评估重大错报风险。②确定针对财务报表认定层次的重大错报风险的总体应对措施。③针对存在重大错报风险的认定层次实施进一步的审计程序。

【例 1-2】 对存货的计价准确性进行审计，在风险导向审计法下，注册会计师了解到被审计单位的主要存货属于鲜活、易腐商品（确定计价的固有风险高处于高水平），又没有保鲜防腐的控制措施（确定计价的控制风险处于高水平），这样可以判断存货计价准确性的重大错报风险处于高水平，即注册会计师的可接受检查风险为低水平。于是，注册会计师确定了以下应对措施：委派了对鲜活、易腐商品具有丰富审计经验的注册会计师，并对助理人员提供更多的督导；最后，在实施进一步审计程序时，对鲜活、易腐商品的减值情况进行了较详细的测试。

第三节 审计监督体系

从国内外审计的历史和现状来看，审计按不同主体划分为政府审计、内部审计和注册会计师审计，并相应地形成了三类审计组织机构，共同构成审计监督体系。

一、政府审计

政府审计是由政府审计机关代表政府依法进行的审计。政府审计主要监督检查各级政府及其部门的财政收支及公共资金的收支、运用情况。

（一）政府审计的组织形式

目前，世界各国政府建立的审计机构，因领导关系不同而分为以下三种类型：

（1）立法模式。这种模式是指政府审计机关隶属于立法机构——议会，它们在议会的领导下开展审计工作，对议会负责并向议会报告审计结果。有些国家的议会下设会计和审计委员会，政府审计机关负责人向会计和审计委员会报告工作。这是一种比较普遍的模式，主要是在实行分权制衡且具有强有力的立法机构和比较完善的立法程序的国家建立起来的，如美国、英国等都采用了这种模式来设置政府审计机关。这是由这些国家实行立法、司法、行政三权分立的政体所决定的。在这一模式中，由于政府审计机关隶属于立法部门，可以依照国家法律所赋予的权力，对政府的财政经济活动和公共企事业单位的财务收支活动进行全面的、较有效的监督。"独立"行使审计职权，保持"超然"地位，不受行政当局的控制和操纵，对议会直接负责，是比较理想的政府审计管理体制。

（2）行政模式。这种模式是指政府审计机关直接接受政府的领导并对政府负责，政府则对议会负责。在这种设置方式下，政府审计机关对政府所属的各部门、各下级政府及各个国有单位和组织的财政预算决算、经济活动和财务活动进行检查,并将检查结果直接向政府报告,以保证政府的有关经济政策、法规、计划和预算等的正常实施。

(3) 财政模式。这种模式是在财政部门内部设审计机构兼管财政监督,实行财政、审计合一的制度。在这种模式下,政府审计机关的主要任务是依据国家的经济政策、法令、财政制度和财政预算对各部门和国有企业的财政及财务活动进行审计。

从审计的独立性、权威性来讲,由议会领导最为适宜。我国目前的审计机关由政府领导,分中央①与地方两个层次。我国宪法规定,审计机关独立行使审计监督权,不受其他行政机关、社会团体和个人的干涉。

(二) 政府审计的特征

现代政府审计不仅在审计体制上更加完善,而且在审计理论与实务方面有了许多发展,特别是绩效审计、环境审计等的逐步开展对政府审计人员的素质提出了更高的要求。此外,政府审计还表现出如下主要特征:

(1) 在审计方式上,政府审计是强制审计。各级政府及其部门的财政收支情况及公共资金的收支、运用情况,政府审计部门均可依法进行审计,无须被审计单位同意。

(2) 在审计对象上,政府审计的对象主要是各级政府及其部门的财政收支情况及公共资金的收支、运用情况。

(3) 在审计监督的性质上,政府审计可以根据审计结果发表审计处理意见,如果被审计单位拒不采纳,政府审计部门可以依法强制执行。

(4) 在审计实施的手段上,政府审计是经济监督,是政府行为,是无偿的审计。

(5) 在审计的独立性上,在我国,政府审计机构隶属国务院和各级人民政府领导,因此在独立性上体现为单向独立,即仅独立于被审计单位。

(6) 在依据的审计准则上,我国政府审计依据的是审计署制定的国家审计准则。从法律上讲,政府审计机关依照《中华人民共和国审计法》规定的职责对各级政府及其部门的财政收支、国有金融机构及企事业单位的财务收支,以及国家建设项目、外国援贷项目和各种社会保障基金进行审计监督。

二、内部审计

内部审计是由各部门、各单位内部设置的专门机构或人员实施的审计。内部审计主要是监督检查本部门、本单位的财务收支、内部控制和经营管理活动。

(一) 内部审计的组织形式

目前,世界各国内部审计部门的设置因领导关系不同而大体分为三种类型:

(1) 受本单位总会计师或主管财务的副总裁领导。在西方国家中,许多企业设置主计长(controller)的职务,全面主管企业的财务会计工作,相当于我国的总会计师。内部审计部门隶属于主计长的领导。在这种设置方式下,内部审计部门是主计长领导下的一个部门,审计的结果直接向主计长报告。由于主计长是直接负责企业财务会计工作的管理人员,内部

---

① 有必要特别说明的是,2018 年 3 月中国共产党中央委员会根据《深化党和国家机构改革方案》组建了中国共产党中央审计委员会。中央审计委员会的主要职责是,研究提出并组织实施在审计领域坚持党的领导、加强党的建设方针政策,审议审计监督重大政策和改革方案,审议年度中央预算执行和其他财政支出情况审计报告,审议决策审计监督其他重大事项等。中央审计委员会办公室设在审计署。

审计部门接受他的领导,会导致审计的独立性较差,不利于发挥内部审计的作用。

(2) 受本单位总裁或总经理领导。在这种设置方式下,内部审计部门在其隶属关系上接受本单位的总裁或总经理的领导。内部审计部门根据单位最高管理人员的要求开展工作,并将审计结果直接向企业的最高领导人报告。在这种设置方式下,由于内部审计部门是企业管理层的一个组成部分,因此内部审计部门的工作有时候会受到企业管理层的影响和制约,审计的独立性会受到一定程度的伤害。但这种设置方式有利于企业高级管理层及时根据审计结果采取措施,控制风险。

(3) 受本单位董事会领导。在这种设置方式下,内部审计部门在其隶属关系上接受本单位董事会领导,或者接受董事会下设的审计委员会领导,这是内部审计部门设置的主要方式。内部审计部门在董事会的领导下开展工作,并且将审计结果直接向董事会提出报告,这种设置方式使内部审计部门有较好的独立性,他们能够不受企业行政管理层的影响而独立地开展工作。在这种设置方式下,内部审计为管理服务的作用将有所削弱,因为内部审计结果不能直接向企业管理层报告,内部审计过程中发现的问题要由内部审计部门通过董事会再传达给行政管理层,审计信息传递路径和时间都比较长,因此在采取必要的措施方面比较迟缓。

从审计的独立性、权威性来讲,领导层次越高,越有保障。我国目前的内部审计部门一般由本部门、本单位的主要负责人领导,业务上接受同级政府审计机构或上一级主管部门审计机构的指导。实行现代企业制度的公司,根据公司治理结构的要求,内部审计必须由董事会领导。

(二) 内部审计的特征

内部审计有助于强化企业内部控制,改善企业风险管理,完善公司治理结构,促进企业目标的实现。内部审计在发挥其作用的过程中,主要表现出如下特征:

(1) 在审计的独立性上,由于内部审计受本部门、本单位直接领导,强调的仅仅是与被审计的其他部门相对独立。

(2) 在审计方式上,内部审计根据本部门、本单位经营管理的需要自行安排施行。

(3) 在审计内容和目的上,内部审计的内容主要是对内部控制的健全、有效,会计及相关信息的真实、合法、完整,经营绩效以及经营合规性等进行检查、监督和评价。

(4) 在审计责任和作用上,内部审计的结果只对本部门、本单位负责,只能作为本部门、本单位改进管理的参考,对外不起鉴证作用,并向外界保密。

(5) 在依据的审计准则上,内部审计依据的是内部审计准则,特别是内部审计基本准则和内部审计具体准则是内部审计机构和人员进行内部审计时应遵循的基本要求。

三、注册会计师审计

注册会计师审计是由经政府有关部门审核批准的注册会计师组成的会计师事务所进行的审计,其本质是接受客户委托,对客户财务报表进行独立检查并发表意见。注册会计师的客户可能包括各类企业、非营利组织、政府机构及个人。

(一) 会计师事务所的组织形式

在西方国家,注册会计师的组织形式主要有独资、合伙两种,近些年来已有有限责任公司和有限责任合伙等组织形式出现。在我国,会计师事务所是注册会计师的工作机构,注册会计师必须加入会计师事务所才能接受委托,办理业务。会计师事务所不属于任何机构,自收自支、独立核算、自负盈亏、依法纳税,因此在业务上具有较强的独立性、客观性和公正性,

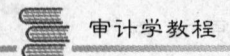

并且为社会公众所认可。

（二）注册会计师审计的特征

注册会计师在会计师事务所中的角色同律师在律师事务所的角色有许多相类似的地方。注册会计师审计的特征，主要表现为以下几点：

（1）在审计方式上，注册会计师审计是受托审计，应接受委托后方能对被审计单位进行审计。

（2）在审计对象上，可以是营利单位，也可以是非营利单位。

（3）在审计监督的性质上，注册会计师审计是通过收集审计证据发表独立、客观、公正的审计意见，以合理保证审计报告使用人确定已审计的被审计单位财务报表的可靠程度，因而对外出具的审计报告具有鉴证作用。

（4）在审计实施的手段上，注册会计师审计是由中介组织（会计师事务所）进行的，是有偿审计。

（5）在审计的独立性上，注册会计师审计表现为双向独立，既独立于审计委托人，又独立于被审计单位。

（6）在依据的审计准则上，注册会计师审计依据的是中国注册会计师执业准则。从法律上讲，注册会计师审计组织依照《中华人民共和国注册会计师法》和其他法律及行政法规的规定来承办审计事项。

总之，在审计监督体系中，政府审计、内部审计和注册会计师审计既相互联系，又各自独立、各司其职，泾渭分明地在不同的领域实施审计。它们各有特点，相互不可替代，因此不存在主导和从属的关系。从发展的观点来看，随着政治的逐步民主化，以监督国家经济活动为主要特征的政府审计将会得到加强；随着企业规模的逐步扩大化和内部管理的科学化，内部审计将得到更大的发展；随着经济的逐步市场化，注册会计师审计将在整个审计体系中占据日益重要的地位。

复习思考题

1. 简述政府审计、内部审计和注册会计师审计的起源。

2. 简述注册会计师审计的起源和发展历程。

3. 简述 20 世纪以来我国审计的发展沿革。

4. 怎样理解美国会计学会（AAA）在《基本审计概念说明》公告中关于审计的概念？

5. 简述审计按照不同标准的分类。

6. 从方法论的角度，阐述账项基础审计、制度基础审计和风险导向审计是如何构建审计思路、设计审计流程的。

7. 简述我国的审计监督体系以及政府审计、内部审计和注册会计师审计各自的特征。

练习题

一、单项选择题（在每小题列出的四个备选项中只有一个是最符合题目要求的，请将其代码填在题后的括号内）

1. 注册会计师审计从起源发展到现在经历了一个较长的过程，在审计发展的不同时期,其主要审计目的也在调整。下列关于不同阶段审计目的的陈述中,不恰当的是( )。

A. 英式注册会计师审计的主要目的是查错防弊

B. 美式注册会计师审计的主要目的是判断企业信用状况

C. 1929—1933年经济危机后,审计的主要目的是对财务报表发表审计意见,查错防弊转为次要目的

D. 风险导向审计确立后的今天,审计的主要目的是审查账户余额或各类交易是否存在错报

2. 注册会计师与政府审计部门如果对同一事项进行审计,最终形成的审计结论可能存在差异。下列导致差异的各项原因中,最主要的是( )。

A. 审计的依据不同　　　　　　　　　B. 审计的独立性不同

C. 审计的性质不同　　　　　　　　　D. 审计的方式不同

3. 根据美国会计学会(AAA)对审计的定义,下列理解中,不恰当的是( )。

A. 在财务报表审计中,既定标准可以具体为企业会计准则

B. 审计是一个系统过程

C. 审计应当确保被审计单位财务报表与标准相同

D. 审计的价值需要通过把审计结果传递给利害关系人来实现

4. 注册会计师审计方法的调整,主要是随着( )的变化。

A. 审计对象　　　　　　　　　　　　B. 审计环境

C. 审计目标　　　　　　　　　　　　D. 审计责任

5. 下列有关审计监督体系的理解中,表达正确的是( )。

A. 内部审计是注册会计师审计的基础

B. 政府审计是独立性最强的一种审计

C. 注册会计师审计意见旨在提高财务报表的可信赖程度

D. 财务报表的合法性是财务报表使用者最为关心的

二、多项选择题(在每小题列出的四个备选项中有两个或两个以上是符合题目要求的,请将其代码填在题后的括号内)

1. 关于审计的分类可以从不同角度加以考察,下列对审计的分类中,恰当的有( )。

A. 审计按与被审计单位的关系不同,可分为内部审计和外部审计

B. 审计按目的的不同,可分为合理保证审计和有限保证审计

C. 审计按主体的不同,可分为政府审计、内部审计和注册会计师审计

D. 审计按目的和内容的不同,可分为财务报表审计、经营审计和合规性审计

2. 注册会计师审计方法的发展经历的阶段有( )。

A. 以被审计单位是否遵守了特定的程序规划或条例为特征的合规性审计

B. 以会计凭证和账簿的详细检查为特征的账项基础审计

C. 以内部控制测试为基础、以抽样审计为特征的制度基础审计

D. 以重大错报风险的识别、评估、应对为审计工作主线的风险导向审计

3. 下列有关注册会计师审计的说法中,正确的有( )。

A. 注册会计师在执行审计工作时必须利用内部审计的工作成果

B. 注册会计师审计是一种有偿审计

C. 注册会计师审计就是注册会计师代表本人实施的审计

D. 注册会计师审计体现为双向独立

4. 下列关于政府审计与注册会计师审计的表述中,不正确的有( )。

A. 两者在审计过程中的依据相同

B. 两者的审计对象、方式基本一致

C. 两者都是外部审计,都是双向独立

D. 两者在审计中对同一事项得出的结论相同

5. 下列有关审计方法的表述中,正确的有( )。

A. 风险导向审计的重心是审计风险的防止或发现并纠正

B. 账项基础审计的重心是发现和防止资产负债表错弊

C. 风险导向审计的重心是重大错报风险的识别、评估与应对

D. 制度基础审计的重心是以内部控制为基础的抽样审计

三、判断题(对每题内容的正误进行判断,你认为正确的用"√"表示,错误的用"×"表示,并填入题后的括号内)

1. 风险导向审计解决了审计资源的分配问题,要求注册会计师将审计资源配置到最容易导致财务报表出现控制风险的领域。 ( )

2. 无论在中国还是在西方,审计都是在一定的经济关系下,基于经济监督的需要而产生的。 ( )

3. 经营审计在某种程度上更像是管理咨询。 ( )

4. 美国政府审计的组织形式属于行政模式。 ( )

5. 中国第一家会计师事务所的名称是正则会计师事务所。 ( )

第二章　注册会计师管理

注册会计师管理是注册会计师行业规范、有序运行的前提,包括注册会计师的考试与注册登记制度、业务范围、会计师事务所的组织形式,以及行业协会的组织管理。

第一节　注册会计师考试与注册登记

注册会计师考试与注册登记制度是注册会计师管理制度的重要内容之一,是选拔注册会计师的一系列措施、制度的总称。目前,世界上许多国家为了保证审计工作质量,保护投资者合法权益,维护注册会计师职业在公众心目中应有的权威性,都相继制定了较为完善的注册会计师考试和注册制度。

一、国外注册会计师的考试与注册登记制度

美国、英国、加拿大和日本的注册会计师考试与注册登记制度颇有特点,现以该四国为例予以介绍。

在美国,50 个州和哥伦比亚特区都通过自身的注册会计师法,确认本州从事开业活动的注册会计师资格,并对具备注册会计师资格的开业注册会计师发放注册会计师证书。根据各州注册会计师法的规定,注册会计师申请必须通过由美国注册会计师协会(AICPA)考试委员会组织和评卷的全国注册会计师考试,考试每年 2 次,考试科目包括:①财务会计与报告(企业);②会计与报告(税务、管理、政府和非营利组织);③审计;④商法和职业责任。美国注册会计师协会在其发行的小册子《注册会计师考试信息》中,登载每一考试科目的考试大纲,并说明评分和其他有关考试管理的问题。

在英国,为了取得特许会计师(CA)资格,申请人必须在会计师事务所工作并通过专业考试。申请人在完成大学水平的学业后,与某会计师事务所签订一份为期 3 年的培训合同。对申请者所受大学教育的专业不作限制,可以是会计或商科以外的任何其他专业,但申请人必须通过 14 门课程的考试。考试分为三级:①基础级,包括基础会计、法律基础、管理信息、公司组织 4 门;②资格级,包括信息分析、审计、税法、财务管理 4 门;③职业级,包括控制与决策信息、会计与审计实务、税务计划、管理与战略、财务报告环境、财务战略 6 门。某些符合条件的申请人,可以申请某一门或几门课程的免试。

在加拿大,共有三个会计师组织:一是加拿大特许会计师协会;二是加拿大公认会计师协会;三是加拿大管理会计师协会。由于加拿大有三个会计师组织,因此没有统一的考试制度,而是由三个不同的会计组织分别组织考试工作,这其中最权威的是加拿大特许会计师考试。加拿大特许会计师协会成立于 1902 年,就考试工作而言,各省协会负责考生的考前培

训、测试及报名工作,加拿大特许会计师协会负责命题、阅卷、试题分析等工作。考生报考资格由各省协会确定,一般有三条:一是考生要有大学以上文凭;二是考生要有规定的会计课程学分;三是考生要参加各省协会提供的教育课程。加拿大特许会计师协会的考试内容基本是案例分析,测试考生的专业判断能力,考生只有达到规定的4科考试及格线,并有在会计师事务所及专业服务领域工作30个月的经验,方可在当地申请注册。

在日本,要成为一名公认会计士①,申请人也必须通过类似英美考试制度的国家考试。日本国家考试分为三次:第一次考试科目包括国语、英语、数学、论文,目的是判定考生是否具备参加第二次考试的资格;第二次考试科目为簿记、财务会计、成本会计、审计理论、经济学、经营学和商法,目的是判定申请人是否具备作为公认会计士应有的专业知识;第三次考试包括审计、财务分析及其他(包括税务论文),考试分笔试和口试两种形式。对公认会计士的各项考试合格者,分别发给证明各该项考试的合格证书。

二、我国注册会计师的考试与注册登记制度

在我国,从1991年起实施了注册会计师全国统一考试制度,并自1994年起通过注册会计师全国统一考试成为取得注册会计师资格的前提,注册会计师考试现已成为国内声誉最高的执业资格考试之一。

(一) 报考条件

根据《中华人民共和国注册会计师法》(简称《注册会计师法》)和《注册会计师全国统一考试办法》的规定,具有下列条件之一的中国公民,可报名参加考试:①高等专科以上学历;②会计或者相关专业(指审计、统计、经济)中级以上专业技术职称。

我国港、澳、台地区居民及按照互惠原则确认的外籍公民申请参加中华人民共和国注册会计师考试必须具备下列条件之一:①具有财政部全国注册会计师考试委员会认可的境内、境外高等专科及以上学校的学历。②已取得境外法律认可的注册会计师资格(或其他相应资格)。③已取得中国注册会计师全国统一考试的单科合格证书。符合上述条件的报考人员,还必须提供如下有效证明:①报名人员合法身份的有效证件(护照、身份证等)。②报名人员境内、境外高等专科及以上学校毕业的有效学历证书或境外注册会计师资格证书,或有效的中国注册会计师全国统一考试单科成绩合格凭证。在此所指的"互惠原则"是指,外籍公民所在国允许中华人民共和国公民参加该国注册会计师(或其他相应称谓)考试者,中华人民共和国政府亦允许其公民参加中国注册会计师考试。

(二) 考试组织

财政部成立全国注册会计师考试委员会(简称全国考试委员会)。全国考试委员会办公室设在中国注册会计师协会。各省、自治区、直辖市财政厅(局)成立地方注册会计师考试委员会(简称地方考试委员会),地方考试委员会办公室设在各省、自治区、直辖市注册会计师协会。

全国考试委员会组织领导全国统一考试工作,确定考试组织工作原则,制定考试组织工作方针、政策,审定考试大纲,确定考试命题,处理考试组织工作中的重大问题,指导地方考试委员会工作。全国考试委员会办公室负责具体的组织、实施考试工作,指导各地方考试委员会办公室的工作。地方考试委员会贯彻、实施全国考试委员会的规定,组织、领导本地区

---

① 公认会计士是注册会计师在日本的称谓。

的考试工作。地方考试委员会办公室在地方考试委员会的领导下具体负责组织本地区的考试工作。

（三）考试科目

在我国,注册会计师全国统一考试分为专业阶段和综合阶段两个阶段。专业阶段主要测试考生是否具备注册会计师执业所需要的专业知识,是否掌握基本的职业技能和职业道德规范,设会计、审计、财务成本管理、公司战略与风险管理、经济法、税法6科。综合阶段主要测试考生是否具备在职业环境中综合运用专业学科知识,坚守职业价值观、遵循职业道德、坚持职业态度,有效解决实务问题的能力,设职业能力综合测试科目,分为试卷一和试卷二。

（四）注册登记

根据《注册会计师法》的规定,参加注册会计师全国统一考试成绩合格,并从事审计业务工作2年以上的,可以向省、自治区、直辖市注册会计师协会申请注册。省级注册会计师协会负责注册会计师的审批,受理的注册会计师协会应当批准符合法律规定条件的申请人的注册,并报财政部备案。财政部对发现的不符合法律要求条件的注册,应当通知有关的注册会计师协会撤销注册,同时抄送中国注册会计师协会及省级财政部门。

第二节 注册会计师的业务范围

注册会计师的业务范围包括鉴证业务与相关服务业务两大类,其中鉴证业务又包括审计业务、审阅业务和其他鉴证业务。

一、鉴证业务

鉴证业务是指注册会计师对鉴证对象信息提出结论,以增强除责任方之外的预期使用者对鉴证对象信息信任程度的业务。可见,鉴证业务的主要目的是提高鉴证对象信息的可信性。该定义可从以下几个方面加以理解:①鉴证业务的用户是"预期使用者",即鉴证业务可以用来有效地满足预期使用者(股东等)的需求。②鉴证业务的目的是改善信息的质量或内涵,增强除责任方之外的预期使用者对鉴证对象信息的信任程度,即以适当保证或提高鉴证对象信息的质量为主要目的,而不涉及如何利用信息提供建议。③鉴证业务的基础是独立性和专业性,通常由具备专业胜任能力和独立性的注册会计师来执行,注册会计师应当独立于责任方和预期使用者。④鉴证业务的"产品"是鉴证结论,注册会计师应当对鉴证对象信息提出结论,该结论应当以书面报告的形式予以传达。

在上述定义中,鉴证对象信息是按照标准对鉴证对象进行评价和计量的结果。例如,公司管理层(责任方)按照会计准则和相关会计制度(标准)对公司的财务状况、经营成果和现金流量(鉴证对象)进行确认、计量和列报(包括披露)而形成的财务报表(鉴证对象信息)。即公司的财务报表是一种鉴证对象信息。

（一）鉴证业务的类别

1. 基于责任方认定的业务和直接报告业务

按照鉴证对象信息是否以责任方认定的形式为预期使用者所获取,可将鉴证业务分为基于责任方认定的业务和直接报告业务。一般意义上的认定是指责任方对鉴证对象信息各组成要素作出的表达,如公司管理层以书面形式对公司内部控制的有效性作出的评价,就是对公司内部控制的认定。

在基于责任方认定的业务中,责任方对鉴证对象进行评价或计量,鉴证对象信息以责任方认定的形式为预期使用者获取。例如,在财务报表审计中,被审计单位管理层(责任方)对财务状况、经营成果和现金流量(鉴证对象)进行确认、计量和列报(评价或计量)而形成的财务报表(鉴证对象信息)即为责任方的认定,该财务报表可为预期使用者获取,注册会计师针对财务报表出具审计报告。这种业务则属于基于责任方认定的业务。

在直接报告业务中,注册会计师直接对鉴证对象进行评价或计量,或者从责任方获取对鉴证对象评价或计量的认定,而该认定无法为预期使用者获取,预期使用者只能通过阅读鉴证报告获取鉴证对象信息。例如,在内部控制鉴证业务中,注册会计师可能无法从管理层(责任方)获取其对内部控制有效性的评价报告(责任方认定),或虽然注册会计师能够获取该报告,但预期使用者无法获取该报告,注册会计师直接对内部控制的有效性(鉴证对象)进行评价并出具鉴证报告,预期使用者只能通过阅读该鉴证报告获得内部控制有效性的信息(鉴证对象信息)。这种业务则属于直接报告业务。

下面以历史财务报表审计作为基于责任方认定的业务的例子,以IT系统鉴证作为直接报告业务的例子,对两类业务的主要区别进行比较,如表2-1所示。

表2-1 　　　　　　　　　　　基于责任方认定的业务与直接报告业务区别例解

业务类型 区别	基于责任方认定的业务 (历史财务报表审计)	直接报告业务 (IT系统鉴证)
预期使用者获取鉴证对象信息的方式	预期使用者不通过审计报告便可获取责任方认定,即公司财务报表	可能不存在责任方认定(公司管理层关于IT系统可应用性、安全性、完整性和可维护性等方面控制有效性的评价报告),或虽然存在,但该认定无法为预期使用者获取;预期使用者只能通过鉴证报告获取上述信息
提出结论的对象	鉴证对象信息,即所审计的公司财务报表	鉴证对象,即IT系统可应用性、安全性、完整性和可维护性等方面控制的有效性
责任方的责任	责任方对鉴证对象信息负责,即对公司财务报表的真实性、完整性负责	责任方对鉴证对象负责,即对IT系统可应用性、安全性、完整性和可维护性等方面控制的有效性负责
鉴证报告	以书面形式提供公司财务报表的审计报告,明确提及责任方认定	以书面形式提供鉴证报告。直接提及鉴证对象和标准,无须提及责任方认定

2. 合理保证的鉴证业务与有限保证的鉴证业务

按照鉴证业务的目标,即保证程度的不同,可将鉴证业务分为合理保证的鉴证业务和有限保证的鉴证业务。合理保证的保证水平要高于有限保证的保证水平。

合理保证的鉴证业务的目标是注册会计师将鉴证业务风险降至该业务环境下可接受的低水平,以此作为以积极方式提出结论的基础。例如,在历史财务信息审计中,要求注册会计师将审计风险降至该业务环境下可接受的低水平,对审计后的历史财务信息提供高水平保证(合理保证),在审计报告中对历史财务信息采用积极方式提出结论。这种业务属于合理保证的鉴证业务。

有限保证的鉴证业务的目标是注册会计师将鉴证业务风险降至该业务环境下可接受的水平，以此作为以消极方式提出结论的基础。例如，在历史财务信息审阅中（如上市公司中期财务报表的审阅），要求注册会计师将审阅风险降至该业务环境下可接受的水平（高于历史财务信息审计中可接受的低水平），对审阅后的历史财务信息提供低于高水平的保证（有限保证），在审阅报告中对历史财务信息采用消极方式提出结论。这种业务属于有限保证的鉴证业务。

下面以财务报表审计作为合理保证的鉴证业务的例子，以财务报表审阅业务作为有限保证的鉴证业务的例子，对两类业务的主要区别进行比较，如表 2-2 所示。

表 2-2　　　　　　　　　合理保证的鉴证业务与有限保证的鉴证业务区别例解

业务类型 区别	合理保证的鉴证业务 （财务报表审计）	有限保证的鉴证业务 （财务报表审阅）
鉴证业务目标	在可接受的低审计风险下，以积极方式对财务报表整体发表审计意见，提供高水平的保证	在可接受的审阅风险下，以消极方式对财务报表整体发表审阅意见，提供有意义水平的保证。该保证水平低于审计业务的保证水平
证据收集程序	通过一个不断修正的、系统化的执业过程，获取充分、适当的证据，证据收集程序包括检查记录或文件、检查有形资产、观察、询问、函证、重新计算、重新执行、分析程序等	通过一个不断修正的、系统化的执业过程，获取充分、适当的证据，证据收集程序受到有意识的限制，主要采用询问和分析程序获取证据
所需证据数量	较多	较少
鉴证业务风险	较低	较高
鉴证对象信息的可信性	较高	较低
提出结论的方式	以积极方式提出结论。例如："我们认为，甲公司财务报表在所有重大方面按照企业会计准则的规定编制，公允反映了甲公司 20××年 12 月 31 日的财务状况以及 20××年度的经营成果和现金流量。"	以消极方式提出结论。例如："根据我们的审阅，我们没有注意到任何事项使我们相信，甲公司财务报表没有按照企业会计准则的规定编制，未能在所有重大方面公允反映被审阅单位的财务状况、经营成果和现金流量。"

需要特别注意的是，对某项具体鉴证业务而言，其保证水平一般都是事先约定好的，而不是根据注册会计师的工作执行情况再确定的。当然，如果业务环境变化影响预期使用者的需求，或预期使用者对该项业务的性质存在误解时，注册会计师也可以应委托人的要求，考虑同意变更业务的保证水平。在实务工作中，保证水平的确定取决于法律、法规和执业准则的要求，以及注册会计师的职业判断。

正确理解鉴证业务准则中的"保证"概念，很有必要对绝对保证、合理保证和有限保证进行界定。绝对保证是指注册会计师对鉴证对象信息整体不存在重大错报提供百分之一百的保证。合理保证是一个与积累必要的证据相关的概念，它要求注册会计师通过不断修正的、系统的执业过程，获取充分、适当的证据，对鉴证对象信息整体提出结论，提供一种高水平但非百分之一百的保证。与合理保证相比，有限保证在证据收集程序的性质、时间、范围等方

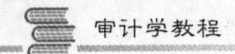

面受到有意识的限制，它提供的是一种适度水平的保证。可以看出，三者提供的保证水平逐次递减。由于在执行鉴证业务的过程中，存在诸多不确定因素，因此将鉴证业务风险降低至零几乎不可能，也不符合成本效益原则。

（二）鉴证业务的要素

鉴证业务要素是指鉴证业务的三方关系、鉴证对象、标准、证据和鉴证报告。

1. 三方关系

三方关系分别是注册会计师、责任方和预期使用者。三方之间的关系是，注册会计师对由责任方负责的鉴证对象或鉴证对象信息提出结论，以增强除责任方之外的预期使用者对鉴证对象信息的信任程度。是否存在三方关系人是判断某项业务是否属于鉴证业务的重要标准之一。如果某项业务不存在除责任方之外的其他预期使用者，那么该业务不构成一项鉴证业务。例如，在管理咨询业务中，咨询报告的使用者是公司管理层（责任方），不存在管理层以外的预期使用者，因此管理咨询不属于鉴证业务。

（1）注册会计师。注册会计师是指取得注册会计师资格证书并在会计师事务所执业的人员，有时也指其所在的会计师事务所。如果鉴证业务涉及的特殊知识和技能超出了注册会计师的能力，注册会计师可以利用相关专家协助执行鉴证业务。在这种情况下，注册会计师应当确信包括专家在内的项目组整体已具备执行该项鉴证业务所需的知识和技能，并充分参与该项鉴证业务和了解专家所承担的工作。

（2）责任方。对责任方的界定与所执行鉴证业务的类型有关。责任方是指下列组织或人员：①在直接报告业务中，是对鉴证对象负责的组织或人员。例如，在 IT 系统鉴证业务中，注册会计师直接对系统的有效性进行评价并出具鉴证报告，该业务的鉴证对象就是被鉴证单位 IT 系统的有效性，责任方就是对该 IT 系统负责的组织或人员，即被鉴证单位的管理层。②在基于责任方认定的业务中，是对鉴证对象信息负责并可能同时对鉴证对象负责的组织或人员。例如，在公司财务报表审计业务中，鉴证对象信息为财务报告，由该公司的管理层负责，公司管理层则为责任方。值得指出的是，责任方可能是鉴证业务的委托人，也可能不是委托人。

（3）预期使用者。预期使用者是指预期使用鉴证报告的组织或人员。责任方可能是预期使用者，但不是唯一的预期使用者。①如果鉴证业务服务于特定的使用者或具有特殊目的，注册会计师可以很容易地识别预期使用者。例如，企业向银行贷款，银行要求企业提供一份与贷款项目相关的预测性财务信息审核报告，那么，银行就是该鉴证报告的预期使用者。②注册会计师可能无法识别使用鉴证报告的所有组织和人员，尤其在各种可能的预期使用者对鉴证对象存在不同的利益需求时。此时，预期使用者主要是那些与鉴证对象有重要和共同利益的主要利益相关者。例如，在上市公司财务报表审计中，预期使用者主要是指上市公司的股东（除此之外，公司的债权人、证券监管机构等显然也是预期使用者）。注册会计师应当根据法律、法规的规定或与委托人签订的协议识别预期使用者。

2. 鉴证对象

在注册会计师提供的鉴证业务中，存在多种不同类型的鉴证对象，相应地，鉴证对象信息也具有多种不同的形式，主要包括：

（1）当鉴证对象为财务业绩或状况时（如历史或预测的财务状况、经营成果和现金流量），鉴证对象信息是财务报表，包括资产负债表、利润表、现金流量表和所有者权益变动表，以及附表、附注信息。

（2）当鉴证对象为非财务业绩或状况时（如企业的运营情况），鉴证对象信息可能是反映效率或效果的关键指标。比如,市场占有率、客户满意度等非财务业绩关键指标。

（3）当鉴证对象为物理特征时（如设备的生产能力），鉴证对象信息可能是有关鉴证对象物理特征的说明文件。

（4）当鉴证对象为某种系统和过程时（如企业的内部控制或信息技术系统），鉴证对象信息可能是关于其有效性的认定。比如,公司管理层对公司内部控制有效性的自评报告或对公司信息技术系统有效性的自评报告。

（5）当鉴证对象为一种行为时（如遵守法律、法规的情况），鉴证对象信息可能是对法律、法规遵守情况或执行效果的声明。比如,公司对《环保法》、《劳动法》、《会计法》等的遵守情况的声明。

鉴证对象具有不同的特征,可能表现为定性或定量、客观或主观、历史或预测、时点或期间。这些特征将对下列方面产生影响:①按照标准对鉴证对象进行评价或计量的准确性。②证据的说服力。例如,当鉴证对象为遵守法规的情况时,它的特征是定性的;当鉴证对象为企业的财务业绩或状况时,它的特征就是定量的;当鉴证对象为企业未来的盈利能力时,它的特征是主观的、预测的;当鉴证对象为企业的历史财务状况时,它的特征就是客观的、历史的。当鉴证对象为企业注册资本的实收情况时,它的特征是时点的;当鉴证对象为企业内部控制过程时,它的特征就是期间的。通常,如果鉴证对象的特征表现为定量的、客观的、历史的或时点的,评价和计量的准确性相对较高,注册会计师获取证据的说服力相对较强,相应地,对鉴证对象信息提供的保证程度也较高。

适当的鉴证对象应当同时具备下列条件:①鉴证对象是可以识别的。②不同的组织或人员对鉴证对象按照既定标准进行评价或计量的结果合理一致。③注册会计师能够收集与鉴证对象有关的信息,获取充分、适当的证据,以支持其提出适当的鉴证结论。

3. 标准

标准是指用于评价或计量鉴证对象的基准,当涉及列报时,还包括列报的基准。标准是鉴证业务中不可或缺的一项要素。运用职业判断对鉴证对象作出评价或计量,离不开适当的标准。如果没有适当的标准提供指引,任何个人的解释甚至误解都可能对结论产生影响,这样一来,结论必然缺乏可信性。也就是说,标准是对所要发表意见的鉴证对象进行"度量"的一把"尺子",责任方和注册会计师可以根据这把"尺子"对鉴证对象进行"度量"。

需要指出的是,对同一鉴证对象进行评价或计量并不一定要选择同一个标准。例如,要评价消费者满意度这一鉴证对象,某些责任方或注册会计师可能会以消费者投诉的次数作为衡量标准;而另外的一些责任方或注册会计师可能会选择消费者在初始购买后的 3 个月内重复购买的数量作为衡量的标准。

（1）标准的类型。标准可以是正式的规定,如编制财务报表所使用的会计准则和相关会计制度;也可以是某些非正式的规定,如单位内部制定的行为准则或确定的绩效水平。①正式的规定通常是一些"既定的"标准,是由法律、法规规定的,或是由政府主管部门或国家认可的专业团体依照公开、适当的程序发布的。例如,编制财务报表时,其标准是权威机构发布的会计准则和相关会计制度;编制内部控制报告时,标准可能是已确立的内部控制规范或指引;编制遵循性报告时,标准可能是适用的法律、法规。②非正式的规定通常是一些"专门制定的"标准,是针对具体的业务项目"量身定做"的,包括企业内部制定的行为准则、确定的绩效水平或商定的行为要求等。需要注意的是,标准的类型不同,注册会计师在评价标准是否适合于具体的鉴证业务时,所关注的重点也不同。

（2）适当的标准应当具备的特征。注册会计师在运用职业判断对鉴证对象作出合理一致的评价或计量时，需要有适当的标准。标准是否适当、是否适用于具体的鉴证业务同样离不开注册会计师的职业判断。如果使用的标准不适当或不适用于具体业务，发表的鉴证结论便毫无意义。适当的标准应当具备下列所有特征：①相关性，即相关的标准有助于得出结论，便于预期使用者作出决策。②完整性，即完整的标准不应忽略业务环境中可能影响得出结论的相关因素，当涉及列报时，还包括列报的基准。③可靠性，即可靠的标准能够使能力相近的注册会计师在相似的业务环境中，对鉴证对象作出合理一致的评价或计量。④中立性，即中立的标准有助于得出无偏向的结论。⑤可理解性，即可理解的标准有助于得出清晰、易于理解、不会产生重大歧义的结论。特别需要指出的是，注册会计师基于自身的预期、判断和个人经验对鉴证对象进行的评价和计量，不构成适当的标准。

（3）评价标准的适当性。注册会计师应当考虑运用于具体业务的标准是否具备以上所述的特征，以评价该标准对此项业务的适用性。在具体鉴证业务中，注册会计师在评价标准各项特征的相对重要程度时，需要运用职业判断。①对于公开发布的标准，注册会计师通常不需要对标准的"适当性"进行评价，而只需评价该标准对具体业务的"适用性"。例如，在我国，会计标准由国家统一制定并强制执行。注册会计师无须评价会计标准是否适当，只须判断责任方采用的标准是否适用于被鉴证单位即可。②对于专门制定的标准，注册会计师首先要对这些标准本身的"适当性"加以评价；否则，注册会计师连自己所用的"尺子"是否适当都无法判断，就很难准确地用这把"尺子"去"度量"要发表意见的鉴证对象。

4. 证据

注册会计师应当以职业怀疑态度计划和执行鉴证业务，获取有关鉴证对象信息是否不存在重大错报的充分、适当的证据。在计划和执行鉴证业务时，注册会计师保持职业怀疑态度十分必要。例如，它有助于降低注册会计师忽视异常情况的风险，有助于降低注册会计师在确定鉴证程序的性质、时间、范围及评价由此得出的结论时采用错误假设的风险，有助于避免注册会计师根据有限的测试范围过度推断总体实际情况的风险。

注册会计师应当及时对制订的计划、实施的程序、获取的相关证据以及得出的结论作出记录。在计划和执行鉴证业务，尤其在确定证据收集程序的性质、时间和范围时，应当考虑重要性、鉴证业务风险以及可获取证据的数量和质量。

所谓职业怀疑态度，是指注册会计师以质疑的思维方式评价所获取证据的有效性，并对相互矛盾的证据，以及引起对文件记录或责任方提供的信息的可靠性产生怀疑的证据保持警觉。职业怀疑态度代表的是注册会计师执业时的一种精神状态，它有助于降低注册会计师在执业过程中可能遇到的风险。这些风险通常包括：忽略了可疑的情况；在决定证据收集程序的性质、时间和范围时使用了不恰当的假设；对证据进行了不恰当的评价等。

职业怀疑态度并不要求注册会计师假设责任方是不诚信的，但是注册会计师也不能假设责任方的诚信就毫无疑问。职业怀疑态度要求注册会计师凭证据"说话"。职业怀疑态度意味着，在进行询问和实施其他程序时，注册会计师不能因轻信管理层和治理层的诚信而满足于说服力不够的证据。相应地，为得出鉴证结论，注册会计师不应使用责任方声明替代应当获取的充分、适当的证据。

5. 鉴证报告

注册会计师应当针对鉴证对象信息（或鉴证对象）在所有重大方面是否符合适当的标准，以书面报告的形式发表能够提供一定保证程度的结论，即应当出具含有鉴证结论的书面报告,该鉴证结论应当说明注册会计师就鉴证对象信息获取的保证。

在基于责任方认定的业务中,注册会计师的鉴证结论可以采用下列两种表述形式:①明确提及责任方认定,如"我们认为,责任方作出的'根据××标准,内部控制在所有重大方面是有效的'这一认定是公允的"。②直接提及鉴证对象和标准,如"我们认为,根据××标准,内部控制在所有重大方面是有效的"。由于在基于责任方认定的业务中,可以获取责任方认定,注册会计师是针对鉴证对象信息进行评价并出具报告的,鉴证对象信息也可以以责任方认定的形式为预期使用者所获取,注册会计师在鉴证报告中显然可以明确提及责任方认定。另外,直接提及鉴证对象和标准,也不会给预期使用者带来误解。因此,注册会计师的鉴证结论采用上面的第①种和第②种表述形式均可。如果决定采用第①种表述形式,即在鉴证结论中提及责任方认定,注册会计师可以将该认定附于鉴证报告后,在鉴证报告中引述该认定或指明预期使用者能够从何处获取该认定。

在直接报告业务中,注册会计师应当明确提及鉴证对象和标准。因为在直接报告业务中,注册会计师可能无法从责任方获取其对鉴证对象评价或计量的认定;即便可以获取这种认定,该认定也无法为预期使用者获取,预期使用者只能通过阅读鉴证报告获取鉴证对象信息。很显然,在直接报告业务中,提及责任方认定没有意义。因此,注册会计师应当直接对鉴证对象进行评价并出具鉴证报告,明确提及鉴证对象和标准,鉴证结论只能采用上述第②种表述形式。

(三)鉴证业务的内容

鉴证业务的内容包括审计业务、审阅业务和其他鉴证业务,这些业务涉及的鉴证对象信息和保证程度有一定的差异。

1. 审计业务

审计业务是指鉴证对象信息为历史财务信息的合理保证鉴证业务。在历史财务信息审计业务中,注册会计师作为独立的第三方,运用专业知识、技能和经验对历史财务信息进行审计并以积极方式发表专业意见,旨在提高财务报表的可信赖程度。财务报表审计业务即为一种典型的历史财务信息审计业务。

财务报表审计的目标是注册会计师通过执行审计工作,对财务报表的下列方面发表审计意见:①财务报表是否按照适用的企业会计准则的规定编制。②财务报表是否在所有重大方面公允地反映被审计单位的财务状况、经营成果和现金流量。

目前,我国注册会计师从事的审计业务包括:①审查企业财务报表,出具审计报告。②验证企业资本,出具验资报告。③办理企业合并、分立、清算事宜中的审计业务,出具有关报告。④办理法律、行政法规规定的其他审计业务,出具相应的审计报告。由于审计存在固有限制,审计工作不能对财务报表整体不存在重大错报提供绝对保证。

2. 审阅业务

审阅业务是指鉴证对象信息为历史财务信息的有限保证鉴证业务。在历史财务信息审阅业务中,注册会计师作为独立的第三方,运用专业知识、技能和经验对历史财务信息进行审阅并以消极方式发表专业意见,旨在提高财务报表的可信赖程度。传统的财务报表审阅业务即为一种典型的历史财务信息审阅业务。例如,为了降低成本,小企业可能聘请注册会计师对年度财务报表进行审阅。此外,有些国家的证券监管机构可能要求上市公司聘请注册会计师对中期财务报表进行审阅,以提高季报中披露的信息可信度。

财务报表审阅的目标,是注册会计师在实施审阅程序的基础上,说明是否注意到某些事项使财务报表没有按照适用的会计准则和相关会计制度的规定编制,未能在所有重大方面公允反映被审阅单位的财务状况、经营成果和现金流量。在财务报表审阅业务中,要求注册会计师将审阅风险降至该业务环境下可接受的水平(高于财务报表审计中可接受的低水平),在审阅报告中对财务报表采用消极方式提出结论,对审阅后的财务报表提供低于高水平的保证,即提供有限保证。

3. 其他鉴证业务

目前,在全球范围内,除了审计和审阅业务外,注册会计师还承办其他鉴证业务,如预测性财务信息审核、内部控制审核、风险管理鉴证、网域认证等。

我国注册会计师承办的业务范围较为广泛,既有针对历史财务信息的审计和审阅业务,又有历史财务信息以外的其他鉴证业务,如内部控制审核、预测性财务信息审核等。

值得一提的是,在我国随着上市公司数量的不断增加和监管机构对公众公司管理规范化要求越来越严格,内部控制审计①业务将成为注册会计师重要的鉴证业务之一。

二、相关服务业务

相关服务业务包括对财务信息执行商定程序、代编财务信息、税务服务、管理咨询以及会计服务等。

(一)对财务信息执行商定程序

对财务信息执行商定程序,是注册会计师对特定财务数据、单一财务报表或整套财务报表等财务信息执行与特定主体商定的具有审计性质的程序,并就执行的商定程序及其结果出具报告。值得注意的是,商定程序业务不以提供保证为目的。

(二)代编财务信息

代编财务信息,是注册会计师运用会计而非审计的专业知识和技能,代客户编制一套完整或非完整的财务报表,或代为收集、分类和汇总其他信息。

(三)税务服务

税务服务包括税务代理和税务筹划。税务代理是注册会计师接受企业或个人委托,为其填制纳税申报表,办理纳税事项。税务筹划是由于纳税义务发生范围和时间不同,注册会计师从客户利益出发,代替纳税义务人设计可替代或不同结果的纳税方案。税务筹划始于所得税的纳税筹划,现已扩展到财产税、遗产税等诸多税种。

(四)管理咨询

管理咨询服务是注册会计师与非注册会计师激烈竞争的一个领域。从20世纪50年代起,注册会计师的管理咨询服务收入开始增长,并保持了强劲的增长势头。其原因主要是:首先,管理咨询服务是增值服务;其次,企业内部结构重组给注册会计师带来了无限商机。现在,大型会计师事务所越来越明显地成为管理咨询服务的主要提供者。管理咨询服务范围很广,主要包括对公司的治理结构、内部控制、预算管理、信息系统、财务会计等提供诊断及专业意见与建议。

---

① 2010年4月26日,我国财政部会同证监会等五部门发布了《企业内部控制应用指引》、《企业内部控制评价指引》和《企业内部控制审计指引》,要求执行企业内部控制规范体系的企业,应当对本企业内部控制的有效性进行自我评价,披露年度自我评价报告,同时聘请具有证券期货业务资格的会计师事务所依照相关审计标准对其财务报告内部控制的有效性进行审计,出具审计报告。

（五）会计服务

注册会计师提供的会计咨询和会计服务业务,除了代编财务信息外,还包括对会计政策的选择和运用提供建议、担任常年会计顾问等。注册会计师执行的会计咨询、会计服务业务属于服务性质,是所有具备条件的中介机构甚至个人都能够从事的非法定业务。

三、鉴证业务与相关服务业务的区别

注册会计师提供的专业服务包括鉴证业务和相关服务,两者的区别主要体现在以下几个方面:

（1）业务涉及的关系人不同。相关服务通常只涉及两方关系人,即客户和提供相关服务的注册会计师;而鉴证业务通常涉及三方关系人,即责任方、预期使用者及提供鉴证业务的注册会计师。

（2）业务关注的焦点不同。相关服务关注的焦点主要是信息的生成、编制或对如何利用信息作出决策提供建议;而鉴证业务关注的焦点是适当保证和提高鉴证对象信息的质量,通常不涉及信息的利用。

（3）工作结果不同。相关服务的工作结果不对信息提供可信性保证;而鉴证业务的工作结果是注册会计师以书面形式提出结论,该结论能对鉴证对象信息提供某种程度的可信性保证。

（4）独立性要求不同。相关服务通常不对提供服务的注册会计师提出独立性要求;而鉴证业务要求注册会计师必须独立于鉴证业务中的其他两方。

注册会计师在确定某项业务是适合作为鉴证业务还是适合作为相关服务时,应当根据执业准则的要求,着重考虑客户寻求服务的目的。如果客户的要求只涉及信息的编制和利用,或就某一事项寻求建议或意见,那么注册会计师将此业务作为相关服务是恰当的。但是,如果客户需要注册会计师对特定事项以书面报告的形式提供保证,则此业务应当作为鉴证业务。

下面,以财务报表审计作为鉴证业务的例子,以代编财务信息作为相关服务的例子,对两类业务进行比较,如表2-3所示。

表2-3　　　　　　　　　　　　　鉴证业务与相关服务的区别例解

业务类型 区　别	相关服务 （以代编财务信息为例）	鉴证业务 （以财务报表审计为例）
业务关系人	只涉及注册会计师和责任方(管理层)两方关系人	涉及注册会计师、责任方(管理层)和预期使用者三方关系人
业务关注的焦点	财务信息的收集、分类和汇总	财务信息的质量
保证程度	不对财务信息提供任何程度的保证	对财务报表不存在重大错报提供合理保证
独立性要求	不对独立性提出要求,但如果不独立,应当在代编业务报告中说明这一事实	要求注册会计师从实质上和形式上保持独立
报　告	如果注册会计师的姓名与代编财务信息相关联,需要出具代编业务报告,但在报告中不提出鉴证结论	以书面形式提供审计报告,并在报告中就财务报表是否不存在重大错报提出鉴证结论

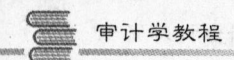

第三节　会计师事务所的组织形式

会计师事务所是注册会计师依法承办业务的机构。综观注册会计师行业在各国的发展,会计师事务所主要有独资、普通合伙、有限责任公司和有限责任合伙制四种组织形式。目前,我国规定会计师事务所可以由注册会计师合伙(普通合伙制或特殊普通合伙制)设立,也可以是有限责任的法人(有限责任公司制)。

一、独资会计师事务所

独资会计师事务所又称个人会计师事务所,是由具有注册会计师执业资格的个人独立开业,承担无限责任。其优点是对执业人员的需求不多,容易设立,执业灵活,能够在代理记账、代理纳税等方面很好地满足小型企业对注册会计师服务的需求,虽承担无限责任,但实际发生风险的程度相对较低。其缺点是无力承担大型业务,缺乏发展后劲。

二、普通合伙制会计师事务所

普通合伙制会计师事务所,是由2位或2位以上注册会计师组成的合伙组织,合伙人以各自的财产对事务所的债务承担无限连带责任。其优点是在风险的牵制和共同利益的驱动下,促使事务所强化专业发展,扩大规模,提高规避风险能力。其缺点是通过合伙制的方式扩大事务所规模,建立一个跨地区、跨国界的大型事务所要经历一个漫长的过程。同时,任何一个合伙人执业中的疏忽或舞弊行为,都可能给整个事务所带来灭顶之灾,使之1日之间土崩瓦解。

为了促进我国会计师事务所做大做强,我国财政部、原国家工商行政管理总局发布了《关于推动大中型会计师事务所采用特殊普通合伙组织形式的暂行规定》,该暂行规定第二条指出"采用特殊普通合伙组织形式的会计师事务所,一个合伙人或者数个合伙人在执业活动中因故意或者重大过失造成合伙企业债务的,应当承担无限责任或者无限连带责任,其他合伙人以其在合伙企业中的财产份额为限承担责任。合伙人在执业活动中非因故意或者重大过失造成的合伙企业债务以及合伙企业的其他债务,由全体合伙人承担无限连带责任"。可见,我国的特殊普通合伙制作为普通合伙制的一种特殊形式,并非单独的、全新的组织形式,其在本质上并不改变传统普通合伙的无限连带责任,只有满足了特定条件,特定的合伙人才能享有有条件的有限责任的保护。

三、有限责任公司制会计师事务所

有限责任公司制会计师事务所,是由注册会计师认购会计师事务所股份并以其所认购股份对事务所承担有限责任,事务所以全部资产对其债务承担有限责任。其优点是可以通过股份制形式迅速聚集一批注册会计师,建立规模型大所,承办大型业务。其缺点是降低了风险责任对执业行为的高度制约,弱化了注册会计师的个人责任。

四、有限责任合伙制会计师事务所

有限责任合伙制会计师事务所最明显的特征是有过失的合伙人对个人执业行为承担无

限责任,无过失的合伙人只须承担有限责任。它的最大特点在于既融入了合伙制和股份有限公司制会计师事务所的优点,又摈弃了它们的不足。到 1995 年年底,原"六大"国际会计师事务所在美国完成了向有限责任合伙制的转型。现存的普华永道(Price Water House Coopers)、安永(Ernst & Young)、毕马威(KPMG)、德勤(Deloitte Touche Tohmatsu)"四大"国际会计师事务所在其他国家和地区的转型还在进行中,同时,在它们的主导下,许多国家和地区的大中型会计师事务所也陆续开始转型。有限责任合伙制会计师事务所已成为当今注册会计师职业界组织形式发展的一大趋势。

第四节 注册会计师协会

中国注册会计师协会(the Chinese Institute of Certified Public Accountants,简称 CICPA),于 1988 年 11 月 15 日成立。根据《注册会计师法》,中国注册会计师协会是注册会计师行业的全国性自律组织,接受财政部、民政部的监督、指导。省、自治区、直辖市注册会计师协会是注册会计师行业的地方组织。

一、注册会计师协会的宗旨与职责

中国注册会计师协会的宗旨是服务、监督、管理、协调,即以诚信建设为主线,服务本会会员,监督会员执业质量、职业道德,依法实施注册会计师行业管理,协调行业内、外部关系,维护社会公众利益和会员合法权益,促进行业健康发展。

中国注册会计师协会的最高权力机构是全国会员代表大会,协会理事会由全国会员代表大会选举理事若干人组成,对全国会员代表大会负责,协会的常设办事机构由秘书长、副秘书长若干人并配备必要数量的专职人员组成。中国注册会计师协会依法履行以下职责:

(1) 审批和管理本会会员,指导地方注册会计师协会办理注册会计师注册。

(2) 拟定注册会计师执业准则、规则,监督、检查实施情况。

(3) 组织对注册会计师的任职资格、注册会计师和会计师事务所的执业情况进行年度检查。

(4) 制定行业自律管理规范,对违反行业自律管理规范的行为予以惩戒。

(5) 组织实施注册会计师全国统一考试。

(6) 组织和推动会员培训工作。

(7) 组织业务交流,开展理论研究,提供技术支持。

(8) 开展注册会计师行业宣传。

(9) 协调行业内、外部关系,支持会员依法执业,维护会员合法权益。

(10) 代表中国注册会计师行业开展国际交往活动。

(11) 指导地方注册会计师协会工作。

(12) 办理法律、行政法规规定和国家机关委托或授权的其他有关工作。

各省、自治区、直辖市注册会计师协会的组织机构和章程,由本地区会员代表大会依法确定,报中国注册会计师协会和当地政府主管行政机关备案并接受监督和指导。各省、自治区注册会计师协会根据需要可以设立市级协会,由省级协会批准,报全国协会备案。省级以下协会的组织运行和职责权限,依照有关法律、法规及省级协会的规定办理。

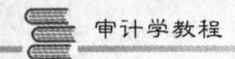

二、中国注册会计师协会会员

(一) 会员种类

中国注册会计师协会的会员包括个人会员和团体会员。会员入会均须履行申请和登记手续。

(1) 个人会员。凡参加注册会计师全国统一考试且全科合格、经批准者以及依照规定考核取得会员资格者,为注册会计师协会个人会员。其中凡经审批注册并专职在中国境内会计师事务所执业的个人会员,称为执业会员;其余不在事务所专职工作的个人会员,称为非执业会员。

(2) 团体会员。凡依法批准设立的会计师事务所,均为中国注册会计师协会的团体会员。设立团体会员,是因为考虑到目前我国法律规定注册会计师不允许个人开业,必须加入会计师事务所才能接受委托承办业务。会计师事务所作为协会的团体会员,便于协会对其实施有效的监督,也便于会计师事务所向协会反映工作中的意见和建议。

(二) 会员的权利和义务

中国注册会计师协会的会员拥有以下权利:①享有协会的选举权和被选举权;②对协会给予的惩戒提出申诉;③参加协会举办的学习和培训活动;④参加协会组织的有关专业研究和经验交流活动;⑤获得协会提供的有关资料;⑥通过协会向有关方面提出意见和要求;⑦监督协会工作,提出批评和建议;⑧监督协会的会费收支;⑨依照规定申请退出协会的权利。

中国注册会计师协会的会员负有以下义务:①遵守协会章程;②执行协会决议;③遵守协会纪律;④接受协会的监督、管理;⑤按规定交纳会费;⑥完成规定的后续教育;⑦承担协会委托的任务。会员拒不履行义务的,以及不再具备会员资格的,协会理事会可劝其退会或予以除名。

三、外国会计师职业组织和国际会计职业组织简介

(一) 美国注册会计师协会

美国注册会计师协会(AICPA)是美国注册会计师的全国性组织,其成立目的是促进全美国注册会计师的团结,保护和增强其合法权益,加强注册会计师培训和行业管理,提高注册会计师的执业水平和职业道德。协会下设理事会、常务理事会及各专门委员会。该协会的主要职责是:制定审计及其他相关准则和规则;研究和出版有关会计、审计、管理咨询和税务等方面的资料;组织注册会计师考试、继续教育以及为会员提供专业咨询服务;开展行业交流等。

在美国,各州也设有州注册会计师协会,与美国注册会计师协会的目的基本相同,但没有隶属关系。

(二) 英国会计职业组织

由于历史的、地理的、民族的原因,英国的会计职业组织较为复杂,现有 6 家相互独立的会计职业团体,即特许会计师协会(ACCA)、英格兰和威尔士特许会计师协会(ICAEW)、苏格兰特许会计师协会(ICAS)、爱尔兰特许会计师协会(ICAI)、成本和管理会计师协会(ICMA)、特许公共财务会计协会(CIPFA)。上述 6 家会计职业团体中,只有 ACCA、ICAEW、ICAS、ICAI 具有登记会员资格,即有权批准其会员从事独立审计业务并发给执业

证书。这6家会计职业组织彼此相互独立,并相对独立于政府部门。为促进相互合作,它们共同发起成立了一个咨询委员会(CCAB),代表英国会计职业组织向国际会计师联合会提出专业意见。英国会计职业组织的职责是组织注册会计师考试和注册,制定审计准则和职业道德规范,监督执业行为和执业质量等。

(三)国际会计师联合会

国际会计师联合会(IFAC)于1977年10月在德国慕尼黑成立,最初成员有49个国家的63个会计职业组织。目前,加入该会的成员已发展到80多个国家的120多个会计职业组织。IFAC的宗旨是:在国际间开展合作和协调,力求在技术、道德和教育等方面提高水平,促使会计师资格相互承认,在世界范围内发展和繁荣会计职业。其主要目标是:为会计职业界建立国际性技术职业道德和教育准则;用共同的目标发展地区组织;组织国际会计师代表大会,促进交流,以期达到共同的目的。

IFAC设理事会作为执行机构,由美、英、法、日等18个国家的代表组成。同时,联合会还下设了国际会计准则、国际审计实务、职业道德、教育、财务与管理会计、信息技术、会员资格、公共部门等专门委员会,分别负责相应方面的工作。到目前为止,IFAC已经颁布了30多项国际审计准则及其他若干重要指南性文件,为协调各国注册会计师的审计实务、促进独立审计的发展发挥了积极的作用。

复习思考题

1. 简述我国注册会计师的考试与注册登记制度。
2. 什么是鉴证业务?基于责任方认定的业务和直接报告业务有何区别?
3. 合理保证的鉴证业务与有限保证的鉴证业务有何区别?
4. 简述鉴证业务的要素。简述如何运用三方关系判断某项业务是否属于鉴证业务。
5. 鉴证对象与鉴证对象信息主要包括哪些内容?
6. 什么是标准?标准有哪些类型?如何评价标准的适当性?
7. 鉴证业务包括哪些内容?相关服务业务包括哪些内容?这两类业务有何区别?
8. 会计师事务所的组织形式有哪些?我国会计师事务所的组织形式目前有哪几种?
9. 简述中国注册会计师协会的宗旨与职责。简述协会会员的权利和义务。

练习题

一、单项选择题(在每小题列出的四个备选项中只有一个是最符合题目要求的,请将其代码填在题后的括号内)

1. 注册会计师提供的相关服务不包括(　　)。
   A. 管理咨询
   B. 税务服务
   C. 验资
   D. 会计咨询与会计服务
2. 下列各项中,能够成为中国注册会计师协会团体会员的是(　　)。
   A. 注册会计师理事会
   B. 5名以上注册会计师组成的科研团体
   C. 会计师事务所

D. 地级市的注册会计师协会分会

3. 既能把会计师事务所做大做强,又能规避风险的会计师事务所类型是( )。

A. 普通合伙所　　　　　　　　　B. 有限责任合伙所

C. 独资所　　　　　　　　　　　D. 有限责任公司所

4. 下列各项中,属于其他鉴证业务的是( )。

A. 对财务信息执行商定程序

B. 年度财务报表审计

C. 中期财务报表审阅

D. 预测性财务信息审核

5. 注册会计师接受委托对 20×8 年乙股份有限公司财务报表进行了审计,下列选项中,属于鉴证对象的是( )。

A. 乙公司 20×8 年的财务报表

B. 乙公司管理层对 20×8 年经营情况的说明

C. 乙公司 20×8 年 12 月 31 日的财务状况和该年度的经营成果和现金流量

D. 与乙公司 20×8 年的财务报表相关的内部控制

6. 注册会计师执行的下列业务中,保证程度最高的是( )。

A. 财务报表审计

B. 财务报表审阅

C. 预测性财务信息审核

D. 对财务信息执行的商定程序

7. 注册会计师执行的下列业务中,对保证程度描述不正确的是( )。

A. 财务信息执行商定程序仅需要有限保证

B. 代编财务信息不需要任何程度的保证

C. 验资要合理保证

D. 内部控制审核需要有限保证

8. 鉴证业务要素不包括( )。

A. 鉴证对象　　　　　　　　　　B. 证据

C. 鉴证报告　　　　　　　　　　D. 鉴证对象信息

二、**多项选择题**(在每小题列出的四个备选项中有两个或两个以上是符合题目要求的,请将其代码填在题后的括号内)

1. 注册会计师执行的下列业务中,属于相关服务的有( )。

A. 税务服务　　　　　　　　　　B. 管理咨询

C. 代编财务信息　　　　　　　　D. 会计服务

2. 下列业务中,属于注册会计师鉴证业务的有( )。

A. 预测性财务信息审核　　　　　B. 验资

C. 内部控制审核　　　　　　　　D. 审计公司财务报表

3. 下列关于不同类型会计师事务所的陈述中,正确的有( )。

A. 有限责任会计师事务所以其全部资产承担无限连带责任

B. 我国目前未采用独资会计师事务所形式

C. 有限责任合伙所的无过失的合伙人对于其他合伙人的过失不承担无限责任

D. 普通合伙会计师事务所的合伙人以各自的财产对事务所的债务承担无限连带责任

4. 下列各项中,属于中国注册会计师协会职责的有(　　)。

A. 拟定并颁布注册会计师执业准则

B. 制定会计师事务所的收费标准

C. 组织全国注册会计师考试和培训

D. 指导地方注册会计师协会办理注册会计师注册

5. 注册会计师执行的下列业务中,属于直接报告业务的有(　　)。

A. 对某公司的 IT 系统进行鉴证

B. 对某公司某年度开发的新产品进行质量鉴证

C. 对某公司某年的财务报表进行审计

D. 对某公司某年度的预测性财务信息进行审核

6. 鉴证业务的目标可分为(　　)。

A. 绝对保证　　　　　　　　　　　B. 合理保证

C. 有限保证　　　　　　　　　　　D. 消极保证

三、判断题(对每题内容的正误进行判断,你认为正确的用"√"表示,错误的用"×"表示,并填入题后的括号内)

1. 中国注册会计师协会是注册会计师行业的全国组织,接受财政部、证监会的监督、指导。　　　　　　　　　　　　　　　　　　　　　　　　　　　　　(　　)

2. 有限责任合伙制会计师事务所最明显的特征是所有的合伙人只须承担有限责任。

(　　)

3. 在我国,对能通过注册会计师考试全科成绩合格的申请注册人员,只要其加入会计师事务所,具有 2 年的审计工作经验,并符合其他规定条件,就应当批准注册。(　　)

4. 鉴证对象是按照标准对鉴证对象信息进行评价的计量结果。　　　　　(　　)

5. 合理保证的鉴证业务的目标是注册会计师将鉴证业务风险降至零,以此作为以积极方式提出结论的基础。　　　　　　　　　　　　　　　　　　　　　　(　　)

6. 如果某项业务不存在除责任方之外的其他预期使用者,那么该业务不构成一项鉴证业务。　　　　　　　　　　　　　　　　　　　　　　　　　　　　　(　　)

7. 责任方可能是预期使用者,但不是唯一的预期使用者。　　　　　　　(　　)

8. 对同一鉴证对象进行评价或计量并不一定要选择同一个标准。　　　　(　　)

第三章　注册会计师职业规范体系

注册会计师在执行鉴证业务与相关服务业务时必须遵循其职业规范。注册会计师职业规范体系应包括注册会计师职业道德规范、注册会计师业务准则和会计师事务所业务质量控制准则。

第一节　注册会计师职业道德规范

一、注册会计师职业道德规范概述

道德是一定社会为了调整人们之间以及个人和社会之间的关系所提倡的行为规范的总和，它通过各种形式的教育和社会舆论的力量，使人们具有善和恶、荣誉和耻辱、正义和非正义等概念，并逐渐形成一定的习惯和传统，以指导或控制自己的行为。职业道德是某一职业组织以公约、守则等形式公布的，其会员自愿接受的职业行为标准。注册会计师职业道德，是注册会计师职业纪律、专业胜任能力及职业责任等的总称。

注册会计师的职业性质决定了其对社会公众应承担的责任。为使注册会计师切实担负起这种神圣的职责，为社会公众提供高质量的、可信赖的专业服务，就必须大力加强对注册会计师的职业道德教育。注册会计师的道德水平是关系整个行业能否生存和发展的大事。从世界各国来看，凡是建立注册会计师制度的国家，都制定了相应的职业道德规范，以昭示注册会计师应达到的道德水准。

在我国，为了规范中国注册会计师的职业行为，提高职业道德水准，维护职业形象，中国注册会计师协会制定了《中国注册会计师职业道德守则》和《中国注册会计师协会非执业会员职业道德守则》。中国注册会计师协会会员包括注册会计师和非执业会员。非执业会员是指加入中国注册会计师协会但未取得中国注册会计师证书的人员，通常在工业、商业、服务业、公共部门、教育部门、非营利组织、监管机构或职业团体从事专业工作。中国注册会计师协会会员职业道德守则规定了职业道德基本原则和职业道德概念框架，会员应当遵守职业道德基本原则，并能够运用职业道德概念框架解决职业道德问题。

注册会计师职业道德规范的主要作用有：①规定哪些行为是可行的，哪些行为是不可行的，从而为注册会计师职业界提供有用的行为指南；②促使注册会计师按照审计准则等业务准则的要求提供专业服务，保证与提高服务质量；③提高注册会计师对外界压力的抵抗力，避免注册会计师在外界强制要求下发表不当意见，以牺牲一方利益为代价而使另一方受益；④向社会公众昭示注册会计师应达到的道德水准，提高社会公众对注册会计师职业的信赖程度；⑤明确注册会计师的职业责任，进而规范注册会计师与客户、同行以及社会公众的关系，有利于维护注册会计师的正当权益，使他们免受不正当的指责和控告。从图 3-1 可以看出注册会计师职业道德规范在整个注册会计师职业规范体系中的位置。

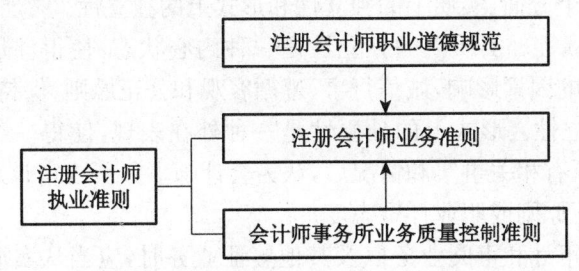

图 3-1　注册会计师职业规范体系

二、注册会计师职业道德基本原则

注册会计师为实现执业目标,必须遵守一系列前提或基本原则。这些基本原则包括诚信、独立性、客观和公正、专业胜任能力和应有的关注、保密、良好的职业行为。

(一) 诚信

诚信是指诚实、守信。也就是说,一个人言行与内心思想一致,不虚假;能够履行与别人的约定而取得对方的信任。诚信原则要求注册会计师应当在所有的职业关系和商业关系中保持正直和诚实,秉公处事,实事求是。

注册会计师如果认为业务报告、申报资料或其他信息存在下列问题,则不得与这些有问题的信息发生牵连:

(1) 含有严重虚假或误导性的陈述。

(2) 含有缺乏充分依据的陈述或信息。

(3) 存在遗漏或含糊其词的信息。

例如,在审计、审阅或其他鉴证业务中,下列事项可能会导致上述问题的出现:

(1) 引起重大风险的事项,如舞弊行为。

(2) 财务信息存在重大错报而客户未对此作出调整或反映。

(3) 导致在实施审计程序时出现重大困难的情况。比如,客户未能提供充分、适当的审计证据,注册会计师难以作出结论性陈述。

(4) 与会计准则或其他相关规定的选择、应用和一致性相关的重大发现和问题,而客户未对此在其报告或申报资料中反映。

(5) 在出具审计报告时,未解决的重大审计差异。

注册会计师如果注意到已与有问题的信息发生牵连,应当采取措施消除牵连。在鉴证业务中,如果注册会计师依据执业准则出具了恰当的非标准业务报告,不被视为违反上述要求。

(二) 独立性

在执行鉴证业务时,注册会计师必须保持独立性。在市场经济条件下,投资者主要依赖财务报表判断投资风险,在投资机会中作出选择。如果注册会计师不能与客户保持独立性,而是存在经济利益、关联关系,或屈从于外界压力,就很难取信于社会公众。

那么,什么是独立性呢? 较早给出权威解释的是美国注册会计师协会,该协会在 1947年发布的《审计暂行标准》(the Tentative Statement of Auditing Standards)中指出:"独立性

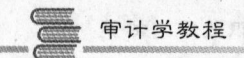

的含义相当于完全诚实、公正无私、无偏见、客观认识事实、不偏袒。"传统观点认为,注册会计师的独立性包括两个方面:实质上的独立性和形式上的独立性。

(1) 实质上的独立性。实质上的独立性是一种内心状态,使得注册会计师在提出结论时不受损害职业判断的因素影响,诚信行事,遵循客观和公正原则,保持职业怀疑态度。

(2) 形式上的独立性。形式上的独立性是一种外在表现,使得一个理性且掌握充分信息的第三方,在权衡所有相关事实和情况后,认为会计师事务所或审计项目组成员没有损害诚信原则、客观和公正原则或职业怀疑态度。

注册会计师执行审计和审阅业务以及其他鉴证业务时,应当从实质上和形式上保持独立性。

(三) 客观和公正

客观性原则和公正性原则适用于注册会计师提供的各种专业服务,而不仅仅局限于鉴证业务。

(1) 客观。客观性是一种思想状态,一种能为注册会计师的服务增加价值的品质,也是一项职业的特征。注册会计师应当力求公平,不因成见或偏见、利益冲突或他人影响而损害其客观性。在遵循客观性的职业道德规范时,应当充分考虑下列因素:①注册会计师可能被施加压力,这些压力可能损害其客观性;②应避免那些导致偏见或受到他人影响,从而损害客观性的关系;③注册会计师有义务确保参与专业服务的人员遵守客观性原则;④注册会计师既不得接受,也不得提供可被合理认为对其职业判断或对其他业务交往对象产生重大不当影响的礼品或款待,尽量避免使自己专业声誉受损的情况;⑤其他可能损害客观性的关系。

(2) 公正。注册会计师在提供专业服务时,应当坦率、诚实,保证公正。公正性原则要求注册会计师应当具备正直、诚实的品质,在各种压力面前不屈服,能够公平、不偏不倚地对待利益各方,不以牺牲一方的利益为条件而使另一方受益。

(四) 专业胜任能力和应有的关注

专业胜任能力和应有的关注原则要求注册会计师通过教育、培训和执业实践获取和保持专业胜任能力。注册会计师应当持续了解并掌握当前法律、技术和实务的发展变化,将专业知识和技能始终保持在应有的水平,确保为客户提供具有专业水准的服务。

(1) 专业胜任能力。注册会计师,应当具有专业知识、技能或经验,能够胜任承接的工作。"专业胜任能力"既要求注册会计师具有专业知识、技能和经验,又要求其经济、有效地完成客户委托的业务。专业胜任能力是注册会计师职业得以存在的基石,随着业务、法规和鉴证技术的发展,注册会计师还应不断保持和改进自己的专业知识和技能,使其维持在一定的水平之上。专业胜任能力原则也要求当某项业务所需的能力超出注册会计师个人或其所在事务所的能力时,他应该拒绝接受委托,除非能得到有关专家的帮助。一个合格的注册会计师,不仅要充分认识自己的能力,对自己充满信心,更重要的是,必须清醒地认识到自己在专业胜任能力方面的不足,不承接自己不能胜任的业务。

(2) 应有的关注。应有的关注原则要求注册会计师以其能力和勤勉的态度履行其职业责任,关注客户的最佳利益以保证客户能够享受高水平的专业服务,并与注册会计师对公众的职业责任保持一致。应有的关注原则要求注册会计师在执业过程中保持职业谨慎,以质疑的思维方式评价所获取证据的有效性,并对产生怀疑的证据保持警觉。

(五) 保密

注册会计师能否与客户保持正常的关系,有赖于双方能否自愿而又充分进行沟通和交流,不掩盖任何重要的事实和情况。只有这样,注册会计师才能有效地完成工作。如果注册会计师受到客户的严重限制,不能充分了解情况,就无法发表审计意见。另外,由于注册会计师获知客户的某些信息可能高度机密且对客户的竞争者富有价值,因此,注册会计师需要保密,这是他与客户之间保持相互信赖的基础。

保密原则要求注册会计师对在执业过程中获知的信息保密。除非有法定的或专业的披露权利及义务,在未经正当或特别授权的情况下,注册会计师不得使用或披露任何类似信息。保密原则在注册会计师与客户的关系终止后仍应继续。此外,注册会计师还应当采取措施,确保业务助理人员和专家对客户的信息保密。

(六) 良好的职业行为

任何职业的存在和发展都必须对其所提供的服务是否达到社会期望,也就是该职业所承担的责任予以特别关注。对于注册会计师行业来说,这种社会期望集中体现在职业声誉上,良好的职业声誉是整个行业赖以生存的命脉。职业行为原则要求注册会计师遵守相关的法律和规章,维护本职业的良好声誉,避免任何损害职业形象的行为。这一义务要求注册会计师履行对社会公众、客户和同行的责任。

注册会计师应当诚实、实事求是,不得有下列行为:

(1) 夸大宣传提供的服务、拥有的资质或获得的经验。

(2) 贬低或无根据地比较其他注册会计师的工作。

三、注册会计师职业道德具体要求

注册会计师职业道德的具体要求,主要体现在独立性,专业胜任能力,保密,收费与佣金,与执行鉴证业务不相容的工作,接任前任注册会计师的审计业务,广告、业务招揽与宣传等方面。

(一) 独立性

独立性是注册会计师执行鉴证业务的灵魂,因为注册会计师要以其自身的信誉向社会公众表明被审计单位的财务报表是真实与公允的。

1. 威胁独立性的情形

可能威胁独立性的情形包括经济利益、自我评价、关联关系和外界压力等。会计师事务所和注册会计师应当考虑可能损害独立性的这些因素。

(1) 经济利益。这类因素可能损害独立性的情形主要包括:①与鉴证客户存在专业服务收费以外的直接经济利益或重大的间接经济利益;②收费主要来源于某一鉴证客户;③过分担心失去某项业务;④与鉴证客户存在密切的经营关系;⑤对签证业务采取或有收费的方式;⑥可能与鉴证客户发生雇佣关系。

【例 3-1】 威威公司系诚鑫会计师事务所的常年审计客户。20×8 年 11 月,诚鑫会计师事务所与威威公司续签了审计业务约定书,审计威威公司 20×8 年度的财务报表。威威公司由于财务困难,应付诚鑫会计师事务所 20×7 年度审计费用 86 万元一直没有支付。经双方协商,诚鑫会计师事务所同意威威公司延期至 20×9 年年底支付。在此期间,威威公司按银行同期贷款利率支付给诚鑫会计师事务所资金占用费。那么,这种情形是否会威胁诚鑫会计师事务所的独立性?

很显然,诚鑫会计师事务所对威威公司以前年度尚未支付的审计费用收取资金占用费,与威威公司存在除审计收费以外的直接经济利益关系,这种关系威胁独立性。

（2）自我评价。这类因素可能损害独立性的情形主要包括：①鉴证小组成员曾是鉴证客户的董事、经理、其他关键管理人员或能够对鉴证业务产生直接重大影响的员工；②为鉴证客户提供直接影响鉴证业务对象的其他服务；③为鉴证客户编制属于鉴证业务对象的数据或其他记录。

（3）关联关系。这类因素可能损害独立性的情形主要包括：①与鉴证小组成员关系密切的家庭成员是鉴证客户的董事、经理、其他关键管理人员或能够对鉴证业务产生直接重大影响的员工；②鉴证客户的董事、经理、其他关键管理人员或能够对鉴证业务产生直接重大影响的员工是会计师事务所的前高级管理人员；③会计师事务所的高级管理人员或签字注册会计师与鉴证客户长期交往；④接受鉴证客户或其董事、经理、其他关键管理人员或能够对鉴证业务产生直接重大影响的员工的贵重礼品或超出社会礼仪的款待。

（4）外界压力。这类因素可能损害独立性的情形主要包括：①在重大会计、审计等问题上与鉴证客户存在意见分歧而受到解聘威胁；②受到有关单位或个人不恰当的干预；③受到鉴证客户降低收费的压力而不恰当地缩小工作范围。

2. 防范损害独立性的主要措施

下列方面可能会涉及威胁独立性的一种或几种情形，当识别出损害独立性的因素时，会计师事务所和注册会计师应当采取必要的措施以消除影响或将其降至可接受水平。

第一，防范经济利益对独立性威胁的措施。在评价经济利益因素对独立性的威胁时有必要考虑：①评价经济利益的类型，是直接的经济利益，还是间接的经济利益；②评价经济利益的重要性，即直接控制时是重要的，间接控制时相对不重要；③评价拥有经济利益人员的角色，即鉴证小组成员或其直系亲属。

如果鉴证小组成员或其直系亲属在鉴证客户内拥有直接经济利益或重大的间接经济利益，所产生的经济利益威胁就会非常重要，以致只能采取以下防范措施才能消除这些威胁或将其降至可接受水平：①在该人员成为鉴证小组成员之前将直接的经济利益处置；②在该人员成为鉴证小组成员之前将间接的经济利益全部处置，或将其中的足够数量处置，使剩余利益不再重大；③将该鉴证小组成员调离鉴证业务。

第二，防范雇佣关系对独立性威胁的措施。如果鉴证小组成员、会计师事务所的合伙人或前合伙人已经加入鉴证客户，那么所产生的经济利益、关联关系和外界压力威胁的重要性将取决于以下因素：①在鉴证客户中所担任的职务；②与鉴证小组发生关联的程度；③离开鉴证小组或会计师事务所的时间长短；④以前在鉴证小组或事务所中的职位。如果鉴证客户的董事、经理或所处职位能够对鉴证业务的对象产生直接重大影响的员工，曾经是鉴证小组的成员或会计师事务所的合伙人，那么会计师事务所或鉴证小组成员的独立性可能受到威胁；如果参与鉴证业务的人员有理由相信其会或可能会在未来某一时间加入鉴证客户，那么鉴证小组成员的独立性也可能会受到潜在威胁。

防范以上威胁可能采取的措施包括：①考虑修改鉴证业务的鉴证计划的适当性或必要性；②委派一个与加入鉴证客户的人员相比有足够经验的鉴证小组执行以后的鉴证业务；③请鉴证小组以外的其他注册会计师复核已做的工作，或在必要时提供建议；④对鉴证业务进行质量控制复核。

第三，防范家庭和个人关系对独立性威胁的措施。鉴证小组成员与鉴证客户的董事、经理或某些特定角色的员工之间存在家庭和个人关系，可能产生经济利益、关联关系或外界压力威胁。在评价因家庭或个人关系引发对独立性的威胁时有必要考虑：①相应人员在鉴证小组内的职责;②关系的密切程度;③相应家庭成员或其他人员在鉴证客户中的角色。如果鉴证小组成员的直系亲属是鉴证客户的董事、经理或所处职位能够对鉴证业务的对象产生直接重大影响的员工或曾经在鉴证业务所涉及的期间处于这样的职位,就只有通过将相应人员调离鉴证小组,才能将对独立性产生的威胁降至可接受水平。

如果鉴证小组成员的近缘亲属是鉴证客户的董事、经理或所处职位能够对鉴证业务的对象产生直接重大影响的员工,就会对独立性产生威胁。消除这类威胁的措施有:①将该人员调离鉴证小组(职位重要时);②如果可能,调整鉴证小组内的分工,使该专业人员不处理其近缘亲属职责范围内的事项;③制定政策和程序,使职员能够向会计师事务所内更高一级员工反映有关他们独立性和客观性的问题。

第四,防范与鉴证客户存在密切经营关系对独立性威胁的措施。会计师事务所或鉴证小组成员与鉴证客户或其管理层之间存在密切的经营关系,或会计师事务所与审计客户之间存在密切的经营关系,会带来商业的或共同的经济利益,并产生经济利益威胁和外界压力威胁。例如,会计师事务所作为鉴证客户产品或服务的分销商或交易商,或鉴证客户作为会计师事务所产品或服务的分销商或交易商。

在审计业务中,除非经济利益对于会计师事务所及审计客户都不重要,以及经营关系对于会计师事务所及审计客户明显不重要,否则没有防范措施可以将该威胁降至可接受水平。在非审计的鉴证业务中,除非经济利益对于会计师事务所和鉴证客户明显不重要,否则没有防范措施可以将该威胁降至可接受水平。因此,在这两种情况下,唯一可能采取的措施是:①终止该经营关系;②降低关系的重要性,使经济利益不重大、经营关系明显不重要;③拒绝执行该鉴证业务。就鉴证小组成员而言,除非经济利益不重大,经营关系明显不重要,否则唯一适当的措施是将其调离鉴证小组。

第五,防范向鉴证客户提供非鉴证业务对独立性威胁的措施。会计师事务所向鉴证客户提供非鉴证业务可能对会计师事务所或鉴证小组成员的独立性产生威胁,尤其是对独立性的潜在威胁。因此,有必要对提供这种服务所产生的威胁的重要性进行评价。

以下活动通常可能产生重大的经济利益或自我评价威胁,只有避免这些活动或拒绝执行该鉴证业务才能将威胁降低至可接受水平:①授权、执行或完成一项交易,或代表鉴证客户进行授权,或得到授权;②确定应当实施会计师事务所的哪些建议;③以公司管理层的角色向负责公司治理的部门进行报告。

以下活动可能产生自我评价或经济利益威胁:①保管鉴证客户的资产;②监督鉴证客户的员工从事他们日常重复的活动;③编制原始凭证,或者以电子或其他形式生成数据,以证明一项交易的发生(如采购订单等)。会计师事务所和注册会计师应当评价所产生的威胁的重要性,如果威胁并非明显不重要,则有必要采取以下防范措施:①提供该服务的人员不参与鉴证业务;②请其他注册会计师就这些活动对会计师事务所和鉴证小组独立性的潜在影响提供建议。

第六,防范高级职员与鉴证客户之间的长期联系对独立性威胁的措施。在一项鉴证业务中长期委派同一名高级职员,可能产生关联关系威胁。这一威胁的重要性将取决于下列因素:①该人员成为鉴证小组成员的时间长短;②该人员在鉴证小组中的角色;③会计师事务所的治理结构;④鉴证业务的性质。防范这些因素对独立性威胁的措施包括:①轮换鉴证小组的高级职员;②请鉴证小组成员以外的其他注册会计师复核该高级职员所做的工作,或在必要时提供建议;③进行独立的内部质量复核。

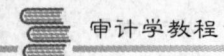
3. 业务期间对独立性的考虑

会计师事务所在接受鉴证业务的委托前需要对独立性进行评价,在业务期间更应当重视独立性问题。业务期间是指自鉴证小组开始执行鉴证业务之日起①,至出具鉴证报告之日止的一段期间。如果鉴证业务预期会再度发生,鉴证业务期间的结束应以其中一方通知解除专业关系和出具最终鉴证报告两者之中时间孰晚为准。

【例 3-2】 某会计师事务所从 2013 年 12 月 1 日开始接受委托,已经连续 3 年对×股份有限公司的财务报表进行了审计,双方约定 2018 年 3 月 8 日对 2017 年度的财务报表出具审计报告并且决定在 2018 年 8 月 20 日后双方终止一切业务。则该会计师事务所在审计×股份有限公司的鉴证业务期间是 2013 年 1 月 1 日至 2018 年 8 月 20 日;如果双方没有约定解除业务关系的日期,则鉴证业务期间是 2013 年 1 月 1 日至 2018 年 3 月 8 日。

在审计业务中,业务期间是指会计师事务所对其出具审计报告的财务报表覆盖的期间。如果一个单位在事务所即将对其出具报告的财务报表所覆盖的期间之内或之后成为审计客户,那么事务所应当考虑以下因素是否会对独立性造成损害:①在财务报表覆盖期间之内或之后,但在接受审计业务之前存在的与审计客户的经济或经营关系;②以前向审计客户提供的各类服务。类似地,如果鉴证业务是非审计业务,事务所同样应当考虑经济或经营关系以及以前向其提供的各类服务是否会对独立性造成损害。

如果在财务报表覆盖的期间之内或之后、与审计有关的专业服务开始之前向审计客户提供非鉴证业务,而这些服务在审计业务期间将会被禁止,就应当考虑这些服务可能对独立性造成的损害。如果这些可能的损害并非明显的不重要,就有必要考虑和运用防范措施将损害降至可接受的水平。这样的防范措施可能包括:①与客户的审计委员会等负责公司治理的部门讨论与提供非鉴证业务有关的独立性问题;②获得审计客户对非鉴证服务的结果承担责任的承诺;③不允许提供非鉴证服务的人员参与审计业务;④聘请另一事务所复核非鉴证服务的结果,或请另一事务所在必要的范围内重新执行非鉴证服务,使其能够对这些服务承担责任。

(二) 专业胜任能力

专业胜任能力可分为两个独立的阶段:一是专业胜任能力的获取;二是专业胜任能力的保持。获取专业胜任能力首先需要高水平的普通教育,以及与专业相关学科的专门教育、培训和考试,而且,无论是否有明确规定,一般都要求有一段时间的工作经验。这是培养注册会计师的一般模式。为了保持专业胜任能力,注册会计师在其职业生涯中应始终将精力投入到学习及提高执业水准上来,需要不断了解会计职业的最新发展,包括国内和国际在会计、审计方面发布的有关规定,以及其他相关规章和法规要求。

为何要把专业胜任能力提高到道德层次?这是因为,注册会计师如果不能保持和提高专业胜任能力,就难以完成客户委托的业务,也就从根本上无法满足社会公众对注册会计师的需求。事实上,注册会计师在缺乏足够的专业知识、技能或经验的情况下提供专业服务,就构成了一种欺诈。因此,注册会计师不能宣称自己拥有本不具备的专业知识或经验。

一个合格的注册会计师不仅要充分认识自己的能力,对自己充满信心,更重要的是,必须清醒认识到自己在专业胜任能力方面的不足,不承接自己不能胜任的业务。注册会计师作为专业人士,在许多方面都要履行相应的责任,保持和提高专业胜任能力就是其中之一。

———————————————

① 更明确地说,业务期间的起始日是鉴证小组负责鉴证的鉴证对象或鉴证对象信息覆盖期间的首日。

目前,我国注册会计师队伍的素质得到了明显的提高,但在许多方面离市场经济的要求还有一定的差距,特别是在年龄结构、专业知识、技能和经验等方面仍存在某些不足。为此,注册会计师应当通过教育、培训和执业实践保持和提高专业胜任能力。

在提供专业服务时,注册会计师可以在特定领域利用专家协助其工作。因为注册会计师并非是所有领域的专家,对于某些业务,可能不具备完成特定局部业务的专业知识、技能或经验。如果注册会计师没有能力提供专业服务的某些特定部分,可以向其他注册会计师、律师、精算师、工程师、地质专家、评估师等专家寻求技术建议。在利用专家工作时,注册会计师应当对专家遵守职业道德的情况进行监督和指导。

(三) 保密

注册会计师有义务对其在专业服务过程中获得的有关客户的信息予以保密,不得利用在执业过程中获知的客户信息为自己或他人牟取不正当的利益,注册会计师还应当采取措施,确保业务助理人员和专家遵守保密原则。这一保密责任甚至在注册会计师与客户的关系终止后仍应继续。因此,注册会计师应当始终遵守保密原则,除非有专门的信息披露授权,或具有法定或专业的披露责任。

注册会计师在签订业务约定书时,应当书面承诺对在执行业务过程中获知的客户信息保密。许多国家都规定,在公众领域执业的注册会计师,不能在没有取得客户同意的情况下,泄露任何客户的秘密信息。当前,我国绝大多数注册会计师都能遵守保密原则,但也有少数注册会计师没有注意到这个问题。例如,利用获知的客户信息买卖客户的股票,与客户发生意见分歧时诉诸媒体等。

尽管在通常情况下,注册会计师应当对执业过程中获知的客户信息保密,但是也有例外。由于注册会计师承担着维护社会公众利益的重任,因此,如果客户存在违法行为,注册会计师便会面临着法规强制的披露客户信息的要求。例如,美国在1995年对《证券法案》的修正案中,要求注册会计师如果发现客户的违法行为或可能存在的违法行为,应当:①告知适当的管理层,并向董事会或其审计委员会报告;②如果因管理层不采取适当行动加以改正而影响审计报告的质量,注册会计师应立即如实告知董事会;③董事会应在得知情况的1个工作日内,报告证券交易管理委员会,并向注册会计师提供向证券交易管理委员会报告的复印件;④如果注册会计师在1个工作日内没有拿到董事会向证券交易管理委员会报告的复印件,就必须解除业务或直接向证券交易管理委员会报告;⑤解除业务的注册会计师仍有必要向证券交易管理委员会递交一份给董事会报告的复印件。

在我国,注册会计师在以下情况下可以披露客户的有关信息:①取得客户的授权;②根据法规要求,为法律诉讼准备文件或提供证据,以及向监管机构报告发现的违反法规行为;③接受同业复核以及注册会计师协会和监管机构依法进行的质量检查。

需要指出的是,在决定披露客户的有关信息时,注册会计师应当考虑是否了解和证实了所有相关信息、信息披露的方式和对象,以及可能承担的法律责任和后果。

(四) 收费与佣金

会计师事务所的收费应当公平地反映为客户提供的专业服务的价值。收费问题与业务竞争相联系,因此低收费的竞争往往会削弱注册会计师的独立性,降低其服务质量。此外,或有收费和佣金在鉴证业务中的危害也很大。

(1) 收费。确定收费时,为客观反映为客户提供专业服务的价值,会计师事务所应当考虑的因素主要包括:①专业服务所需的知识和技能;②所需专业人员的水平和经验;③每一专业人员提供服务所需的时间;④提供专业服务所需承担的责任。收费通常以每一专业人员适当的小时费用率或日费用率为基础计算。注册会计师的业务收费必须建立在专业服务得到良好的计划、监督及管理的前提下;否则,无论从职业形象还是从服务质量上来讲都是不利的。同时,专业服务的收费依据、收费标准及收费结算方式与时间应在业务约定书中予以明确。需要注意的是,会计师事务所确定的投标报价不得低于按照审计准则的要求执行该项审计业务所花费的成本,收费与否或收费多少也不得以鉴证工作结果或实现特定目的为条件,即不允许或有收费。

(2)佣金。会计师事务所和注册会计师不得为招揽客户而向推荐方支付佣金,也不得因向第三方推荐客户或因宣传他人的产品(或服务)而收取佣金。佣金是影响注册会计师服务质量和行业形象的一个重要因素。如果会计师事务所和注册会计师为了招揽业务而向推荐方支付佣金,或因向第三方推荐客户而收取佣金,就相当于支付佣金的一方的业务收费降低,从而影响执业质量。另外,如果会计师事务所和注册会计师因宣传他人的产品或服务而收取佣金,也很容易导致形式上的不独立,降低整个行业在社会公众中的形象。

(五) 与执行鉴证业务不相容的工作

注册会计师不得同时从事与提供专业服务不相容的业务、职业或活动,因为这些业务、职业或活动将有损于或可能有损于其独立性、客观性、公正性或职业声誉。因为独立、客观、公正是注册会计师执行审计业务的基本原则,而职业声誉则是注册会计师和整个行业赖以生存的命脉。如果注册会计师从事了此类业务、职业或活动,显然对执业质量和行业形象极为不利。

同时提供两种或两种以上专业服务,其本身并不损害公正性、客观性或独立性。但如果注册会计师正在或将要提供的服务,与其提供鉴证服务所需要的独立性发生冲突,就产生了不相容的工作。例如,注册会计师向审计客户提供评估服务、内部审计服务、IT 系统服务、法律服务、编制财务报表、管理咨询等服务,产生自我评价威胁,可能影响其独立性。注册会计师在承接上述服务时,应当就其向鉴证客户提供的非鉴证服务与鉴证服务是否相容作出评价,并谨慎行事,通过采取防范措施将影响降至最低;否则,就不应接受此类业务。

在我国,会计师事务所不得为上市公司同时提供编制财务报表和审计服务,会计师事务所的高级管理人员或员工不得担任鉴证客户的董事(包括独立董事)、经理以及其他关键管理职务;否则,所产生的自我评价威胁和经济利益威胁就会非常重大,以至于没有任何防范措施能够将其降至可接受水平。

(六) 接任前任注册会计师的审计业务

会计师事务所的变更涉及前后任注册会计师。根据《中国注册会计师审计准则第 1152 号——前后任注册会计师的沟通》的规定,前任注册会计师是指代表会计师事务所对最近期间财务报表出具了审计报告或接受委托但未完成审计工作,已经或可能与委托人解除业务约定的注册会计师;后任注册会计师是指代表会计师事务所正在考虑接受委托或已经接受委托,接替前任注册会计师执行财务报表审计业务的注册会计师。前后任注册会计师的关系仅限于审计业务,因为审计业务提供的保证程度较高,且是一项连续业务;而其他鉴证业务如盈利预测审核、财务报表审阅等业务提供的保证程度较低,且是非连续业务,不包括在内。此外,如果审计客户委托注册会计师对已审计财务报表进行重新审计,正在考虑接受委托或已经接受委托的注册会计师应视为后任注册会计师,而之前对已审计财务报表发表审计意见的注册会计师则视为前任注册会计师。

1. **客户更换会计师事务所的原因**

客户更换会计师事务所的原因很多,有两种原因很可能不利于行业的发展和维护市场的正常秩序:一是,会计师事务所之间为争揽业务而进行恶性竞争;二是,注册会计师可能与客户在重大会计、审计问题上存在分歧,客户不认可注册会计师的立场。在一些情况下,如果注册会计师拒绝出具客户希望得到的意见,客户就可能通过更换会计师事务所实现其目的,这种情况构成了购买审计意见。

为了弄清上市公司更换会计师事务所的原因,美国证券交易管理委员会要求,上市公司更换注册会计师时,必须以规定格式向委员会提交报告,说明上市公司和注册会计师之间是否存在重要意见不一致的情况及具体内容。注册会计师也应当及时、客观地以书面形式说明上市公司的陈述是否属实。中国证监会早在1996年就发布了有关通知,要求上市公司拟解聘或者不再续聘会计师事务所应当由股东大会作出决定,并在有关报刊上予以披露,必要时说明更换原因,并报中国证监会和中国注册会计师协会备案;上市公司拟解聘或者不再续聘会计师事务所,应当事先通知会计师事务所,会计师事务所有权向股东大会陈述意见。由此可见,证券监管机构对上市公司更换会计师事务作出的规范,旨在抑制上市公司潜在的购买审计意见的行为。

上市公司频繁更换会计师事务所的行为,会对注册会计师行业产生一定的影响。例如,有些后任注册会计师为了承揽业务,迎合上市公司对审计意见的要求,蓄意侵害前任注册会计师的合法权益;有些前任注册会计师不配合后任注册会计师的工作,拒绝答复后任注册会计师的询问;有些后任注册会计师对涉及前任注册会计师的审计问题,不与前任注册会计师沟通,在不完全了解事实的情况下,轻率地发表审计意见,导致同行关系的紧张。为此,《中国注册会计师职业道德守则》规定,后任注册会计师在接任前任注册会计师的审计业务时不得蓄意侵害前任注册会计师的合法权益,并要求前后任注册会计师在接受委托前和接受委托后均应进行充分的沟通。

2. **接受委托前的沟通**

在接受委托前,后任注册会计师应当与前任注册会计师进行必要沟通,并对沟通结果进行评价,以确定是否接受委托。后任注册会计师向前任注册会计师询问的内容应当合理、具体,包括:

(1)是否发现被审计单位管理层存在诚信方面的问题。例如,向前任注册会计师了解被审计单位的商业信誉如何,是否发现管理层存在缺乏诚信的行为,被审计单位是否过分考虑将会计师事务所的审计收费维持在尽可能低的水平,审计范围是否受到不适当的限制等。

(2)前任注册会计师与管理层在重大会计、审计等问题上存在的意见分歧。例如,在会计政策和会计估计的运用、财务报表的披露方面存在重大意见分歧,管理层不接受注册会计师的调整建议等。

(3)前任注册会计师曾与被审计单位治理层(如监事会、审计委员会或其他类似机构)沟通过的关于管理层舞弊、违反法规行为以及内部控制的重大缺陷等问题。例如,向前任注册会计师询问其从被审计单位监事会或审计委员会是否了解到管理层的任何舞弊事实、舞弊嫌疑,或针对管理层的舞弊指控,以及违反法规行为等。了解这些信息有助于对管理层的诚信状况作出评价。

(4)前任注册会计师认为导致被审计单位变更会计师事务所的原因。变更会计师事务所的要求,可能是由客户提出的,也可能是由会计师事务所提出的。变更的原因各种各样,

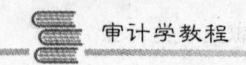

如果变更会计师事务所的原因可能是由于前任注册会计师在会计、审计问题上与被审计单位管理层存在分歧,管理层对前任注册会计师的审计意见不满意,经多次沟通难以达成一致意见,则后任注册会计师要慎重考虑是否接受该项业务委托。

3. 接受委托后的沟通

前后任注册会计师在后任注册会计师接受委托之后进行沟通,其目的在于充分了解涉及前任注册会计师的审计问题,避免轻率发表审计意见,导致同行关系紧张。《中国注册会计师职业道德守则》规定,如果后任注册会计师发现前任注册会计师所审计的财务报表存在重大错报,应当提请审计客户告知前任注册会计师,并要求审计客户安排三方会谈,以便采取措施进行妥善处理。此外,在接受委托后,后任注册会计师可要求前任注册会计师在经客户许可的情况下,向其提供有关工作底稿或其他记录或资料。

(七) 广告、业务招揽与宣传

广告、业务招揽与宣传,都涉及注册会计师和会计师事务所向社会公众传递信息。这种信息传递必须客观、真实、得体,否则,不仅会对注册会计师的职业形象产生不利影响,也会严重侵害公众利益。因为社会公众作为非会计专业人士,很难辨别信息的真伪。因此,世界各国对于会计师事务所和注册会计师的此类行为都作了严格规定。《中国注册会计师职业道德守则》也分别对广告、业务招揽和宣传进行了不同的规范。

(1) 广告。在此,广告是指为招揽业务,会计师事务所将其服务和技能等方面的信息向社会公众进行传播。一般来说,会计师事务所和注册会计师不宜通过刊登广告来招揽业务,主要有三条理由:①注册会计师的服务质量及能力无法由广告内容加以评估;②广告可能损害专业服务的精神;③广告可能导致同行之间的不正当竞争。在我国,会计师事务所可以做广告,但有关法规对广告的内容和形式进行了限制。《中国注册会计师职业道德守则》规定,会计师事务所不得利用新闻媒体对其能力进行广告宣传,但刊登设立、合并、分立、解散、迁址、名称变更、招聘员工等信息以及注册会计师协会为会员所做的统一宣传不受此限制。

(2) 业务招揽。业务招揽是指会计师事务所和注册会计师与非客户接触以争取业务。会计师事务所和注册会计师不得采用强迫、欺诈、利诱或骚扰等方式招揽业务。会计师事务所和注册会计师在招揽业务时不得有以下行为:①暗示有能力影响法院、监管机构或类似机构及其官员;②作出自我标榜的陈述,且陈述无法予以证实;③与其他注册会计师进行比较;④不恰当地声明自己是某一特定领域的专家;⑤作出其他欺骗性的或可能导致误解的声明。

(3) 宣传。宣传是指会计师事务所和注册会计师向社会公众告知有关事实,其目的不是抬高自己。《中国注册会计师职业道德守则》规定,会计师事务所和注册会计师进行宣传时,不得有以下行为:①利用政府委托或特别奖励牟取不正当利益;②当会计师事务所将其名称、地址、电话号码以及其他必要的联系信息载入电话簿、信纸或其他载体时,含有自我标榜的措辞;③当注册会计师就专业问题参与演讲、访谈或广播、电视节目时,抬高自己及其会计师事务所;④当会计师事务所通过新闻媒体发布招聘信息时,含有抬高自己的成分。在不允许做广告的情况下,会计师事务所和注册会计师所作的宣传如果符合下列条件,则是可以接受的:①其目的是向公众或有关部门告知事实,且这种告知没有采取错误、误导或欺骗的方式;②具有高品位;③维护了职业尊严;④避免经常重复或不恰当地突出执行业务的注册会计师的姓名。

第二节 注册会计师业务准则

注册会计师业务准则包括鉴证业务准则和相关服务准则,中国注册会计师业务准则体系如图3-2所示。

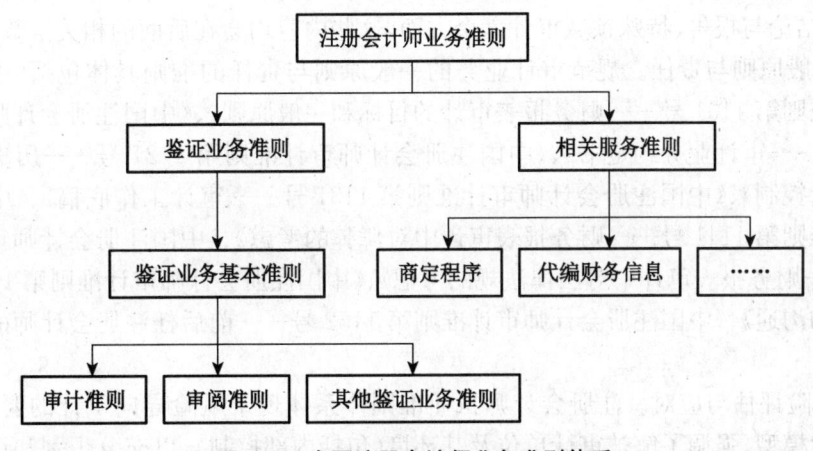

图3-2 中国注册会计师业务准则体系

一、鉴证业务准则

从图3-2可知,鉴证业务准则由鉴证业务基本准则统领。按照鉴证业务提供的保证程度和鉴证对象的不同,鉴证业务准则分为中国注册会计师审计准则、中国注册会计师审阅准则和中国注册会计师其他鉴证业务准则(以下分别简称审计准则、审阅准则和其他鉴证业务准则)。其中,审计准则是整个执业准则体系的核心。

(一) 注册会计师鉴证业务基本准则

鉴证业务基本准则是鉴证业务准则的概念框架。《中国注册会计师鉴证业务基本准则》的目的在于规范注册会计师执行鉴证业务,明确鉴证业务的目标和要素,确定审计准则、审阅准则、其他鉴证业务准则适用的鉴证业务类型。

《中国注册会计师鉴证业务基本准则》共九章六十条,主要对鉴证业务的定义与目标、业务承接,以及鉴证业务的三方关系、鉴证对象、标准、证据、鉴证报告等鉴证业务的要素等方面进行了阐述。注册会计师执行历史财务信息审计业务、历史财务信息审阅业务和其他鉴证业务时,应当遵守该准则以及依据该准则制定的审计准则、审阅准则和其他鉴证业务准则。如果一项鉴证业务只是某项综合业务的构成部分,该准则仅适用于该业务中与鉴证业务相关的部分。如果某项业务不存在除责任方之外的其他预期使用者,但在其他所有方面符合审计准则、审阅准则或其他鉴证业务准则的要求,注册会计师和责任方可以协商运用该准则的原则。但在这种情况下,注册会计师的报告中应注明该报告仅供责任方使用。

注册会计师执行司法诉讼中涉及会计、审计、税务或其他事项的鉴定业务时,除有特定要求者外,应当参照该准则办理。

某些业务可能符合鉴证业务的定义,使用者可能从业务报告的意见、观点或措辞中推测出某种程度的保证,但如果满足下列所有条件,注册会计师执行这些业务不必遵守该准则:

①注册会计师的意见、观点或措辞对整个业务而言仅是附带性的;②注册会计师出具的书面报告被明确限定为仅供报告中所提及的使用者使用;③与特定预期使用者达成的书面协议中,该业务未被确认为鉴证业务;④在注册会计师出具的报告中,该业务未被称为鉴证业务。

（二）注册会计师审计准则

中国注册会计师审计准则共包括 41 项,用以规范注册会计师执行历史财务信息的审计业务。审计准则涉及审计业务的一般原则与责任、风险评估与应对、审计证据、利用其他主体的工作、审计结论与报告、特殊领域审计六个方面,这些内容均会在后面的相关章节具体介绍。

（1）一般原则与责任。规范审计业务的一般原则与责任的准则具体包括《中国注册会计师审计准则第 1101 号——财务报表审计的目标和一般原则》、《中国注册会计师审计准则第 1111 号——审计业务约定书》、《中国注册会计师审计准则第 1121 号——历史财务信息审计的质量控制》、《中国注册会计师审计准则第 1131 号——审计工作底稿》、《中国注册会计师审计准则第 1141 号——财务报表审计中对舞弊的考虑》、《中国注册会计师审计准则第 1142 号——财务报表审计中对法律法规的考虑》、《中国注册会计师审计准则第 1151 号——与治理层的沟通》、《中国注册会计师审计准则第 1152 号——前后任注册会计师的沟通》,共 8 项。

（2）风险评估与应对。注册会计师执业准则体系体现了风险导向审计的要求,通过改进审计风险模型,强调了解被审计单位及其环境（包括内部控制）,以充分识别和评估财务报表重大错报的风险,以及针对评估的重大错报风险设计和实施控制测试和实质性程序。风险评估与应对方面的准则是审计准则的关键组成部分,共有 5 项,具体包括:《中国注册会计师审计准则第 1201 号——计划审计工作》、《中国注册会计师审计准则第 1211 号——了解被审计单位及其环境并评估重大错报风险》、《中国注册会计师审计准则第 1212 号——对被审计单位使用服务机构的考虑》、《中国注册会计师审计准则第 1221 号——重要性》、《中国注册会计师审计准则第 1231 号——针对评估的重大错报风险实施的程序》。

（3）审计证据。审计证据是注册会计师发表审计意见的基础。与审计证据有关的审计准则共有 12 项,包括《中国注册会计师审计准则第 1301 号——审计证据》、《中国注册会计师审计准则第 1311 号——存货监盘》、《中国注册会计师审计准则第 1312 号——函证》、《中国注册会计师审计准则第 1313 号——分析程序》、《中国注册会计师审计准则第 1314 号——审计抽样和其他选取测试项目的方法》、《中国注册会计师审计准则第 1321 号——会计估计的审计》、《中国注册会计师审计准则第 1322 号——公允价值计量和披露的审计》、《中国注册会计师审计准则第 1323 号——关联方》、《中国注册会计师审计准则第 1324 号——持续经营》、《中国注册会计师审计准则第 1331 号——首次接受委托时对期初余额的审计》、《中国注册会计师审计准则第 1332 号——期后事项》、《中国注册会计师审计准则第 1341 号——管理层声明》。

（4）利用其他主体的工作。涉及利用其他主体的工作的审计准则共有 3 项,包括《中国注册会计师审计准则第 1401 号——利用其他注册会计师的工作》、《中国注册会计师审计准则第 1411 号——考虑内部审计工作》、《中国注册会计师审计准则第 1421 号——利用专家的工作》。

（5）审计结论与报告。审计报告是注册会计师在完成审计工作后向委托人提交的最终产品,其核心内容是审计结论。涉及审计结论与报告的审计准则共有 4 项,包括《中国注册会计师审计准则第 1501 号——审计报告》、《中国注册会计师审计准则第 1502 号——非标准审计报告》、《中国注册会计师审计准则第 1511 号——比较数据》、《中国注册会计师审计准则第 1521 号——含有已审计财务报表的文件中的其他信息》。

(6) 特殊领域审计。与特殊领域审计有关的审计准则共有 9 项,包括《中国注册会计师审计准则第 1601 号——对特殊目的审计业务出具审计报告》、《中国注册会计师审计准则第 1602 号——验资》、《中国注册会计师审计准则第 1611 号——商业银行财务报表审计》、《中国注册会计师审计准则第 1612 号——银行间函证程序》、《中国注册会计师审计准则第 1613 号——与银行监管机构的关系》、《中国注册会计师审计准则第 1621 号——对小型被审计单位审计的特殊考虑》、《中国注册会计师审计准则第 1631 号——财务报表审计中对环境事项的考虑》、《中国注册会计师审计准则第 1632 号——衍生金融工具的审计》、《中国注册会计师审计准则第 1633 号——电子商务对财务报表审计的影响》。这些审计准则涵盖了对特殊行业、特殊性质的企业和企业特殊业务、特殊事项的审计。

(三) 注册会计师审阅准则

目前,中国注册会计师执业准则体系中只有 1 项审阅准则,即《中国注册会计师审阅准则第 2101 号——财务报表审阅》。该准则共七章三十一条,对审阅范围和保证程度、业务约定书、审阅计划、审阅程序和审阅证据、结论和报告等进行了重点说明,以规范注册会计师执行财务报表审阅业务。

(四) 注册会计师其他鉴证业务准则

其他鉴证业务准则包括《中国注册会计师其他鉴证业务准则第 3101 号——历史财务信息审计或审阅以外的鉴证业务》和《中国注册会计师其他鉴证业务准则第 3111 号——预测性财务信息的审核》2 项。

二、注册会计师相关服务准则

中国注册会计师执业准则体系中的相关服务准则包括《中国注册会计师相关服务准则第 4101 号——对财务信息执行商定程序》和《中国注册会计师相关服务准则第 4111 号——代编财务信息》2 项,分别对注册会计师执行商定程序和代编财务信息这两项服务提供指引。这两项准则分别从业务约定书,计划、程序与记录,报告等方面对注册会计师执行商定程序和代编财务信息业务进行了规范。

第三节 会计师事务所业务质量控制准则

会计师事务所业务质量准则旨在规范会计师事务所的业务质量控制,明确会计师事务所及其人员的质量控制责任,适用于会计师事务所执行历史财务信息审计和审阅业务、其他鉴证业务及相关服务业务。中国注册会计师执业准则体系中包括《会计师事务所质量控制准则第 5101 号——业务质量控制》和《中国注册会计师审计准则第 1121 号——历史财务信息审计的质量控制》2 项质量控制准则。前者从会计师事务所层面上进行规范,适用于包括历史财务信息审计业务在内的各项业务;后者从执行审计项目的负责人层面上进行规范,仅适用于历史财务信息审计业务。会计师事务所应当根据会计师事务所业务质量控制准则,制定质量控制制度,以合理保证:①会计师事务所及其人员遵守法律法规以及中国注册会计师职业道德规范、审计准则、审阅准则、其他鉴证业务准则和相关服务准则的规定;②合理保证会计师事务所和项目负责人根据具体情况出具恰当的报告。在此,项目负责人是指会计师事务所中负责某项业务及其执行,并代表会计师事务所在业务报告上签字的主任会计师或经授权签字的注册会计师。在实务中,会计师事务所应当从以下七个方面制定质量控制制度,并针对每个方面制定具体的质量控制政策和程序。

一、对业务质量承担的领导责任

明确质量控制制度的最终责任人,对会计师事务所的业务质量控制起着决定性作用。为此,会计师事务所应当制定政策和程序,培育以质量为导向的内部文化。这些政策和程序应当要求会计师事务所主任会计师对质量控制制度承担最终责任。

主任会计师可针对下列方面制定政策和程序,以适当履行对质量控制制度承担的责任:①在会计师事务所内部形成以质量为导向的文化;②会计师事务所各级管理层树立质量至上的意识,通过言传身教发挥示范作用;③合理保证会计师事务所及人员遵守职业道德规范;④在考虑客户诚信、自身专业胜任能力和能否遵守职业道德规范等的基础上,接受或保持客户关系和具体业务;⑤合理保证应有足够的、具有必要素质和专业胜任能力并遵守职业道德规范的人员;⑥合理保证按照法律法规、职业道德规范和业务准则的规定执行业务,如计划、执行、督导、复核、记录和报告业务;⑦能够及时地将业务工作底稿归档并按照规定期限与要求保管业务工作底稿,并对其内容保密,以保证其安全性和完整性,以及使用与检索的合规性和便利性;⑧合理保证质量控制制度中的政策和程序相关、适当,并正在有效运行。

会计师事务所培育以质量为导向的内部文化,就是要在会计师事务所内形成和传播质量至上的内部文化。内部质量文化能否形成,有赖于会计师事务所各级管理层的努力。为此,会计师事务所的领导层及其作出的示范对会计师事务所的内部文化有重大影响。会计师事务所各级管理层应当通过清晰、一致及经常的行动示范和信息传达,强调质量控制政策和程序的重要性以及下列要求:①按照法律、法规、职业道德规范和业务准则的规定执行工作;②根据具体情况出具恰当的报告。

会计师事务所的领导层应当树立质量至上的意识。会计师事务所应当通过下列措施实现质量控制的目标:①合理确定管理责任,以避免重商业利益、轻业务质量;②建立以质量为导向的业绩评价、薪酬及晋升的政策和程序;③投入足够的资源以制定和执行质量控制政策和程序,并形成相关文件记录。

为保证质量控制制度的具体运作效果,主任会计师必须委派适当的人员并授予其必要的权限,以帮助主任会计师正确履行其职责。受委派承担质量控制制度运作责任的人员,应当具有足够、适当的经验和能力以及必要的权限以履行其责任,但这不能减轻或替代主任会计师对质量控制制度承担的最终责任。

二、职业道德规范

会计师事务所应当制定政策和程序,以合理保证会计师事务所及其人员遵守职业道德规范。会计师事务所及其人员执行任何类型的业务,都应当遵守职业道德规范所要求的客观、公正原则,保持专业胜任能力和应有的关注,并对执业过程中获知的信息保密。另外,在执行鉴证业务时,还应当遵守独立性要求。

(一)遵守职业道德规范的措施

会计师事务所制定的政策和程序应当强调遵守职业道德规范的重要性,并通过必要的途径予以强化。这些途径有：

（1）会计师事务所领导层的示范。领导层应在会计师事务所内形成重视职业道德规范的氛围，并将相关政策和程序传达给会计师事务所员工。例如，领导层可通过电子邮件、信件和记录等，在专业发展会议上或在客户关系和具体业务的接受与续约以及业务执行过程中，强调客观、公正等职业道德基本原则。

（2）教育和培训。会计师事务所应向所有人员提供适用的专业文献和法律文献，并告知希望他们熟悉这些文献。会计师事务所还应要求所有人员定期接受职业道德培训，这种培训既可涵盖会计师事务所有关职业道德规范的政策和程序，也可涵盖所有适用的法律、法规中有关职业道德的要求。

（3）监控。会计师事务所可以通过定期检查，监督会计师事务所有关职业道德规范的政策和程序设计是否合理、运行是否有效，并采取适当行动，改进其设计和解决运行中存在的问题。

（4）对违反职业道德规范行为的处理。会计师事务所应当制定处理违反职业道德规范行为的政策和程序，指出违反职业道德规范的后果，并据此对违反职业道德规范的个人及时进行处理。会计师事务所可以为每位员工建立职业道德档案，记录个人违反职业道德规范的行为以及处理结果。

（二）满足独立性要求

会计师事务所应当制定政策和程序，以合理保证会计师事务所及其人员，包括聘用的专家和其他需要满足独立性要求的人员，保持职业道德规范要求的独立性。

会计师事务所内部不同层级人员之间相互沟通对保持独立性有着重要的作用。为此，会计师事务所制定的政策和程序应当要求：

（1）项目负责人向会计师事务所提供与客户委托业务相关的信息，以使会计师事务所能够评价这些信息对保持独立性的总体影响。

（2）会计师事务所人员及时向会计师事务所报告对独立性造成威胁的情况和关系，以便会计师事务所采取适当行动。

（3）会计师事务所收集相关信息，并向适当人员传达。例如，会计师事务所可以编制并保留禁止本所人员与之有商业关系的客户清单，并将清单信息传达给相关人员，以便其评价独立性。

会计师事务所还应当制定政策和程序，以合理保证能够获知违反独立性要求的情况，并采取适当行动予以解决。这些政策和程序包括下列要求：

（1）所有应当保持独立性的人员，将注意到的违反独立性要求的情况立即告知会计师事务所。

（2）会计师事务所将已识别的违反这些政策和程序的情况，立即传达给需要与会计师事务所共同处理这些情况的项目负责人，以及需要采取适当行动的会计师事务所内部其他相关人员和受独立性要求约束的人员。

（3）项目负责人、会计师事务所内部的其他相关人员，以及需要保持独立性的其他人员，在必要时，立即向会计师事务所告知他们为解决有关问题采取的行动，以便会计师事务所能够决定是否应当采取进一步的行动。

会计师事务所和相关项目负责人采取的适当行动，包括采取适当的防护措施以消除对独立性的威胁或将威胁降至可接受的水平，或解除业务约定。会计师事务所还应当每年至

少一次向所有受独立性要求约束的人员获取其遵守独立性政策和程序的书面确认函。

三、客户关系和具体业务的接受与保持

会计师事务所应当制定有关客户关系和具体业务接受与保持的政策和程序,以合理保证只有在下列情况下,才能接受或保持客户关系和具体业务:①已考虑客户的诚信,没有信息表明客户缺乏诚信;②具有执行业务必要的素质、专业胜任能力、时间和资源;③能够遵守职业道德规范。在接受新客户的业务前,或决定是否保持现有业务或考虑接受现有客户的新业务时,会计师事务所应当根据具体情况获取上述信息。

(一)考虑客户的诚信情况

针对有关客户的诚信,会计师事务所应当考虑的主要事项有:①客户主要股东、关键管理人员、关联方及治理层的身份和商业信誉;②客户的经营性质;③客户主要股东、关键管理人员及治理层对内部控制环境和会计准则等的态度;④客户是否过分考虑将会计师事务所的收费维持在尽可能低的水平;⑤工作范围受到不适当限制的迹象;⑥客户可能涉嫌洗钱或其他刑事犯罪行为的迹象;⑦变更会计师事务所的原因。

会计师事务所在评价客户诚信情况时,可以通过下列途径获取与客户诚信相关的信息:①与为客户提供专业会计服务的现任或前任人员进行沟通,并与其讨论;②向会计师事务所其他人员、监管机构、金融机构、法律顾问和客户的同行等第三方询问;③从相关数据库中搜索客户的背景信息。如果通过这些途径无法充分获取与客户相关的信息,或这些信息可能显示客户不够诚信,会计师事务所应当评估其对业务风险的影响。

(二)考虑是否具备执行业务的必要条件

会计师事务所在接受新业务前,还必须评价自身的执业能力,不得承接不能胜任和无法完成的业务。因此,在确定是否具有接受新业务所需的必要素质、专业胜任能力、时间和资源时,会计师事务所应当考虑下列事项,以评价新业务的特定要求和所有相关级别的现有人员的基本情况:①会计师事务所人员是否熟悉相关行业或业务对象;②会计师事务所人员是否具有执行类似业务的经验,或是否具备有效获取必要技能和知识的能力;③会计师事务所是否拥有足够的具有必要素质和专业胜任能力的人员;④在需要时,是否能够得到专家的帮助;⑤如果需要项目质量控制复核,是否具备(或者能够聘请到)符合标准和资格要求的项目质量控制复核人员;⑥会计师事务所是否能够在提交报告的最后期限内完成业务。

在确定是否接受新业务时,会计师事务所还应当考虑接受该业务是否会导致现实或潜在的利益冲突。在确定是否保持客户关系时,会计师事务所应当考虑在本期或以前业务执行过程中发现的重大事项及其对保持客户关系可能造成的影响。

四、人力资源

会计师事务所应当制定政策和程序,合理保证拥有足够的具有必要素质和专业胜任能力并遵守职业道德规范的人员,以使会计师事务所和项目负责人能够按照法律、法规、职业道德规范和业务准则的规定执行业务,并根据具体情况出具恰当的报告。

会计师事务所制定的人力资源政策和程序应当解决下列人事问题:①招聘;②业绩评价;③人员素质;④专业胜任能力;⑤职业发展;⑥晋升;⑦薪酬;⑧人员需求预测。招聘是人力资源管理的首要环节,为此,会计师事务所应当制定招聘程序,以选择正直的、通过发展能够具备执行业务所需的必要素质和专业胜任能力的人员。

由于执业环境和工作要求在不断地发生变化,会计师事务所应当采取措施保证人员保持必要的素质和专业胜任能力。会计师事务所提高人员素质和专业胜任能力的途径包括:①职业教育;②职业发展,包括培训;③工作经验;④由经验更丰富的员工提供辅导。会计师事务所应当在人力资源政策和程序中强调对各级别人员进行继续培训的重要性,并提供必要的培训资源和帮助,以使人员能够发展和保持必要的素质和专业胜任能力。

会计师事务所应当制定业绩评价、薪酬及晋升程序,对发展和保持专业胜任能力并遵守职业道德规范的人员给予应有的肯定和奖励。业绩评价、薪酬及晋升程序应当强调:①使人员知晓会计师事务所对业绩和遵守职业道德规范的期望;②向人员提供业绩、工作进步及职业发展方面的评价和咨询;③帮助人员了解提高业务质量及遵守职业道德规范是晋升更高职位的主要途径,而不遵守会计师事务所的政策和程序可能招致惩戒。

会计师事务所还应当制定政策和程序,监控项目负责人的工作负荷及可供调配的项目负责人数量,以使项目负责人有足够的时间履行职责。会计师事务所应当委派具有必要素质、专业胜任能力和时间的员工,按照法律法规、职业道德规范和业务准则的规定执行业务,以使会计师事务所和项目负责人能够根据具体情况出具恰当的报告。

五、业务执行

(一) 指导、监督与复核

会计师事务所应当制定政策和程序,以合理保证按照法律、法规、职业道德规范和业务准则的规定执行业务,使会计师事务所和项目负责人能够根据具体情况出具恰当的报告。会计师事务所在制定指导、监督与复核政策和程序时,应当考虑的事项包括:①如何将业务情况简要告知项目组,使项目组了解工作目标;②保证适用的业务准则得以遵守的程序;③业务监督、员工培训和辅导的程序;④对已实施的工作、作出的重大判断以及拟出具的报告进行复核的方法;⑤对已实施的工作及其复核的时间和范围作出适当记录;⑥保证所有的政策和程序是合时宜的。会计师事务所通常使用书面或电子手册、软件工具、标准化底稿以及行业和特定业务对象的指南性材料等文件,记录和传达其制定的政策和程序,以使全体人员了解、掌握和贯彻执行这些政策和程序。

(1) 指导的具体要求。项目组的所有成员应当了解拟执行工作的目标。项目负责人应当通过适当的团队工作和培训,使经验较少的项目组成员清楚地了解所分派工作的目标。

(2) 监督的具体要求。监督也是质量控制的一个重要因素。合理有效的监督工作,是提高会计师事务所工作质量,完成各项任务,向客户提供符合质量要求的服务的必要保证。项目负责人对业务的监督包括:①追踪业务进程;②考虑项目组各成员的素质和专业胜任能力,以及是否有足够的时间执行工作,是否理解工作指令,是否按照计划的方案执行工作;③解决在执行业务过程中发现的重大问题,考虑其重要程度并适当修改原计划的方案;④识别在执行业务过程中需要咨询的事项,或需要由经验较丰富的项目组成员考虑的事项。

(3) 复核的具体要求。复核范围可能随业务的不同而不同。例如,执行高风险的业务、对金融机构执行的业务和为重要客户执行的业务可能需要进行更详细的复核。在复核项目组成员已执行的工作时,复核人员应当考虑:①工作是否已按照法律、法规、职业道德规范和业务准则的规定执行;②重大事项是否已提请进一步考虑;③相关事项是否已进行适当咨询,由此形成的结论是否得到记录和执行;④是否需要修改已执行工作的性质、时间和范围;⑤已执行的工作是否支持形成的结论,并得以适当记录;⑥获取的证据是否充分、适当;⑦业务程序的目标是否已经实现。复核人员应当拥有适当的经验、专业胜任能力和责任感,因此,确定复核人员的原则是:由项目组内经验较多的人员复核经验较少的人员执行的工作。

(二) 咨询

项目组在业务执行中时常会遇到各种各样的疑难问题或者争议事项,当这些问题和事项在项目组内不能得到解决时,有必要向项目组之外的适当人员咨询。因此,会计师事务所应当建立政策和程序,以合理保证:①就疑难问题或争议事项进行适当咨询;②可获取充分的资源进行适当咨询;③咨询的性质和范围得以记录;④咨询形成的结论得到记录和执行。

咨询包括与会计师事务所内部或外部具有专门知识的人员,在适当专业层次上进行的讨论,以解决疑难问题或争议事项。对咨询的具体要求有:

(1) 形成良好的咨询文化。会计师事务所应当形成一种良好的咨询氛围,鼓励会计师事务所人员就疑难问题或争议事项进行咨询。

(2) 合理确定咨询事项,适当确定被咨询者。项目组应当考虑就重大的技术、职业道德及其他事项,向会计师事务所内部或在适当情况下向会计师事务所外部具备适当知识、资历和经验的其他专业人士咨询,并适当记录和执行咨询形成的结论。

(3) 适当确定被咨询者。适当确定被咨询者对于保证咨询结论的有效性起着重要作用,项目在考虑就重大的技术、职业道德及其他事项进行咨询时,被咨询者既可以是会计师事务所内部的其他专业人士,在适当的情况下,也可以是会计师事务所外部的其他专业人士。

(4) 充分提供相关事实。项目组在向会计师事务所内部或外部其他专业人士咨询时,应当提供所有相关事实,以使其能够对咨询的事项提出有见地的意见。

(5) 考虑利用外部咨询。需要向外部咨询的会计师事务所,可以利用其他会计师事务所、职业团体、监管机构或商业机构提供的咨询服务,但应当考虑外部咨询提供者是否能够胜任这项工作。

(6) 完整记录咨询情况。咨询形成的记录应当完整、详细,包括寻求咨询的事项和咨询的结果,后者包括作出的决策、决策依据以及决策的执行情况。项目组就疑难问题或争议事项向其他专业人士咨询所形成的记录应当经被咨询者认可。

(三) 意见分歧

在业务执行中,时常可能会出现项目组内部、项目组与被询问者之间以及项目负责人与项目质量控制复核人员之间的意见分歧。会计师事务所应当制定政策和程序,以处理和解决意见分歧。

只有意见分歧问题得到解决,项目负责人才能出具报告。如果在意见分歧问题得到解决前,项目负责人就出具报告,不仅有失应有的谨慎,而且容易导致出具不恰当的报告,难以合理保证实现质量控制的目标。

(四) 项目质量控制复核

项目质量控制复核是指在出具报告前,对项目组作出的重大判断和在准备报告时形成的结论作出客观评价的过程。会计师事务所应当制定政策和程序,要求对特定业务实施项目质量控制复核,以客观评价项目组作出的重大判断以及在准备报告时得出的结论。这些政策和程序应当包括下列要求:①对所有上市公司财务报表审计实施项目质量控制复核;②规定适当的标准,据此评价上市公司财务报表审计以外的历史财务信息审计和审阅、其他鉴证业务及相关服务业务,以确定是否应当实施项目质量控制复核;③对符合适当标准的所有业务实施项目质量控制复核。

（1）项目质量控制复核的性质。所谓项目质量控制复核的性质，是指决定采用怎样的方法实施复核。项目质量控制复核方法通常包括：①与项目负责人进行讨论；②复核财务报表或其他业务对象信息及报告，尤其考虑报告是否适当；③选取与项目组作出重大判断及形成结论有关的工作底稿进行复核。除了这些方法外，会计师事务所还可以视情况需要，采用其他适当的复核方法。

（2）项目质量控制复核的范围。项目质量控制复核的范围取决于业务的复杂程度和出具不恰当报告的风险。在对上市公司财务报表审计实施项目质量控制复核时，复核人员应当考虑：①项目组就具体业务对会计师事务所独立性作出的评价；②在审计过程中识别的特别风险以及采取的应对措施；③作出的判断，尤其是关于重要性和特别风险的判断；④是否已就存在的意见分歧、其他疑难问题或争议事项进行适当咨询，以及咨询得出的结论；⑤在审计中识别的已更正和未更正的错报的重要程度及处理情况；⑥拟与管理层、治理层以及其他方面沟通的事项；⑦所复核的审计工作底稿是否反映了针对重大判断执行的工作，是否支持得出的结论；⑧拟出具的审计报告的适当性。在对上市公司财务报表审计以外的其他业务实施项目质量控制复核时，项目质量控制复核人员可根据情况考虑上述部分或全部事项。

（3）项目质量控制复核的时间。何时实施项目质量控制复核，对复核的效果和能否按照约定的期限出具恰当的报告也有重要影响。为此，会计师事务所的政策和程序应当要求在出具报告前完成项目质量控制复核。如果项目负责人不接受项目质量控制复核人员的建议，并且重大事项未得到满意解决，项目负责人不应当出具报告。只有在按照会计师事务所处理意见分歧的程序解决重大事项后，项目负责人才能出具报告。

六、业务工作底稿

业务工作底稿的归档，应遵守及时性原则。会计师事务所应当制定政策和程序，以使项目组在出具业务报告后及时将工作底稿归整为最终业务档案。会计师事务所应当根据业务的具体情况，确定适当的业务工作底稿归档期限。对历史财务信息审计和审阅业务、其他鉴证业务，业务工作底稿的归档期限为业务报告日后 60 天内。如果针对客户的同一财务信息执行不同的委托业务，出具两份或多份不同的报告，会计师事务所应当将其视为不同的业务，根据制定的政策和程序，在规定的归档期限内分别将业务工作底稿归整为最终业务档案。

（一）业务工作底稿的管理要求

会计师事务所应当制定政策和程序，以满足下列要求：①安全保管业务工作底稿并对业务工作底稿保密；②保证业务工作底稿的完整性；③便于使用和检索业务工作底稿；④按照规定的期限保存业务工作底稿。

除下列情况外，会计师事务所应当对业务工作底稿包含的信息予以保密：①取得客户的授权；②根据法律、法规的规定，会计师事务所为法律诉讼准备文件或提供证据，以及向监管机构报告发现的违反法规行为；③接受注册会计师协会和监管机构依法进行的质量检查。

无论业务工作底稿存在于纸质、电子还是其他介质，会计师事务所都应当针对业务工作底稿设计和实施适当的控制，以实现下列目的：①使业务工作底稿清晰地显示其生成、修改及复核的时间和人员；②在业务的所有阶段，尤其是在项目组成员共享信息或通过互联网将信息传递给其他人员时，保护信息的完整性；③防止未经授权改动业务工作底稿；④允许项目组和其他经授权的人员为适当履行职责而接触业务工作底稿。

会计师事务所应当制定政策和程序,以使业务工作底稿保存期限满足法律法规的规定和会计师事务所的需要。对历史财务信息审计和审阅业务、其他鉴证业务,会计师事务所应当自业务报告日起,对业务工作底稿至少保存 10 年。

(二)业务工作底稿的所有权

业务工作底稿的所有权属于会计师事务所。会计师事务所可自主决定允许客户获取业务工作底稿部分内容,或摘录部分工作底稿,但披露这些信息不得损害会计师事务所执行业务的有效性。对于鉴证业务,披露这些信息不得损害会计师事务所及其人员的独立性。

在实务中,客户基于某种考虑和需要可能向会计师事务所提出获取业务工作底稿部分内容,或摘录部分工作底稿的要求。会计师事务所应当在确保遵守职业道德规范、业务准则和质量控制制度规定的前提下,考虑具体业务的特点和分析客户要求的合理性,谨慎决定是否满足客户的要求。如果披露这些信息损害会计师事务所执行业务的有效性,就不应当满足客户的要求。尤其要注意的是,如果披露这些信息损害会计师事务所及其人员的独立性,就不得向客户提供相关工作底稿信息。

七、监控

监控质量控制制度的有效性,不断修订和完善质量控制制度,对于实现质量控制的目标起着不可替代的作用。为此,会计师事务所应当制定监控政策和程序,以合理保证质量控制制度中的政策和程序是相关、适当的,并正在有效运行。这些监控政策和程序应当包括持续考虑和评价会计师事务所的质量控制制度,如定期选取已完成的业务进行检查。

对会计师事务所质量控制制度的监控应当由具有专业胜任能力的人员实施,监控内容包括质量控制制度设计的适当性和运行的有效性。会计师事务所可以委派主任会计师、副主任会计师或具有足够、适当经验和权限的其他人员履行监控责任。

会计师事务所应当从下列方面对质量控制制度进行持续考虑和评价:①确定质量控制制度的完善措施,包括要求对有关教育与培训的政策和程序提供反馈意见;②与会计师事务所适当人员沟通已识别的质量控制制度在设计、理解或执行方面存在的缺陷;③由会计师事务所适当人员采取追踪措施,以对质量控制政策和程序及时作出必要的修正。

对质量控制制度的持续考虑和评价还包括分析下列事项:①法律、法规、职业道德规范和业务准则的新变化,以及会计师事务所的政策和程序如何适当反映这些变化;②有关独立性政策和程序遵守情况的书面确认函;③职业发展,包括培训;④与接受和保持客户关系及具体业务相关的决策。

会计师事务所应当周期性地选取已完成的业务进行检查,周期最长不得超过 3 年。在每个周期内,应对每个项目负责人的业务至少选取 1 项进行检查。会计师事务所应当每年至少 1 次将质量控制制度的监控结果,传达给项目负责人及会计师事务所内部的其他适当人员,以使会计师事务所及其相关人员能够在其职责范围内及时采取适当的行动。传达的信息应当包括已实施的监控程序,实施监控程序得出的结论,以及系统性的、重复出现的或其他重大的缺陷及其整改措施。

八、记录

记录质量控制情况,使执行监控程序的人员能够评价质量控制制度的遵守情况,对会计师事务所有着特殊的作用。为此,会计师事务所应当制定政策和程序,对质量控制制度各项要素的运行情况形成适当记录。

在确定记录的方式和内容时,会计师事务所应当考虑下列因素:①会计师事务所的规模和分支机构的数量;②会计师事务所相关人员和分支机构的权限;③会计师事务所业务和组织结构的性质及复杂程度。会计师事务所可以根据自身情况合理确定记录的方式。例如,大型会计师事务所可能会利用电子数据库记录独立性确认函、业绩评价及监控检查的结果等事项。规模较小的会计师事务所可能会使用更多相对简单的方法,如人工记录、核对清单及表格等。

复习思考题

1. 中国注册会计师职业规范体系包括哪些部分?
2. 注册会计师职业道德基本原则包括哪些内容?
3. 威胁独立性的情形有哪些? 主要的防范措施有哪些?
4. 简述中国注册会计师业务准则体系的内容。
5. 会计师事务所在制定全面质量控制政策时应体现哪些方面的要求?
6. 在哪些情况下,注册会计师可以披露客户的有关信息而不属于泄密?

练习题

一、单项选择题(在每小题列出的四个备选项中只有一个是最符合题目要求的,请将其代码填在题后的括号内)

1. 注册会计师的下列行为中,不违反职业道德规范的是( )。
A. 对自己的能力进行广告宣传
B. 不以个人名义承接一切业务
C. 承接了主要工作由其他专家完成的业务
D. 按服务成果的大小进行收费

2. 下列各项中,属于注册会计师违反职业道德规范行为的是( )。
A. 注册会计师可以在一定范围内对其能力进行广告宣传,但没有诋毁同行
B. 没有利用其知悉的客户信息为自己或他人谋取利益
C. 按照业务约定和审计准则的要求完成年报审计工作
D. 除有关法规允许的情形外,没有以或有收费形式为客户提供各种鉴证服务

3. 中国注册会计师执业准则不包括( )。
A. 中国注册会计师业务准则
B. 中国注册会计师审计准则
C. 会计师事务所质量控制准则
D. 中国注册会计师职业道德准则

4. 会计师事务所不得为同一家上市公司同时提供审计年报和( )。
A. 法律服务
B. 纳税申报
C. 代编财务报表
D. IT 系统服务

5. 如果会计师事务所采取维护独立性的措施不足以消除威胁独立性因素的影响或将其降至可接受水平时,会计师事务所应当采取的措施是( )。

A. 将相关注册会计师调离鉴证小组

B. 出具否定意见的审计报告

C. 拒绝承接业务或解除业务约定

D. 以或有收费形式收取审计费用

6. 下列情况中,禁止注册会计师披露客户有关信息的有( )。

A. 为法律诉讼准备文件

B. 出于第三方利益使用客户信息

C. 监管机构依法进行的质量检查

D. 取得客户的授权

7. 项目质量控制复核的时间是( )。

A. 与审计委员会沟通后完成质量控制复核

B. 与治理层沟通后完成质量控制复核

C. 与管理层沟通后完成质量控制复核

D. 在出具报告前完成质量控制复核

8. 会计师事务所不能按时完成的鉴证业务,应当采取的措施是( )。

A. 拒绝接受委托   B. 聘请其他专业人员帮助

C. 减少业务收费   D. 转包给其他会计师事务所

二、多项选择题(在每小题列出的四个备选项中有两个或两个以上是符合题目要求的,请将其代码填在题后的括号内)

1. 如果会计师事务所在承接鉴证客户业务时发现与客户之间存在重大经营关系,会计师事务所应当采取的降低威胁独立性影响的措施有( )。

A. 出具保留意见的审计报告

B. 拒绝执行该鉴证业务

C. 会计师事务所终止该经营业务

D. 会计师事务所降低经营关系的重要性,使经济利益不重大,经营关系明显不重要

2. 审计小组成员李莉的丈夫是甲公司的股东,下列防范措施中,能够消除威胁独立性情形的有( )。

A. 李莉审计甲公司前要求其丈夫出售持有甲公司的全部股份

B. 将李莉调离审计小组

C. 在审计报告意见段后增加强调事项段

D. 请其他注册会计师复核李莉的审计工作底稿

3. 注册会计师执行下列业务时,应当保持独立性的有( )。

A. 验资   B. 执行商定程序

C. 审计年度财务报表   D. 预测性财务信息审核

4. 下列各项中,不符合注册会计师职业道德规范的有( )。

A. 没有雇佣正在其他会计师事务所执业的注册会计师

B. 对其能力进行广告宣传

C. 允许其他单位以本所的名义承办业务

D. 以降低收费方式招揽业务

5. 专业胜任能力的基本原则要求注册会计师做到( )。

A. 在法规允许情况下可以进行或有收费

B. 不承接自己不能胜任的业务

C. 注册会计师不仅要具有专业知识、技能和经验,而且应经济、有效地完成业务

D. 如果不能保持和提高专业胜任能力,应当主动降低收费标准

6. 下列情况中,可能在经济利益方面威胁到会计师事务所独立性的有( )。

A. 合伙人过分担心失去某项业务

B. 约定对鉴证业务采取或有收费

C. 与鉴证客户存在密切的经营关系

D. 与鉴证客户存在专业服务收费以外的直接经济利益

三、判断题(对每题内容的正误进行判断,你认为正确的用"√"表示,错误的用"×"表示,并填入题后的括号内)

1. 如果前任注册会计师决定向后任注册会计师提供工作底稿,后任注册会计师应从被审计单位处获取一份确认函。 ( )

2. 无论在什么情况下,注册会计师都不得披露客户的商业秘密。 ( )

3. 会计师事务所不论是向他人支付佣金或收取他人支付的佣金都会大大降低行业在社会公众中的形象。 ( )

4. 会计师事务所应当制定政策和程序,以合理保证会计师事务所及其人员保持职业道德规范要求的独立性,但聘用的其他专家例外。 ( )

5. 会计师事务所要求必须由主任会计师负责组织对业务执行实施指导、监督与复核。 ( )

6. 在整个审计过程中,职业怀疑态度十分必要。 ( )

四、分析题(分析以下各项资料,并按照要求回答问题)

(一)资料

信诚会计师事务所接受委托,承办东海岸商业银行20×8年度财务报表审计业务,并于20×8年年底与东海岸商业银行签订了审计业务约定书。信诚会计师事务所指派甲和乙注册会计师为该审计项目负责人。假定存在以下情况:

(1)东海岸商业银行以20×8年度经营亏损为由,要求信诚会计师事务所降低一定数额的审计收费,但许诺给予其正在申请的购买办公楼的按揭贷款利率予以相应优惠。信诚会计师事务所同意了东海岸商业银行的要求,并与之签订了补充协议。

(2)甲注册会计师持有东海岸商业银行的股票100股,市值约800元。由于数额较小,甲注册会计师未将该股票售出,也未予回避。

(3)乙注册会计师的妹妹在东海岸商业银行财务会计部从事会计核算工作,但非财务部负责人。乙注册会计师未予回避。

(4)由于计算机专家李先生曾在东海岸商业银行信息部工作,且参与了其现行计算机信息系统的设计,信诚会计师事务所特聘请李先生协助测试东海岸商业银行的计算机信息系统。

(5)信诚会计师事务所与东海岸商业银行信贷评审部进行业务合作:由信贷评审部介

绍需要审计的贷款客户,信诚会计师事务所负责审计工作,最后由信贷评审部复核审计质量。鉴于双方各自承担的工作,相关审计收费由双方各按50%比例分配。

(二) 要求

针对第(1)、第(4)和第(5)种情况,判断信诚会计师事务所是否违反了中国注册会计师职业道德规范的要求,从而威胁独立性;针对第(2)和第(3)种情况,判断甲、乙注册会计师是否违反了中国注册会计师职业道德规范的要求,从而威胁独立性,并分别以上情况简要说明理由。

第四章 注册会计师的法律责任

注册会计师从事的职业活动,不但受到来自职业道德的约束,还受到因来自法律的约束而时常被拖入诉讼的纷争。来自职业团体外的带有强制性的法律约束,促使注册会计师不断提高自身素质,保持高度的应有职业注意,更为谨慎地履行专业职责。

第一节 注册会计师法律责任的成因与种类

"责任"一词在汉语中含义广泛,它既指一个人、一个组织或一项职业为完成某项工作或受托业务所应尽的义务和职责,也指一个人、一个组织或一项职业因失职触犯法律而应负的法律责任,其中包括民事责任和刑事责任。就注册会计师审计而言,面对所服务的广大客户和使用审计结果的公众,注册会计师进行的职业活动,不但受到来自职业道德的约束,还受到因来自法律的约束而时常被拖入诉讼的纷争。合约、习惯法(已有法律判决案例的积累)以及成文法律,都要求注册会计师承担相应的法律责任。

一、注册会计师法律责任的成因

法律责任的出现,经常是因为注册会计师在执业时没有保持应有的职业谨慎,并因此导致了对其他人权利的损失。应有的职业谨慎,指的是注册会计师应当具备足够的专业知识和业务能力,按照执业准则的要求执业。从目前情况来看,注册会计师涉及法律诉讼的数量和金额都呈上升趋势,除了法律环境的变化以外,还有其他方面的原因。

(一)法律环境的变化

随着社会经济的发展,注册会计师的法律责任得到不断强化。20世纪80年代后,西方发达国家的法律环境发生了较大变化,注册会计师职业团体对于行业法律责任秉持的态度也有所改变。21世纪初,受到"安然"等事件的影响和冲击,注册会计师职业所承担的法律责任发生了显著变化,主要表现为:

(1)针对注册会计师的法律诉讼大量增加。自20世纪90年代以来,特别是"安然"和"世通"事件爆发之后,因企业经营失败或者管理层舞弊导致的破产事件激增,致使投资者和贷款人蒙受巨大损失,由此引发针对注册会计师独立性和执业能力的大量诉讼,并要求其赔偿相关损失。受到公司破产和舞弊丑闻的影响,迫于社会公众的巨大压力,西方主要国家先后出台了有关强化注册会计师法律责任的法案,法院判决时也倾向于加大注册会计师经济赔偿责任。

(2)扩展注册会计师对第三方的责任。在习惯法国家,早期的司法制度并没有规定注册会计师除了客户之外,还要对与自己没有合同关系的第三方承担责任,法官们也倾向于限定注册会计师的第三方责任范围。但自 20 世纪后半叶之后,不少法官已放弃限制注册会计师对第三方责任范围的判例原则,转而规定注册会计师对已知的第三方使用者或财务报表的特定用途必须承担法律责任。

(3) 扩充注册会计师法律责任的内涵。注册会计师传统法律责任的含义仅限于财务报表符合公认会计原则的公允性,但各方面使用者和利益集团近 20 年来不断要求注册会计师对委托人的会计记录差错、管理舞弊、经营破产可能性及违反有关法律行为都应承担检查和报告责任,从而促使许多会计职业团体在 20 世纪 80 年代后期修订有关审计准则,要求注册会计师在进行财务报表审计时,必须设计和实施必要的审计程序,为发现错误与舞弊提供合理的保证,从而实质上扩充了注册会计师法律责任的内涵。

(二) 其他方面的原因

注册会计师法律责任正在逐步扩展的原因,除了法律环境发生变化,还有以下几个方面:

(1) 财务报表使用者对注册会计师的责任日趋了解。

(2) 政府监管部门保护投资者的意识日益加强,监管措施日益完善,处罚力度日益增大。

(3) 由于审计环境发生很大变化,企业规模扩大,业务全球化以及企业经营管理的错综复杂性,使会计业务更加复杂,审计风险变大。

(4) "深口袋" 理论(即任何看上去拥有经济财富的人都可能受到起诉,不论其应当受到惩罚的程度如何)的盛行。社会日益赞同受害的一方向有能力提供赔偿的一方提起诉讼,而不论错在哪一方。

(5) 法庭在理解专业性事项方面存在困难。

二、经营失败、审计失败和审计风险与法律责任的关系

经营失败是指企业经济或经营条件的变化,如经济衰退、不当的管理决策或出现意料之外的行业竞争等,而无法满足投资者的预期。经营失败的极端情况是申请破产。被审计单位在经营失败时,也可能会连累注册会计师。很多会计和法律专业人员认为,财务报表使用者控告会计师事务所的主要原因之一,是不理解经营失败和审计失败之间的差别。众所周知,资本投入或借给企业后就面临某种程度的经营风险,经营风险是导致经营失败的主要因素之一。

出现经营失败时,审计失败可能存在,也可能不存在。所谓审计失败,是指注册会计师由于没有遵守审计准则的要求而发表了错误的审计意见。例如,注册会计师可能指派了不合格的助理人员去执行审计任务,未能发现应当发现的财务报表中存在的重大错报。另外,还可能存在这样的情况,即注册会计师确实遵守了审计准则,但却提出了错误的审计意见,这就需要从审计风险角度进行深入分析。

审计风险是指财务报表中存在重大错报,而注册会计师发表不恰当审计意见的可能性。由于审计的固有限制影响注册会计师发现重大错报的能力,即使按照审计准则的规定恰当地计划和实施审计工作,注册会计师也不能对财务报表整体不存在重大错报获取绝对保证。特别是,如果被审计单位管理层精心策划和掩盖舞弊行为,注册会计师尽管完全按照审计准则执业,有时还是不能发现某项重大舞弊行为。因此,不能要求注册会计师对所有未查出的财务报表中的错误与舞弊情况负责,但是,这也不意味着注册会计师对于未能查出的财务报

表中的重大错误与舞弊不用承担任何责任,关键要看未能查出的原因是否源自注册会计师本身的过错。

社会公众往往将审计失败与经营失败相混淆,认为如果发生了经营失败则审计必然是失败的。当某一公司破产或无力偿还债务而导致投资者和债权人遭受损失时,社会公众往往指责这些正是注册会计师审计失败的后果。当企业破产的最近会计期间的审计意见说明财务报表公允时,社会公众更是认为注册会计师应当对企业破产、经营失败负责。造成社会公众在被审计单位发生经营失败时指责审计失败的原因之一是缺乏对注册会计师责任的了解;还有部分原因是遭受损失的人们希望得到补偿,而不管错在哪方。

在绝大多数情况下,当注册会计师未能发现重大错报并出具了错误的审计意见时,就可能产生注册会计师是否恪守应有的职业谨慎的法律问题。如果注册会计师在审计过程中没有尽到应有的职业谨慎,就属于审计失败。在这种情况下,法律通常允许注册会计师未尽到应有的职业谨慎而遭受损失的各方,获得由审计失败导致的部分或全部损失补偿。

三、对注册会计师责任的认定

如果不是由于注册会计师的原因给被审计单位或第三人造成损失,注册会计师将不负法律责任,但是,也有些会计师事务所和注册会计师因违约、过失和欺诈等行为惹来官司。

(一) 违约

所谓"违约",是指合同的一方或几方未能达到合同条款的要求。当违约给他人造成损失时,注册会计师应承担违约责任。比如,在商定的期间内,注册会计师未能完成审计或者其他业务约定,或违反了与被审计单位订立的保密协议等。

(二) 过失

所谓"过失",是指在一定条件下,缺少应具有的合理的谨慎。评价注册会计师的过失,是以其他合格注册会计师在相同条件下可做到的谨慎为标准的。当过失给他人造成损害时,注册会计师应承担过失责任。通常,按过失程度不同,可以分为普通过失和重大过失。

(1) 普通过失。在某种情况下,对行为人应当注意和能够注意的程度有较高要求时,行为人虽没有遵守这种较高的要求,但未违背一般人应当注意并能够注意的一般规则,属于普通过失。对注册会计师而言,普通过失(也有的称"一般过失")通常是指没有保持职业上应有的合理的谨慎,没有完全遵循专业准则的要求。比如,未按特定审计项目取得必要和充分的审计证据的情况,可视为一般过失。

(2) 重大过失。如果行为人不但没有遵守较高的要求,甚至连普通人应当注意并能够注意的一般标准也未达到,这就是重大过失。对于注册会计师而言,重大过失是指连起码的职业谨慎都不保持,对业务或事务不加考虑,满不在乎;根本没有遵循专业准则或没有按专业准则的基本要求执行业务。比如,对某上市公司年报进行审计时,没有实施风险评估程序,可视为重大过失。

另外,还有一种过失叫"共同过失",即对他人过失,受害方自己未能保持合理的谨慎,因而蒙受损失。比如,被审计单位未能向注册会计师提供编制纳税申报表所必要的信息,后来又控告注册会计师未能妥当地编制纳税申报表,这种情况可能使法院判定被审计单位有共同过失。又如,在审计中未能发现现金等资产短缺时,被审计单位可以过失为由控告注册会计师,而注册会计师又可以说现金等问题是由缺乏适当的内部控制造成的,并以此为由来反击被审计单位的诉讼。

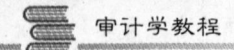

（三）欺诈

欺诈是以欺骗或坑害他人为目的的一种故意的错误行为。作案具有不良动机是欺诈的重要特征，也是欺诈与普通过失和重大过失的主要区别之一。对于注册会计师而言，欺诈就是为了达到欺骗他人的目的，明知委托人的财务报表有重大错报，却加以虚伪的陈述，出具无保留意见的审计报告。简而言之，欺诈属于注册会计师的舞弊行为。

与欺诈相关的另一个概念是"推定欺诈"，又称"涉嫌欺诈"，是指虽无故意欺诈或坑害他人的动机，但却存在极端或异常的过失。推定欺诈和重大过失这两个概念的界限往往很难界定，在美国许多法院曾经将注册会计师的重大过失解释为推定欺诈，特别是近年来有些法院放宽了"欺诈"一词的范围，使得推定欺诈和欺诈在法律上成为等效的概念。这样，具有重大过失的注册会计师的法律责任就进一步加大了。

（四）没有过失、普通过失、重大过失和欺诈的界定

注册会计师过失程度的大小没有特别严格的界限，在实务中也往往很难界定。前面提到了它们之间的主要区别，具体到每一个案例则由法院根据具体情况给予解释。

四、注册会计师法律责任的种类

注册会计师因违约、过失或欺诈给被审计单位或其他利害关系人造成损失的，按照有关法律和规定，可能被判负行政责任、民事责任或刑事责任。这三种责任可单处，也可并处。一般来说，因违约和过失可能使注册会计师负行政责任和民事责任，因欺诈可能使注册会计师负民事责任和刑事责任。

行政责任是指注册会计师由于行政违法而应承担的法律后果。行政责任的具体表现是依据法律规定，承受一定的制裁。对注册会计师个人来说，行政处罚包括警告、暂停执业、吊销注册会计师证书；对会计师事务所而言，行政处罚包括警告、没收违法所得、罚款、暂停执业、撤销等。民事责任是指注册会计师由于民事违法而应承担的法律后果。我国会计师事务所和注册会计师承担的民事责任形式主要有赔偿损失、支付违约金等。刑事责任是指注册会计师由于违反国家的法律法规，情节严重，构成刑事犯罪行为而应承担的法律后果。刑事责任的表现，就是依据刑法及以有关法规，承受一定的刑事制裁。

第二节　注册会计师的法律责任

注册会计师的法律责任主要包括行政责任、民事责任和刑事责任。在美、英、日等发达国家，注册会计师的法律责任主要源自习惯法和成文法。在我国，近年来我国颁布的不少重要的经济法律、法规中，都有专门规定会计师事务所、注册会计师法律责任的条款，其中比较重要的有《中华人民共和国注册会计师法》（简称《注册会计师法》）、《中华人民共和国公司法》（简称《公司法》）、《中华人民共和国证券法》（简称《证券法》）及《中华人民共和国刑法》（简称《刑法》）等。以下是我国相关法律、法规中规定的注册会计师法律责任。

一、民事责任

（一）《注册会计师法》的规定

随着市场经济体制在我国的建立和发展，注册会计师在社会经济生活中的地位越来越

重要,发挥的作用越来越大。注册会计师如果工作失误或犯有欺诈行为,将会给委托人或依赖审定财务报表的第三者造成重大损失,严重的甚至导致经济秩序的紊乱。因此,强化注册会计师的责任意识,严格注册会计师的法律责任,以保证其职业道德和执业质量,其意义就显得愈加重大。1993 年 10 月 31 日颁布、1994 年 1 月 1 日实施的《注册会计师法》在第六章"法律责任"中规定了注册会计师的行政、民事和刑事责任。其中关于民事责任的条款是第四十二条,"会计师事务所违反本法规定,给委托人、其他利害关系人造成损失的,应当依法承担赔偿责任"。

(二)《证券法》的规定

2005 年 12 月 29 日修订的、自 2006 年 1 月 1 日起施行的《证券法》第一百七十三条规定:"证券服务机构为证券的发行、上市、交易等证券业务活动制作、出具审计报告、资产评估报告、财务顾问报告、资信评级报告或者法律意见书等文件,应当勤勉尽责,对所制作、出具的文件内容的真实性、准确性、完整性进行核查和验证。其制作、出具的文件有虚假记载、误导性陈述或者重大遗漏,给他人造成损失的,应当与发行人、上市公司承担连带赔偿责任,但能够证明自己没有过错的除外。"

(三)《公司法》的规定

2013 年 12 月 28 日修订的、自 2014 年 3 月 1 日起施行的《公司法》第二百零七条第三款规定:"承担资产评估、验资或者验证的机构因出具的评估结果、验资或者验证证明不实,给公司债权人造成损失的,除能够证明自己没有过错外,在其评估或者证明不实的金额范围内承担赔偿责任。"

二、行政责任和刑事责任

(一)《注册会计师法》的规定

《注册会计师法》在第三十九条中规定了会计师事务所和注册会计师应承担的行政责任和刑事责任:

"会计师事务所违反本法第二十条、第二十一条规定的,由省级以上人民政府财政部门给予警告,没收违法所得,可以并处违法所得一倍以上五倍以下的罚款;情节严重的,可以由省级以上人民政府财政部门暂停其经营业务或者予以撤销。

注册会计师违反本法第二十条、第二十一条规定的,由省级以上人民政府财政部门给予警告;情节严重的,可以由省级以上人民政府财政部门暂停其执行业务或者吊销注册会计师证书。

会计师事务所、注册会计师违反本法第二十条、第二十一条的规定,故意出具虚假的审计报告、验资报告,构成犯罪的,依法追究刑事责任。"

(二)《证券法》的规定

《证券法》第二百零一条规定:"为股票的发行、上市、交易出具审计报告、资产评估报告或者法律意见书等文件的证券服务机构和人员,违反本法第四十五条的规定买卖股票的,责令依法处理非法持有的股票,没收违法所得,并处以所买卖股票等值以下的罚款。"

第二百零七条规定:"违反本法第七十八条第二款的规定,在证券交易活动中作出虚假陈述或者信息误导的,责令改正,处以三万元以上二十万元以下的罚款;属于国家工作人员的,还应当依法给予行政处分。"

第二百二十三条规定:"证券服务机构未能勤勉尽责,所制作、出具的文件有虚假记载、误导性陈述或者有重大遗漏的,责令改正,没收业务收入,暂停或者撤销证券服务业务许可,并处以业务收入一倍以上五倍以下的罚款。对直接负责的主管人员和其他直接责任人员给予警告,撤销证券从业资格,并处以三万元以上十万元以下的罚款。"

第二百二十五条规定:"上市公司、证券公司、证券交易所、证券登记结算机构、证券服务机构,未按照有关规定保存有关文件和资料的,责令改正,给予警告,并处以三万元以上三十万元以下的罚款;隐匿、伪造、篡改或者销毁有关文件和资料的,给予警告,并处以三十万元以上六十万元以下的罚款。"

(三)《公司法》的规定

《公司法》第二百零七条规定:"承担资产评估、验资或者验证的机构提供虚假材料的,由公司登记机关没收违法所得,处以违法所得一倍以上五倍以下的罚款,并可以由有关主管部门依法责令该机构停业,吊销直接责任人员的资格证书,吊销营业执照。

承担资产评估、验资或者验证的机构因过失提供有重大遗漏的报告的,由公司登记机关责令改正,情节较严重的,处以所得收入一倍以上五倍以下的罚款,并可以由有关主管部门依法责令该机构停业,吊销直接责任人员的资格证书,吊销营业执照。"

第二百一十五条规定:"违反本法规定,构成犯罪的,依法追究刑事责任。"

(四)《刑法》的规定

《刑法》第二百二十九条规定:"承担资产评估、验资、验证、会计、审计、法律服务等职责的中介组织的人员故意提供虚假证明文件,情节严重的,处五年以下有期徒刑或者拘役,并处罚金。"

第三节 注册会计师法律诉讼的避免

注册会计师的职业性质决定了它是一个容易遭受法律诉讼的行业,那么蒙受损失的受害人总想通过起诉注册会计师尽可能使损失得到补偿。因此,法律诉讼一直是困扰着西方国家会计师职业界的一大难题,会计师行业每年不得不为此而付出大量的精力、支付巨额的赔偿金、购买高昂的保险费。

注册会计师制度在我国恢复与重建以来,在20世纪80年代人们对这一新生行业还很陌生,进入20世纪90年代后,随着注册会计师的地位和作用的提高,注册会计师的知名度也越来越大,政府部门和社会公众在了解注册会计师作用的同时,对注册会计师责任的了解也在增加,诉讼注册会计师的案件便时有发生。因此,注册会计师必须增强执业独立性、保持职业谨慎、强化执业监督,以减少过失和防止欺诈。注册会计师避免法律诉讼的具体措施,可以概括为以下几个方面。

一、严格遵循职业道德和专业标准的要求

当然,我们不能苛求注册会计师对于财务报表中的所有错报事项都要承担法律责任,注册会计师是否承担法律责任,关键在于注册会计师是否有过失或欺诈行为。而判别注册会计师是否具有过失的关键在于注册会计师是否遵循专业标准的要求执业。因此,保持良好的职业道德,严格遵循专业标准的要求执行业务、出具报告,对于避免法律诉讼或在提及的诉讼中保护注册会计师,具有无比的重要性。

二、建立健全会计师事务所质量控制制度

会计师事务所不同于一般的公司、企业,质量管理是会计师事务所各项管理工作中的核心、关键。如果一个会计师事务所质量管理不严,很有可能因某一个人或一个部门的原因导致整个会计师事务所遭受灭顶之灾。因此,会计师事务所必须建立健全一套严密的、科学的内部质量控制制度,并把这套制度推行到每一个人、每一个部门和每一项业务,迫使注册会计师按照专业标准的要求执业,保证整个会计师事务所的质量。

三、与委托人签订业务约定书

《中华人民共和国注册会计师法》第十六条规定注册会计师承办业务,会计师事务所应与委托人签订委托合同(即业务约定书)。业务约定书具有法律效力,它是确定注册会计师与委托人的责任的一个重要文件。会计师事务所无论承办何种业务,都要按照独立审计准则的要求与委托人签订约定书,这样才能在发生法律诉讼时将一切口舌争辩降低到最低限度。

四、谨慎选择合伙人

要避免法律诉讼,首要问题是谨慎选择合伙人,以避免可能导致审计失败的隐患。一般说来,不宜选择下列合伙人:崇尚商业利润而忘记职业道德的合伙人;无视职业规范自以为是的合伙人;认为倒霉事不会落到自己头上的合伙人;不评估客户风险的合伙人;内部控制意识淡薄、不遵循事务所政策的合伙人;凡事都授权给经理的合伙人;重大问题不咨询或请教别人的合伙人;不了解客户需要和动机的合伙人;专业技能落伍的合伙人;过度扩张或过度忙碌的合伙人。

五、审慎选择被审计单位

中外注册会计师法律案例告诉我们,注册会计师如欲避免法律诉讼,必须慎重地选择被审计单位。一是,要选择正直的被审计单位,如果被审计单位对其顾客、职工、政府部门或其他方面没有正直的品格,也必然蒙骗注册会计师,使注册会计师落入他们设定的圈套。这就要求会计师事务所接受委托之前一定要采取必要的措施对被审计单位的历史情况有所了解,评价它的品格,弄清委托的真正目的,尤其是在执行特殊目的的审计业务时更应如此。二是,对陷入财务困境的被审计单位要尤为注意。中外历史上绝大部分涉及注册会计师的诉讼案,都集中在宣告破产的被审计单位。周转不灵或面临破产的公司的股东或债权人总想为他们的损失寻找替罪羊。因此,对那些已经陷入财务困境的被审计单位要特别注意。

六、深入了解被审计单位的业务

在很多案件中,注册会计师之所以未能发现错误,一个重要的原因就是他们不了解被审计单位所在行业的情况及被审计单位的业务。会计是经济活动的综合反映,不熟悉被审计单位的经济业务和生产经营实务,仅局限于有关的会计资料,就可能发现不了某些错误。

七、提取风险基金或购买职业保险

在西方国家投保充分的责任保险是会计师事务所一项极为重要的保护措施,尽管保险

不能免除可能受到的法律诉讼,但能防止或减少诉讼失败时会计师事务所发生的财务损失。我国《注册会计师法》也规定了会计师事务所应当按规定建立职业风险基金,办理职业保险。

八、聘请熟悉注册会计师法律责任的律师

会计师事务所如果有条件的话应尽可能聘请熟悉注册会计师法律责任的律师。在执业过程中,注册会计师应同本所的律师详细讨论所有潜在的危险情况并仔细考虑律师的建议。一旦发生法律诉讼,也要请有经验的律师参与诉讼。

复习思考题

1. 简述注册会计师法律责任的成因。
2. 经营失败、审计失败和审计风险与注册会计师法律责任的关系如何?
3. 如何认定注册会计师的法律责任? 注册会计师的法律责任有哪几种?
4. 中国注册会计师的法律责任主要包括哪些内容?
5. 注册会计师避免法律诉讼的具体措施有哪些?

练 习 题

一、单项选择题(在每小题列出的四个备选项中只有一个是最符合题目要求的,请将其代码填在题后的括号内)

1. 注册会计师减少过失和防止欺诈的基本要求中不包括(　　)。

A. 签订业务约定书　　　　　　B. 增强执业独立性

C. 强化执业监督　　　　　　　D. 保持职业谨慎

2. 下列关于注册会计师过失的说法中,不正确的是(　　)。

A. 普通过失是指注册会计师没有完全遵循专业准则的要求

B. 注册会计师一旦出现过失就要赔偿损失

C. 过失是指在一定条件下,缺少应具有的合理谨慎

D. 重大过失是指注册会计师没有按专业准则的基本要求执行审计

3. 下列关于经营失败与审计失败的表述中,不恰当的是(　　)。

A. 审计风险是指财务报表中存在重大错报,而注册会计师发表不恰当审计意见的可能性

B. 审计失败必然会导致经营失败

C. 经营失败是指企业由于经济或经营条件的变化,而无法满足投资者的预期

D. 审计失败是指注册会计师由于没有遵守审计准则的要求而发表了错误的审计意见

二、多项选择题(在每小题列出的四个备选项中有两个或两个以上是符合题目要求的,请将其代码填在题后的括号内)

1. 注册会计师可能因为下列原因导致承担法律责任的有(　　)。

A. 违约　　　　　　　　　　　B. 欺诈

C. 重大过失　　　　　　　　　D. 行政责任

2. 对注册会计师而言,可能承担的行政责任包括(　　　)。

A. 警告
B. 吊销注册会计师证书
C. 撤销
D. 没收违法所得并罚款

3. 一般来说,因违约和过失可能使注册会计师承担的责任包括(　　　)。

A. 审计责任
B. 行政责任
C. 民事责任
D. 刑事责任

三、判断题(对每题内容的正误进行判断,你认为正确的用"√"表示,错误的用"×"表示,并填入题后的括号内)

1. 应有的职业谨慎指的是注册会计师应当具备足够的专业知识和业务能力,按照执业准则的要求执业,如果在执业谨慎方面出现问题至少要承担行政责任。　　(　　)

2. 注册会计师在执业谨慎方面出现问题,就构成了过失。　　(　　)

3. 法律责任的出现,经常是因为注册会计师在执业时没有保持应有的职业谨慎,并不一定是最终导致了对其他人权利的损害。　　(　　)

4. 如果注册会计师在审计过程中没有尽到应有的职业谨慎,就属于审计失败。(　　)

5. 出现经营失败时,审计失败一定存在。　　(　　)

四、分析题(分析以下各项资料,并按照要求回答问题)

(一) 资料

注册会计师在对被审计单位的存货审计时提出监盘,但被审计单位表示年终前已经作过盘点,并向注册会计师提供了盘点的全部记录。注册会计师审查了盘点记录后便认可了存货的真实性。然而,后来存货被证实存在大量虚构情况。

(二) 要求

请对注册会计师进行责任认定,并说明理由。

第二篇 审计基本方法与技巧

内容提要

　　本篇的内容包括财务报表审计的总目标与责任划分、具体审计目标的确定和审计流程与审计目标的实现;审计证据的种类与特征、获取审计证据的审计程序和审计工作底稿的编制;初步业务活动、总体审计策略和具体审计计划、审计重要性、审计风险等计划审计工作时考虑的问题;了解被审计单位及其环境、了解被审计单位的内部控制、评估重大错报风险等风险评估工作;控制测试和实质性程序等风险应对措施;审计测试中的抽样技术,以及在计划和执行审计工作时对被审计单位信息技术的考虑。

第五章 审计目标与审计流程

审计是一个系统的过程,这个系统过程有其运行的目标,审计运行机制就是围绕这个目标展开活动,根据这个目标的要求发挥功能的。因此,在收集审计证据、撰写审计报告之前,必须先明确审计目标,并通过一定的审计流程实现。

第一节 财务报表审计的总目标与责任划分

审计目标是在一定历史环境下,人们通过审计实践活动所期望达到的境地或最终结果,它包括审计总目标和具体审计目标两个层次。本节我们先阐述财务报表审计的总目标与责任划分。

一、财务报表审计的总目标

注册会计师审计在不同的发展阶段,其审计总目标也有所区别,主要经历了以查错防弊为主要审计目标、以验证财务报表的真实公允性为主要审计目标、查错防弊与验证财务报表的真实公允性两目标并重三个阶段。20 世纪 80 年代以来,为缩小公众对审计的期望差距,审计职业界开始对"舞弊责任"采取了更加积极的态度,尽管"发现舞弊"作为审计目标尚不明显,但各国审计界开始接受揭露管理层舞弊的责任,只是在接受的程度上有所区别。

根据《中国注册会计师审计准则第 1101 号——财务报表审计的目标和一般原则》的规定,我国注册会计师审计的总目标是注册会计师通过执行审计工作,对财务报表的下列方面发表审计意见:①财务报表是否按照适用的会计准则和相关会计制度的规定编制;②财务报表是否在所有重大方面公允反映被审计单位的财务状况、经营成果和现金流量。

(一) 评价财务报表的合法性

在评价财务报表是否按照适用的会计准则和相关会计制度的规定编制时,注册会计师应当考虑下列内容:

(1) 选择和运用的会计政策是否符合适用的会计准则和相关会计制度,并适合被审计单位的具体情况。

(2) 管理层作出的会计估计是否合理。

(3) 财务报表反映的信息是否具有相关性、可靠性、可比性和可理解性。

(4) 财务报表是否作出充分披露,使财务报表使用者能够理解重大交易或事项对被审计单位财务状况、经营成果和现金流量的影响。

(二) 评价财务报表的公允性

在评价财务报表是否作出公允反映时,注册会计师应当考虑下列内容:

（1）经营管理层调整后的财务报表是否与注册会计师对被审计单位及其环境的了解一致。

（2）财务报表的列报、结构和内容是否合理。

（3）财务报表是否真实地反映了交易或事项的经济实质。

财务报表审计的目标对注册会计师的审计工作发挥着导向作用，它界定了注册会计师的责任范围，直接影响注册会计师计划和实施审计程序的性质、时间和范围，决定了注册会计师如何发表审计意见。例如，既然财务报表审计目标是对财务报表整体发表审计意见，注册会计师就可以只关注与财务报表编制和审计有关的内部控制，而不对内部控制本身发表鉴证意见。同样，注册会计师关注被审计单位的违反法规行为，是因为这些行为影响财务报表，而不是对被审计单位是否存在违反法规行为提供鉴证。

二、财务报表审计的责任划分

在财务报表审计中，被审计单位管理层和注册会计师承担着不同的责任，不能相互混淆和替代。明确划分责任，不仅有助于被审计单位管理层和注册会计师认真履行各自的职责，为财务报表及其审计报告的使用者提供有用的经济决策信息，还有利于保护相关各方的正当权益。

（一）对财务报表的责任

《中国注册会计师审计准则第 1101 号——财务报表审计的目标和一般原则》说明了被审计单位管理层、治理层和注册会计师各自对财务报表的责任。

1. 被审计单位管理层和治理层的责任

企业的所有权与经营权分离后，经营者负责企业的日常经营管理并承担受托责任。管理层通过编制财务报表反映受托责任的履行情况。为了借助公司内部之间的权力平衡和制约关系保证财务信息的质量，现代公司治理结构往往要求治理层对管理层编制财务报表的过程实施有效的监督。

在治理层的监督下，管理层作为会计工作的行为人，对编制财务报表负有直接责任。《中华人民共和国会计法》第二十一条规定，财务会计报告应当由单位负责人和主管会计工作的负责人、会计机构负责人（会计主管人员）签名并盖章；设置总会计师的单位，还须由总会计师签名并盖章。单位负责人应当保证财务会计报告真实、完整。《中华人民共和国公司法》第一百七十一条规定，公司应当向聘用的会计师事务所提供真实、完整的会计凭证、会计账簿、财务会计报告及其他会计资料，不得拒绝、隐匿、谎报。

因此，在被审计单位治理层的监督下，按照适用的会计准则的规定编制财务报表是被审计单位管理层的责任。管理层对编制财务报表的责任具体包括：

第一，选择适用的会计准则。管理层应当根据会计主体的性质和财务报表的编制目的，选择适用的会计准则。就会计主体的性质而言，政府机关适合采用《政府会计准则》，事业单位适合采用《事业单位会计准则》，而企业根据规模分别适合采用《企业会计准则》和《小企业会计准则》。

按照编制目的，财务报表可分为通用目的和特殊目的两种报表。前者是为了满足范围广泛的使用者的共同信息需要，如为公布目的而编制的财务报表；后者是为了满足特定信息使用者的信息需要。相应地，编制和列报财务报表适用的会计准则和相关会计制度也有所不同。

第二，选择和运用恰当的会计政策。会计政策是指企业在会计确认、计量和报告中所采用的原则、基础和会计处理方法。管理层应当根据企业的具体情况，选择和运用恰当的会计

政策。

第三,根据企业的具体情况,作出合理的会计估计。会计估计是指企业对其结果不确定的交易或事项以最近可利用的信息为基础所作的判断。财务报表中涉及大量的会计估计,如固定资产的预计使用年限和净残值、应收账款的可收回金额、存货的可变现净值以及预计负债的金额等。管理层有责任根据企业的实际情况,作出合理的会计估计。

为了履行编制财务报表的职责,管理层通常设计、实施和维护与财务报表编制相关的内部控制,以保证财务报表不存在由于舞弊或错误而导致的重大错报。

2. 注册会计师的责任

按照中国注册会计师审计准则的规定对财务报表发表审计意见是注册会计师的责任。注册会计师作为独立的第三方,对财务报表发表审计意见,有利于提高财务报表的可信赖程度。为履行这一职责,注册会计师应当遵守职业道德规范,按照审计准则的规定计划和实施审计工作,获取充分、适当的审计证据,并根据获取的审计证据得出合理的审计结论,发表恰当的审计意见。注册会计师通过签署审计报告确认其责任。

需要强调的是,注册会计师的审计只能合理保证财务报表不存在重大错报。为恰当履行对财务报表发表审计意见的责任,充分发挥财务报表审计的作用,注册会计师需要在整个审计过程中遵守职业道德规范、质量控制准则和审计准则,合理运用职业判断,保持职业怀疑态度。

(二) 两种责任不能相互取代

《中国注册会计师审计准则第 1101 号——财务报表审计的目标和一般原则》指出,财务报表审计不能减轻被审计单位管理层和治理层的责任。

财务报表编制和财务报表审计是财务信息生成链条上的不同环节,两者各司其职。法律、法规要求管理层和治理层对编制财务报表承担责任,有利于从源头上保证财务信息质量。同时,在某些方面,注册会计师与管理层和治理层之间可能存在信息不对称。管理层和治理层作为内部人员,对企业的情况更为了解,更能作出适合企业特点的会计处理决策和判断,因此管理层和治理层理应对编制财务报表承担完全责任。尽管在审计过程中,注册会计师可能向管理层和治理层提出调整建议,甚至在不违反独立性的前提下为管理层编制财务报表提供协助,但管理层仍然对编制财务报表承担责任,并通过签署财务报表确认这一责任。

如果财务报表存在重大错报,而注册会计师通过审计没有能够发现,也不能因为财务报表已经注册会计师审计这一事实而减轻管理层和治理层对财务报表的责任。

第二节　具体审计目标的确定

具体审计目标是审计总目标的进一步具体化。具体审计目标的确定,有助于注册会计师按照审计准则的要求收集充分、适当的审计证据,并根据财务报表各个项目的实际情况确定应收集的证据。一般来说,具体审计目标必须根据被审计单位管理层的认定和审计总目标来确定。

一、被审计单位管理层的认定

被审计单位管理层的认定是确定具体审计目标的依据,即具体审计目标是由管理层认定推导得出的。所谓认定是指管理层对财务报表组成要素的确认、计量、列报作出的明确或隐含的表达。认定与审计目标密切相关,注册会计师的基本职责就是确定被审计单位管理层对其财务报表的认定是否恰当。注册会计师了解了认定,就很容易确定财务报表每个项目的具体审计目标,并以此作为评估重大错报风险以及设计和实施进一步审计程序的基础。

其实,管理层的认定与财务信息的加工流程具有一定的对应关系。会计处理的基本步骤是:①根据证明交易(或经济事项)已经发生的原始凭证编制记账凭证(会计分录);②根据记账凭证(会计分录)登记账户,形成各个账户的余额(或发生额);③根据账户记录编制财务报表。以上三个财务信息的加工步骤分别与管理层在交易层次、账户余额层次和列报层次的认定是对应的。注册会计师在评估重大错报风险以及设计与实施进一步程序时,应当详细运用各类交易、账户余额和列报的认定。图5-1是某项交易(或经济事项)从发生起至在财务报表中列报的会计处理过程与管理层认定之间的对应关系。

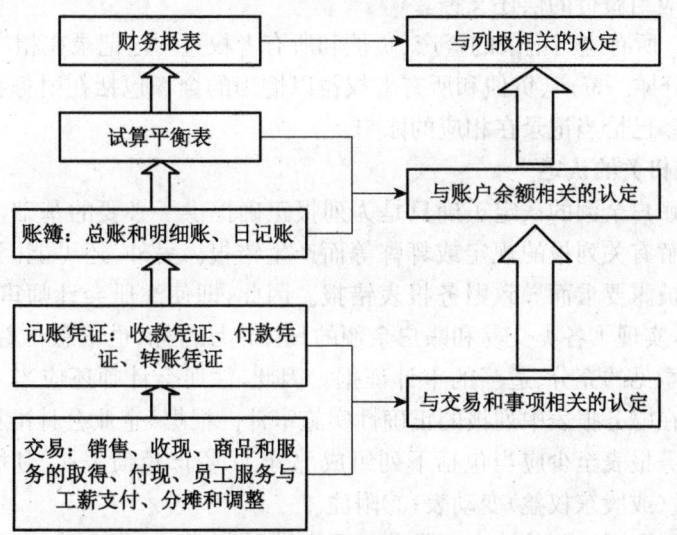

图5-1 财务报表的信息处理流程与管理层认定之间的对应关系

管理层在财务报表上的认定有些是明确表达的(即明示性认定),有些则是隐含表达的(即暗示性认定)。例如,管理层在资产负债表中列报存货及其金额,意味着作出了下列明确的认定:①记录的存货是存在的;②存货以恰当的金额包括在财务报表中,与之相关的计价或分摊调整已恰当记录。同时,管理层也作出了下列隐含的认定:①所有应当记录的存货均已记录;②记录的存货都由被审计单位拥有。

管理层对财务报表各组成要素均作出了认定,注册会计师的审计工作就是要确定管理层的认定是否恰当。

(一) 与各类交易和事项相关的认定

注册会计师对所审计期间的各类交易或事项运用的认定通常分为下列类别:

(1) 发生。记录的交易和事项已发生且与被审计单位有关。即被审计单位记录交易或事项的记账凭证都应附有真实的原始凭证,因为真实的原始凭证可以证明记录在记账凭证上的交易或事项确实已经发生。

(2) 完整性。所有应当记录的交易或事项均已记录。即所有证明交易或事项发生的原

始凭证均应当编制相应的记账凭证,并登记到有关账簿中,没有任何遗漏。

(3) 准确性。与交易或事项有关的金额及其他数据已恰当记录。即原始凭证、记账凭证等单据上的数量、单价、金额正确无误,勾稽关系准确。

(4) 截止。交易或事项已记录于正确的会计期间。即被审计单位的会计确认、计量和报告应当以权责发生制为基础。

(5) 分类。交易或事项已记录于恰当的账户。即记录已发生的交易和事项所使用的会计科目(账户)正确无误,编制的会计分录正确。

(二) 与期末账户余额相关的认定

注册会计师对期末账户余额运用的认定通常分为下列类别:

(1) 存在。记录的资产、负债和所有者权益是存在的。即资产账户、负债账户、所有者权益账户记录的金额确实存在。

(2) 权利和义务。资产账户记录的资产由被审计单位拥有或控制,负债账户记录的负债是被审计单位应当履行的偿还义务。

(3) 完整性。所有应当记录的资产、负债和所有者权益均已记录在相应的账户。

(4) 计价或分摊。资产、负债和所有者权益以恰当的金额包括在财务报表中,与之相关的计价或分摊调整已恰当记录在相应的账户。

(三) 与列报相关的认定

各类交易和账户余额的认定正确只是为列报正确提供了必要的基础,财务报表还可能因被审计单位误解有关列报的规定或舞弊等而产生错报。另外,还可能因被审计单位没有遵守一些专门的披露要求而导致财务报表错报。因此,即使注册会计师审计了各类交易和账户余额的认定,实现了各类交易和账户余额的具体审计目标,也不意味着获取了足以对财务报表发表审计意见的充分、适当的审计证据。因此,注册会计师还应当对各类交易、账户余额及相关事项在财务报表中列报的正确性实施审计。根据《企业会计准则第30号——财务报表列报》,财务报表至少应当包括下列组成部分:①资产负债表;②利润表;③现金流量表;④所有者权益(或股东权益)变动表;⑤附注。

注册会计师对列报运用的认定通常分为下列类别:

(1) 发生及权利和义务。财务报表中披露的交易或事项和其他情况已发生,且与被审计单位有关。资产负债表披露的资产由被审计单位拥有或控制,披露的负债是被审计单位应当履行的偿还义务。

(2) 完整性。所有应当包括在财务报表中的披露均已包括。即被审计单位发生的所有交易和事项及其他应披露的情况均应在财务报表中披露。

(3) 分类和可理解性。财务信息已被恰当地列报和描述,且披露内容表述清楚。即财务报表各项目的金额分类正确(特别是根据账户余额编制财务报表时涉及的重新分类),提供的财务信息应当清晰明了,便于预期使用者理解和使用。

(4) 准确性和计价。财务信息和其他信息已在财务报表中公允披露,且金额恰当。

二、具体审计目标

注册会计师了解被审计单位管理层的认定,目的是为了确定具体审计目标。具体审计目标由管理层认定推导得出,对注册会计师的审计工作具有导向作用,是注册会计师评估重大错报风险以及设计和实施进一步审计程序的基础。

（一）与各类交易和事项相关的审计目标

第一，发生。由发生认定推导出的审计目标是确认已记录的交易是真实的。例如，如果没有发生销售交易，但在销售日记账中记录了一笔销售，或者说记录销售交易的记账凭证没有附销售发票等原始凭证或所附的原始凭证不真实，则违反了该目标。

发生认定所要解决的问题是管理层是否把那些不曾发生的项目记入财务报表，它主要与财务报表组成要素的高估有关。

第二，完整性。由完整性认定推导出的审计目标是确认已发生的交易确实已经记录。例如，如果发生了销售交易，但没有在销售日记账和总账中记录，则违反了该目标。

发生和完整性两者强调的是相反的关注点。发生目标针对潜在的高估，而完整性目标则针对漏记交易（低估）。

第三，准确性。由准确性认定推导出的审计目标是确认已记录的交易是按正确金额反映的。例如，如果销售交易中发出商品的数量与账单上的数量不符，或是开账单时使用了错误的销售价格，或是账单中的乘积或加总有误，或是在销售日记账中记录了错误的金额，则违反了该目标。

准确性与发生、完整性之间存在区别。例如，若已记录的销售交易是不应当记录的（如发出的商品是寄销商品），则即使发票金额是准确计算的，仍违反了发生目标。又如，若已入账的销售交易是对正确发出商品的记录，但金额计算错误，则违反了准确性目标，但没有违反发生目标。在完整性与准确性之间也存在同样的关系。

第四，截止。由截止认定推导出的审计目标是确认接近于资产负债表日的交易记录于恰当的期间。例如，如果本期交易推到下期，或下期交易提到本期，均违反了截止目标。

第五，分类。由分类认定推导出的审计目标是确认被审计单位记录的交易经过适当分类。例如，如果将现销记录为赊销，将出售经营性固定资产所得的收益记录为营业收入，则导致交易分类的错误，违反了分类的目标（会计分录的科目选用错误）。

与各类交易和事项相关的认定与具体审计目标之间的对应关系如表 5-1 所示。

表 5-1 与各类交易和事项相关的认定与具体审计目标

认定（或目标）的分类	各类认定的含义	具体审计目标（注册会计师需要确认的事项）
发生	记录的交易和事项已发生且与被审计单位有关	确认已记录的交易是真实的
完整性	所有应当记录的交易和事项均已记录	确认已发生的交易确实已经记录
准确性	与交易和事项有关的金额及其他数据已恰当记录	确认已记录的交易是按正确金额反映的
截止	交易和事项已记录于正确的会计期间	确认接近于资产负债表日的交易记录于恰当的期间
分类	交易和事项已记录于恰当的账户	确认被审计单位记录的交易经过适当分类

（二）与期末账户余额相关的审计目标

（1）存在。由存在认定推导出的审计目标是确认记录的金额确实存在。例如，如果不存在某顾客的应收账款，在应收账款试算平衡表中却列入了对该顾客的应收账款，则违反了

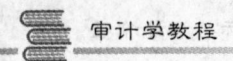

存在性目标。

(2) 权利和义务。由权利和义务认定推导出的审计目标是确认资产归属于被审计单位,负债属于被审计单位的义务。例如,将他人寄售的商品计入被审计单位的存货中,则违反了权利目标;将不属于被审计单位的债务记入账内,则违反了义务目标。

(3) 完整性。由完整性认定推导出的审计目标是确认已存在的金额均已记录。例如,如果存在某顾客的应收账款,在应收账款试算平衡表中却没有列入对该顾客的应收账款,则违反了完整性目标。

(4) 计价或分摊。由计价或分摊认定推导出的审计目标是确认资产、负债和所有者权益以恰当的金额包括在财务报表中,与之相关的计价或分摊调整已恰当记录。例如,应收账款坏账准备的计提、固定资产的折旧、无形资产的摊销等已恰当记录在相关账户,在编制资产负债表时已恰当地调整了相关资产项目的金额。

与期末账户余额相关的认定与具体审计目标之间的对应关系如表 5-2 所示。

表 5-2　　　　　与期末账户余额相关的认定与具体审计目标

认定(或目标)的分类	各类认定的含义	具体审计目标(注册会计师需要确认的事项)
存在	记录的资产、负债和所有者权益是存在的	确认记录的金额确实存在
权利和义务	记录的资产由被审计单位拥有或控制,记录的负债是被审计单位应当履行的偿还义务	确认资产归属于被审计单位,负债属于被审计单位的义务
完整性	所有应当记录的资产、负债和所有者权益均已记录	确认已存在的金额均已记录
计价或分摊	资产、负债和所有者权益以恰当的金额包括在财务报表中,与之相关的计价或分摊调整已恰当记录	确认资产、负债和所有者权益以恰当的金额包括在财务报表中,与之相关的计价或分摊调整已恰当记录

(三) 与列报相关的审计目标

(1) 发生及权利和义务。将没有发生的交易、事项,或与被审计单位无关的交易和事项包括在财务报表中,则违反该目标。例如,复核董事会会议记录中是否记载了应收账款质押或售让等事项,询问管理层应收账款是否经过质押或出售,即是对列报的权利认定的运用。如果质押或售让应收账款则需要在财务报表中列报,说明其权利受到限制。

(2) 完整性。如果应当披露的事项没有包括在财务报表中,则违反该目标。例如,检查关联方和关联交易,以验证其在财务报表中是否得到充分披露,即是对列报的完整性认定的运用。

(3) 分类和可理解性。财务信息已被恰当地列报和描述,且披露内容表述清楚。例如,检查存货的主要类别是否已披露,检查是否将出售固定资产取得的收入列入了主营业务收入,检查 1 年内到期的长期借款是否没有列入流动负债,即是对列报的分类和可理解性认定的运用。

(4) 准确性和计价。财务信息和其他信息已公允披露,且金额恰当。例如,检查财务报表附注是否分别对原材料、在产品和产成品等存货成本核算方法作了恰当说明,即是对列报的准确性和计价认定的运用。

与列报相关的认定与具体审计目标之间的对应关系如表 5-3 所示。

表 5-3　　　　　　　　　　与列报相关的认定与具体审计目标

认定(或目标)的分类	各类认定的含义	具体审计目标(注册会计师需要确认的事项)
发生及权利和义务	披露的交易、事项和其他情况已发生，且与被审计单位有关	确认发生的交易、事项，或与被审计单位有关的交易和事项包括在财务报表中
完整性	所有应当包括在财务报表中的披露均已包括	确认应当披露的事项包括在财务报表中
分类和可理解性	财务信息已被恰当地列报和描述，且披露内容表述清楚	确认财务信息已被恰当地列报和描述，且披露内容表述清楚
准确性和计价	财务信息和其他信息已公允披露，且金额恰当	确认财务信息和其他信息已公允披露，且金额恰当

需要指出的是，与各类交易或事项、账户余额、列报相关的审计目标要与财务报表中的每个具体项目审计相结合，针对被审计单位的具体情况，确定项目审计目标。

【例 5-1】　审计目标对审计工作发挥着导向作用，注册会计师通常依据各类交易、账户余额和列报的相关认定确定审计目标，根据审计目标设计审计程序。表 5-4 给出的是根据应收账款的相关认定确定的"应收账款"项目审计目标，并针对每个审计目标设计的两项简要审计程序。

表 5-4　　　　　　　　根据认定、审计目标设计应收账款审计程序

应收账款的相关认定	"应收账款"项目的审计目标	审计程序
存在	应收账款是否存在	(1) 向客户函证 (2) 检查销售合同、销售发票和发运凭证
权利	应收账款是否归被审计单位所有	(1) 检查销售合同、销售发票和发运凭证 (2) 以应收账款明细账为起点，检查有关合同，确定是否已经出售或质押
完整性	应收账款增减变动记录是否完整(或所有应当记录的应收账款是否均已记录)	(1) 选取发运凭证，追查至销售发票和银行存款日记账、应收账款明细账 (2) 选取销售发票，追查至发运凭证和银行存款日记账、应收账款明细账
计价	应收账款是否可以收回，计提的坏账准备是否适当	(1) 检查期后已收回应收账款情况 (2) 分析应收账款账龄，确定坏账准备计提是否适当

三、管理层违反认定(或目标)的目的与手段

注册会计师必须对被审计单位管理层的认定进行全面了解，并据此确定具体审计目标，这样才能为重大错报风险的评估以及进一步审计程序的设计和实施提供全面的基础；否则，将无法实现审计的预期。与此同时，注册会计师也很有必要分析管理层违反认定(或目标)的意图和常用手段，以提高审计的效率和效果。从原理上分析，管理层违反认定(或目标)的

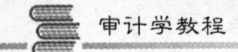

目的有两大类情况：

一是，虚增利润或虚减亏损，多计资产或少计负债，即夸大盈利能力和偿债能力。常用的手段，比如将费用列为资产、伪造销售业务、将负债列为收入处理、隐瞒资产减值问题、固定资产折旧不计提或少计提、长期借款利息不提取或少提取等。

二是，虚减利润或虚增亏损，少计资产或多计负债。常用的手段与上述第一类情况正好相反，如隐瞒已经实现的销售、固定资产折旧多计提、高估已销售存货的结转成本，甚至隐瞒或有负债等。

根据理性经济人假设，在公司治理结构完善的情况下，被审计单位管理层虚减利润或虚增亏损，少计资产或多计负债这类情况一般不会发生，因为这样对管理层自身不利。因此，注册会计师一般会将更多的审计资源计划在虚增利润或虚减亏损，多计资产或少计负债，即夸大盈利能力和偿债能力这类问题上。也就是说，对资产注册会计师通常侧重审查其存在（真实性），对负债则是侧重审查其完整性；对收入注册会计师通常侧重审查其发生（预防高估），对费用则是侧重审查其完整性（预防低估）。但是，在公司治理缺失，如董事长兼总经理的情况下，管理层为了达到偷税漏税的目的，也会出现虚减利润这类问题。

第三节 审计流程与审计目标的实现

审计流程是指审计人员为实现审计目标，在具体的审计过程中所采取的行动和步骤。在现代风险导向审计中，审计流程是围绕识别和评估重大错报风险、应对再评风险和终评风险而展开的。就注册会计师审计而言，基于风险导向的审计流程，可以分为接受业务委托、计划审计工作、实施风险评估程序、实施控制测试和实质性测试、完成审计工作和编制审计报告等几个阶段。

一、接受业务委托

会计师事务所应当按照执业准则的规定，谨慎决策是否接受或保持某客户关系和具体审计业务。在接受委托前，注册会计师应当初步了解审计业务环境，包括业务约定事项、审计对象的特征、使用的标准、预期使用者的需求、责任方及其环境的相关特征，以及可能对审计业务产生重大影响的交易或事项、条件和惯例等其他事项。

只有在了解后认为符合专业胜任能力、独立性和应有的关注等职业道德要求，并且拟承接的业务具备审计业务特征时，注册会计师才能将其作为审计业务予以承接。如果审计业务的工作范围受到重大限制，或委托人试图将注册会计师的名字和审计对象不适当地联系在一起时，则该业务可能不具有合理的目的。接受业务委托阶段的主要工作包括：①了解和评价审计对象的可审性；②决策是否考虑接受委托；③商定业务约定条款；④签订审计业务约定书。

二、计划审计工作

任何工作有计划则成，无计划则败，审计工作也是如此。注册会计师在初步了解审计业务环境后，便需要考虑用什么样的方法去实现预期的审计目标，即计划审计工作。

计划审计工作十分重要，计划不周不仅会导致盲目实施审计程序，无法获取充分、适当的审计证据以将审计风险降至可接受的低水平,影响审计目标的实现,而且还会浪费有限的审计资源,增加不必要的审计成本,影响审计工作的效率。因此,对于任何一项审计业务,注册会计师在执行具体审计程序之前,都必须根据具体情况制订科学、合理的计划,使审计业务以有效的方式得到执行。

一般来说,计划审计工作主要包括:①在本期审计业务开始时开展的初步业务活动;②制定总体审计策略;③制订具体审计计划。需要特别指出的是,计划审计工作不是审计业务的一个孤立阶段,而是一个持续的、不断修正的过程,贯穿于整个审计过程的始终。计划审计工作的详细内容,将在本教材第七章介绍。

三、实施风险评估程序

现代审计是一种风险导向审计,因此审计准则规定,注册会计师必须在了解被审计单位及其环境的基础上实施风险评估程序,以识别和评估财务报表层次以及各类交易、账户余额、列报层次的重大错报风险。

所谓风险评估程序,是指注册会计师实施的了解被审计单位及其环境并识别和评估财务报表重大错报风险的程序。风险评估程序是必要程序,特别是了解被审计单位及其环境,为注册会计师在许多关键环节作出职业判断提供了重要基础。了解被审计单位及其环境实际上是一个连续和动态地收集、更新与分析信息的过程,贯穿于整个审计过程的始终。注册会计师应当运用职业判断确定需要了解被审计单位及其环境的程度。

一般来说,实施风险评估程序的主要工作包括:①在了解被审计单位及其环境的整个过程中识别风险;②将识别的风险与各类交易、账户余额、列报可能发生错报的领域相联系;③评估已识别的风险是否重大;④评估识别的风险导致财务报表发生重大错报的可能性。风险评估程序的详细内容,将在本教材第八章介绍,同时将在本教材第十三章至第十七章介绍各业务循环的内部控制。

四、实施控制测试和实质性程序

注册会计师实施风险评估程序本身并不足以为发表审计意见提供充分、适当的审计证据。注册会计师还应当实施进一步审计程序。所谓进一步审计程序,是指注册会计师针对评估的交易类别、账户余额、列报认定层次重大错报风险实施的审计程序,包括实施控制测试(必要时或决定测试时)和实质性程序。因此,注册会计师评估财务报表重大错报风险后,应当运用职业判断,针对评估的财务报表层次重大错报风险确定总体应对措施,并针对评估的认定层次重大错报风险设计和实施进一步审计程序,以将审计风险降至可接受的低水平。

有关控制测试和实质性程序的内容,将在本教材第九章介绍。同时,本教材第十三章至第十七章介绍各业务循环的控制测试和实质性程序;第十八章"特殊事项审计"也涉及实质性程序的内容。本教材第十一章"审计测试中的抽样技术"则对控制测试和实质性程序的范围展开讨论。

五、完成审计工作和编制审计报告

注册会计师在完成财务报表所有循环的进一步审计程序后,还应当按照有关审计准则的规定做好审计完成阶段的工作,并根据所获取的各种证据,合理运用职业判断,形成适当的审计意见。本阶段的主要工作有:①编制审计差异调整表和试算平衡表;②复核审计工作底稿;③复核财务报表;④与管理层和治理层沟通;⑤形成审计意见,编制审计报告;⑥实施项目质量控制复核。本教材第十二章将对这些内容展开讨论。

复习思考题

1. 简述财务报表审计的总目标。
2. 财务报表审计的责任怎样划分? 怎样理解两种责任不可替代?
3. 简述被审计单位管理层在各类交易、账户余额和列报层次相关的认定。
4. 注册会计师怎样根据被审计单位管理层的认定确定具体审计目标?
5. 简述注册会计师实现审计目标的审计流程。

练 习 题

一、单项选择题(在每小题列出的四个备选项中只有一个是最符合题目要求的,请将其代码填在题后的括号内)

1. 下列各项中,不属于注册会计师针对列报运用的认定是(　　)。
   A. 分类和可理解性　　　　　　　　B. 发生以及权利和义务
   C. 完整性、准确性和计价　　　　　D. 截止和分摊

2. 注册会计师在审计过程中,发现被审计单位将被审计年度发生的一项材料采购业务在下年年初入账,则被审计单位管理层违反的认定是(　　)。
   A. 截止　　　　　　B. 发生　　　　　　C. 准确性　　　　　　D. 完整性

3. 被审计单位当年购入一批材料,会计部门在记账时漏记了该批材料的外地运杂费,则被审计单位管理层违反的认定是(　　)。
   A. 准确性　　　　　B. 截止　　　　　　C. 发生　　　　　　　D. 完整性

4. 下列各项中,不属于注册会计师针对账户余额运用的认定是(　　)。
   A. 分类和可理解性　　　　　　　　B. 存在、权利和义务
   C. 完整性　　　　　　　　　　　　D. 计价和分摊

5. 对被审计单位的应付账款,注册会计师应侧重审查其(　　)。
   A. 存在　　　　　　　　　　　　　B. 完整性
   C. 分类　　　　　　　　　　　　　D. 权利和义务

6. 下列各项中,被审计单位违反计价和分摊认定的是(　　)。
   A. 将未发生的销售业务入账　　　　B. 未将作为抵押的汽车披露
   C. 未计提坏账准备　　　　　　　　D. 将未发生的费用登记入账

7. 下列各项中,管理层违反分类认定的是(　　)。
   A. 将已发生的销售业务不登记入账
   B. 把寄销商品作为自有商品记录在会计账上
   C. 将现销记录为赊销,将出售固定资产的收益作为营业收入记录
   D. 将接近资产负债表日的交易记录于下年度

8. 对被审计单位的应收账款,注册会计师应侧重审查其(　　)。
   A. 存在　　　　B. 完整性　　　　C. 分类　　　　D. 权利和义务

9. 被审计单位将应收账款某明细账的贷方余额,在编制资产负债表时从"应收账款"项目中扣减,则管理层违反的认定是(   )。

A. 发生及权利和义务　　　　　　　　B. 完整性

C. 分类和可理解性　　　　　　　　　D. 准确性和计价

10. 下列各项中,违反权利和义务认定的是(   )。

A. 将已发生的销售业务不登记入账　　B. 将未曾发生的销售入账

C. 未将已质押的存货披露　　　　　　D. 长期待摊费用的摊销期限不恰当

二、多项选择题(在每小题列出的四个备选项中有两个或两个以上是符合题目要求的,请将其代码填在题后的括号内)

1. 下列各项中,基于被审计单位管理层计价或分摊认定推论得出的有关存货具体审计目标的有(   )。

A. 期末所有存货存在　　　　　　　　B. 期末所有存货均已登记入账

C. 当期计提的存货跌价准备正确　　　D. 存货的入账成本正确

2. 注册会计师在审计时,更应关注完整性认定的项目是(   )。

A. 短期借款　　　　B. 销售费用　　　　C. 营业收入　　　　D. 管理费用

3. 下列各项中,属于完整性认定的是(   )。

A. 期末已按成本与可变现净值孰低的原则计提了存货跌价准备

B. 当期的全部销售交易均已登记入账

C. 资产负债表所列示的存货均存在

D. 资产负债表所列示的存货包括了所有存货交易的结果

4. 下列关于认定和具体审计目标的表达中,正确的有(   )。

A. 如果将他人寄销商品列入了被审计单位的存货,则违反了准确性认定

B. 如果发生了销货交易,却没有在销货明细账和总账中记录,则违反了完整性认定

C. 在销售日记账中记录了一笔未曾发生的销售业务,违反了发生认定

D. 在销售中,开账单时使用了错误的销售价格,则违反了准确性认定

5. 注册会计师应选择以下审计程序来证明投资性房地产的权利和义务认定(   )。

A. 采用公允价值模式的,说明公允价值的确定依据和方法,以及公允价值变动对损益的影响

B. 与被审计单位讨论,以确定划分为投资性房地产的建筑物、土地使用权是否符合会计准则的规定

C. 检查建筑物权证、土地使用权证等证明文件,确定建筑物、土地使用权是否归被审计单位所有

D. 结合银行借款等的检查,了解建筑物、土地使用权是否存在抵押、担保情况

三、判断题(对每题内容的正误进行判断,你认为正确的用"√"表示,错误的用"×"表示,并填入题后的括号内)

1. 被审计单位于20×8年12月31日给某公司发出商品100万元,20×9年1月6日办委托收款手续,被审计单位在发出商品时确认收入入账,则被审计单位违反了发生认定。

(   )

2. 如果被审计单位未将"一年内到期的长期借款"转列在流动负债项目内,则违反了准确性和计价的认定。 （ ）

3. 注册会计师应合理保证已审计后的财务报表不存在重大错报,如果存在重大错报,注册会计师应承担完全责任。 （ ）

4. 管理层和治理层对编制财务报表承担完全责任,注册会计师对财务报表的编制不承担责任。 （ ）

5. 职业怀疑态度首先要求注册会计师假设管理层是不诚信的;否则,容易忽略重大错报风险。 （ ）

四、分析题(分析以下各项资料,并按照要求回答问题)

(一) 资料

诚信会计师事务所接受委托,承办某公司 20×8 年度财务报表审计业务。注册会计师王宏和李莉负责确定与交易类别、账户余额、列报与披露相关的实质性程序。表 5-5 的空格部分是注册会计师王宏和李莉尚未完成的工作。

表 5-5　　　　　　　　　　　　　审计实质性程序表

认　定	最常用的实质性程序
外购固定资产所有权认定	
存货存在认定	
原材料转让业务截止认定	

(二) 要求

请针对表 5-5 列示的各项认定,代注册会计师王宏和李莉列示出为实现各认定的审计目标应当实施的最常用的实质性程序。

第六章 审计证据与审计工作底稿

审计凭证据"说话"。审计工作底稿是审计证据的载体,收集和评价审计证据是注册会计师得出审计结论、支持审计意见的基础;否则,注册会计师出具的审计报告就不可信赖。

第一节 审计证据的种类与特征

注册会计师应当获取充分、适当的审计证据,以得出合理的审计结论,作为形成审计意见的基础。因此,审计证据是审计中的一个核心概念,各国所发布的审计准则都很强调审计证据对审计意见的重要性。

一、审计证据的含义

审计证据是指注册会计师为了得出审计结论、形成审计意见而使用的所有信息,包括财务报表依据的会计记录中含有的信息和其他信息。

依据会计记录编制财务报表是被审计单位管理层的责任,注册会计师应当测试会计记录以获取审计证据。财务报表依据的会计记录一般包括对初始分录的记录和支持性记录,如支票、电子资金转账记录、发票、合同、总账、明细账、记账凭证和未在记账凭证中反映的对财务报表的其他调整,以及支持成本分配、计算、调节和披露的手工计算表和电子数据表。上述会计记录是编制财务报表的基础,构成注册会计师执行财务报表审计业务所需获取的审计证据的重要部分。

会计记录中含有的信息本身并不足以提供充分的审计证据作为对财务报表发表审计意见的基础,注册会计师还应当获取用作审计证据的其他信息。可用作审计证据的其他信息包括注册会计师从被审计单位内部或外部获取的会计记录以外的信息,如被审计单位会议记录、内部控制手册、询证函的回函、分析师的报告、与竞争者的比较数据等;通过询问、观察和检查等审计程序获取的信息,如通过检查存货获取存货存在性的证据等;以及自身编制或获取的可以通过合理推断得出结论的信息,如注册会计师编制的各种计算表、分析表等。

财务报表依据的会计记录中包含的信息和其他信息共同构成了审计证据,两者缺一不可。如果没有前者,审计工作将无法进行;如果没有后者,可能无法识别重大错报风险。只有将两者结合在一起,才能将审计风险降至可接受的低水平,为注册会计师发表审计意见提供合理基础。审计证据的内容如图6-1所示。

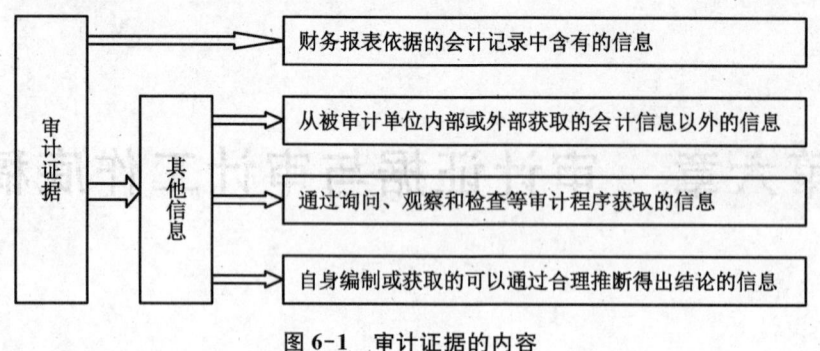

图 6-1 审计证据的内容

二、审计证据的种类

在审计实务中,通常是针对管理层的认定来获取证据。有关某项认定(如存货的存在)应获取的审计证据,不得用于代替有关另一项认定(如存货的计价)应获取的审计证据。通常情况下,获取审计证据的不同程序可以提供不同的审计证据,而不同的审计证据可用来证实管理层的不同认定。注册会计师必须了解审计证据的种类,以便针对不同性质的认定来选择最适当的获取审计证据的程序,以获取充分、适当的审计证据。一般而言,注册会计师获取的审计证据可以按其外形特征分为实物证据、书面证据、口头证据和环境证据四大类。

(一)实物证据

实物证据是指通过实际观察或清点所取得的、用以确定某些实物资产是否确实存在的证据。例如,库存现金的数额可以通过监盘加以验证,各种存货和固定资产可以通过监盘的方式证明其是否确实存在。实物证据通常具有以下特征:

(1)实物证据对实物资产的真实性(存在认定)证明力强,但对实物资产的权利认定证明力相对较差。即实物证据是证明实物资产是否存在(真实性)的非常有说服力的证据,但实物资产的存在并不能完全证实被审计单位对其拥有所有权。例如,年终盘点的存货可能包括其他企业寄售或委托加工的部分,或者已经销售而等待发运的商品。

(2)实物证据对实物资产的计价认定证明力也相对较差。因为通过对某些实物资产的清点,虽然可以确定其实物数量,但质量好坏(它将影响到资产的价值)有时难以通过实物清点来加以判断。

因此,对于取得实物证据的账面资产,还应就其权利归属及其计价情况另行审计。

(二)书面证据

书面证据是注册会计师所获取的各种以书面文件为形式的一类证据。它包括与审计有关的各种原始凭证、记账凭证、会计账簿、各种明细表、各种会议记录和文件、各种合同、通知书、报告书及函件等。在审计过程中,注册会计师往往要大量地获取和利用书面证据,因此书面证据是审计证据的主要组成部分,也可称为基本证据。书面证据按其来源可以分为外部证据和内部证据两类。

1. 外部证据

外部证据是由被审计单位以外的组织机构或人士所编制的书面证据。它一般具有较强的证明力。

外部证据又包括由被审计单位以外的机构或人士编制,并由其直接递交注册会计师的外部证据,以及由被审计单位以外的机构或人士编制,但为被审计单位持有并提交注册会计师的外部证据两种。前者如应收账款函证回函,被审计单位律师与其他独立的专家关于被审计单位资产所有权和或有负债等的证明函件等,此类证据不仅由完全独立于被审计单位的外界组织或人员提供,而且未经被审计单位有关职员之手,从而排除了伪造、更改凭证或业务记录的可能性,因而其证明力最强;后者如银行对账单、购货发票、顾客订购单、有关合同等,由于此类证据已经被审计单位职员之手,在评价其可靠性时,注册会计师应考虑被涂改或伪造的难易程度及其已被涂改的可能性。当获取的书面证据有被涂改或伪造的痕迹时,注册会计师应予以高度警觉。尽管如此,在一般情况下,外部证据仍然是较被审计单位的内部证据更具证明力的一种书面证据。

此外,在外部证据中,往往还包括注册会计师为证明某个事项而自己动手编制的各种计算表、分析表等。

2. 内部证据

内部证据是由被审计单位内部机构或职员编制和提供的书面证据。它包括被审计单位的会计记录、被审计单位管理当局声明书,以及其他各种由被审计单位编制和提供的有关书面文件。

一般而言,内部证据不如外部证据可靠。但如果内部证据在外部流转,并获得其他单位或个人的承认(如销货发票、付款支票等),则具有较强的可靠性。即使只在被审计单位内部流转的书面证据,其可靠程度也因被审计单位内部控制的好坏而异。若内部证据(如收料单、发料单等)经过了被审计单位不同部门的审核、签章,且所有凭证预先都有连续编号并按序号依次处理,则这些内部证据也具有较强的可靠性;相反,若被审计单位的内部控制不太健全,注册会计师就不能过分地依赖其内部自制的书面证据。

(1)会计记录。会计记录包括各种自制的原始凭证(如领料单、工资单等)、记账凭证、账簿记录等,它是注册会计师取自被审计单位内部的一类非常重要的审计证据。注册会计师在检查会计报表项目时,往往需追溯检查被审计单位的会计账簿和各种凭证。他们通常需由分类账追查至日记账与记账凭证,然后再追查至支票、发票及其他原始凭证。

(2)被审计单位管理当局声明书。这是注册会计师从被审计单位管理当局所获取的书面声明,其主要内容是以书面的形式确认被审计单位在审计过程中所作的各种重要的陈述或保证。被审计单位管理当局声明书属于可靠性较低的内部证据,不可替代注册会计师实施其他必要的审计程序。

(3)其他书面文件。这是指被审计单位提供的其他有助于注册会计师形成审计结论和意见的书面文件,如被审计单位管理当局声明书中所提及的董事会及股东大会会议记录,重要的计划、合同资料,被审计单位的或有损失,关联方交易等。

(三)口头证据

口头证据是被审计单位职员或其他有关人员对注册会计师的提问作口头答复所形成的一类证据。通常在审计过程中,注册会计师会向被审计单位的有关人员询问会计记录、文件的存放地点,采用特别会计政策和方法的理由,收回逾期应收账款的可能性等。对于这些问题的口头答复,就构成了口头证据。

一般而言,口头证据本身并不足以证明事情的真相,但注册会计师往往可以通过口头证据发掘出一些重要的线索,从而有利于对某些需审核的情况作进一步的调查,以搜索到更为可靠的证据。例如,注册会计师对应收账款进行账龄分析后,可能询问应收账款负责人对收

回逾期应收账款的可能性的意见。如果其意见与注册会计师自行估计的坏账损失基本一致,则这一口头证据就可成为证实注册会计师有关坏账损失判断的重要证据。

在审计过程中,注册会计师应把各种重要的口头证据尽快作成记录,并注明是何人、何时、在何种情况下所作的口头陈述,必要时还应获得被询问者的签名确认。相对而言,不同人员对同一问题所作的口头陈述相同时,口头证据具有较高的可靠性。但在一般情况下,口头证据往往需要得到其他相应证据的支持。

(四) 环境证据

环境证据也称状况证据,是指对被审计单位产生影响的各种环境事实。具体而言,环境证据包括以下几种:

(1) 有关内部控制情况。如果被审计单位有着良好的内部控制,就可增加其会计资料的可信赖程度。也就是说,当注册会计师确认被审计单位有良好的内部控制,且其日常管理又一贯地遵守其内部控制中有关的规定时,就可认为被审计单位现行的内部控制为会计报表项目的可靠性提供了强有力的证据。一般来说,内部控制越健全、越严密,所需的审计证据数量就越少;否则,注册会计师就必须获取较大数量的审计证据。

(2) 被审计单位管理人员的素质。被审计单位管理人员的素质越高,则其所提供的证据发生差错的可能性就越小。例如,当被审计单位会计人员的素质较高时,其会计记录就不容易发生错误。因此,会计人员的素质对会计资料的可靠性会产生影响。

(3) 各种管理条件和管理水平。管理条件和管理水平,也是影响其所提供证据的可靠程度的一个重要因素。管理条件良好和管理水平较高的被审计单位,其提供的证据一般可靠性较高。

必须指出的是,环境证据一般不属于基本证据,但它可以帮助注册会计师了解被审计单位及其经济活动所处的环境,是注册会计师进行判断所必须掌握的资料。

三、审计证据的充分性和适当性

注册会计师应当保持职业怀疑态度,运用职业判断,评价审计证据的充分性和适当性。在此,职业怀疑态度是指注册会计师以质疑的思维方式评价所获取审计证据的有效性,并对相互矛盾的审计证据,以及引起对文件记录或管理层和治理层提供的信息的可靠性产生怀疑的审计证据保持警觉。换言之,职业怀疑态度就是要求注册会计师对审计证据进行批判性评价。注册会计师不能假定"管理层是诚实的",而应当考虑他们不诚实的可能性。

(一) 审计证据的充分性

审计证据的充分性是对审计证据数量的衡量,主要与注册会计师确定的样本量有关。例如,对某个审计项目实施某一选定的审计程序,从300个样本中获得的证据要比从200个样本中获得的证据更充分。

注册会计师需要获取的审计证据的数量受错报风险的影响。错报风险越大,需要的审计证据可能越多。具体来说,在可接受的审计风险水平一定的情况下,重大错报风险越大,注册会计师就应实施越多的测试工作,获得相对较多的审计证据,将检查风险降至可接受水平,以将审计风险控制在可接受的低水平范围内。

例如,注册会计师对某食品公司进行审计,经过分析认为,受被审计单位行业性质的影响,存货腐烂变质的可能性相当高,存货计价的错报可能性就比较大。为此,注册会计师在审计中,就要选取更多的存货样本进行测试,以确定存货腐烂变质的程度,从而确认存货的价值是否被高估。

（二）审计证据的适当性

审计证据的适当性是对审计证据质量的衡量，即审计证据在支持各类交易、账户余额、列报（包括披露）的相关认定方面，或发现其中存在错报方面具有相关性和可靠性。相关性和可靠性是审计证据适当性的核心内容，只有相关且可靠的审计证据才是高质量的。

1. 审计证据的相关性

注册会计师只能利用与审计目标相关联的审计证据来证明或否定被审计单位所认定的事项，即审计证据要有证明力，必须与注册会计师的审计目标相关。例如，存货监盘结果只能证明存货是否存在，是否有毁损及短缺，而不能证明存货的计价和权利的情况。

审计证据是否相关必须结合具体审计目标来考虑。在确定审计证据的相关性时，注册会计师应当考虑：

（1）特定的审计程序可能只为某些认定提供相关的审计证据，而与其他认定无关。例如，检查期后应收账款收回的记录和文件可以提供有关存在和计价的审计证据，但是不一定与期末截止是否适当相关。

（2）针对同一项认定可以从不同来源获取审计证据或获取不同性质的审计证据。例如，注册会计师可以分析应收账款的账龄和应收账款的期后收款情况，以获取与坏账准备计价有关的审计证据。

（3）只与特定认定相关的审计证据并不能替代与其他认定相关的审计证据。例如，有关存货实物存在的审计证据并不能够替代与存货计价相关的审计证据。

2. 审计证据的可靠性

审计证据的可靠性是指证据的可信程度。例如，注册会计师亲自检查存货所获得的证据，就比被审计单位管理层提供给注册会计师的存货数据更可靠。

审计证据的可靠性受其来源和性质的影响，并取决于获取审计证据的具体环境。注册会计师在判断审计证据的可靠性时，通常会考虑下列原则：①从被审计单位外部独立来源获取的审计证据比从其他来源获取的审计证据更可靠；②被审计单位内部控制有效时内部生成的审计证据比内部控制薄弱时内部生成的审计证据更可靠；③注册会计师直接获取的审计证据比间接获取或推论得出的审计证据更可靠；④以文件、记录形式（无论是纸质、电子或其他介质）存在的审计证据比口头形式的审计证据更可靠；⑤从原件获取的审计证据比从传真件或复印件获取的审计证据更可靠。

注册会计师在按照上述原则评价审计证据的可靠性时，还应当注意可能出现的重要例外情况。例如，审计证据虽是从独立的外部来源获得，但如果该证据是由不知情者或不具备资格者提供，那么审计证据也可能不可靠。同样，如果注册会计师不具备评价证据的专业能力，那么即使是直接获取的证据，也可能不可靠。例如，如果注册会计师无法区分人造玉石与天然玉石，那么他对天然玉石存货的检查就不可能提供有关天然玉石是否实际存在的可靠证据。

3. 充分性和适当性之间的关系

充分性和适当性是审计证据的两个重要特征，两者缺一不可，只有充分且适当的审计证据才是有证明力的。

注册会计师需要获取的审计证据的数量也受审计证据质量的影响。审计证据质量越高，需要的审计证据数量可能越少。也就是说，审计证据的适当性会影响审计证据的充分性。例如，被审计单位内部控制健全时生成的审计证据更可靠，注册会计师只需获取适量的

审计证据,就可以为发表审计意见提供合理的基础。

需要注意的是,尽管审计证据的充分性和适当性相关,但如果审计证据的质量存在缺陷,那么注册会计师仅靠获取更多的审计证据可能无法弥补其质量上的缺陷。例如,注册会计师应当获取与销售收入完整性相关的证据,实际获取到的却是有关销售收入真实性的证据,审计证据与完整性目标不相关,即使获取的证据再多,也证明不了收入的完整性。同样地,如果注册会计师获取的证据不可靠,那么证据数量再多也难以起到证明作用。

4. 评价充分性和适当性时的特殊考虑

(1) 对文件记录可靠性的考虑。审计工作通常不涉及鉴定文件记录的真伪,注册会计师也不是鉴定文件记录真伪的专家,但应当考虑用作审计证据的信息的可靠性,并考虑与这些信息生成与维护相关的控制的有效性。如果在审计过程中识别出的情况使其认为文件记录可能是伪造的,或文件记录中的某些条款已发生变动,注册会计师应当作出进一步调查,包括直接向第三方询证,或考虑利用专家的工作以评价文件记录的真伪。例如,如发现某银行询证函回函有伪造或篡改的迹象,注册会计师应当作进一步的调查,并考虑是否存在舞弊的可能性。必要时,应当通过适当方式聘请专家予以鉴定。

(2) 使用被审计单位生成信息时的考虑。如果在实施审计程序时使用被审计单位生成的信息,注册会计师应当就这些信息的准确性和完整性获取审计证据。例如,在审计营业收入项目时,注册会计师应当考虑价格信息的准确性以及销售量数据的完整性和准确性。在某些情况下,注册会计师可能需要确定实施额外的审计程序,如利用计算机辅助审计技术(CAATs)来重新计算这些信息,测试与信息生成有关的控制等。

(3) 证据相互矛盾时的考虑。如果针对某项认定从不同来源获取的审计证据或获取的不同性质的审计证据能够相互印证,与该项认定相关的审计证据则具有更强的说服力。例如,注册会计师通过检查委托加工协议发现被审计单位有委托加工材料,且委托加工材料占存货比重较大,经发函询证后证实委托加工材料确实存在。委托加工协议和询证函回函这两个不同来源的审计证据互相印证,证明委托加工材料真实存在。如果从不同来源获取的审计证据或获取的不同性质的审计证据不一致,表明某项审计证据可能不可靠,注册会计师应当追加必要的审计程序。续前例,如果注册会计师发函询证后证实委托加工材料已加工完成并返回被审计单位。委托加工协议和询证函回函这两个不同来源的证据不一致,委托加工材料是否真实存在受到质疑。这时,注册会计师应追加审计程序,确认委托加工材料收回后是否未入库或被审计单位收回后予以销售而未入账。

(4) 获取审计证据时对成本的考虑。注册会计师可以考虑获取审计证据的成本与所获取信息的有用性之间的关系,但不应以获取审计证据的困难和成本为由减少不可替代的审计程序。在保证获取充分、适当的审计证据的前提下,控制审计成本是会计师事务所增强竞争能力和获利能力所必需的。但为了保证得出的审计结论、形成的审计意见是恰当的,注册会计师不应将获取审计证据的成本高低和难易程度作为减少不可替代的审计程序的理由。例如,在某些情况下,存货监盘是证实存货存在性认定的不可替代的审计程序,注册会计师在审计中不得以检查成本高和难以实施为由而不执行该程序。

第二节　获取审计证据的审计程序

注册会计师在实施风险评估程序、控制测试(必要时或决定测试时)和实质性程序时,可根据需要单独或综合运用各种具体审计程序,以获取充分、适当的审计证据。

一、审计程序的类型

注册会计师获取审计证据的审计程序包括检查记录或文件、检查有形资产、观察、询问、函证、重新计算、重新执行和分析程序等具体审计程序。

(一) 检查记录或文件

检查记录或文件是指注册会计师对被审计单位内部或外部生成的,以纸质、电子或其他介质形式存在的记录或文件进行审查。

检查记录或文件的目的是对财务报表所包含或应包含的信息进行验证。例如,被审计单位通常对每一笔销售交易都保留一份顾客订单、一张发货单和一份销售发票副本。这些凭证对于注册会计师验证被审计单位记录的销售交易的正确性是有用的证据。

检查记录或文件可提供可靠程度不同的审计证据,审计证据的可靠性取决于记录或文件的来源和性质。外部记录或文件通常被认为比内部记录或文件可靠,因为外部凭证经被审计单位的客户出具,又经被审计单位认可,表明交易双方对凭证上记录的信息和条款达成一致意见。另外,某些外部凭证编制过程非常谨慎,通常由律师或其他有资格的专家进行复核,因而具有较高的可靠性,如土地使用权证、保险单、契约和合同等文件。

检查记录或文件时,注册会计师常用的方法包括审阅与复核。

例如,注册会计师在审阅会计记录和其他书面文件时,应注意其是否真实、合法,具体包括以下几个方面:

(1) 审阅原始凭证时,应注意其有无涂改或伪造现象;记载的经济业务是否合理合法;是否有业务负责人的签字等。

(2) 审阅会计账簿时,应注意是否符合《企业会计准则》及国家其他有关财务会计法规的规定,包括审阅被审计单位据以入账的原始凭证是否整齐完备;账簿有关内容与原始凭证的记载是否一致;会计分录的编制或账户的运用是否恰当;货币收支的金额有无不正常现象;成本核算是否符合国家有关财务会计制度的规定;审计目标要求的其他内容。

(3) 在审阅财务报表时,应注意财务报表的编制是否符合《企业会计准则》及国家其他有关财务会计法规的规定;财务报表的附注是否对应予揭示的重大问题作了充分的披露。

又如,注册会计师在复核会计记录及其他书面文件时,应注意检查各种书面文件是否一致,具体包括:

(1) 原始凭证上所记载的数量、单价、金额及其合计数是否正确。

(2) 日记账上的记录是否与相应的原始凭证记录一致。

(3) 日记账与会计凭证上的记录是否与总分类账及有关的明细分类账相符。

(4) 总分类账的账户余额是否与所属明细分类账的账户余额合计数相符。

(5) 总分类账各账户的借方余额合计与贷方余额合计是否相符。

(6) 总分类账各账户的余额或发生额合计是否与财务报表上相应项目的金额相等。

(7) 财务报表上各有关项目的数字计算是否正确,各报表之间的有关数字是否一致。如果涉及前期的数字,是否与前期财务报表上的有关数字相符。

(8) 外来账单与本单位有关账目的记录是否相符。

(二) 检查有形资产

检查有形资产是指注册会计师对资产实物进行审查。检查有形资产程序主要适用于存货和现金,也适用于有价证券、应收票据和固定资产等。

例如,注册会计师实施的最常见的检查有形资产的程序包括对存货、现金、固定资产等有形资产监盘。一般而言,实物资产的盘点应由被审计单位进行,注册会计师只进行现场监督,即监盘;对于贵重的物资,注册会计师还可以抽查复点。采用监督盘点的方法是为了确定被审计单位实物形态的资产是否真实存在并且与账面数量相符,查明有无短缺、毁损及贪污、盗窃等问题存在。监盘对象如果散放在几个地方的,应同时进行监盘,以防被审计单位有足够的时间移东补西。对已经清点的对象应作好标记,以免重复盘点。

检查有形资产可为有形资产的存在认定提供可靠的审计证据,但不一定能够为权利和义务或计价认定提供可靠的审计证据。检查存货项目前,可先对被审计单位实施的存货盘点进行观察。被审计单位定期盘点存货是一项内部控制制度,监盘则是注册会计师的一项具体审计程序。

(三) 观察

观察是指注册会计师察看相关人员正在从事的活动或执行的程序。例如,注册会计师在进行某项审计时,对被审计单位的财产物资的保管、生产经营管理工作以及内部控制制度等实际执行情况可进行实地察看。

观察提供的审计证据仅限于观察发生的时点,并且在相关人员已知被观察时,相关人员从事活动或执行程序可能与日常的做法不同,从而会影响注册会计师对真实情况的了解。因此,注册会计师有必要获取其他类型的佐证证据。

(四) 询问

询问是指注册会计师以书面或口头方式,向被审计单位内部或外部的知情人员获取财务信息和非财务信息,并对答复进行评价的过程。

知情人员对询问的答复可能为注册会计师提供尚未获悉的信息或佐证证据,也可能提供与已获悉信息存在重大差异的信息,注册会计师应当根据询问结果考虑修改审计程序或实施追加的审计程序。询问本身不足以发现认定层次存在的重大错报,也不足以测试内部控制运行的有效性,注册会计师还应当实施其他审计程序以获取充分、适当的审计证据。

(五) 函证

函证是指注册会计师为了获取影响财务报表或相关披露认定的项目的信息,通过直接来自第三方的对有关信息和现存状况的声明,获取和评价审计证据的过程。

例如,注册会计师通常对下列账户余额或事项通过函证的方式获取证据:应收账款、银行存款、应收票据、其他应收款、预付账款、长期股权投资、由其他单位代为保管或加工或销售的存货、保证或抵押或质押、重大或异常的交易、或有事项等。

通过函证获取的证据可靠性较高,因此函证是受到高度重视并经常被使用的一种重要程序。

(六) 重新计算

重新计算是指注册会计师以人工方式或使用计算机辅助审计技术,对记录或文件中的数据计算的准确性进行核对。重新计算通常包括计算销售发票和存货的总金额,加总日记账和明细账,检查折旧费用和预付费用的计算,检查应纳税额的计算等。

(七) 重新执行

重新执行是指注册会计师以人工方式或使用计算机辅助审计技术,重新独立执行作为被审计单位内部控制组成部分的程序或控制。例如,注册会计师利用被审计单位的银行存款日记账和银行对账单,重新编制银行存款余额调节表,并与被审计单位编制的银行存款余额调节表进行比较。

(八) 分析程序

分析程序是指注册会计师通过研究不同财务数据之间以及财务数据与非财务数据之间的内在关系,对财务信息作出评价。分析程序还包括调查识别出的、与其他相关信息不一致或与预期数据严重偏离的波动和关系。本节第二部分将重点介绍分析程序。

需要注意的是,审计程序的性质和时间可能受会计数据和其他相关信息的生成和储存方式的影响,注册会计师应当提请被审计单位保存某些信息以供查阅,或在可获得该信息的期间执行审计程序。例如,某些会计数据和其他信息只能以电子形式存在,或只能在某一时点或某一期间得到,注册会计师应当考虑这些特点对审计程序的性质和时间的影响。当信息以电子形式存在时,注册会计师可以通过使用计算机辅助审计技术实施某些审计程序。

二、分析程序

通常,某些财务数据之间以及财务数据与非财务数据之间存在一定的内在关系,除非情况发生变化,这种关系将持续存在。例如,销售毛利与营业收入之间一般有某种关系存在,除非售价、销售组合或成本结构等发生变动,否则这种关系将维持不变。又如,根据客房数量、每间客房的收费标准和客房入住率等数据估计得出的某宾馆客房总收入,应与其账面记录的收入基本一致。分析财务数据之间以及财务数据与非财务数据之间的内在关系,是分析程序的切入点,是分析程序区别于其他审计程序的主要特征,也是分析程序得名的原因。

(一) 运用分析程序的一般步骤

注册会计师运用分析程序的目的是对财务信息作出评价。不同阶段运用分析程序的方法和步骤有所不同。但完整的分析程序一般包括以下相互继起的几个步骤:①选择适当的数据关系;②对数据关系进行分析;③识别异常的数据关系或波动;④调查异常数据关系或波动;⑤得出结论。运用分析程序的一般步骤如图6-2所示。

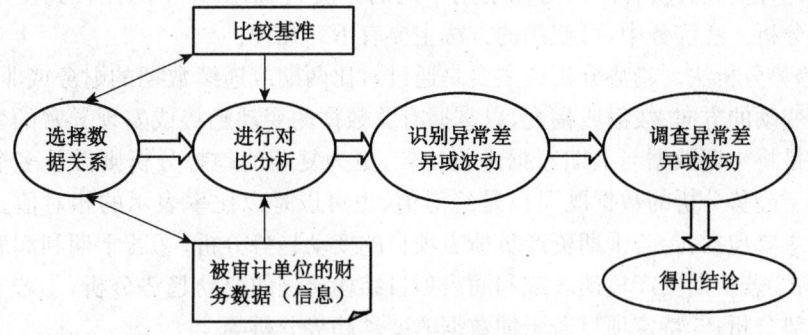

图6-2　分析程序的一般步骤

如果注册会计师在实施分析程序时识别出与其他相关信息不一致或与预期数据严重偏离的波动和关系,可能表明财务报表存在重大错报风险。注册会计师应结合其他审计程序,对异常项目作进一步调查,以获取对差异的合理解释或存在重大错报风险的佐证证据。运用分析程序时,注册会计师应当考虑比较基准、数据关系、可使用的方法和异常项目等因素。

1. 比较基准

在实施分析程序时,注册会计师应当考虑将被审计单位的财务信息与下列各项信息进

行比较:

(1) 以前期间的可比信息。例如,注册会计师通常将被审计单位的本期实际数据与上期或以前期间的可比数据进行比较,以判断是否存在异常。

(2) 被审计单位的预期结果或者注册会计师的预期数据。其中,被审计单位的预期结果包括预算和预测等。如果预算和预测是在分析各种因素的基础上认真编制的,则其与实际执行结果的比较就为注册会计师分析评价本期的财务信息提供了重要的参考。

注册会计师的预期数据是注册会计师运用各种方法对被审计单位财务比率或财务报表金额作出的合理预期。注册会计师将自己的预期数据与被审计单位财务报表上反映的金额或比率进行比较,可以发现异常情况。例如,注册会计师可以根据被审计单位固定资产的账面价值和平均年折旧率,估计当期折旧费用,并与被审位财务报表中反映的折旧率相比较。

(3) 所处行业或同行业中规模相近的其他单位的可比信息。注册会计师可以将被审计单位的财务信息与其所处行业的可比信息(如行业平均利润率)进行比较,也可以与同行业中规模相近的其他单位的可比信息进行比较,以了解被审计单位的经营情况,评价被审计单位的财务信息。

2. 数据关系

在实施分析程序时,注册会计师还应当考虑下列关系:

(1) 财务信息各构成要素之间的关系。财务信息各要素之间存在某种内在联系,包括财务报表项目之间的勾稽关系、联动关系等。例如,销售成本与销售收入之间通常有稳定的比率,当期银行借款平均数额与利息费用之间有联动关系。

(2) 财务信息与相关非财务信息之间的关系。常用的非财务信息可能包括:生产能力、采购数量、销售数量、员工人数等统计资料。某些财务信息与非财务信息之间也存在内在联系。例如,被审计单位的员工人数和各级别人员的工资水平与工资费用有同增同减关系,洗车店的水耗费量与营业收入有正相关的关系,存货数量通常不应超过仓储能力等。

3. 可使用的方法

注册会计师实施分析程序时可以使用不同的方法,包括从简单的比较到使用高级统计技术的复杂分析。在实务中,可使用的方法主要有下列几种:

第一,趋势分析法。趋势分析法主要是通过对比两期或连续数期的财务或非财务数据,确定其增减变动的方向、数额或幅度,以掌握有关数据的变动趋势或发现异常的变动。典型的趋势分析是将本期数据与上期数据进行比较,更为复杂的趋势分析则涉及多个会计期间的比较。用于趋势分析的数据既可以是绝对值,也可以是以比率表示的相对值。趋势分析的运用形式主要包括:①若干期资产负债表项目的变动趋势分析;②若干期利润表项目的变动趋势分析;③若干期资产负债表或利润表项目结构比例的变动趋势分析;④若干期财务比率的变动趋势分析;⑤特定项目若干期数据的变动趋势分析等。

当被审计单位处于稳定经营环境下时,趋势分析法最适用。当被审计单位业务或经营环境变化较大或会计政策变更较大时,趋势分析法就不再适用。趋势分析法中涉及的会计期间的期数,有赖于被审计单位经营环境的稳定性。经营环境愈稳定,数据关系的可预测性愈强,进行多个会计期间的数据比较愈为适用。

第二,比率分析法。比率分析法主要是结合其他有关信息,将同一报表内部或不同报表间的相关项目联系起来,通过计算比率,反映数据之间的关系,用以评价被审计单位的财务信息。例如,应收账款周转率反映赊销销售收入与应收账款平均余额之间的比率,这一比率变小可能说明应收账款回收速度放慢,需要计提更多的坏账准备,也可能说明本期赊销销售收入与期末应收账款余额存在错报。

当财务报表项目之间的关系稳定并可直接预测时,比率分析法最为适用。注册会计师在实施分析程序时常用的比率包括:流动比率、速动比率、现金比率、资产负债率、已获利息倍数、利息与长期负债比率等反映被审计单位偿债能力的财务比率;存货周转率、应收账款周转率、总资产周转率等反映被审计单位资产管理能力的财务比率;销售毛利率、主营业务利润率、总资产回报率、净资产回报率等反映被审计单位盈利能力的财务比率;以及原材料成本占收入的比例、人工成本占收入的比例、人均收入、人均成本、人均人工成本等反映被审计单位生产能力的财务比率等。

第三,合理性测试法。合理性测试法通过彼此相关联的项目或造成某种变化的各种变量,测试某项目金额是否合理。简单合理性测试包括三个基本步骤:①识别能够引起和影响被测试项目金额变化的各种变量;②确定变量与被测试项目间的恰当关系;③将变量结合在一起对被测试项目作出评价。

例如,注册会计师对制造企业的营业收入进行分析时,可以考虑产品销售量与被审计单位可供销售产品数量(仓储能力、生产能力)的关系,并考虑被审计单位生产能力的利用情况等因素,将营业收入与运费、电费、水费、办公经费、销售人员工资等联系起来作配比分析。

第四,回归分析法。回归分析法是在掌握大量观察数据的基础上,利用统计方法建立因变量与自变量之间回归关系的函数表达式(即回归方程式),并利用回归方程式进行分析。例如,产品销售收入与广告费用之间通常存在正相关关系,注册会计师可以建立两者之间的回归模型,并根据模型估计某一年度产品销售收入的预期值。

回归分析法理论上能考虑所有因素的影响,如相关经营数据、经营情况、经济环境的变化等,其预测精度较高,适用于中短期预测。回归分析法的一个突出优点在于以可计量的风险和准确性水平,量化注册会计师的预期值。但注册会计师在选择适当关系时将耗费大量时间,审计成本较高。

4. 异常项目的调查

当通过实施分析程序识别出与其他相关信息不一致或者偏离预期数据的重大波动或关系时,注册会计师应当进行调查并获取充分的解释和恰当的佐证审计证据。在调查异常波动和关系时,注册会计师应当在询问管理层的基础上采取下列措施:

(1) 将管理层的答复与注册会计师对被审计单位的了解以及在审计过程中获取的其他审计证据进行比较,以印证管理层的答复。例如,注册会计师可以针对财务总监对广告费用增加作出的解释,询问市场部的人员,以印证管理层的答复。

(2) 如果管理层不能提供解释或者解释不充分,考虑是否需要运用其他审计程序。例如,管理层不能对销售费用的大幅上升作出合理解释,注册会计师应检查销售合同、运输单证等支持性书面文件。

(二)分析程序的具体应用

注册会计师实施分析程序的目的包括:一是,用作风险评估程序,以了解被审计单位及其环境,帮助注册会计师发现财务报表中的异常变化,或者预期发生而未发生的变化,识别存在潜在重大错报风险的领域。二是,当使用分析程序比细节测试能更有效地将认定层次的检查风险降至可接受的水平时,分析程序可以用作实质性程序。所谓细节测试,是对各类交易、账户余额、列报的具体细节进行测试,目的在于直接识别财务报表认定是否存在错报。

三是,在审计结束或临近结束时,注册会计师应当运用分析程序,在已收集的审计证据的基础上,对财务报表整体的合理性作最终把握,评价报表仍然存在重大错报风险而未被发现的可能性,考虑是否需要追加审计程序,以便为发表审计意见提供合理基础。值得注意的是,由于分析程序需要计算金额、比率或趋势,以评价财务信息,它对控制测试并不适用。

1. 分析程序用于风险评估程序

注册会计师在实施风险评估程序时,应当运用分析程序,以了解被审计单位及其环境。如前所述,在实施风险评估程序时,运用分析程序的目的是了解被审计单位及其环境并评估重大错报风险,注册会计师应当围绕这一目的运用分析程序。在风险评估阶段,运用分析程序是强制要求。

注册会计师可以将分析程序与询问、检查和观察程序结合运用,以获取对被审计单位及其环境的了解,识别和评估财务报表层次及具体认定层次的重大错报风险。

在运用分析程序时,注册会计师应重点关注关键的账户余额、趋势和财务比率关系等方面,对其形成一个合理的预期,并与被审计单位记录的金额(来源于凭证、账簿和报表等)、依据记录金额计算的比率或趋势相比较。如果分析程序的结果显示的比率、比例或趋势与注册会计师对被审计单位及其环境的了解不一致,并且被审计单位管理层无法提出合理的解释,或者无法取得相关的支持性文件证据,注册会计师应当考虑其是否表明被审计单位的财务报表存在重大错报风险。分析程序用于风险评估程序的步骤如图6-3所示。

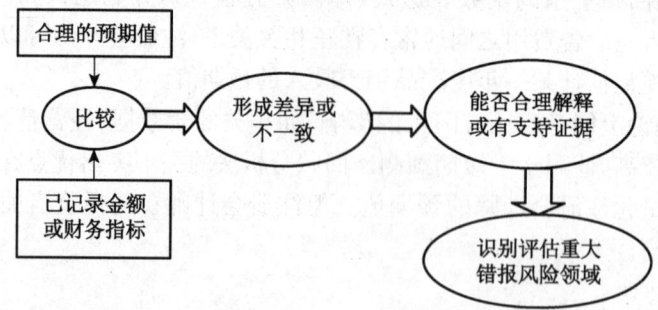

图6-3 分析程序用于风险评估程序的步骤

【例6-1】 注册会计师王芳在风险评估阶段实施分析程序时,根据对被审计单位及其环境的了解,得知本期在生产成本中占较大比重的原材料成本大幅上升。因此,注册会计师预期在销售收入未有较大变化的情况下,由于销售成本的上升,毛利率应相应下降。但是,注册会计师通过分析程序发现,本期与上期的毛利率变化不大。注册会计师可能据此认为销售成本存在重大错报风险,应对其给予足够的关注。

在分析被审计单位历年的关键财务指标时,注册会计师王芳发现应收账款的周转次数在逐年减少,可以判断被审计单位的客户信誉度在变差或被审计单位因面临行业竞争加剧降低了赊销的信用标准等。针对这种判断结果,注册会计师王芳向销售人员询问得到进一步证实。于是,可以确定应收账款"准确性和计价"认定可能出现重大错报的风险。

在分析某被审计单位的资产负债率时,注册会计师王芳还发现:根据该单位资产负债表(记录金额)计算的资产负债率是78%(财务比率),该单位在被审计年度"长期借款"的年末余额比年初余额增加了1 200万元(记录金额),而根据行业公布的平均资产负债率为50%(合理的预期)。于是,可以判断被审计单位向商业银行取得长期借款时存在舞弊的风险较大。因为在一般情况下,商业银行不太可能向资产负债率高出行业平均水平许多的企业追加贷款规模。

风险评估程序中运用的分析程序主要目的在于识别那些可能表明财务报表存在重大错报风险的异常变化。因此,所使用的数据汇总性比较强,其对象主要是财务报表中账户余额及其相互之间的关系;所使用的分析程序通常包括对账户余额变化的分析,并辅之以趋势分析和比率分析。与实质性分析程序相比,在风险评估过程中使用的分析程序所进行比较的性质、预期值的精确程度,以及所进行的分析和调查的范围都并不足以提供很高的保证水平。

需要注意的是,注册会计师无须在了解被审计单位及其环境的每一方面都实施分析程序。例如,在对内部控制的了解中,注册会计师一般不会运用分析程序。

2. 分析程序用于实质性程序

注册会计师应当针对评估的认定层次重大错报风险设计和实施实质性程序。实质性程序包括对各类交易、账户余额、列报(包括披露)的细节测试以及实质性分析程序。

实质性分析程序是指用作实质性程序的分析程序,这是分析程序用于实质性程序的简称,它与细节测试都可用于收集审计证据,以识别财务报表认定层次的重大错报风险。当使用分析程序比细节测试能更有效地将认定层次的检查风险降至可接受的水平时,注册会计师可以考虑单独或结合细节测试,运用实质性分析程序。实质性分析程序不仅仅是细节测试的一种补充,在某些审计领域,如果重大错报风险较低且数据之间具有稳定的预期关系,注册会计师可以单独使用实质性分析程序获取充分、适当的审计证据。

尽管分析程序有特定的作用,但中国注册会计师执业准则并未要求注册会计师在实施实质性程序时必须使用分析程序(即分析程序用于实质性程序,并非强制性要求)。这是因为针对认定层次的重大错报风险,注册会计师实施细节测试而不实施分析程序,同样可能实现实质性程序的目的。另外,分析程序有其运用的前提和基础,它并不适用于所有的财务报表认定。

需要强调的是,相对于细节测试而言,实质性分析程序能够达到的精确度可能受到种种限制,所提供的证据在很大程度上是间接证据,证明力相对较弱。从审计过程整体来看,注册会计师不能仅依赖实质性分析程序,而忽略对细节测试的运用。

实质性分析程序的运用包括以下几个步骤:①识别需要运用分析程序的账户余额或交易;②确定期望值;③确定可接受的差异额;④识别需要进一步调查的差异;⑤调查异常数据关系;⑥评估分析程序的结果。

1) 确定实质性分析程序对特定认定的适用性

并非所有认定都适合使用实质性分析程序。研究不同财务数据之间以及财务数据与非财务数据之间的内在关系是运用分析程序的基础,如果数据之间不存在稳定的可预期关系,注册会计师将无法运用实质性分析程序,而只能考虑利用检查、函证等其他审计程序收集充分、适当的审计证据,作为发表审计意见的合理基础。

实质性分析程序通常更适用于在一段时期内存在可预期关系的大量交易。在信赖实质性分析程序的结果时,注册会计师应当考虑实质性分析程序存在的风险,即分析程序的结果显示数据之间存在预期关系而实际上却存在重大错报。例如,被审计单位的业绩落后于行业的平均水平,但管理层篡改了被审计单位的经营业绩以使其看起来与行业平均水平接近。在这种情况下,使用行业数据进行分析程序可能会误导注册会计师。又如,被审计单位在行业内占有极重要的市场份额的时候,将行业统计资料用于分析程序,数据的独立性可能会受到损害,因为在这种情况下被审计单位的数据在很大程度上决定了行业数据(即行业数据主要是由被审计单位决定的)。因此,在确定实质性分析程序对特定认定的适用性时,注册会计师应当考虑以下因素:

第一,评估的重大错报风险。鉴于实质性分析程序能够提供的精确度受到种种限制,评估的重大错报风险水平越高,注册会计师应当越谨慎使用实质性分析程序。如果针对特别风险仅实施实质性程序,注册会计师应当使用细节测试,或将细节测试和实质性分析程序结合使用,以获取充分、适当的审计证据。

第二,针对同一认定的细节测试。在对同一认定实施细节测试的同时实施实质性分析程序可能是适当的。例如,注册会计师在考虑应收账款的可收回性时,除了对期后收到现金的情况进行细节测试之外,也可以针对应收账款的账龄实施实质性分析程序。

2) 数据的可靠性

注册会计师对已记录的金额(来自被审计单位的会计凭证、账簿、报表等)或比率作出预期时,需要采用内部或外部的数据。来自被审计单位内部的数据包括:①前期数据,并根据当期的变化进行调整;②当期的财务数据;③预算或预测;④非财务数据等。来自被审计单位外部的数据包括:①政府及政府有关部门发布的信息,如通货膨胀率、利率、税率,有关部门确定的生产或进出口配额等;②行业监管者、贸易协会以及行业调查单位发布的信息,如行业平均增长率;③经济预测组织,包括某些银行发布的预测消息,如某些行业的业绩指标等;④公开出版的财务信息;⑤证券交易所发布的信息等。

数据的可靠性直接影响根据数据形成的预期值。数据的可靠性愈高,预期的准确性也将愈高,分析程序将更有效。注册会计师计划获取的保证水平愈高,对数据可靠性的要求也就愈高。

影响数据可靠性的因素很多。数据的可靠性受其来源及性质的影响,并有赖于获取该数据的环境。在确定实质性分析程序使用的数据是否可靠时,注册会计师应当考虑下列因素:

第一,可获得信息的来源。数据来源的客观性或独立性愈强,所获取的可靠性将愈高;来源不同的数据相互印证时比单一来源的数据更可靠。

第二,可获得信息的可比性。实施分析程序使用的相关数据必须具有可比性。通常,被审计单位所处行业的数据与被审计单位的相关数据具有一定的可比性。但应当注意,对于生产和销售专门产品的被审计单位,注册会计师应考虑获取广泛的相关行业数据,以增强信息的可比性,进而提高数据的可靠性。

第三,可获得信息的性质和相关性。例如,被审计单位管理层制定预算时,是将该预算作为预期的结果还是作为将要达到的目标。若作为预期的结果,则预算的相关程度较高;若仅作为希望达到的目标,则预算的相关程度较低。此外,可获得的信息与审计目标愈相关,数据就愈可靠。

第四,与信息编制相关的控制。与信息编制相关的控制愈有效,该信息愈可靠。当实施实质性分析程序时,如果使用被审计单位编制的信息,注册会计师应当考虑测试与信息编制相关的控制,以及这些信息是否在本期或前期经过审计。

3) 作出预期的准确程度

准确程度也称精确度,是对预期值与真实值之间接近程度的度量。分析程序的有效性很大程度上取决于注册会计师形成的预期值的准确性。预期值的准确性越高,注册会计师通过分析程序获取的保证水平将越高。在评价作出预期的准确程度是否足以在计划的保证

水平上识别重大错报时,注册会计师应当考虑下列主要因素:

第一,对实质性分析程序的预期结果作出预测的准确性。例如,与各年度的研究开发和广告费用支出相比,注册会计师通常预期各期的毛利率更具有稳定性。

第二,信息可分解的程度。信息可分解的程度是指用于分析程序的信息的详细程度,如按月份或地区分部分解的数据。通常,数据的可分解程度愈高,预期值的准确性愈高,注册会计师将相应获取较高的保证水平。当被审计单位经营复杂或多元化时,分解程度高的详细数据更为重要。

数据需要具体到哪个层次受被审计单位性质、规模、复杂程度及记录详细程度等因素的影响。如果被审计单位从事多个不同的行业,或者拥有非常重要的子公司,或者在多个地点进行经营活动,注册会计师可能需要考虑就每个重要的组成部分分别取得财务信息。但是,注册会计师也应当考虑分解程度高的数据的可靠性。例如,季度数据可能因为未经审计或相关控制相对较少,其可靠性将不如年度数据。

第三,财务和非财务信息的可获得性。在设计实质性分析程序时,注册会计师应考虑是否可以获得财务信息(如预算和预测)以及非财务信息(如已生产或已销售产品的数量),以有助于运用分析程序。

4)已记录金额与预期值之间可接受的差异额

预期值只是一个估计数据,大多数情况下与已记录金额并不一致。为此,在设计和实施实质性分析程序时,注册会计师应当确定已记录金额与预期值之间可接受的差异额。

可接受的差异额是指注册会计师认为已记录金额与预期值之间无须再作进一步调查的差异额。注册会计师应当将识别出的差异额与可接受的差异额进行比较,以确定差异是否重大,是否需要作进一步调查。

在确定可接受的差异额时,注册会计师应当主要考虑各类交易、账户余额、列报及相关认定的重要性和计划的保证水平。通常,可容忍错报越低,可接受的差异额越小;计划的保证水平越高,可接受的差异额越小。

注册会计师可以通过降低可接受的差异额以应对重大错报风险的增加。可接受的差异额愈低,注册会计师需要收集愈多的审计证据,以尽可能发现财务报表中的重大错报,获取计划的保证水平。实质性分析程序的核心流程如图6-4所示。

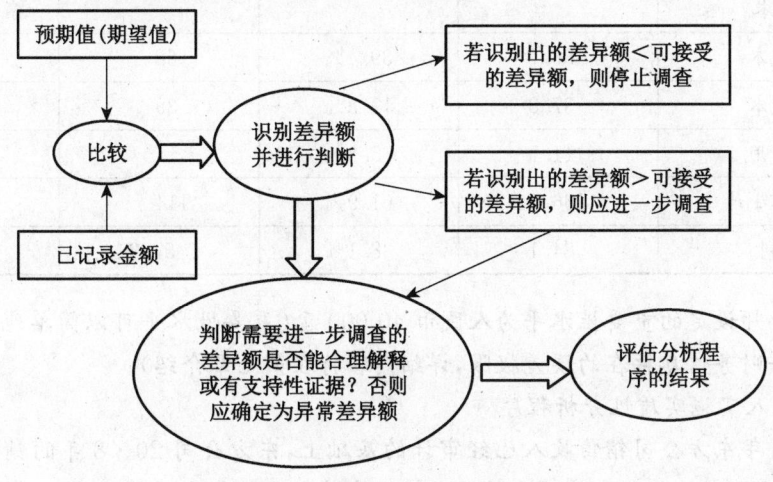

图6-4 实质性分析程序的核心流程

如果在会计期间的期中实施实质性程序,并计划针对剩余期间实施实质性分析程序,注册会计师应当考虑实质性分析程序对特定认定的适用性、数据的可靠性作出预期的准确程度以及可接受的差异额,并评估这些因素如何影响针对剩余期间获取充分、适当的审计证据的能力。注册会计师还应考虑某类交易的期末累计发生额或账户期末余额在金额、相对重要性及构成方面能否被合理预期。

如果认为仅实施实质性分析程序不足以收集充分、适当的审计证据,注册会计师还应测试剩余期间相关控制运行的有效性或针对期末实施细节测试。

【例 6-2】 诚信会计师事务所的注册会计师陈玉和李芳负责对被审计单位东方化学工业有效责任公司(以下简称"东方公司")的财务资料实施实质性分析程序,以下是他们做的部分工作。

一、背景

东方公司生产某种化工产品,其产品主要通过公司的销售部及分销商进行销售。东方公司非常关注其产品质量,并主要根据其产品质量确定销售价格。由于其生产的产品的特点,东方公司的产品价格通常比较稳定。20×4—20×6 年,东方公司的销售情况一直增长缓慢。20×7 年 11 月,东方公司从它的竞争对手西北化学用品公司那里雇用了一个新的销售总监魏冬冬,他将其原来在西北化学用品公司的客户带到了东方公司,使得东方公司20×7 年 12 月份的销售量增加了 25%。并且,东方公司在 20×8 年全年一直保持着向这些客户的销售。主要由于客户的增加,东方公司 20×8 年度的销售额比 20×7 年增加了28.7%。在风险评估程序中,通过比率分析,注册会计师发现,东方公司的材料采购成本与销售收入同比例增加,但是人工成本与制造费用占销售收入的比例下降。20×7 年和 20×8 年东方公司的部分财务数据如表 6-1 所示。

表 6-1 东方公司的部分财务数据

年度 项目	20×8 年度		20×7 年度	
	金额 (万元)	占销售收入 的比例	金额 (万元)	占销售收入 的比例
销售收入	220.3	100%	171.2	100%
销售成本:				
材料成本	86.7	39.4%	68	39.7%
人工成本	37.8	17.2%	35	20.4%
制造费用	11.7	5.3%	11	6.4%
销售成本小计	136.2	61.9%	114	66.5%
毛 利	84.1	38.1%	57.2	33.5%

注册会计师设定的重要性水平为人民币 40 000 元(重要性水平可以简单地理解为预期信息用户允许财务信息存在的误差极限,详细内容将在第七章介绍)。

二、对收入实施实质性分析程序

在 20×7 年东方公司销售收入已经审计的基础上,东方公司 20×8 年的销售收入能够被合理预期,注册会计师决定使用实质性分析程序对 20×8 年度的销售收入的发生、完整和准确认定获取一定的保证水平。

（一）建立期望值

与 20×7 年度相比，东方公司的销售在 20×8 年度发生了下述变化：

（1）由于客户的增加，20×8 年度 1～11 月份的销售额与 20×7 年度相同期间相比，增加了 25%（由客户增加因素所致），注册会计师已经在对应收账款进行审计的过程中，通过向客户函证的方式证实了这一增加。

（2）自 20×8 年 4 月起，东方公司的平均销售价格增加了 5%（由涨价因素所致）。注册会计师通过检查东方公司的标准价格表核实了这一事项。

基于上述情况，注册会计师决定将东方公司 20×8 年度的销售收入按月份进行拆分，以建立期望值。拆分结果如表 6-2 所示。

表 6-2　　　　　　　　期望值与实际发生额对比分析表　　　　　金额单位:万元

月份	20×7 年度	销售额增加 25%	销售价格增加 5%	20×8 年度期望值	20×8 年度实际发生额	差异
1	13.7	3.4		17.1	16.9	−0.2
2	13.8	3.4		17.2	17.3	0.1
3	13.4	3.3		16.7	17	0.3
4	14.1	3.5	0.9	18.5	15.9	−2.6*
5	13.9	3.5	0.9	18.3	20	1.7*
6	13.8	3.4		18.1	18.3	0.2
7	14.3	3.6		18.8	18.8	0
8	14.7	3.7	0.9	19.3	19.4	0.1
9	14.5	3.6	0.9	19	19.1	0.1
10	14.3	3.6	0.9	18.8	19	0.2
11	13.9	3.5	0.9	18.3	19.5	1.2*
12	16.8		0.8	17.6	19.1	1.5*
合计	171.2	38.5	8	217.7	220.3	

根据表 6-2 的分析，有 4 个月份的差异额超过了注册会计师设定的可接受差异额（在表 6-2 中以 * 标识）。

（二）确定可接受的差异额

注册会计师计划从实质性分析程序中获取的计划保证水平较高，可接受的差异额确定为人民币 10 000 元。

（三）分析和调查差异

首先，分析 4 月和 5 月的差异。4 月份的实际值比期望值低 26 000 元，而 5 月份的实际值比期望值高 17 000 元。就此，注册会计师首先询问了被审计单位管理层。管理层回答由于未曾对 4 月和 5 月的收入进行调查，不能解释上述差异。注册会计师接着与财务主管人员讨论上述差异，财务主管回忆说 4 月份有一名销售人员张鹏在结账以后才提交其 4 月份的销售单据,为方便起见,财务部门将这些 4 月份的销售记录在 5 月份的账簿中。针对这一解释,注册会计师检查了东方公司 5 月份销售账簿中与张鹏有关的销售记录,并抽取了其中一部分追查到原始凭证。通过这些程序,注册会计师确定,记录在 5 月份中的属于 4 月份的销售共计人民币 20 000 元,考虑这一因素的影响,4 月份和 5 月份的差异额将低于注册会计师设定的可接受的差异额。因此,注册会计师决定不再执行进一步调查工作。

然后,分析 11 月和 12 月的差异。11 月和 12 月实际销售额分别比期望值高人民币 12 000 元及 15 000 元。注册会计师对此予以进一步调查,询问了被审计单位的管理层。管理层解释,在 20×8 年 10 月月初公司与一个大型分销商签订了代理合同,此外,销售总监魏冬冬也在 10 月份争取了两个新的大客户,因此 20×8 年第 4 季度的销售比以往年度有所增加是正常的情形。针对管理层的解释,注册会计师检查了销售部门的月度总结报告,发现销售部门确实在 10 月份采取了行动并取得了管理层所说的客户。然后注册会计师对新增客户于 20×8 年度的销售记录进行了检查,并同时检查了这些销售的收款情况,并未发现异常。经检查,新增客户在 20×8 年 11 月和 12 月分别使得东方公司的销售额增加了人民币 8 000 元和人民币 10 000 元。考虑这一因素的影响,东方公司 11 月和 12 月的差异额将低于注册会计师设定的可接受的差异额,因此注册会计师决定不再进行进一步调查。

三、销售成本的实质性分析

(一) 材料成本

由于东方公司所使用的原材料价格在 20×8 年度相对稳定,整体加工过程亦无变化,并且 20×7 年度的数字已经过审计,而 20×8 年度的收入也已执行了上述分析程序,并进行了审计。因此,注册会计师在 20×7 年度材料成本占销售收入比例的基础上建立对 20×8 年材料成本的期望值。由于 20×8 年 4 月以后东方公司的销售价格平均增加了 5%,因此在计算材料成本的期望值时应消除这部分涨价的影响。

另外,由于注册会计师仅需要在销售成本的实质性程序中取得较低水平的确信度,因此可以接受一个较大的差异。注册会计师决定,在销售成本项目中,可接受的差异为人民币 32 000 元。

材料成本的期望值＝[1 至 3 月份的销售收入＋4 至 12 月份的销售收入×1÷(1＋5%)]

　　　　×(20×7 年度材料成本占销售收入的比例)

　　　　＝(512 000＋1 691 000×0.952)×39.7%＝842 367(元)

期望值与实际值的差异＝842 367－867 000＝－24 633(元)

由于上述差异小于注册会计师设定的可接受的差异水平,因此注册会计师决定不再进行进一步调查。

(二) 人工成本

正如上文提到的,管理层认为 20×8 年度的员工人数与 20×7 年相比并无变化。注册会计师从人力资源部门取得了 20×7 年和 20×8 年度的员工清单,对员工人数的变化进行了检查,并未发现变化。同时,东方公司在每年 1 月均会根据对上年度的考核结果调整员工薪酬,注册会计师取得 20×8 年度 1 月份东方公司调整员工薪酬的董事会决议,这次调整使得员工薪酬平均增加 3.5%,注册会计师检查了 20×8 年度薪酬支付记录,证实东方公司已经执行了调整薪酬的决议。

注册会计师设定的人工成本的可接受差异额为人民币 32 000 元。

人工成本的期望值＝20×7年度人工成本×103.5％＝350 000×103.5％＝362 250(元)

差异额＝362 250－378 000＝15 750(元)

由于上述差异小于注册会计师设定的可接受的差异水平,因此注册会计师决定不再进行进一步调查。

实施实质性分析程序的审计结论:对于销售收入,超过注册会计师设定的可接受的差异额的所有差异已经得到解释和证实。对于销售成本中的材料成本和人工成本,其实际发生额与注册会计师建立的期望值之间的差异均小于注册会计师设定的可接受的差异额。基于以上审计程序所获得的审计证据,销售收入和材料成本、人工成本在准确性方面没有重大错报。

3. 分析程序用于总体复核

在审计结束或临近结束时,注册会计师运用分析程序的目的是确定财务报表整体是否与其对被审计单位的了解一致,注册会计师应当围绕这一目的运用分析程序。这时运用分析程序是强制要求,注册会计师在这个阶段应当运用分析程序。

在总体复核阶段执行分析程序,所进行的比较和使用的手段与风险评估程序中使用的分析程序基本相同,但两者的目的不同。在总体复核阶段实施的分析程序主要在于强调并解释财务报表项目自上个会计期间以来发生的重大变化,以证实财务报表中列报的所有信息与注册会计师对被审计单位及其环境的了解一致、与注册会计师取得的审计证据一致。因此,两者的主要差别在于实施分析程序的时间和重点不同,以及所取得的数据的数量和质量不同。另外,因为在总体复核阶段实施的分析程序并非为了对特定账户余额和披露提供实质性的保证水平,因此并不如实质性分析程序那样详细和具体,而往往集中在财务报表层次。

在运用分析程序进行总体复核时,如果识别出以前未识别的重大错报风险,即所谓的再评估重大错报风险,注册会计师应当重新考虑对全部或部分各类交易、账户余额、列报评估的风险是否恰当,并在此基础上重新评价之前计划的审计程序是否充分,是否有必要追加审计程序。

第三节　审计工作底稿

审计工作底稿是指注册会计师对制定的审计计划、实施的审计程序、获取的相关审计证据以及得出的审计结论所作的记录。审计工作底稿是审计证据的载体,它是整个审计过程和审计结果的证明,也是形成审计结论的基本依据。注册会计师应当将审计计划及其实施过程、结果和其他需要加以判断的重要事项,记录于审计工作底稿。

一、审计工作底稿的意义

审计工作底稿的填写和编制对审计工作具有重要意义,主要体现在:

(1) 审计工作底稿便于组织审计工作、协调审计分工,是连接各项审计工作的纽带。审计工作往往由多名注册会计师及其助理人员组成的工作小组完成,为顺利完成审计任务,必须进行合理分工,注册会计师根据各自分配的任务完成审计工作。在这种情况下,为避免审计工作的重复及遗漏、对工作进度进行有效的控制,审计负责人可以通过工作底稿加以复核来完成。

（2）审计工作底稿便于控制审计工作质量。在执行审计工作时，注册会计师由于工作经验、专业判断能力、素质的不同，审计工作质量难免参差不齐。审计工作底稿通过书面形式记载了注册会计师在审计过程中实施的审计程序及审计活动，它可以说明注册会计师是否依照审计计划、审计程序实施审计。同时审计负责人通过审计工作底稿复核，对注册会计师工作中出现的难题及错误可以予以监督指导，从而达到保证审计工作质量的目的。

（3）审计工作底稿便于考核注册会计师的工作业绩。审计工作底稿是注册会计师在审计过程中对审计工作的记录，是注册会计师工作成果的一种体现。透过注册会计师编制的工作底稿，可以知道注册会计师工作量的大小、工作完成情况的好坏、工作效率的高低，由此可以评价审计工作人员业绩的好坏和业务能力的高低。

（4）审计工作底稿是形成审计结论、发表审计意见的直接依据。审计结论的形成依赖于注册会计师获取的审计证据，审计工作底稿是审计证据的载体，因此审计工作底稿是形成审计结论、发表审计意见的直接依据。

（5）审计工作底稿是明确审计责任的依据。审计工作底稿应如实反映审计计划的制订及其实施情况，包括与形成和发表审计意见有关的所有重要事项，以及注册会计师的专业判断。审计工作底稿是判断审计结论是否公正、审计意见是否合理的有力证明。

（6）审计工作底稿形成历史资料，对将来审计业务具有参考作用。审计工作结束后，审计工作底稿作为工作档案加以保管，形成历史资料。以前各期的审计工作底稿是对前期审计工作的一种总结，对以后的审计工作、审计培训及审计理论研究具有很大的备查和参考作用。

二、审计工作底稿的内容与格式

注册会计师编制的审计工作底稿，应当使未曾接触该项审计工作的有经验的专业人士清楚地了解：①按照审计准则的规定实施的审计程序的性质、时间和范围；②实施审计程序的结果和获取的审计证据；③就重大事项得出的结论。因此，审计工作底稿的内容应真实、完整，格式要规范。

（一）审计工作底稿的内容

审计工作底稿通常包括总体审计策略、具体审计计划、分析表、问题备忘录、重大事项概要、询证函回函、管理层声明书、核对表、有关重大事项的往来信件（包括电子邮件），以及对被审计单位文件记录的摘要或复印件等。此外，审计工作底稿通常还包括业务约定书、管理建议书、项目组内部或项目组与被审计单位举行的会议记录、与其他人士（如其他注册会计师、律师、专家等）的沟通文件及错报汇总表等。

审计工作底稿可以以纸质、电子或其他介质形式存在。审计工作底稿不应包括已被取代的审计工作底稿的草稿或财务报表的草稿、不全面或初步思考的记录、存在印刷错误或其他错误而作废的文本，以及重复的文件记录等。

（二）审计工作底稿的要素与格式

审计工作底稿的形成方式有两种：一是注册会计师填制；二是取得由被审计单位、其他第三方提供或代为编制的资料。影响审计工作底稿的构成要素、格式和范围的因素主要有：①实施审计程序的性质；②已识别的重大错报风险；③在执行审计工作和评价审计结果时需要作出判断的程度；④已获取审计证据的重要程度；⑤已识别的例外事项的性质和范围；

⑥当从已执行审计工作或获取审计证据的记录中不易确定结论或结论的基础时,记录结论或结论基础的必要性;⑦使用的审计方法和工具。

通常,审计工作底稿包括下列全部或部分要素:①被审计单位名称;②审计项目名称;③审计项目时点或期间;④审计过程记录;⑤审计标识及其说明(审计工作底稿中可以使用各种审计标识,但应说明其含义,并保持前后一致);⑥审计结论;⑦索引号及编号(审计工作底稿应有索引编号及顺序编号,相关审计工作底稿之间应保持清晰的勾稽关系,相互引用时应交叉注明索引编号);⑧编制者姓名及编制日期;⑨复核者姓名及复核日期;⑩其他应说明事项。

审计工作底稿应如实反映审计工作计划的制订及其实施情况,包括与形成和发表审计意见有关的所有重要事项,以及注册会计师的专业判断。审计工作底稿应当内容完整、格式规范、标识一致、记录清晰、结论明确。对于审计工作底稿中由被审计单位、其他第三者提供或代为编制的资料,注册会计师除应注明资料来源外,还应实施必要的审计程序,形成相应的审计记录。下面以不同审计工作底稿之间相互索引为例子,给出审计工作底稿的格式供参考。

【例6-3】　固定资产的原值、累计折旧及净值的总额应分别与固定资产明细表的数字相互勾稽。以下是从固定资产汇总表工作底稿(见表6-3)及固定资产明细表工作底稿(见表6-4)中节选的部分,以作相互索引的示范。

表6-3　　　　　　　　固定资产汇总表(工作底稿索引号:C1)①(节选)

工作底稿索引号	固定资产	20×8年12月31日	20×7年12月31日
C1-1	原值	×××G	×××
C1-1	累计折旧	×××G	×××
	净值	×××T/B∧	×××B∧

表6-4　　　　　　　　固定资产明细表(工作底稿索引号:C1-1)(节选)

工作底稿索引号	固定资产	期初余额	本期增加	本期减少	期末余额
	原值:				
C1-1-1	1. 房屋	×××		×××	×××S
C1-1-2	2. 机器设备	×××	×××		×××S
C1-1-3	3. 运输设备	×××			×××S
……	……	……	……	……	……
	小计	×××B∧	×××∧	×××∧	×××<CI∧
	累计折旧:				
C1-1-1	1. 房屋	×××			×××S

---

①　本例所用工作底稿索引号仅为示例之目的,会计师事务所可以根据具体情况统一制定适合本所情况的审计工作底稿索引号。

（续表）

工作底稿索引号	固定资产	期初余额	本期增加	本期减少	期末余额
C1-1-2	2. 机器设备	×××	×××		×××S
C1-1-3	3. 运输设备	×××			×××S
……		……	……	……	……
	小计	×××B∧	×××∧	×××∧	×××＜CI∧
	净值	×××B∧			×××CI∧

注："∧"纵加核对相符；"＜"横加核对相符。

三、审计工作底稿的归档

在出具审计报告前,注册会计师应完成所有必要的审计程序,取得充分、适当的审计证据并得出适当的审计结论。由此,在审计报告日后将审计工作底稿归档为最终审计档案是一项事务性的工作,不涉及实施新的审计程序或得出新的结论。

(一) 审计工作底稿归档的种类

在审计工作底稿归档时,有些会计师事务所将审计档案分为永久性档案和当期档案。这一分类主要是基于具体实务中对审计档案使用的时间。

(1) 永久性档案。永久性档案是指那些记录内容相对稳定,具有长期使用价值,并对以后审计工作具有重要影响和直接作用的审计档案。例如,被审计单位的组织结构、批准证书、营业执照、章程、重要资产的所有权或使用权的证明文件复印件等。若永久性档案中的某些内容已经发生变化,注册会计师应当及时予以更新。为保持资料的完整性以便满足查阅历史资料的需要,永久性档案中被替换的资料一般也需保留。例如,被审计单位因增加注册资本而变更了营业执照等法律文件,被替换的旧营业执照等文件可以汇总在一起,与其他有效的资料分开,作为单独部分归档在永久性档案中。

(2) 当期档案。当期档案是指那些记录内容经常变化,主要供当期审计使用的审计档案。例如,总体审计策略和具体审计计划。

(二) 审计工作底稿归档的期限

注册会计师应当按照会计师事务所质量控制政策和程序的规定,及时将审计工作底稿归档为最终审计档案。审计工作底稿的归档期限为审计报告日后 60 天内。如果注册会计师未能完成审计业务,审计工作底稿的归档期限为审计业务中止后的 60 天内。

如果针对客户的同一财务信息执行不同的委托业务,出具两个或多个不同的报告,会计师事务所应当将其视为不同的业务,根据会计师事务所内部制定的政策和程序,在规定的归档期限内分别将审计工作底稿归整为最终审计档案。

需要提出的是,在完成最终审计档案的归整工作后,如果发现有必要修改现有审计工作底稿或增加新的审计工作底稿,无论修改或增加的性质如何,注册会计师均应当记录如下事项:①修改或增加审计工作底稿的时间和人员,以及复核的时间和人员;②修改或增加审计工作底稿的具体理由;③修改或增加审计工作底稿对审计结论产生的影响。

(三) 审计工作底稿的保存期限

会计师事务所应当自审计报告日起,对审计工作底稿至少保存 10 年。如果注册会计师未能完成审计业务,会计师事务所应当自审计业务中止日起,对审计工作底稿至少保存 10

年。值得注意的是,对于连续审计的情况,当期归整的永久性档案可能包括以前年度获取的资料(有可能是 10 年以前)。这些资料虽然是在以前年度获取,但由于其作为本期档案的一部分,并作为支持审计结论的基础,因此,注册会计师对于这些对当期有效的档案,应视为当期取得并保存 10 年。如果这些资料在某一个审计期间被替换,被替换资料从被替换的年度起至少保存 10 年。在完成最终审计档案的归整工作后,注册会计师不得在规定的保存期届满前删除或废弃审计工作底稿。

复 习 思 考 题

1. 简述审计证据的含义。审计证据按其外形特征可以分为哪些类型?
2. 什么是审计证据的充分性和适当性?它们之间的关系如何?
3. 注册会计师获取审计证据的审计程序包括哪些?它们各自有何特征?
4. 简述运用分析程序的一般步骤。在运用分析程序时一般应考虑哪些因素?
5. 分析程序如何应用于风险评估、实质性程序和总体复核。
6. 简述审计工作底稿的含义、意义和要素以及审计工作底稿如何归档。

练 习 题

一、单项选择题(在每小题列出的四个备选项中只有一个是最符合题目要求的,请将其代码填在题后的括号内)

1. 在确定审计证据的相关性时,下列事项中,不属于注册会计师应当考虑的是(　　)。
A. 从外部独立来源获取的审计证据比其他来源获取的审计证据更可靠
B. 只与特定认定相关的审计证据并不能替代与其他认定相关的审计证据
C. 特定的审计程序可能只为某些认定提供相关的审计证据,而与其他认定无关
D. 针对同一项认定可以从不同来源获取审计证据或获取不同性质的审计证据

2. 下列关于审计程序的说法中,不正确的是(　　)。
A. 分析程序包括调查识别出的、与其他相关信息不一致或与预期数据严重偏离的波动和关系
B. 对于询问的答复,注册会计师应当通过获取其他证据予以佐证
C. 检查有形资产可提供权利和义务的全部审计证据
D. 观察提供的审计证据仅限于观察发生的地点

3. 在获取的下列审计证据中,可靠性最强的通常是(　　)。
A. 被审计单位管理层提供的声明书
B. 被审计单位提供的银行对账单
C. 被审计单位连续编号的采购订单
D. 被审计单位编制的成本分配计算表

4. 下列各项中,为获取适当审计证据所实施的审计程序与审计目标最相关的是(　　)。
A. 对已盘点的被审计单位存货进行检查,将检查结果与盘点记录核对,以确定存货的计价准确性
B. 从被审计单位销售发票中选取样本,追查至对应的发货单,以确定销售的完整性

C. 实地观察被审计单位固定资产,以确定固定资产的所有权

D. 复核被审计单位编制的银行存款余额调节表,以确定银行存款余额的正确性

5. 下列与审计证据相关的表述中,正确的是( )。

A. 会计记录中含有的信息本身不足以提供充分的审计证据作为对财务报表发表审计意见的基础

B. 如果审计证据数据足够,就可以弥补审计证据的质量缺陷

C. 审计工作通常不涉及鉴定文件的真伪,对用作审计证据的文件记录,只需考虑相关内部控制的有效性

D. 不应考虑获取审计证据的成本与获取信息的有用性之间的关系

6. 下列有关审计工作底稿归档期限的表述中,正确的是( )。

A. 如果未能完成审计业务,归档期限为审计业务中止日后30天内

B. 如果未能完成审计业务,归档期限为外勤审计工作中止日后30天内

C. 如果完成审计业务,归档期限为外勤审计工作结束日后60天内

D. 如果完成审计业务,归档期限为审计报告日后60天内

二、**多项选择题**(在每小题列出的四个备选项中有两个或两个以上是符合题目要求的,请将其代码填在题后的括号内)

1. 审计证据的充分性是对审计证据数量的衡量,主要与( )有关。

A. 具体审计程序   B. 审计证据的质量

C. 样本量   D. 重大错报风险

2. 在确定审计证据的相关性时,注册会计师应当考虑( )。

A. 只与特定认定相关的审计证据并不能替代与其他认定相关的审计证据

B. 一种审计程序往往只能取得某一认定的审计证据

C. 特定的审计程序可能只为某些认定提供相关的审计证据,而与其他认定无关

D. 针对同一项认定可能从不同来源获取审计证据或获取不同性质的审计证据

3. 在确定实质性分析程序使用的数据是否可靠时,注册会计师应当考虑( )。

A. 可获得信息的性质和相关性   B. 可获得信息的可比性

C. 与信息编制相关的控制   D. 可获得信息的来源

4. 分析程序按注册会计师实施的目的可分为( )。

A. 用作风险评估程序,以了解被审计单位及其环境

B. 当使用分析程序比细节测试能更有效地将认定层次的检查风险降至可接受的水平时,分析程序可以用作实质性程序

C. 在审计结束或临近结束时对财务报表进行总体复核

D. 用作风险评估程序,以了解被审计单位内部控制

5. 注册会计师编制的审计工作底稿应当使得未曾接触该项审计工作的有经验的专业人士清楚地了解( )。

A. 按照审计准则的规定实施的审计程序的性质、时间和范围

B. 实施审计程序的结果和获取的审计证据

C. 审计证据是否充分和适当

D. 就重大事项得出的结论

三、判断题(对每题内容的正误进行判断,你认为正确的用"√"表示,错误的用"×"表示,并填入题后的括号内)

1. 审计证据充分性与适当性相互影响,越适当的证据,需要的证据数量越少;多获取证据,可以增进审计证据的适当性。 ( )

2. 如果在审计过程中识别出的情况使其认为文件记录可能是伪造的,或文件记录中的某些条款已发生变动,注册会计师应将其作为错误。 ( )

3. 在运用分析程序进行总体复核时,如果识别出以前未识别的重大错报风险,注册会计师应当重新考虑出具审计报告。 ( )

4. 风险评估程序中运用分析程序主要目的在于识别财务报表中的错报。 ( )

5. 分析程序是指注册会计师通过研究不同财务数据之间的内在关系,对财务信息作出评价。 ( )

四、分析题(分析以下各项资料,并按照要求回答问题)

(一) 资料

诚信会计师事务所的注册会计师对东海股份有限公司 20×8 年度的财务报表进行审计,发现该公司 20×8 年度未发生购并、分立和债务重组行为,供产销形势与上年相当,该公司提供的未经审计的 20×8 年度合并财务报表附注的部分内容如表 6-5 所示,20×7 年度的数据已经注册会计师审计无误。

表 6-5　　　　　　　　　　主营业务收入和主营业务成本　　　　　　　单位:万元

产品名称	主营业务收入发生额		主营业务成本发生额	
	20×7 年	20×8 年	20×7 年	20×8 年
A 产品	40 000	41 000	38 000	33 800
B 产品	20 000	20 020	19 000	19 019
合计	60 000	61 020	57 000	52 819

(二) 要求

假定上述附注内容中 20×7 年度的数据均已审定无误,你是诚信会计师事务所的注册会计师,请你运用专业判断,必要时运用分析程序,指出以上附注内容中存在或可能存在的不合理之处,并简要说明理由。

第七章　计划审计工作

"凡事预则立,不预则废"。计划审计工作对于注册会计师顺利完成审计工作和控制审计风险具有非常重要的意义。充分的审计计划有助于注册会计师关注重点审计领域、及时发现和解决潜在问题,并恰当地组织和管理审计工作,以使审计工作更加有效。同时,充分的审计计划还可以帮助注册会计师对项目组成员进行恰当分工和指导监督,并复核其工作,还有助于协调其他注册会计师和专家的工作。

计划审计工作是一项持续的过程,通常注册会计师在前一期审计工作结束后即开始开展本期的审计计划工作,并直到本期审计工作结束为止。计划审计工作十分重要,很多关键决策往往在这个阶段作出,如可接受的审计风险水平和重要性的确定、项目人员的配置等。

第一节　初步业务活动

注册会计师在计划审计工作前,需要开展初步业务活动。初步业务活动主要有三个目的:①确保注册会计师已具备执行业务所需要的独立性和专业胜任能力;②确保不存在因管理层诚信问题而影响注册会计师保持该项业务意愿的情况;③确保与被审计单位不存在对业务约定条款的误解。为此,注册会计师需要在本期审计业务开始时,针对保持客户关系和具体审计业务实施相应的质量控制程序,如评价客户诚信度、评价是否具备独立性和专业胜任能力等。在作出接受或保持客户关系及具体审计业务的决策后,注册会计师应当在审计业务开始前,与被审计单位就审计业务约定条款达成一致意见,签订或修改审计业务约定书,以避免双方对审计业务的理解产生分歧。

一、审计业务约定书的定义和作用

审计业务约定书是指会计师事务所与被审计单位签订的,用以记录和确认审计业务的委托与受托关系、审计目标和范围、双方的责任以及报告的格式等事项的书面协议。审计业务约定书具有经济合同的性质,一经约定各方签字或盖章认可,即成为法律上生效的契约,对各方均具有法定约束力。

签署审计业务约定书的目的是为了明确约定各方的权利和责任义务,促使各方遵守约定事项并加强合作,保护签约各方的正当利益。审计业务约定书主要有以下作用:

(1)可以增进会计师事务所与被审计单位之间的相互了解,尤其使被审计单位了解注册会计师的审计责任及需要提供的协助和合作。

(2)可作为被审计单位评价审计业务完成情况,及会计师事务所检查被审计单位约定义务履行情况的依据。

（3）出现法律诉讼时，是确定签约各方应负责任的重要证据。

二、签订审计业务约定书之前应做的工作

会计师事务所在签订审计业务约定书之前，应指派注册会计师对被审计单位的基本情况进行了解，就审计业务约定相关条款特别是委托目的、审计范围、审计收费、被审计单位应提供的资料和信息以及必要的工作条件与协助等进行充分沟通，并达成一致意见。

（1）明确审计业务的性质和范围。会计师事务所在和委托人签约前，首要的工作是使双方对审计业务的性质和范围达成一致意见。

（2）初步了解被审计单位的基本情况。了解被审计单位基本情况的内容包括：①业务性质、经营规模和组织结构；②经营情况和经营风险；③以前年度接受审计的情况；④财务会计机构和工作组织；⑤其他与签定审计业务约定书相关的事项。

（3）会计师事务所评价专业胜任能力。评价的内容主要包括：①执行审计的能力（确定审计小组的关键人员、考虑在审计过程中向外界专家寻求协助的需要和具有必要的时间）；②能否保持独立性；③保持应有关注的能力。如果会计师事务所不具备专业胜任能力，应当拒绝接受委托。

（4）商定审计收费。审计收费可采用计件收费和计时收费两种基本方式。在计时收费方式下确定收费时，会计师事务所评价应当考虑以下主要因素，以客观反映为客户提供专业服务的价值：①专业服务的难度和风险以及所需的知识和技能；②所需专业人员的数量、水平和经验；③每一专业人员提供服务所需的时间；④提供专业服务所需承担的责任。

（5）明确被审计单位应协助的工作。在注册会计师实施现场审计之前，被审计单位应将所有相关的会计资料和其他文件准备齐全。在审计过程中，被审计单位的财会人员及相关人员应对注册会计师的询问给予解释，并在适当情况下为注册会计师提供必要的工作条件和协助，如代编某些工作底稿等。

三、审计业务约定书的基本内容

审计业务约定书的具体内容可能因被审计单位的不同而不同，但应当包括以下主要内容：

（1）财务报表审计的目标。

（2）管理层对财务报表的责任。

（3）管理层编制财务报表采用的会计准则和相关会计制度。

（4）审计范围，包括指明在执行财务报表审计业务时遵守的中国注册会计师审计准则。

（5）执行审计工作的安排，包括出具审计报告的时间要求。

（6）审计报告格式和对审计结果的其他沟通形式。

（7）由于测试的性质和审计的其他固有限制，以及内部控制的固有局限性，不可避免地存在着某些重大错报可能仍然未被发现的风险。

（8）管理层为注册会计师提供必要的工作条件和协助。

（9）注册会计师不受限制地接触任何与审计有关的记录、文件和所需要的其他信息。

（10）管理层对其作出的与审计有关的声明予以书面确认。

（11）注册会计师对执业过程中获知的信息保密。

（12）审计收费，包括收费的计算基础和收费安排。

（13）违约责任。

（14）解决争议的方法。

（15）签约双方法定代表人或其授权代表的签字盖章，以及签约双方加盖的公章。

另外，审计业务约定书还要考虑特定的需要、集团审计、连续审计和审计业务的变更等问题。特定需要包括：①在某些方面对利用其他注册会计师和专家工作的安排；②与审计涉及的内部审计人员和被审计单位其他员工工作的协调；③预期向被审计单位提交的其他函件或报告；④与治理层整体直接沟通；⑤在首次接受审计委托时，对与前任注册会计师沟通的安排；⑥注册会计师与被审计单位之间需要达成进一步协议的事项。

第二节　总体审计策略与具体审计计划

审计计划分为总体审计策略和具体审计计划两个层次。总体审计策略用以确定审计范围、时间和方向，并指导制定具体审计计划。

一、总体审计策略

在制定总体审计策略时，注册会计师应当考虑以下主要事项，同时这些事项也会影响具体审计计划：

（1）审计范围。注册会计师应当确定审计业务的特征，包括采用的会计准则和相关会计制度、特定行业的报告要求以及被审计单位组成部分的分布等，以确定审计范围。

（2）报告目标、时间安排及所需沟通。总体审计策略的制定应当包括明确审计业务的报告目标，以计划审计的时间安排和所需沟通的性质，包括提交审计报告的时间要求，预期与管理层和治理层沟通的重要日期等。

（3）审计方向。总体审计策略的制定应当包括考虑影响审计业务的重要因素，以确定项目组工作方向，包括确定适当的重要性水平，初步识别可能存在较高的重大错报风险的领域，初步识别重要的组成部分和账户余额，评价是否需要针对内部控制的有效性获取审计证据，识别被审计单位、所处行业、财务报告要求及其他相关方面最近发生的重大变化等。

总体审计策略应能恰当地反映注册会计师考虑审计范围、时间和方向的结果。注册会计师应当在总体审计策略中清楚地说明下列内容：

（1）向具体审计领域调配的资源，包括向高风险领域分派有适当经验的项目组成员，就复杂的问题利用专家工作等。

（2）向具体审计领域分配资源的数量，包括安排到重要存货存放地观察存货盘点的项目组成员的数量，对其他注册会计师工作的复核范围，对高风险领域安排的审计时间预算等。

（3）何时调配以上这些资源，包括是在期中审计阶段还是在关键的截止日期调配资源等。

（4）如何管理、指导、监督这些资源的利用，包括预期何时召开项目组预备会和总结会，预期项目负责人和经理如何进行复核，是否需要实施项目质量控制复核等。

【例7-1】　以下是某会计师事务所《总体审计策略》的参考范例。

总体审计策略

被审计单位：_____	索引号：__BE_____
项目：_总体审计策略_	财务报表截止日/期间：_____
编制：_____	复核：_____
日期：_____	日期：_____

（一）审计范围

审计范围如表7-1所示。

表7-1 **审计范围表**

适用的会计准则和相关会计制度	示　　例
适用的审计准则	
与财务报告相关的行业特别规定	例如：监管机构发布的有关信息披露法规、特定行业主管部门发布的与财务报告相关的法规等
需审计的集团内组成部分的数量及所在地点	
……	……
制定审计策略需考虑的其他事项	例如：单独出具报告的子公司范围等

（二）审计业务时间安排

（1）对外报告时间安排：_____

（2）执行审计时间安排，如表7-2所示。

表7-2 **执行审计时间安排表**

执行审计的时间安排	时　　间
1. 期中审计	
（1）制定总体审计策略	
（2）制订具体审计计划	
……	
2. 期末审计	
（1）存货监盘	
……	

（3）沟通时间安排，如表7-3所示。

表7-3 **沟通时间安排表**

所需沟通	时　　间
与管理层及治理层的会议	
项目组会议（包括预备会和总结会）	
与专家或有关人士的沟通	

（续表）

所需沟通	时　间
与其他注册会计师沟通	
与前任注册会计师沟通	
……	

（三）影响审计业务的重要因素

（1）重要性，如表7-4所示。

表7-4　　　　　　　　　　重要性水平确定表

确定的重要性水平	索引号
……	

（2）可能存在较高重大错报风险的领域，如表7-5所示。

表7-5　　　　　　　可能存在较高重大错报风险的领域列表

可能存在较高重大错报风险的领域	索引号
……	

（3）重要的组成部分和账户余额，如表7-6所示。

表7-6　　　　　　　　重要的组成部分和账户余额表

重要的组成部分和账户余额	索引号
1.重要的组成部分	
……	
2.重要的账户余额	
……	

　填写说明：①记录所审计的集团内重要的组成部分；②记录重要的账户余额，包括本身具有重要性的账户余额（如存货），以及评估出存在重大错报风险的账户余额。

（四）人员安排

（1）项目组主要成员的责任，如表7-7所示。

表7-7　　　　　　　　　项目组主要成员的责任表

职位	姓名	主要职责
主任会计师		
副主任会计师		
注册会计师		
……		

注：在分配职责时可以根据被审计单位的不同情况按会计科目划分，或按交易类别划分。

（2）与项目质量控制复核人员的沟通（如适用），如表7-8所示。

复核的范围：_____

表 7-8　　　　　　　　　　　　　**与项目质量控制复核人员的沟通表**

沟通内容	负责沟通的项目组成员	计划沟通时间
风险评估、对审计计划的讨论		
对财务报表的复核		
……		

（五）对专家或有关人士工作的利用（如适用）

注：如果项目组计划利用专家或有关人士的工作，需要记录其工作的范围和涉及的主要会计科目等。另外，项目组还应按照相关审计准则的要求对专家或有关人士的能力、客观性及其工作等进行考虑及评估。

（1）对内部审计工作的利用，如表 7-9 所示。

表 7-9　　　　　　　　　　　　　　**对内部审计工作的利用表**

主要报表项目	拟利用的内部审计工作	索引号
存货	内部审计部门对各仓库的存货每半年至少盘点一次。在中期审计时，项目组已经对内部审计部门盘点步骤进行观察，其结果满意，因此项目组将审阅其年底的盘点结果，并缩小存货监盘的范围	
……		

（2）对其他注册会计师工作的利用，如表 7-10 所示。

表 7-10　　　　　　　　　　　**对其他注册会计师工作的利用表**

其他注册会计师名称	利用其工作范围及程度	索引号
张炜		
……		

（3）对专家工作的利用，如表 7-11 所示。

表 7-11　　　　　　　　　　　　　**对专家工作的利用表**

主要报表项目	专家名称	主要职责及工作范围	利用专家工作的原因	索引号
固定资产	李郝林	设备的功能损耗	减值测试	
……				

（4）对被审计单位使用服务机构的考虑，如表 7-12 所示。

表 7-12　　　　　　　　　　**对被审计单位使用服务机构的考虑表**

主要报表项目	服务机构名称	服务机构提供的相关服务及其注册会计师出具的审计报告意见及日期	索引号
存货			
……			

二、具体审计计划

注册会计师应当为审计工作制订具体审计计划。具体审计计划比总体审计策略更加详细，其内容包括为获取充分、适当的审计证据以将审计风险降至可接受的低水平，审计项目组成员拟实施的审计程序的性质、时间和范围。可以说，为获取充分、适当的审计证据，确定审计程序的性质、时间、范围的决策是具体审计计划的核心。具体审计计划的内容应当包括。

（一）风险评估程序

风险评估程序是指为了解被审计单位及其环境而实施的程序，包括一般风险评估程序和针对特定项目的评估程序。一般风险评估程序可能包括运用询问、观察、检查及分析程序等了解被审计单位及其环境；针对特定项目实施的风险评估程序，如对舞弊的考虑、对持续经营的评估等。注册会计师实施风险评估程序的目的是依据所获取的信息识别和评估财务报表的重大错报风险。

注册会计师计划实施的风险评估程序应当包括：①了解被审计单位及其环境（不包括内部控制），如了解被审计单位的行业状况、法律环境与监管环境、会计政策的选择和运用、财务业绩的衡量和评价等；②了解内部控制，如了解被审计单位的控制环境、风险评估过程、信息系统与沟通、控制活动和对控制的监督等；③评估财务报表层次的重大错报风险和认定层次的重大错报风险。

（二）计划实施的进一步审计程序

针对评估的认定层次的重大错报风险，注册会计师应计划实施进一步审计程序。需要注意的是，随着审计工作的推进，对审计程序的计划会一步步深入，并贯穿于整个审计过程。例如，计划风险评估程序通常在审计开始阶段进行，计划进一步审计程序则需要依据风险评估程序的结果进行。因此，为达到编制具体审计计划的要求，注册会计师需要完成风险评估程序，识别和评估重大错报风险，并针对评估的认定层次的重大错报风险，计划实施进一步审计程序的性质、时间和范围。

通常，注册会计师计划的进一步审计程序可以分为进一步审计程序的总体方案和拟实施的具体审计程序（包括进一步审计程序的具体性质、时间和范围）两个层次。进一步审计程序的总体方案主要是指注册会计师针对各类交易、账户余额和列报决定采用的总体方案，包括实质性方案或综合性方案。实质性方案是指注册会计师实施的进一步审计程序以实质性程序为主；综合性方案是指注册会计师在实施进一步审计程序时，将控制测试与实质性程序结合使用。

具体审计程序则是对进一步审计程序的总体方案的延伸和细化，它通常包括控制测试和实质性程序的性质、时间和范围。在实务中，注册会计师通常单独编制一套包括这些具体程序的"进一步审计程序表"，待具体实施审计程序时，注册会计师将基于所计划的具体审计程序，进一步记录所实施的审计程序及结果，并最终形成有关进一步审计程序的审计工作底稿。

另外，完整、详细的进一步审计程序的计划还包括对各类交易、账户余额和列报实施的具体审计程序的性质、时间和范围，包括抽取的样本量等。在实务中，注册会计师可以统筹安排进一步审计程序的先后顺序，如果对某类交易、账户余额或列报已经作出计划，则可以安排先行开展工作，与此同时再制定其他交易、账户余额和列报的进一步审计程序。

（三）计划实施的其他审计程序

具体审计计划应当包括根据中国注册会计师审计准则的规定,注册会计师针对审计业务需要实施的其他审计程序。计划的其他审计程序可以包括上述进一步程序的计划中没有涵盖的、根据其他审计准则的要求注册会计师应当执行的既定程序。

在审计计划阶段,除了按照《中国注册会计师审计准则第 1211 号——了解被审计单位及其环境并评估重大错报风险》进行计划工作,注册会计师还需要兼顾其他准则中规定的、针对特定项目在审计计划阶段应执行的程序及记录要求。例如,《中国注册会计师审计准则第 1141 号——财务报表审计中对舞弊的考虑》、《中国注册会计师审计准则第 1324 号——持续经营》、《中国注册会计师审计准则第 1142 号——财务报表审计中对法律法规的考虑》、《中国注册会计师审计准则第 1323 号——关联方》等准则中对注册会计师针对这些特定项目在审计计划阶段应当执行的程序及其记录作出了规定。当然,由于被审计单位所处行业、环境各不相同,特别项目可能也有所不同。例如,有些被审计单位可能涉及环境事项、电子商务等,在实务中注册会计师应根据被审计单位的具体情况确定特定项目并执行相应的审计程序。

三、总体审计策略与具体审计计划的关系

制定总体审计策略和具体审计计划的过程紧密联系,并且两者的内容也紧密相关。总体审计策略一经制定,注册会计师应当针对总体审计策略中所识别的不同事项,制订具体审计计划,并考虑通过有效利用审计资源以实现审计目标。值得注意的是,虽然编制总体审计策略的过程通常在具体审计计划之前,但是两项计划活动并不是孤立、不连续的过程,而是内在紧密联系的,对其中一项的决定可能会影响甚至改变对另外一项的决定。例如,注册会计师在了解被审计单位及其环境的过程中,注意到被审计单位对主要业务的处理依赖复杂的自动化信息系统,因此计算机信息系统的可靠性及有效性对其经营、管理、决策以及编制可靠的财务报告具有重大影响。对此,注册会计师可能会在具体审计计划中制定相应的审计程序,并相应调整总体审计策略的内容,作出利用信息技术专家的工作的决定。

因此,注册会计师应当根据实施风险评估程序的结果,对总体审计策略的内容予以调整。在实务中,注册会计师将制定总体审计策略和具体审计计划相结合进行,可能会使计划审计工作更有效率及效果,并且注册会计师也可以采用将总体审计策略和具体审计计划合并为一份审计计划文件的方式,提高编制及复核工作的效率,增强其效果。

第三节 审计重要性

重要性是会计核算的一项重要原则,也是审计的一项基本原则。审计重要性概念的运用贯穿于整个审计过程。在计划审计工作时,注册会计师应当考虑导致财务报表发生重大错报的原因,并应当在了解被审计单位及其环境的基础上,确定一个可接受的重要性水平,即首先为财务报表层次确定重要性水平,以发现在金额上重大的错报。同时,注册会计师还应当评估各类交易、账户余额以及列报认定层次的重要性,以便确定进一步审计程序的性质、时间和范围,将审计风险降至可接受的低水平。在确定审计意见类型时,注册会计师也需要考虑重要性水平。

一、重要性的含义

各国现有的审计重要性准则对重要性的定义大都沿用会计准则。国际会计准则委员会（IASC）对重要性的定义是："如果信息的错报或漏报会影响使用者根据会计报表采取的经济决策，信息就具有重要性。"美国财务会计准则委员会（FASB）对重要性的定义是："一项会计信息的错报或漏报是重要的，指在特定环境下，一个理性的人依赖该信息所做的决策可能因为这一错报或漏报得以变化或修正。"英国会计准则委员会（ASB）对重要性的定义是："错报或漏报可能影响到会计报表使用者的决策即为重要性。重要性可能在整个会计报表范围内、单个会计报表或会计报表的单个项目中加以考虑。"我国的注册会计师审计准则认为，重要性取决于在具体环境下对错报金额和性质的判断。如果一项错报单独或连同其他错报可能影响财务报表使用者依据财务报表作出的经济决策，则该项错报是重大的。

综上所述，重要性概念是指财务信息对财务报表使用者的影响程度。在审计中，对重要性概念常常表述为财务报表中错报或漏报的程度，如果财务报表中存在的错报或漏报能够使财务信息使用者改变其原来的决策，则这种错报或漏报是重要的；反之，则不重要。为了更清楚地理解重要性的概念，需要注意以下几点：

第一，重要性概念中的错报包含漏报。财务报表错报包括财务报表金额的错报和财务报表披露的错报。

第二，重要性包括对数量和性质两个方面的考虑。所谓数量方面，是指错报的金额大小，性质方面则是指错报的性质。一般而言，金额大的错报比金额小的错报更重要。在有些情况下，某些金额的错报从数量上看并不重要，但从性质上考虑，则可能是重要的。对于某些财务报表披露的错报，难以从数量上判断是否重要，应从性质上考虑其是否重要。

第三，重要性概念是针对财务报表使用者决策的信息需求而言的。判断一项错报重要与否，应视其对财务报表使用者依据财务报表作出经济决策的影响程度而定。如果财务报表中的某项错报足以改变或影响财务报表使用者的相关决策，则该项错报就是重要的；否则，就不重要。

值得注意的是，在通用目的财务报表的审计中，注册会计师对重要性的判断是基于将财务报表使用者作为具有一定的理解能力并能理性地作出相关决策的一个集体来考虑的。注册会计师难以考虑错报对具体的单个使用者可能产生的影响，因为他们的需求千差万别。例如，对一个以营利为目的的企业而言，由于投资者是该企业风险资本的提供者，能满足这些投资者信息需求的财务报表也将能满足该财务报表的其他使用者的信息需求。因此，在审计这类企业的财务报表时，投资者群体可被视为所有信息使用者的代表，投资者的信息需求是确定重要性的合适的参考依据。所谓通用目的财务报表，是指被审计单位按照适用的会计准则和相关会计制度的规定编制的、用以满足广大使用者的共同信息需求的财务报表。如果注册会计师对特殊目的审计业务出具审计报告，在确定重要性时需要考虑特定使用者的信息需求，以实现特殊审计目标。

第四，重要性的确定离不开具体环境。由于不同的被审计单位面临不同的环境，不同的报表使用者有着不同的信息需求，因此注册会计师确定的重要性也不相同。某一金额的错报对某被审计单位的财务报表来说是重要的，而对另一个被审计单位的财务报表来说可能不重要。例如，低估3万元的折旧费，对年盈利1 000万元的企业并不重要，而对亏损2万元的企业却是重要的。对某一特定企业而言，重要性也会因时间的不同而改变。

第五,对重要性的评估需要运用职业判断。影响重要性的因素很多,注册会计师应当根据被审计单位面临的环境,并综合考虑其他因素,合理确定重要性水平。不同的注册会计师在确定同一被审计单位财务报表层次和认定层次的重要性水平时,得出的结果可能不同。主要是因为对影响重要性的各因素的判断存在差异。因此,注册会计师需要运用职业判断来合理评估重要性。

需要注意的是,如果仅从数量角度考虑,重要性水平只是一个门槛或临界点。在该门槛或临界点之上的错报就是重要的;反之,该错报则不重要。

二、重要性与审计风险的关系

重要性具有数量和性质两方面的特征,错报或漏报的性质问题是重要的,哪怕金额很小;但若纯属错报或漏报的数量问题,则要超过一定的数额才变得重要,这就需要确定重要性水平。

重要性水平是改变财务信息用户判断或决策的错报或漏报的临界金额,即财务报表中的错报或漏报能否影响财务报表使用者的判断或决策的"临界点",超过该"临界点",就会影响使用者的判断和决策,此时的错报或漏报就视为是"重要"的;否则,就不重要。可见,重要性水平表明了财务报表使用者对财务信息准确性的要求,注册会计师确定的重要性水平越低,则说明财务报表使用者对财务信息的要求越准确。注册会计师应当考虑重要性与审计风险之间的关系,保持应有的职业谨慎,合理确定重要性水平。

(一) 重要性与审计风险之间成反向关系

注册会计师应当考虑重要性水平与审计风险之间这种反向关系的存在,因为审计风险的高低往往取决于重要性的判断,如果注册会计师确定的重要性水平较低,则意味着审计风险会增加,注册会计师就必须通过执行有关程序来降低审计风险。也就是说,重要性水平越低,审计风险越高;反之,重要性水平越高,审计风险越低。

一般来说,金额大的错报或漏报比金额小的错报或漏报重要,即5 000元的重要性水平比3 000元的重要性水平高。在理解两者之间的关系时,必须注意,重要性水平是注册会计师从财务报表使用者的角度进行判断的结果。如果重要性水平为5 000元,则意味着低于5 000元的错报或漏报不会影响到财务报表使用者的判断与决策,注册会计师仅仅需要通过执行有关审计程序查出高于5 000元的错报或漏报;如果重要性水平是3 000元,则金额在3 000～5 000元之间的错报或漏报仍然会影响到财务报表使用者的判断与决策,注册会计师还需要通过执行有关审计程序查出金额在3 000～5 000元之间的错报或漏报。显然,重要性水平为3 000元时的审计风险要比重要性水平为5 000元时的审计风险高。

可见,重要性水平越低,注册会计师越需要执行更详细的审计程序,以获取更多的审计证据。只有这样才能保证财务报表中错报和漏报未被审计出的风险保持在可接受的水平。

(二) 应有的职业谨慎与重要性水平的合理确定

由于重要性水平与审计风险之间存在反向关系,注册会计师在合理确定重要性水平时应当保持应有的职业谨慎。若原本5 000元的错报或漏报才会影响到财务报表使用者的判断与决策,但注册会计师将重要性水平确定为3 000元,这时注册会计师就会扩大审计程序的范围或追加审计程序,而实际上没有必要,只能是浪费时间和人力,影响审计效率。

但若原本为3 000元的错报或漏报就会影响财务报表使用者的判断与决策,注册会计师却将重要性水平确定为5 000元,这时注册会计师所执行的审计程序要比原本应当执行

的审计程序少、范围小,这必然会增加注册会计师的审计风险,影响审计效果。因此,确定的重要性水平偏高或偏低均对注册会计师不利,应确定在一个合理的水平上。

值得注意的是,注册会计师不能通过不合理地人为调高重要性水平,降低审计风险;因为重要性是依据重要性概念中所述的判断标准确定的,而不是由主观期望的审计风险水平决定的。

由于重要性和审计风险存在上述反向关系,而且这种关系对注册会计师将要执行的审计程序的性质、时间和范围有直接的影响,因此,注册会计师应当综合考虑各种因素,合理确定重要性水平。

三、确定计划的重要性水平时应考虑的因素

在计划审计工作时,注册会计师应当确定一个可接受的重要性水平,以发现在金额上重大的错报。注册会计师应当考虑较小金额错报的累计结果可能对财务报表产生重大影响。在确定计划的重要性水平时,应当考虑以下主要因素:

(1) 以往的审计经验。以往审计中所运用的重要性水平,如果较为适当,可以作为本年度确定重要性水平的重要依据,注册会计师可以依据这一重要性水平,考虑被审计单位经营环境和经营业务的变化,对其加以修正。

(2) 对被审计单位及其环境的了解。被审计单位的行业状况、法律环境与监管环境等外部因素,以及被审计单位业务的性质,对会计政策的选择和应用,被审计单位的目标、战略及相关的经营风险,被审计单位的内部控制等因素,都将影响注册会计师对重要性水平的判断。

(3) 审计的目标,包括特定报告要求。信息使用者的要求等因素影响注册会计师对重要性水平的确定。例如,对特定财务报表项目进行审计的业务,其重要性水平可能需要以该项目金额,而不是以财务报表的一些汇总性财务数据为基础加以确定。

(4) 财务报表各项目的性质及其相互关系。财务报表使用者对不同的报表项目的关心程度不同。一般而言,如果认为流动性较高的项目出现较小金额的错报就会影响报表使用者的决策,注册会计师应当对此从严确定重要性水平。由于财务报表各项目之间是相互联系的,注册会计师在确定重要性水平时,需要考虑这种相互联系。

(5) 财务报表项目的金额及其波动幅度。财务报表项目的金额及其波动幅度可能促使财务报表使用者作出不同的反应。因此,注册会计师在确定重要性水平时,应当深入研究这些项目的金额及其波动幅度。

总之,只要影响预期财务报表使用者决策的因素,都可能对重要性水平产生影响。注册会计师应当在计划阶段充分考虑这些因素,并采用合理的方法,确定重要性水平。

四、从数量和性质两方面考虑重要性

注册会计师在运用重要性原则时,应当考虑错报或漏报的金额和性质,即从数量和性质两方面考虑重要性。

(一)从数量方面考虑重要性

注册会计师应当考虑财务报表层次和各类交易、账户余额、列报认定层次的重要性。重要性水平是针对错报的金额大小而言的。重要性水平是一个经验值,注册会计师只能通过职业判断确定重要性水平。在审计过程中,注册会计师应当考虑财务报表层次和各类交易、

账户余额、列报认定层次的重要性水平。

1. **财务报表层次的重要性水平**

由于财务报表审计的目标是注册会计师通过执行审计工作对财务报表发表审计意见，因此，注册会计师应当考虑财务报表层次的重要性。只有这样，才能得出财务报表是否公允反映的结论。注册会计师在制定总体审计策略时，应当确定财务报表层次的重要性水平，其主要步骤有：

第一，选择恰当的判断基础，即基准。确定多大错报会影响到财务报表使用者所作的决策，是注册会计师运用职业判断的结果。很多注册会计师根据所在会计师事务所的惯例及自己的经验，考虑重要性水平。注册会计师通常先选择一个恰当的基准，再选用适当的百分比乘以该基准，从而得出财务报表层次的重要性水平，即：

$$重要性水平＝选择的恰当基准值×合理的百分比$$

在实务中，有许多汇总性财务数据可以用作确定财务报表层次重要性水平的基准，如总资产、净资产、销售收入、费用总额、毛利、净利润等。在选择适当的基准时，注册会计师应当考虑的因素包括：①财务报表的要素（如资产、负债、所有者权益、收入和费用等）、适用的会计准则和相关会计制度所定义的财务报表指标（如财务状况、经营成果和现金流量），以及适用的会计准则和相关会计制度提出的其他具体要求；②对某被审计单位而言，是否存在财务报表使用者特别关注的财务报表项目（如特别关注与评价经营成果相关的信息）；③被审计单位的性质及所在行业；④被审计单位的规模、所有权性质以及融资方式。

注册会计师对基准的选择有赖于被审计单位的性质和环境。例如，对以营利为目的的被审计单位，来自经常性业务的税前利润或税后净利润可能是一个适当的基准；而对收益不稳定的被审计单位或非营利组织，选择税前利润或税后净利润作为判断重要性水平的基准就不合适。对资产管理公司，净资产可能是一个适当的基准。注册会计师通常选择一个相对稳定、可预测且能够反映被审计单位正常规模的基准。由于销售收入和总资产具有相对稳定性，注册会计师经常将其用作确定计划重要性水平的基准。

第二，确定合理的百分比。在确定恰当的基准后，注册会计师通常运用职业判断合理选择一个百分比，据以确定重要性水平。现有的参考数值有：①对以营利为目的的企业，来自经常性业务的税前利润或税后净利润的 5％，或总收入的 0.5％。在适当情况下，也可采用总资产的一定比例，如资产总额的 0.5％～1％；②对非营利组织，费用总额或总收入的 0.5％；③对共同基金公司，净资产的 0.5％。

注册会计师执行具体审计业务时，可能认为采用比上述百分比更高或更低的比例是适当的。

第三，财务报表层次重要性水平的选取。注册会计师如果在同一期间对各财务报表确定的重要性水平不同，则应当取其最低者作为财务报表层次的重要性水平。注册会计师可能先对每张财务报表确定一个重要性水平。例如，将利润表的重要性水平确定为 200 万元，将资产负债表的重要性水平确定为 300 万元。但由于利润表与资产负债表之间彼此关联，并且许多审计程序经常涉及 2 张或 2 张以上的报表，比如用以确定年底的赊销业务是否正确记录在适当会计期间的审计程序，不仅为资产负债表上的应收账款提供审计证据，而且还为利润表上的主营业务收入提供审计证据。因此，在编制审计计划时，应使用被认为对任何一张财务报表都重要的最小的错报或漏报总体水平。也就是说，注册会计师应当选择最低的重要性水平作为财务报表层次的重要性水平,在本段的例子中应选择 200 万元作为财务报表层次的重要性水平。

【例7-2】 注册会计师张宏对瑞丽公司 20×9 年度的财务报表进行审计,其未经审计的有关财务报表项目金额为:资产总额 18 000 万元,净资产 8 800 万元,主营业务收入 24 000 万元,净利润 2 412 万元。张宏在确定财务报表层次的重要性水平时以资产总额、净资产、主营业务收入和净利润作为判断基础,并确定资产总额、净资产、主营业务收入和净利润的百分比数值分别为 0.5%、1%、0.5% 和 5%。表 7-13 是张宏计算确定瑞丽公司 20×9 年度财务报表层次重要性水平的过程。

表 7-13　　　　瑞丽公司 20×9 年度财务报表层次重要性水平　　金额单位:人民币万元

判断基础	金额	百分比数值	乘积	报表层次重要性水平
资产总额	18 000	0.5%	90	
净资产	8 800	1%	88	88
营业收入	24 000	0.5%	120	
净利润	2 412	5%	120.6	

则张宏确定的瑞丽公司 20×9 年度财务报表层次的重要性水平为 88 万元。

此外,注册会计师在确定重要性时,通常考虑以前期间的经营成果和财务状况、本期的经营成果和财务状况、本期的预算和预测结果、被审计单位情况的重大变化(如重大的企业购并)以及宏观经济环境和所处行业环境发生的相关变化。例如,被审计单位净利润接近于零时,则不应将净利润作为重要性水平的判断基础;被审计单位净利润波动幅度较大时,不应将当年的净利润作为重要性水平的判断基础,而应选择近几年的平均净利润;被审计单位属于劳动密集型企业时,不应将资产总额、净资产作为重要性水平的判断基础。

2. 各类交易、账户余额、列报认定层次的重要性水平

由于财务报表提供的信息由各类交易、账户余额、列报认定层次的信息汇集加工而成,注册会计师只有通过对各类交易、账户余额、列报认定层次实施审计,才能得出财务报表是否公允反映的结论。因此,注册会计师还应当考虑各类交易、账户余额、列报认定层次的重要性。

各类交易、账户余额、列报认定层次的重要性水平称为"可容忍错报"。可容忍错报的确定以注册会计师对财务报表层次重要性水平的初步评估为基础。它是在不导致财务报表存在重大错报的情况下,注册会计师对各类交易、账户余额、列报确定的可接受的最大错报。

在确定各类交易、账户余额、列报认定层次的重要性水平时,注册会计师应当考虑以下主要因素:①各类交易、账户余额、列报的性质及错报的可能性;②各类交易、账户余额、列报的重要性水平与财务报表层次重要性水平的关系。由于各类交易、账户余额、列报确定的重要性水平即可容忍错报,对审计证据数量有直接的影响,因此注册会计师应当合理确定可容忍错报。在审计实务中,交易或账户层次重要性水平的确定方法有以下两种。

第一,分配的方法。采用分配方法时,分配的对象一般是资产负债表账户,现举例说明。

【例7-3】 假设某公司的总资产构成如表 7-14 所示,注册会计师初步判断的财务报表层次的重要性水平是资产总额的 1%,为 160 万元,即资产账户可容忍的错报或漏报为 160 万元。现注册会计师按这一重要性水平分配给各资产账户,先是按 1% 进行同比例分配,形

成甲方案,如表 7-14 所示。

项　目	金　额	甲方案	乙方案
货币资金	600	6	2
应收账款	3 200	32	46
存货	5 200	52	72
固定资产	7 000	70	40
总　计	16 000	160	160

表 7-14　　　　　　　　　重要性水平的分配　　　　　　　　　单位:万元

在表 7-14 中,一般来说,甲方案并不可行,注册会计师必须对其进行修正。在了解被审计单位基本情况和评价相关内部控制制度的基础上,从提高审计效率和效果考虑,对应收账款和存货分配了较高的重要性水平,相应调低了其他资产项目的重要性水平,修正后形成了乙方案。假定审计存货后,仅发现错报和漏报 40 万元,且注册会计师认为所执行的审计程序已经足够,则可将剩下的 32 万元再分配给应收账款。注册会计师在分配重要性水平的过程中要控制重要性水平的总量,在分配于各账户或交易时应充分运用专业判断。

第二,不分配的方法。下面介绍两种不分配的方法:

一是,某著名国际会计公司所采用的方法。假设会计报表层次的重要性水平为 150 万元,则可根据各账户或各类交易的性质及错报或漏报的可能性,将各账户或交易的重要性水平确定为财务报表层次重要性水平的 20%～50%。审计时,只要发现该账户或交易的错报或漏报超过这一水平,就建议被审计单位调整。最后,编制未调整事项汇总表,若未调整的错报或漏报超过 150 万元,就应建议被审计单位调整。

二是,境外某会计师事务所采用的方法。该会计师事务所规定,各账户或交易的重要性水平为财务报表层次的重要性水平的 1/6～1/3。假设财务报表层次的重要性水平为 100 万元,应收账款的重要性水平为这一金额的 1/4,存货为 1/5,应付账款为 1/5,则其重要性水平的金额分别为 25 万元、20 万元和 20 万元。

当然,在实际工作中,往往很难预测哪些账户可能发生错报或漏报,也无法事先确定审计成本的大小,所以重要性水平的确定是一个较困难的专业判断过程。

需要强调的是,在制定总体审计策略时,注册会计师应当对那些金额本身就低于所确定的财务报表层次重要性水平的特定项目作额外的考虑。注册会计师应当根据被审计单位的具体情况,运用职业判断,考虑是否能够合理地预计这些项目的错报将影响使用者依据财务报表作出的经济决策(如有这种情况的话)。注册会计师在作出这一判断时,应当考虑的因素包括:①会计准则、法律、法规是否影响财务报表使用者对特定项目计量和披露的预期(如关联方交易、管理层及治理层的报酬);②与被审计单位所处行业及其环境相关的关键性披露(如制药业的研究与开发成本);③财务报表使用者是否特别关注财务报表中单独披露的特定业务分部(如新近购买的业务)的财务业绩。

(二) 从性质方面考虑重要性

金额不重要的错报从性质上看有可能是重要的。注册会计师在判断错报的性质是否重要时应该考虑的具体情况包括:

(1) 错报对遵守法律法规要求的影响程度。

（2）错报对遵守债务契约或其他合同要求的影响程度。

（3）错报掩盖收益或其他趋势变化的程度（尤其在联系宏观经济背景和行业状况进行考虑时）。

（4）错报对用于评价被审计单位财务状况、经营成果或现金流量的有关比率的影响程度。

（5）错报对财务报表中列报的分部信息的影响程度。例如，错报事项对分部或被审计单位其他经营部分的重要程度，而这些分部或经营部分对被审计单位的经营或盈利有重大影响。

（6）错报对增加管理层报酬的影响程度。例如，管理层通过错报来达到有关奖金或其他激励政策规定的要求，从而增加其报酬。

（7）错报对某些账户余额之间错误分类的影响程度，这些错误分类影响到财务报表中应单独披露的项目。例如，经营收益和非经营收益之间的错误分类，非盈利的单位受限制资源和非限制资源的错误分类。

（8）相对于注册会计师所了解的以前向报表使用者传达的信息（例如，盈利预测）而言，错报的重大程度。

（9）错报是否与涉及特定方的项目相关。例如，与被审计单位发生交易的外部单位是否与被审计单位管理层的成员有关联。

（10）错报对信息漏报的影响程度。在有些情况下，适用的会计准则和相关会计制度并未对该信息作出具体要求，但是注册会计师运用职业判断，认为该信息对财务报表使用者了解被审计单位的财务状况、经营成果或现金流量很重要。

（11）错报对与已审计财务报表一同披露的其他信息的影响程度，该影响程度能被合理预期将对财务报表使用者作出经济决策产生影响。

值得注意的是，以上这些因素只是举例，不可能包括所有情况，也并非所有财务报表审计都会出现上述全部因素。注册会计师不能以存在这些因素为由而必然认为错报是重大的。这些因素仅供注册会计师参考。

五、对计划阶段确定的重要性水平的调整

在审计执行阶段，随着审计过程的推进，注册会计师应当及时评价计划阶段确定的重要性水平是否仍然合理，并根据具体环境的变化或在审计执行过程中进一步获取的信息，修正计划的重要性水平，进而修改进一步审计程序的性质、时间和范围。例如，随着审计证据的累积，注册会计师可能认为初始选用的重要性基准并不恰当，需要选用其他的基准来计算重要性水平。在确定审计程序后，如果注册会计师决定接受更低的重要性水平，审计风险将会增加。注册会计师应当选用下列方法将审计风险降至可接受的低水平：①如有可能，通过扩大控制测试范围或实施追加的控制测试，降低评估的重大错报风险，并支持降低后的重大错报风险水平；②通过修改计划实施的实质性程序的性质、时间和范围，降低检查风险。

六、评价错报的影响

注册会计师在评价审计结果时，应当汇总已发现但尚未调整的错报或漏报，以考虑其金额与性质是否对财务报表产生重大影响。

(一) 尚未更正错报的汇总数

尚未更正错报的汇总数包括已经识别的具体错报和推断误差两大类。

1. 已经识别的具体错报

已经识别的具体错报是指注册会计师在审计过程中发现的,能够准确计量的错报,包括下列两种:

(1) 对事实的错报。这类错报产生于被审计单位收集和处理数据的错误,对事实的忽略或误解,或故意舞弊行为。例如,注册会计师在实施细节测试时发现最近购入存货的实际价值为 12 000 元,但账面记录的金额却为 11 000 元。因此,存货和应付账款分别被低估了 1 000 元,这里被低估的 1 000 元就是已识别的对事实的具体错报。

(2) 涉及主观决策的错报。这类错报产生于两种情况:一是,管理层和注册会计师对会计估计值的判断差异,如由于包含在财务报表中的管理层作出的估计值超出了注册会计师确定的一个合理范围,导致出现判断差异;二是管理层和注册会计师对选择和运用会计政策的判断差异,由于注册会计师认为管理层选用会计政策造成错报,管理层却认为选用会计政策适当,导致出现判断差异。

2. 推断误差

推断误差又称可能误差,是注册会计师对不能明确、具体地识别的其他错报的最佳估计数。推断误差通常包括:

(1) 通过测试样本估计出的总体的错报减去在测试中发现的已经识别的具体错报。例如,应收账款年末余额为 2 000 万元,注册会计师取其中的 500 万元检查,结果发现高估了 100 万元,高估部分为账面金额的 20%,据此注册会计师推断总体的错报金额为 400 万元(即 2 000×20%),那么上述 100 万元就是已识别的具体错报,其余 300 万元即推断误差。

(2) 通过实质性分析程序推断出的估计错报。例如,注册会计师根据被审计单位的预算资料及行业趋势等要素,对被审计单位年度销售费用独立地作出估计,并与被审计单位账面金额比较,发现两者间有 50% 的差异;考虑到估计的精确性有限,注册会计师根据经验认为 10% 的差异通常是可接受的,而剩余 40% 的差异需要有合理解释并取得佐证性证据;假定注册会计师对其中 20% 的差异无法得到合理解释或不能取得佐证,则该部分差异金额即为推断误差。

(二) 评价尚未更正错报的汇总数的影响

注册会计师需要在出具审计报告之前,评估尚未更正错报单独或累积的影响是否重大。在评估时,注册会计师应当从特定的某类交易、账户余额及列报认定层次和财务报表层次考虑这些错报的金额和性质,以及这些错报发生的特定环境。

注册会计师应当分别考虑每项错报对相关交易、账户余额及列报的影响,包括错报是否超过之前为特定交易、账户余额及列报所设定的较之财务报表层次重要性水平更低的可容忍错报。此外,如果某项错报是(或可能是)由舞弊造成的,无论其金额大小,注册会计师均应当考虑其对整个财务报表审计的影响。考虑到某些错报发生的环境,即使其金额低于计划的重要性水平,注册会计师仍可能认为其单独或连同其他错报从性质上看是重大的。

注册会计师在评估未更正错报是否重大时,不仅需要考虑每项错报对财务报表的单独影响,而且需要考虑所有错报对财务报表的累积影响及其形成原因,尤其是一些金额较小的错报,虽然单个看起来并不重大,但是其累计数却可能对财务报表产生重大的影响。例如,某个月末发生的错报可能并不重要,但是如果每个月末都发生相同的错报,其累计数就有可能对财务报表产生重大影响。为全面地评价错报的影响,注册会计师应将审计过程中已识别的具体错报和推断误差进行汇总。

尚未更正错报与财务报表层次重要性水平相比,可能出现以下两种情况:

(1) 尚未更正错报的汇总数低于重要性水平(并且特定项目的尚未更正错报也低于考虑其性质所设定的更低的重要性水平,下同)。如果尚未更正错报汇总数低于重要性水平,对财务报表的影响不重大,注册会计师可以发表无保留意见的审计报告。

(2) 尚未更正错报的汇总数超过或接近重要性水平。如果尚未更正错报汇总数超过了重要性水平,对财务报表的影响可能是重大的,注册会计师应当考虑通过扩大审计程序的范围或要求管理层调整财务报表降低审计风险。在任何情况下,注册会计师都应当要求管理层就已识别的错报调整财务报表。

如果管理层拒绝调整财务报表,并且扩大审计程序范围的结果不能使注册会计师认为尚未更正错报的汇总数不重大,注册会计师应当考虑出具非无保留意见的审计报告。

如果已识别但尚未更正错报的汇总数接近重要性水平,注册会计师应当考虑该汇总数连同尚未发现的错报是否可能超过重要性水平,并考虑通过实施追加的审计程序,或要求管理层调整财务报表降低审计风险。

在评价审计程序结果时,注册会计师确定的重要性和审计风险,可能与计划审计工作时评估的重要性和审计风险存在差异,此时注册会计师应当考虑实施的审计程序是否充分。

【例7-4】 已知,某注册会计师于20×9年1月15日至1月29日,对某商品批发公司20×8年度的会计报表进行审计,在实质性测试过程中已发现的错报或漏报如下:

【事项1】 对资产负债表账户"累计折旧"进行复算,6月份投入使用的公司总部办公大楼年度内应提折旧80 000元,未予计提。

【事项2】 对库存商品监盘时,发现有长期积压而无销路的一批库存商品400 000元,经技术鉴定该批商品已完全丧失使用价值。

【事项3】 资产负债表中"长期待摊费用"项目与"长期待摊费用"总账账户期末余额核对相符,同明细分类账户核对也相符。但检查"长期待摊费用"账户下属某明细账户时,发现有一笔在1月份发生的广告费60 000元年内尚未摊销。

【事项4】 资产负债表"存货"项目余额同"存货"明细表合计核对相符;"存货"明细表中产成品明细表同产成品明细账户核对时,发现某种商品12月份发出未按规定的加权平均法计算的销货成本800 000元入账,而是按计划成本计为750 000元。

假设被审计单位不存在推断误差,该商品批发公司适用的所得税率为25%,不考虑利润分配和损益结转。以上已发现的错报或漏报对资产负债表和利润表的影响分别如下:

【事项1】 中,公司总部办公大楼折旧少提80 000元,致使资产负债表账户"累计折旧"少计80 000元,资产负债表"固定资产"项目多计80 000元;利润表"管理费用"项目少计80 000元。

【事项2】 中,完全丧失使用价值的商品已无价值可言,因未及时处理,致使资产负债表"存货"项目多计400 000元;利润表"资产减值损失"项目少计400 000元。

【事项3】 中,广告费应计入发生当年的损益,该事项致使资产负债表"长期待摊费用"项目多计60 000元;利润表"销售费用"项目少计60 000元。

【事项4】 中,因在年末发出存货计价错误,致使资产负债表"存货"项目多计50 000元;利润表"营业成本"项目少计50 000元。

上述各项错报或漏报对"利润总额""所得税费用""应交税费"和"未分配利润"的影响是：

（1）由于管理费用、资产减值损失、销售费用、营业成本均少计，致使"利润总额"虚增：

$$80\ 000+400\ 000+60\ 000+50\ 000=590\ 000(元)$$

（2）利润虚增，致使"所得税费用"多计：

$$590\ 000\times25\%=147\ 500(元)$$

相应地，"应交税费——应交所得税"多计 147 500 元。

（3）若不考虑利润分配，则"未分配利润"多计：590 000－147 500＝442 500（元）。

汇总账户或交易层次的错报或漏报在财务报表层次的影响（利润表错报或漏报汇总略），如表 7-15 所示。

表 7-15	资产负债表错报或漏报汇总		单位:元
资产		负债	
存货	多计 450 000	应交税费	多计 147 500
……		……	
固定资产	多计 80 000	所有者权益:	
长期待摊费用	多计 60 000	未分配利润	多计 442 500
资产合计	多计 590 000	负债及所有者权益	多计 590 000

如果注册会计师以资产总额为基础确定的重要性水平为 400 000 元，通过扩大审计程序的范围后进一步确认财务报表层次汇总的错报或漏报是重要的，则该注册会计师应建议被审计单位将错报或漏报的汇总数由 590 000 元调低至 400 000 元以下，以确保汇总的错报或漏报金额不超过 400 000 元。当然，具体调整哪些会计报表项目，各项目调整多少金额，注册会计师应根据各项目分得的重要性水平和实际情况确定。

（三）调整分录与重分类分录的编制

注册会计师实施审计程序后，对在审计中发现的被审计单位的会计处理方法与有关会计准则、会计制度的不一致，即审计差异内容，审计人员应根据审计重要性原则予以初步确定并汇总，并建议被审计单位进行调整，使经审计的财务报表所载信息能够真实反映被审计单位的财务状况、经营成果和现金流量。审计差异内容按是否需要调整账户记录可分为核算误差和重分类误差。

1．核算误差的更正

核算误差是因被审计单位对经济业务进行了不正确的会计核算而引起的误差。在审计工作底稿中，注册会计师通常都要为核算误差编制更正分录，这种分录叫调整分录。审计的调整分录与会计的更正分录是有区别的，注册会计师为了提高审计效率，往往注重调整的结果，而不是把更多的注意力集中在调整的过程上。

【例 7-5】　已知，某注册会计师于 20×9 年 1 月 10 日至 1 月 20 日，对某小型制造公司 20×8 年度的财务报表进行详细审计，在审计过程中发现的全部核算误差如下：

【事项 1】对资产负债表账户"累计折旧"进行复算，10 月份投产一条生产流水线年度内应提折旧 50 000 元，未予计提。该生产线所生产的产品年内已销售 80%，并无年末在产品。

【事项 2】对产成品监盘时,发现有长期积压而无销路的一批产成品 120 000 元,经技术鉴定该批产成品已完全丧失使用价值。

【事项 3】资产负债表中"长期待摊费用"项目与"长期待摊费用"总账账户期末余额核对相符,同明细分类账户核对也相符。但"长期待摊费用"有一预付广告费用明细账户,其借方有一笔 9 月份支付给某广告公司的广告费 36 000 元,进一步检查记账凭证所附原始凭证,发现属实并已用转账支票付讫。经查证,该笔广告费年内尚未摊销。

【事项 4】资产负债表"存货"项目余额同"存货"明细表合计核对相符;"存货"明细表中产成品明细表同产成品明细账户核对时,发现某种产成品 12 月份发出未按规定的加权平均法计算的销货成本 560 000 元入账,而是按计划成本计为 480 000 元。

假设该小型制造公司适用的所得税率为 25%,不考虑利润分配和损益结转,也不考虑重要性水平,则以上各事项的调整分录为:

【调整分录 1】被审计公司制造费用少计 50 000 元,致使营业成本少计 40 000 元(50 000×80%),产成品少计 10 000 元(50 000×20%)。因此,审计调整分录为:

借:营业成本	40 000
存货(产成品)	10 000
贷:固定资产(累计折旧)	50 000

【调整分录 2】被审计公司长期积压而完全丧失使用价值的存货,应将其账面价值全部转为当期损益,调整分录为:

借:资产减值损失	120 000
贷:存货(产成品)	120 000

【调整分录 3】被审计公司当年发生的广告费应全部作为当年的销售费用,不应挂在"长期待摊费用"账上,调整分录为:

借:销售费用	36 000
贷:长期待摊费用	36 000

【调整分录 4】计价错误,导致营业成本少计 80 000 元(560 000−480 000),调整分录为:

借:营业成本	80 000
贷:存货(产成品)	80 000

【调整分录 5】以上错报漏报导致利润虚增 276 000 元(40 000＋120 000＋36 000＋80 000)。于是,所得税多计 69 000 元(276 000×25%)。通过利润影响所得税的调整分录为:

借:应交税费——应交所得税	69 000
贷:所得税费用	69 000

在不考虑利润分配和损益结转时,因未分配利润多计 207 000 元(276 000−69 000),应在调整资产负债表项目时直接从"未分配利润"项目中减去。

2. 重分类误差的更正

重分类误差是因被审计单位未按有关会计准则规定编制财务报表而引起的误差,例如,

企业在应付账款项目中反映的预付账款、在应收账款项目中反映的预收账款、在长期借款账户中存在的 1 年内到期的长期负债等。重分类误差在审计工作底稿中通常也都是以会计分录的形式反映的,这种分录叫重分类分录。注册会计师在审计过程中发现重分类误差时,一般都要编制重分类分录。

【例 7-6】 已知,某注册会计师于 20×9 年 1 月 10 日至 1 月 20 日,对上述[例 7-5]的小型制造公司 20×8 年度的财务报表进行详细审计时,发现的全部重分类误差为:

【事项 1】在核对资产负债表"长期借款"项目和"长期借款"账户时,发现有 20 000 元在 1 年内到期的长期借款未列入资产负债表"一年内到期的非流动负债"项目。

【事项 2】年末未经审计的资产负债表反映的预付账款项目为借方余额 160 000 元,经审查相应的明细账,发现其组成如表 7-16 所示。

表 7-16   "预付账款"明细账户组成   单位:元

"预付账款"明细账户	年末金额
A 公司	200 000
B 公司	100 000
C 公司	−140 000
合 计	160 000

以上两项重分类误差的重分类分录为:

【重分类分录 1】1 年内到期的长期借款,在编制资产负债表时应作为流动负债列在"一年内到期的非流动负债"项目,重分类分录为:

借:长期借款   20 000

    贷:一年内到期的非流动负债   20 000

【重分类分录 2】"预付账款——C 公司"明细账实际为贷方余额,在编制资产负债表时应列在"应付票据及应付账款"项目,重分类分录为:

借:预付账款   140 000

    贷:应付票据及应付账款   140 000

注册会计师在被审计单位提供的未审财务报表基础上,必须综合考虑调整分录、重分类分录等内容,以确定已审财务报表各项目的数额和表外的相关信息。

第四节 审 计 风 险

审计风险是指财务报表存在重大错报而注册会计师发表不恰当审计意见的可能性。可接受的审计风险的确定,需要考虑会计师事务所对审计风险的态度、审计失败对会计师事务所可能造成的损失的大小因素。其中,审计失败对会计师事务所可能造成的损失的大小又受所审计财务报表的用途、使用者的范围等因素的影响。但必须注意,审计业务是一种保证程度高的鉴证业务,可接受的审计风险应当足够低,以使注册会计师能够合理保证所审计财务报表不含有重大错报。审计风险取决于重大错报风险和检查风险。

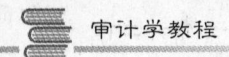

一、重大错报风险

重大错报风险是指财务报表在审计前存在重大错报的可能性。在设计审计程序以确定财务报表整体是否存在重大错报时,注册会计师应当从财务报表层次和各类交易、账户余额、列报(包括披露,下同)认定层次考虑重大错报风险。

(一)两个层次的重大错报风险

财务报表层次重大错报风险与财务报表整体存在广泛联系,它可能影响多项认定。此类风险通常与控制环境有关,如管理层缺乏诚信、治理层形同虚设而不能对管理层进行有效监督等;但也可能与其他因素有关,如经济萧条、企业所处行业处于衰退期。此类风险难以被界定于某类交易、账户余额、列报的具体认定,相反,此类风险增加了一个或多个不同认定发生重大错报的可能性。此类风险对注册会计师考虑由舞弊引起的风险特别相关。

注册会计师评估财务报表层次重大错报风险的措施包括:考虑审计项目组承担重要责任的人员的学识、技术和能力,是否需要专家介入;考虑给予业务助理人员适当程度的监督指导;考虑是否存在怀疑被审计单位持续经营假设合理性的事项或情况。

注册会计师同时考虑各类交易、账户余额、列报认定层次的重大错报风险,考虑的结果直接有利于注册会计师确定认定层次上实施的进一步审计程序的性质、时间和范围。注册会计师在各类交易、账户余额、列报认定层次获取审计证据,以便在审计工作完成时,以可接受的低审计风险水平对财务报表整体发表意见。

(二)固有风险和控制风险

认定层次的重大错报风险又可进一步细分为固有风险和控制风险。固有风险是指假设不存在相关的内部控制,某一认定发生重大错报风险的可能性,无论该错报单独考虑,还是连同其他错报构成重大错报。某些类别的交易、账户余额、列报及其认定,固有风险很高。例如,复杂的计算比简单的计算更可能出错;受重大计量不确定性影响的会计估计发生错报的可能性较大。产生经营风险的外部因素也可能影响固有风险,比如,技术进步可能导致某项产品陈旧,进而导致存货易于发生高估错报(计价认定)。被审计单位及其环境中的某些因素还可能与多个甚至所有类别的交易、账户余额、列报有关,进而影响多个认定的固有风险。这些因素包括维持经营的流动资金匮乏、被审计单位处于夕阳行业等。

控制风险是指某项认定发生了重大错报,无论该错报单独考虑,还是连同其他错报构成重大错报,而该错报没有被单位的内部控制及时防止、发现和纠正的可能性。控制风险取决于与财务报表编制有关的内部控制设计和运行的有效性。由于控制的固有局限性,某种程序的控制风险始终存在。

需要特别说明的是,由于固有风险和控制风险不可分割地交织在一起,有时无法单独进行评估,审计准则通常不再单独提到固有风险和控制风险,而只是将这两者合并称为"重大错报风险"。但这并不意味着,注册会计师不可以单独对固有风险和控制风险进行评估。相反,注册会计师既可以对两者进行单独评估,也可以对两者进行合并评估。具体采用的评估方法取决于会计师事务所偏好的审计技术和方法及实务上的考虑。

二、检查风险

检查风险是指某一认定存在错报,该错报单独或连同其他错报是重大的,但注册会计师未能发现这种错报的可能性。检查风险取决于审计程序设计的合理性和执行的有效性。由

于注册会计师通常并不对所有的交易、账户余额和列报进行检查,以及其他原因,检查风险不可能降低为零。其他原因包括注册会计师可能选择了不恰当的审计程序、审计程序执行不当,或者错误理解了审计结论。这些其他因素可以通过适当计划、在项目组成员之间进行恰当的职责分配、保持职业怀疑态度以及监督、指导和复核助理人员所执行的审计工作得以解决。

三、可接受的检查风险与重大错报风险的反向关系

在既定的审计风险水平下,可接受的检查风险水平与认定层次重大错报风险的评估结果成反向关系。评估的重大错报风险越高,可接受的检查风险越低;评估的重大错报风险越低,可接受的检查风险越高。检查风险与重大错报风险的反向关系用数学模型表示如下:

$$审计风险 = 重大错报风险 \times 检查风险$$

这个模型也就是审计风险模型。假设针对某一认定,注册会计师将可接受的审计风险水平设定为 5%,注册会计师实施风险评估程序后将重大错报风险评估为 25%,则根据这一模型,可接受的检查风险为 20%。当然,在实务中,注册会计师不一定用绝对数量表达这些风险水平,而选用"高""中""低"等文字描述。

审计风险模型也可以用下列公式表示:

$$审计风险 = 固有风险 \times 控制风险 \times 检查风险$$

根据上述公式,在总体审计风险既定的情况下,即审计风险处在一个注册会计师、审计委托人及相关信息用户都能接受的水平时,检查风险的可接受水平可计算如下:

$$检查风险 = \frac{审计风险}{固有风险 \times 控制风险}$$

【例 7-7】 某注册会计师在审计某公司时确定的可接受审计风险为 4%,根据以往审计经验以及对被审计年度有关内部控制的研究和评价,他将被审计单位的固有风险和控制风险分别评估为 50% 和 40%。以这些评估为基础,该注册会计师将可接受的检查风险计算如下:

$$检查风险 = \frac{4\%}{50\% \times 40\%} \approx 20\%$$

也就是说,注册会计师在审计过程中必须将检查风险的实际水平控制在 20% 以下。

注册会计师应当合理设计审计程序的性质、时间和范围,并有效执行审计程序,以控制检查风险。上例中,注册会计师根据确定的可接受的检查风险(20%),设计审计程序的性质、时间和范围。审计计划,在很大程度上,围绕确定设计审计程序的性质、时间和范围而展开。

复 习 思 考 题

1. 什么是审计业务约定书?其作用有哪些?

2. 审计业务约定书的基本内容有哪些?在签订审计业务约定书之前应做好哪些工作?

3. 什么是总体审计策略和具体审计计划?它们之间的关系是什么?

4. 简述重要性的含义。什么是重要性水平？

5. 简述重要性与审计风险之间的关系。

6. 在确定计划的重要性水平时应考虑哪些因素？

7. 如何从数量和性质两方面考虑重要性？

8. 尚未更正错报的汇总数包括哪些内容？如何编制调整分录和重分类分录？

9. 什么是重大错报风险？什么是固有风险和控制风险？

10. 什么是检查风险？如何理解审计风险模型？

练 习 题

一、单项选择题(在每小题列出的四个备选项中只有一个是最符合题目要求的,请将其代码填在题后的括号内)

1. 下列有关审计重要性的表述中,错误的是(   )。

A. 重要性的确定离不开职业判断

B. 在考虑一项错报是否重要时,既要考虑错报的金额,又要考虑错报的性质

C. 如果一项错报单独或连同其他错报可能影响财务报表使用者依据财务报表作出的经济决策,则该项错报是重要的

D. 如果已识别但尚未更正的错报汇总数接近但不超过重要性水平,注册会计师无须要求管理层调整

2. 在确定计划实施的审计程序后,如果注册会计师决定接受更低的重要性水平,审计风险将增加。下列做法正确的是(   )。

A. 通过修改计划实施的控制测试的性质、时间和范围,降低评估的审计风险

B. 如有可能,通过扩大实质性程序范围或实施追加的实质性程序,降低评估的重大错报风险

C. 通过修改计划实施的实质性程序的性质、时间和范围,降低检查风险

D. 如有可能,通过扩大控制测试的范围或实施追加控制测试,降低评估的检查风险

3. 在对财务报表进行分析后,确定资产负债表的重要性水平为200万元,利润表的重要性水平为100万元,则注册会计师应确定的财务报表层次的重要性水平为(   )万元。

A. 100   B. 150   C. 200   D. 300

4. 注册会计师应汇总错报不包括(   )。

A. 对事实的错报   B. 推断误差

C. 涉及主观决策的错报   D. 已调整错报

5. 下列关于审计风险模型各要素的说法中,不正确的是(   )。

A. 既定的审计风险是预先设定的

B. 重大错报风险是评估的

C. 检查风险是注册会计师通过实施实质性程序控制的

D. 审计风险是注册会计师审计前面临的

6. 注册会计师需要获取的审计证据的数量受错报风险的影响。下列表述中,正确的是(   )。

A. 评估的错报风险越高,则可接受的检查风险越低,需要的审计证据可能越多

B. 评估的错报风险越低,则可接受的检查风险越高,需要的审计证据可能越多

C. 评估的错报风险越高,则可接受的检查风险越高,需要的审计证据可能越少

D. 评估的错报风险越低,则可接受的检查风险越低,需要的审计证据可能越少

二、多项选择题(在每小题列出的四个备选项中有两个或两个以上是符合题目要求的,请将其代码填在题后的括号内)

1. 总体审计策略的作用有( )。

A. 计划实施的进一步审计程序　　　　B. 计划风险评估程序

C. 用以确定审计范围、时间和方向　　D. 指导制定具体审计计划

2. 进一步审计程序的总体方案主要是指注册会计师针对各类交易、账户余额和列报决定采用的总体方案,包括( )。

A. 实质性方案　　B. 综合性方案　　C. 控制测试　　D. 实质性程序

3. 在既定的审计风险水平下,下列表述中,正确的有( )。

A. 评估的重大错报风险越低,可接受的检查风险越高

B. 评估的重大错报风险越高,可接受的检查风险越低

C. 可接受的检查风险水平与认定层次重大错报风险的评估结果呈正向关系

D. 可接受的检查风险水平与认定层次重大错报风险的评估结果呈反向关系

4. 注册会计师在确定计划的重要性水平时,需要考虑以下主要因素( )。

A. 财务报表项目的金额及其波动幅度

B. 被审计单位及其环境的了解

C. 审计的目标

D. 财务报表各项目的性质及其相互关系

5. 在签署审计业务约定书之前,会计师事务所应当评价自身的专业胜任能力,包括( )。

A. 重要性与审计风险　　　　　　　　B. 独立性

C. 执行同类审计业务的经验　　　　　D. 能否保持应有的职业谨慎

三、判断题(对每题内容的正误进行判断,你认为正确的用"√"表示,错误的用"×"表示,并填入题后的括号内)

1. 注册会计师应当就计划实施中的审计程序的性质、时间和范围的详细情况直接与被审计单位治理层沟通。　　　　　　　　　　　　　　　　　　　　( )

2. 注册会计师在计划审计工作后,需要开展初步业务活动。　　　　　( )

3. 在任何情况下,注册会计师都应当要求管理层调整尚未更正的错报。　( )

4. 在设计审计程序以确定财务报表整体是否存在重大错报时,注册会计师应当从财务报表层次和各类交易、账户余额、列报认定层次考虑重大错报风险。　　　( )

5. 如果财务报表中的某项错报足以改变或影响财务报表使用者的相关决策,则该项错报就是重要的;否则,就不重要。　　　　　　　　　　　　　　　( )

四、分析题(分析以下各项资料,并按照要求回答问题)

(一) 资料

新民公司20×9年提交的财务报表显示,全年利润总额1 000万元,年末资产总额5 000

万元。注册会计师在审计中发现下列问题：

(1) 资产负债表中的存货低估 20 万元，原因尚待查明。

(2) 12 月 20 日收到一笔技术服务费 5 万元未入账，列入小金库。

(3) 12 月份的工资表中有两个虚构的职工姓名，共领取工资 2 000 元，被制表人占为己有。

(二) 要求

分析上述问题是否重要，并说明理由。

第八章 风险评估

历史地看,审计方法演进经历了账项基础审计、制度基础审计、风险导向审计三个阶段。风险导向审计是当今主流的审计方法,它要求注册会计师以重大错报风险的识别、评估和应对为审计工作的主线,以提高审计效率和效果。在本章和第九章,我们将结合审计风险准则,介绍如何对重大错报风险进行识别、评估和应对,并最终将审计风险降至可接受的低水平。

第一节 风险评估概述

一、对风险评估的总体要求

注册会计师应当了解被审计单位及其环境,以足够识别和评估财务报表重大错报风险,设计和实施进一步审计程序。了解被审计单位及其环境是必要程序,其意义在于为注册会计师在下列关键环节作出职业判断提供重要基础:①确定重要性水平,并随着审计工作的进程评估对重要性水平的判断是否仍然适当;②考虑会计政策的选择和运用是否恰当,以及财务报表的列报(包括披露,下同)是否适当;③识别需要特别考虑的领域,包括关联方交易、管理层运用持续经营假设的合理性,或交易是否具有合理的商业目的等;④确定在实施分析程序时所使用的预期值;⑤设计和实施进一步审计程序,以将审计风险降至可接受的低水平;⑥评价所获取审计证据的充分性和适当性。

了解被审计单位及其环境是一个连续和动态地收集、更新与分析信息的过程,贯穿于整个审计过程。注册会计师应当运用职业判断确定需要了解被审计单位及其环境的程度。

评价对被审计单位及其环境了解的程度是否恰当,关键是看注册会计师对被审计单位及其环境的了解是否足以识别和评估财务报表重大错报风险。如果了解被审计单位及其环境获得的信息足以识别和评估财务报表重大错报风险,足以支持设计和实施进一步审计程序,那么了解的程度就是恰当的。当然,要求注册会计师对被审计单位及其环境了解的程度,要低于管理层为经营管理企业而对被审计单位及其环境需要了解的程度。

二、风险评估程序和信息来源

注册会计师了解被审计单位及其环境,目的是为了识别和评估财务报表重大错报风险。为了解被审计单位及其环境而实施的程序称为"风险评估程序"。注册会计师应当依据实施这些程序所获取的信息,评估重大错报风险。注册会计师应当实施下列风险评估程序,从被审计单位内部获取信息,以了解被审计单位及其环境。

（一）询问被审计单位管理层和内部其他相关人员

询问被审计单位管理层和内部其他相关人员是注册会计师了解被审计单位及其环境的一个重要信息来源。

（1）询问管理层和财务负责人。注册会计师可以考虑向管理层和财务负责人询问下列事项：①管理层所关注的主要问题，如新的竞争对手、主要客户和供应商的流失、新的税收法规的实施以及经营目标或战略的变化等；②被审计单位最近的财务状况、经营成果和现金流量；③可能影响财务报告的交易和事项，或者目前发生的重大会计处理问题，如重大的购并事宜等；④被审计单位发生的其他重要变化，如所有权结构、组织结构的变化，以及内部控制的变化等。

（2）询问被审计单位内部的其他人士。注册会计师通过询问管理层和财务负责人可获取大部分信息，但是为了更好地识别和评估风险，注册会计师还应当考虑询问被审计单位内部的其他人士。因此，注册会计师除了询问管理层和对财务报告负有责任的人员外，还应当考虑询问内部审计人员、采购人员、生产人员、销售人员等其他人员，并考虑询问不同级别的员工，以获取对识别重大错报风险有用的信息。在确定向被审计单位的哪些人员进行询问以及询问哪些问题时，注册会计师应当考虑何种信息有助于其识别和评估重大错报风险。例如：①询问治理层，有助于注册会计师理解财务报表编制的环境；②询问内部审计人员，有助于注册会计师了解其针对被审计单位内部控制设计和运行有效性而实施的工作，以及管理层对内部审计发现的问题是否采取适当的措施；③询问参与生成、处理或记录复杂或异常交易的员工，有助于注册会计师评估被审计单位选择和运用某项会计政策的适当性；④询问内部法律顾问，有助于注册会计师了解有关法律、法规的遵循情况，产品保证和售后责任，与业务合作伙伴的安排（如合营企业），合同条款的含义以及诉讼情况等；⑤询问营销或销售人员，有助于注册会计师了解被审计单位的营销策略及其变化、销售趋势以及与客户的合同安排；⑥询问采购人员和生产人员，有助于注册会计师了解被审计单位的原材料采购和产品生产等情况；⑦询问仓库人员，有助于注册会计师了解原材料与产成品等存货的进出、保管和盘点等情况。

（二）实施分析程序

分析程序是指注册会计师通过研究不同财务数据之间以及财务数据与非财务数据之间的内在关系，对财务信息作出评价的程序。分析程序还包括调查识别出的、与其他相关信息不一致或与预期数据严重偏离的波动和关系。分析程序既可用作风险评估程序和实质性程序，也可用于对财务报表的总体复核。

在实施分析程序时，注册会计师应当预期可能存在的合理关系，并与被审计单位记录的金额、依据记录金额计算的比率或趋势相比较；如果发现异常或未预期到的关系，注册会计师应当在识别重大错报风险时考虑这些比较结果。

如果使用了高度汇总的数据，实施分析程序的结果仅可能初步显示财务报表存在重大错报风险，注册会计师应当将分析结果连同识别重大错报风险时获取的其他信息一并考虑。

（三）观察和检查

观察和检查程序可以印证对管理层和其他相关人员的询问结果，并可提供有关被审计单位及其环境的信息，注册会计师应当实施下列观察和检查程序：

（1）观察被审计单位的生产经营活动。例如，观察被审计单位人员正在从事的生产活动和内部控制活动，可以增加注册会计师对被审计单位人员如何进行生产经营活动及实施内部控制的了解。

（2）检查文件、记录和内部控制手册。例如，检查被审计单位的章程，与其他单位签订的合同、协议，各业务流程操作指引和内部控制手册等，了解被审计单位组织结构和内部控制制度的建立健全情况。

（3）阅读由管理层和治理层编制的报告。例如，阅读被审计单位年度和中期财务报告，股东大会、董事会会议、高级管理层会议的会议记录或纪要，管理层的讨论和分析资料，经营计划和战略，对重要经营环节和外部因素的评价，被审计单位内部管理报告以及其他特殊目的报告（如新投资项目的可行性分析报告）等，了解自上一期审计结束至本期审计期间被审计单位发生的重大事项。

（4）实地察看被审计单位的生产经营场所和设备。通过现场访问和实地察看被审计单位的生产经营场所和设备，可以帮助注册会计师了解被审计单位的性质及其经营活动。在实地察看被审计单位的厂房和办公场所的过程中，注册会计师有机会与被审计单位的管理层和担任不同职责的员工进行交流，可以增强注册会计师对被审计单位的经营活动及其重大影响因素的了解。

（5）追踪交易在财务报告信息系统中的处理过程（穿行测试）。这是注册会计师了解被审计单位业务流程及其相关控制时经常使用的审计程序。通过追踪某笔或某几笔交易在业务流程中如何生成、记录、处理和报告，以及相关内部控制如何执行，注册会计师可以确定被审计单位的交易流程和相关控制是否与之前通过其他程序所获得的了解一致，并确定相关控制是否得到执行。

三、信息来源的其他审计程序

除了采用上述程序从被审计单位内部获取信息以外，如果根据职业判断认为从被审计单位外部获取的信息有助于识别重大错报风险，注册会计师应当实施其他审计程序以获取这些信息。例如，询问被审计单位聘请的外部法律顾问、专业评估师、投资顾问和财务顾问等；阅读外部信息，如证券分析师、银行、评级机构出具的有关被审计单位及其所处行业的经济或市场环境等状况的报告，贸易与经济方面的期刊杂志，法规或金融出版物，以及政府部门或民间组织发布的行业报告和统计数据等。

第二节　了解被审计单位及其环境

注册会计师应当从下列方面了解被审计单位及其环境：①行业状况、法律环境与监管环境以及其他外部因素；②被审计单位的性质；③被审计单位对会计政策的选择和运用；④被审计单位的目标、战略以及相关经营风险；⑤被审计单位财务业绩的衡量和评价；⑥被审计单位的内部控制。识别被审计单位及其环境在上述各方面与以前期间相比发生的重大变化，对于充分了解被审计单位及其环境、识别和评估重大错报风险尤为重要。本节阐述第①～第⑤个方面，第⑥个方面将在下节阐述。

一、行业状况、法律环境与监管环境以及其他外部因素

注册会计师对行业状况、法律环境与监管环境以及其他外部因素了解的范围和程度会

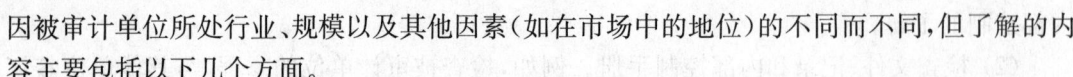

因被审计单位所处行业、规模以及其他因素（如在市场中的地位）的不同而不同，但了解的内容主要包括以下几个方面。

（一）行业状况

了解行业状况有助于注册会计师识别与被审计单位所处行业有关的重大错报风险。注册会计师应当了解被审计单位的行业状况，主要包括：

（1）所处行业的市场供求与竞争。例如：①被审计单位所处行业的总体发展趋势是什么？②处于哪一发展阶段，如起步、快速成长、成熟/产生现金流入或衰退阶段？③所处市场的需求、市场容量和价格竞争如何？

（2）生产经营的季节性和周期性。例如：①该行业是否受经济周期波动的影响，以及采取了什么行动使波动产生的影响最小化？②行业生产经营和销售是否受季节影响？

（3）产品生产技术的变化。例如：①本行业的核心技术是什么？②该行业受技术发展影响的程度如何？③是否开发了新的技术？

（4）能源供应与成本。例如，能源消耗在成本中所占比重，能源价格的变化对成本的影响？

（5）行业的关键指标与统计数据。例如：①行业产品的平均价格、产量是多少？②谁是被审计单位最重要的竞争者，他们各自所占的市场份额是多少？③被审计单位与其竞争者相比主要的竞争优势是什么？④被审计单位业务的增长率和财务业绩与行业的平均水平及主要竞争者相比如何，存在重大差异的原因是什么？⑤竞争者是否采取了某些行动，如购并活动、降低销售价格、开发新技术等，从而对被审计单位的经营活动产生影响？

（二）法律环境及监管环境

了解法律环境及监管环境的主要原因在于：①某些法律、法规或监管要求可能对被审计单位经营活动有重大影响，如不遵守将导致停业等严重后果；②某些法律、法规或监管要求（如环保法规等）规定了被审计单位某些方面的责任和义务；③某些法律、法规或监管要求决定了被审计单位需要遵循的行业惯例和核算要求。

注册会计师应当了解被审计单位所处的法律环境及监管环境，主要包括：①适用的会计准则、会计制度和行业特定惯例；②国家对某一行业的企业是否有特殊的监管要求（如对银行、保险等行业的特殊监管要求）；③是否存在新出台的法律、法规（如新出台的有关产品责任、劳动安全或环境保护的法律法规等），对被审计单位有何影响；④国家货币、财政、税收和贸易等方面政策的变化是否会对被审计单位的经营活动产生影响；⑤与被审计单位相关的税务法规是否发生变化。

（三）其他外部因素

注册会计师应当了解影响被审计单位经营的其他外部因素。具体而言，可能需要了解以下情况：①当前的宏观经济状况以及未来的发展趋势如何？②目前国内或本地区的经济状况（如增长率、通货膨胀、失业率、利率等）怎样影响被审计单位的经营活动？③被审计单位的经营活动是否受到外币汇率波动或全球市场力量的影响？

【例8-1】 某被审计单位是经营面包、月饼、蛋糕等食品的传统糕点企业，某注册会计师拟对该企业20×9年度的财务报告实施审计，现正在了解该企业的行业状况、法律环境与监管环境等外部因素，以帮助识别和评估财务报表可能存在的重大错报风险。

（1）该注册会计师在审计该糕点企业20×8年度的财务报表时发现，因月饼市场竞争加剧，20×8年年末有大量的月饼冷藏在企业的冷库里，由于当时还在保质期内，注册会计师同意按加工成本列入资产负债表的"存货"项目。经进一步了解,20×9年度该企业月饼的生产规模与上年相当,但销售形势并未好转。则该注册会计师针对以上信息就20×9年度的财务报表审计,识别的可能存在重大错报风险的认定是(　　)。

  A. 存货的"存在"认定   B. 存货的"计价"认定

  C. 存货的"权利"认定   D. 存货的"分类"认定

  (2)该注册会计师拟对该糕点企业20×9年度每个月份的营业收入实施分析程序,则应重点关注的月份是(　　)。

  A. 20×9年1月份和2月份   B. 20×9年4月份和5月份

  C. 20×9年6月份和7月份   D. 20×9年9月份和10月份

  (3)该注册会计师从食品卫生监管部门了解,该糕点企业涉嫌用多年积压在冷库的陈料和月饼(经处理分解为原料),加工面包和蛋糕。这种行为一经核实根据惯例将会在大众媒体曝光,则注册会计师应重点关注的风险是(　　)。

  A. 存货的披露   B. 存货的计价

  C. 企业的持续经营   D. 企业的市场份额

  答案与解释:

  (1)(B)。20×8年冷藏的积压月饼在20×9年度很有可能还没有处置,出现霉烂变质的可能性很大。

  (2)(D)。该企业经营的面包和蛋糕一般没有周期性(每月营业收入比较稳定),但月饼的经营有明显的周期性(中秋节的月份和前一月份销售一般比较多,每年的中秋节是一般在9月份或10月份)。

  (3)(C)。用多年积压的陈料(或积压月饼)继续加工面包和蛋糕,一旦在大众媒体曝光,很可能因企业声誉大幅下降,产品被消费者拒绝,企业可能面临破产的风险。

二、被审计单位的性质

  被审计单位的性质由其所有权结构、治理结构、组织结构、经营活动、投资活动和筹资活动等因素决定。

  (1)所有权结构。对被审计单位所有权结构的了解有助于注册会计师识别关联方关系并了解被审计单位的决策过程。例如,通过获取被审计单位提供的所有关联方信息,识别关联方交易是否存在并得到恰当的记录和充分披露。

  (2)治理结构。注册会计师应当了解被审计单位的治理结构,必要时获取或编制被审计单位的治理结构图。了解的内容包括:董事会的构成情况、董事会内部是否有独立董事;治理结构中是否设有审计委员会或监事会及其运作情况。

  (3)组织结构。注册会计师应当了解被审计单位的组织结构,考虑复杂的组织结构可能导致的重大错报风险,包括财务报表合并、商誉摊销和减值、长期股权投资核算以及特殊目的实体核算等问题。必要时,还应获取或编制被审计单位的组织结构图。

  (4)经营活动。了解被审计单位经营活动有助于注册会计师识别预期在财务报表中反映的主要交易类别、重要账户余额和列报。注册会计师应当了解被审计单位的经营活动。主要包括:一是主营业务的性质,如主营业务是制造业还是商品批发与零售;是银行、保险还是其他金融服务;是公用事业、交通运输还是提供技术产品和服务等。二是与生产产品或提供劳务相关的市场信息,如主要客户和合同、付款条件、利润率、市场份额、竞争者、出口、定价政策、产品声誉、质量保证、营销策略和目标等。三是业务的开展情况,如业务分部的设立情况、产品和服务的交付、衰退或扩展的经营活动的详情等。四是关键客户,如销售对象是少量的大客户还是众多的小客户;是否有被审计单位高度依赖的特定客户(如超过销售总额的10%的顾客);是否有造成高回收性风险的若干客户或客户类别(如正处在一个衰退市场中的客户);是否与某些客户订立了不寻常的销售条款或条件。五是其他,如重要供应商、劳动用工情况、研究与开发活动及其支出、关联方交易、地区与行业分布、从事电子商务的情况、生产设施、仓库的地理位置及办公地点、联盟、合营与外包情况。

(5)投资活动。了解被审计单位投资活动有助于注册会计师关注被审计单位在经营策略和方向上的重大变化。了解的投资活动主要包括:①近期拟实施或已实施的并购活动与资产处置情况,包括业务重组或某些业务的终止;②证券投资、委托贷款的发生与处置;③资本性投资活动,包括固定资产和无形资产投资,近期或计划发生的变动,以及重大的资本承诺等;④不纳入合并范围的投资,如联营、合营或其他投资,包括近期计划的投资项目。

(6)筹资活动。了解被审计单位筹资活动有助于注册会计师评估被审计单位在融资方面的压力,并进一步考虑被审计单位在可预见未来的持续经营能力。了解的筹资活动主要包括:①债务结构和相关条款,包括担保情况及表外融资;②固定资产的租赁,包括通过融资租赁方式进行的筹资活动;③关联方融资;④实际受益股东;⑤衍生金融工具的运用。

三、被审计单位对会计政策的选择和运用

在选择和运用会计政策时,应当考虑以下几个方面:

(1)重要项目的会计政策和行业惯例。重要项目的会计政策包括收入的确认、存货的计价方法、投资的核算、固定资产的折旧方法、坏账准备、存货跌价准备和其他资产减值准备的确定、借款费用资本化方法、合并财务报表的编制方法等。除会计政策以外,某些行业可能还存在一些行业惯例,注册会计师应当熟悉这些行业惯例。当被审计单位采用与行业惯例不同的会计处理方法时,注册会计师应当了解其原因,并考虑采用与行业惯例不同的会计处理方法是否适当。

(2)重大和异常交易的会计处理方法。例如,本期发生的企业合并的会计处理方法。某些被审计单位可能存在与其所处行业相关的重大交易,如银行向客户发放贷款、证券公司对外投资、医药企业的研究与开发活动等。注册会计师应当考虑对重大的和不经常发生的交易的会计处理方法是否适当。

(3)在新领域和缺乏权威性标准或共识的领域,采用重要会计政策产生的影响。在新领域和缺乏权威性标准或共识的领域,注册会计师应当关注被审计单位选用了哪些会计政策,为什么选用这些会计政策以及选用这些会计政策产生的影响。

(4)会计政策的变更。如果被审计单位变更了重要的会计政策,注册会计师应当考虑变更的原因及其适当性,即考虑:①会计政策的变更是否是法律、行政法规或者适用的会计准则和相关会计制度要求的变更;②会计政策变更是否能够提供更可靠、更相关的会计信息。除此之外,注册会计师还应当关注会计政策的变更是否得到充分披露。

(5)与会计政策运用相关的其他情况。例如,是否采用激进的会计政策、方法、估计和判断;财会人员是否拥有足够的运用会计准则的知识、经验和能力;是否拥有足够的资源支持会计政策的运用,如人力资源及培训、信息技术的采用、数据和信息的采集等。

四、被审计单位财务业绩的衡量和评价

被审计单位管理层经常会衡量和评价关键业绩指标（包括财务和非财务的）、预算及差异分析、分部信息和分支机构、部门或其他层次的业绩报告以及与竞争对手的业绩比较。此外，外部机构也会衡量和评价被审计单位的财务业绩，如分析师的报告和信用评级机构的报告。

（1）了解的主要方面。在了解被审计单位财务业绩衡量和评价情况时，应当关注下列信息：①关键业绩指标；②业绩趋势；③预测、预算和差异分析；④管理层和员工业绩考核与激励性报酬政策；⑤分部信息与不同层次部门的业绩报告；⑥与竞争对手的业绩比较；⑦外部机构提出的报告。

（2）关注内部财务业绩衡量的结果。内部财务业绩衡量可能显示未预期到的结果或趋势。在这种情况下，管理层通常会进行调查并采取纠正措施。与内部财务业绩衡量相关的信息可能显示财务报表存在错报风险，例如，内部财务业绩衡量可能显示被审计单位与同行业其他单位相比具有异常快的增长率或盈利水平，此类信息如果与业绩奖金或激励性报酬等其他因素结合起来考虑，可能显示管理层在编制财务报表时存在某种倾向的错报风险。

（3）考虑财务业绩衡量指标的可靠性。如果拟利用被审计单位内部信息系统生成的财务业绩衡量指标，注册会计师应当考虑相关信息是否可靠，以及利用这些信息是否足以实现审计目标。许多财务业绩衡量中使用的信息可能由被审计单位的信息系统生成。如果被审计单位管理层在没有合理基础的情况下，认为内部生成的衡量财务业绩的信息是准确的，而实际上信息有误，那么根据有误的信息得出的结论也可能是错误的。

值得注意的是，小型被审计单位通常没有正式的财务业绩衡量和评价程序，管理层往往依据某些关键指标，作为评价财务业绩和采取适当行动的基础，注册会计师应当了解管理层使用的关键指标。

五、被审计单位的目标、战略以及相关经营风险

目标是企业经营活动的指针。企业管理层或治理层一般会根据企业经营面临的外部环境和内部各种因素，制定合理可行的经营目标。战略是企业管理层为实现经营目标采用的总体层面的策略和方法。为了实现某一既定的经营目标，企业可能有多个可行战略。例如，如果目标是在某一特定期间内进入一个新的市场，那么可行的战略可能包括收购该市场内的现有企业、与该市场内的其他企业合资经营，或自行开发进入该市场。随着外部环境的变化，企业应对目标和战略作出相应的调整。经营风险则源于对被审计单位实现目标和战略产生不利影响的重大情况、事项、环境和行动，或源于不恰当的目标和战略。

经营风险与财务报表重大错报风险是既有联系又相互区别的两个概念。前者比后者范围更广。注册会计师了解被审计单位的经营风险有助于其识别财务报表重大错报风险。但并非所有的经营风险都与财务报表相关，注册会计师没有责任识别或评估对财务报表没有影响的经营风险。

多数经营风险最终都会产生财务后果，从而影响财务报表。但并非所有经营风险都会导致重大错报风险。经营风险可能对各类交易、账户余额以及列报认定层次或财务报表层次产生直接影响。例如，企业合并导致银行客户群减少，使银行信贷风险集中，由此产生的经营风险可能增加与贷款计价认定有关的重大错报风险。同样的风险，尤其是在经济紧缩

时,可能具有更为长期的后果,注册会计师在评估持续经营假设的适当性时需要考虑这一问题。为此,注册会计师应当根据被审计单位的具体情况考虑经营风险是否可能导致财务报表发生重大错报。

目标、战略、经营风险和重大错报风险之间的相互联系可举一例予以说明。例如,企业当前的目标是在某一特定期间内进入某一新的海外市场,企业选择的战略是在当地成立合资公司。从该战略本身来看,是可以实现这一目标的。但是,成立合资公司可能会带来很多的经营风险,例如,企业如何与当地合资方在经营活动、企业文化等各方面协调,如何在合资公司中获得控制权或共同控制权,当地市场情况是否会发生变化,当地对合资公司的税收和外汇管理方面的政策是否稳定,合资公司的利润是否可以汇回,是否存在汇率风险等。这些经营风险反映到财务报表中,可能会因对合资公司是属于子公司、合营企业或联营企业的判断问题,投资核算问题,包括是否存在减值问题、对当地税收规定的理解,以及外币折算等问题而导致财务报表出现重大错报风险。

【例8-2】 注册会计师拟对W公司20×8年度的财务报告进行审计,在了解W公司时发现:W公司是专门从事电脑配件的制造企业,专门从事电子产品批发的S公司在20×8年年初对W公司投入了大量资本,用于建造一条新的生产流水线(预计20×9年3月完工投产),从此S公司占到了W公司60%的股权,并对W公司的董事会、监事会进行了改组,W公司的总经理及管理层其他人员没有变动,但总经理是属于进取型的经营者。由于W公司的产品正处在市场成长期,因此对管理层的考核以销售收入作为核心指标。经向W公司的销售人员询问发现,由于公司原来的生产流水线出现了技术故障,产品质量控制环节又不严格,导致部分不合格产品流入了市场,购买单位退货现象在20×8年度经常发生,进一步向购买单位核实属实。根据以上信息注册会计师就识别和评估W公司财务报表的重大错报风险提出了以下观点,请代为作出正确的专业判断。

(1) 将与S公司发生的交易列为重点审计领域。　　　　　　　　　　　( )

(2) 将资产负债表"实收资本(或股本)"的"计价"认定和接受S公司投资的"发生"认定列为审计重点。　　　　　　　　　　　　　　　　　　　　　　　　　　　( )

(3) 将"固定资产"账户的"存在"认定列为审计重点。　　　　　　　　( )

(4) 将资产负债表"固定资产"的"计价"认定列为审计重点。　　　　　( )

(5) 将新生产流水线建造的"发生"认定和"在建工程"账户的"计价"认定列为审计重点。　　　　　　　　　　　　　　　　　　　　　　　　　　　　　　　　( )

(6) 将资产负债表"在建工程"的"权利"认定列为审计重点。　　　　　( )

(7) 将"存货(产成品)"账户的"存在"认定列为审计重点。　　　　　( )

(8) 将资产负债表"存货"的"计价"认定列为审计重点。　　　　　　　( )

(9) 将销售交易的"发生"认定列为审计的重点。　　　　　　　　　　( )

(10) 将销售交易的"分类"认定列为审计的重点。　　　　　　　　　　( )

(11) 将资产负债表"应收账款"的"计价"认定列为审计重点。　　　　　( )

(12) 将资产负债表"应收账款"的"完整性"认定列为审计重点。　　　　( )

答案与解释:

(1) (√)。由于W公司被S公司绝对控制,很可能发生关联交易等非常业务。

(2) (√)。由于S公司对W公司进行了大量投资,是W公司的重要融资活动。

(3) (×)。没有信息说明固定资产的存在认定存在较大风险。

（4）（√）。因为 W 公司原来的生产流水线出现了技术故障，因此可能发生减值的风险。

（5）（√）。新建流水线是 W 公司的重大投资活动。

（6）（×）。没有信息说明在建工程的权利认定存在较大风险。

（7）（×）。没有信息说明存货的存在认定存在较大风险。

（8）（√）。因为 W 公司存在大量退货现象，因此发生减值的风险很大。

（9）（√）。因为对管理层的考核以销售收入为核心指标，总经理又是进取型的风险偏好者，因此存在较大的虚构销售风险。

（10）（×）。没有信息说明销售交易的分类认定存在较大风险。

（11）（√）。因为对管理层的考核以销售收入为核心指标，总经理又是进取型的风险偏好者，因此管理层通过降低信用标准大量赊销产品的可能性较大，应收账款存在较大的坏账风险。

（12）（×）。管理层漏记资产的可能性不大。

第三节　了解被审计单位的内部控制

内部控制是一个古老而又充满活力的话题，它源于管理"授权"。内部控制的发展经历了内部牵制、内部控制制度、内部控制结构、内部控制整体框架和风险管理总体框架等五个阶段，这一发展过程是管理现代化的必然产物。内部控制的产生和发展，曾促使审计工作从详细审计发展成为以测试内部控制为基础的抽样审计。在风险导向审计模式下，了解被审计单位的内部控制有助于识别和评估审计风险。因此，现代注册会计师审计与内部控制之间存在着密切的联系。

一、内部控制概述

广义地讲，一个企业的内部控制是指管理当局为确保法律、法规及经营方针政策的贯彻执行，维护财产物资的安全与完整，保证组织财务会计和其他相关信息的准确性、及时性与可靠性，避免或降低各种风险，促进单位经营管理活动的经济性、效率性和效果性，实现既定的组织目标，在充分考虑内外环境因素的基础上，综合利用各种分析方法，针对人、财、物等各生产要素及相关的业务活动而制定和实施的一系列方法、程序和制度等所形成的一种自我检查、自我调整和自我制约的系统。

（一）内部控制的含义

就被审计单位而言，其内部控制是为了合理保证单位财务报告的可靠性、经营的效率和效果以及对法律、法规的遵守，由治理层、管理层和其他人员设计与执行的政策及程序。可以从以下几方面理解内部控制：

（1）内部控制的目标是合理保证：①财务报告的可靠性，这一目标与管理层履行财务报告编制责任密切相关；②经营的效率和效果，即经济有效地使用企业资源，以最优方式实现企业的目标；③在所有经营活动中遵守法律、法规的要求，即在法律、法规的框架下从事经营活动。

（2）设计和实施内部控制的责任主体是治理层、管理层和其他人员，组织中的每一个人都对内部控制负有责任。

（3）实现内部控制目标的手段是设计和执行控制政策和程序。内部控制包括控制环境、风险评估过程、信息系统与沟通、控制活动、对控制的监督等五要素。控制包括上述的一项或多项要素，或要素表现出的各个方面。

需要指出的是，美国发起组织委员会（简称 COSO）对内部控制要素的分类提供了了解内部控制的框架，内部控制要素还可能有其他分类方法，但无论对内部控制要素如何进行分类，注册会计师都应当重点考虑被审计单位某项控制，是否能够以及如何防止或发现并纠正各类交易、账户余额、列报存在的重大错报。也就是说，在了解和评价内部控制时，采用的具体分析框架及控制要素的分类可能并不唯一，重要的是控制能否实现控制目标。

当然，被审计单位设计和执行内部控制的具体方式会因被审计单位的规模和复杂程度的不同而不同。小型被审计单位通常采用非正式和简单的内部控制实现其目标，参与日常经营管理的业主可能承担多项职能，内部控制要素没有得到清晰区分，注册会计师应当综合考虑小型被审计单位内部控制要素能否实现其目标。

（二）内部控制的人工和自动化成分

传统的内部控制系统以人工控制为主，随着计算机信息技术在管理领域的广泛应用，内部控制系统的自动化成分已相当普遍。

1. 考虑内部控制的人工和自动化特征及其影响

大多数被审计单位出于编制财务报告和实现经营目标的需要使用信息技术。然而，即使信息技术得到广泛使用，人工因素仍然会存于这些系统之中。不同的被审计单位采用的控制系统中人工控制和自动化控制的比例是不同的。在一些小型的生产经营不太复杂的被审计单位，可能以人工控制为主；而在另外一些被审计单位，可能以自动化控制为主。在风险评估以及设计和实施进一步审计程序时，注册会计师应当考虑内部控制的人工和自动化特征及其影响。

内部控制采用人工系统还是自动化系统，将影响交易生成、记录、处理和报告的方式。在以人工为主的系统中，内部控制一般包括批准和复核业务活动，编制调节表并对调节项目进行跟踪。当采用信息技术系统生成、记录、处理和报告交易时，交易的记录形式（如订购单、发票、装运单及相关的会计记录）可能是电子文档而不是纸质文件。

信息技术系统中的控制可能既有自动控制（如嵌入计算机程序的控制）又有人工控制。人工控制可能独立于信息技术系统，利用信息技术系统生成的信息，也可能限于监督信息技术系统和自动控制的有效运行或者处理例外事项。如果采用信息技术系统处理交易和其他数据，系统和程序可能包括与财务报表重大账户认定相关的控制或者包括人工控制作用的有效发挥。被审计单位的性质和经营的复杂程度会对采用人工控制和自动控制的成分产生影响。

2. 信息技术（自动化控制）的适用范围及相关内部控制风险

信息技术（自动控制）通常在下列方面提高被审计单位内部控制的效率和效果：①在处理大量的交易或数据时，一贯运用事先确定的业务规则，并进行复杂运算；②提高信息的及时性、可获得性及准确性；③有助于对信息的深入分析；④加强对被审计单位政策和程序执行情况的监督；⑤降低控制被规避的风险；⑥通过对操作系统、应用程序系统和数据库系统实施安全控制，提高不相容职务分离的有效性。

但是，信息技术（自动化控制）也可能对内部控制产生特定风险。例如：①系统或程序未能正确处理数据，或处理了不正确的数据，或两种情况同时并存；②在未得到授权情况下访

问数据,可能导致数据的毁损或对数据不恰当的修改,包括记录未经授权或不存在的交易,或不正确地记录了交易;③信息技术人员可能获得超越其履行职责以外的数据访问权限,破坏了系统应有的职责分工;④未经授权改变主文档的数据;⑤未经授权改变系统或程序;⑥未能对系统或程序作出必要的修改;⑦不恰当的人为干预;⑧数据丢失的风险或不能访问所需要的数据。

3. 人工控制的适用范围及相关内部控制风险

内部控制的人工成分在处理下列需要主观判断或酌情处理的情形时可能更为适当:①存在大额、异常或偶发的交易;②存在难以定义、防范或预见的错误;③为应对情况的变化,需要对现有的自动化控制进行调整;④监督自动化控制的有效性。

但是,由于人工控制由人执行,受人为因素的影响,也产生了特定风险:①人工控制可能更容易被规避、忽视或凌驾;②人工控制可能不具有一贯性;③人工控制可能更容易产生简单错误或失误。相对于自动控制,人工控制的可靠性较差。为此,注册会计师应当考虑人工控制在下列情形中可能是不适当的:①存在大量或重复发生的交易;②事先可预见的错误能够通过自动化控制得以防范或发现;③控制活动可得到适当设计和自动化处理。

(三) 内部控制的局限性

内部控制只能为财务报表的公允表达提供合理(但不是绝对的)保证,即不管内部控制是怎样精心设计和加以实施的,它总是包含着某些局限性。这就是为什么说内部控制为发现和防止错误或舞弊只是提供"合理的"而非"绝对的"保证的原因,也是注册会计师必须实施最低限度的实质性测试的原因。内部控制的局限性主要表现在以下几个方面:

(1) 成本限制。一个内部控制系统所寻求的保证水平有必要根据其成本而定,也就是说,内部控制的设计和运行受制于成本与效益原则。一般来说,控制程序的成本不能超过风险或错误可能造成的损失和浪费,否则再好的控制措施和方法也将失去其降低成本的意义。

(2) 串通舞弊。不相容职责的恰当分离可以避免单独的一人从事和隐瞒不合规行为提供合理的保证。但是,两个或更多的人合伙作弊即可逃避这类控制,导致内部控制失效。例如,出纳和会计相互勾结伙作弊、财产保管和财产核对的人合伙造假,再好的控制措施也无能为力。

(3) 人为错误。内部控制系统发挥作用的有效程序关键是取决于执行人员的实际运作,不能期望人们在执行控制职责时始终正确无误。工作人员的粗心大意、精力分散、身体不适、理解错误、判断失误、曲解指令等都会造成控制失效。例如,对方发票总金额计算错误未被发现,发货时未索要提货单,签发支票时未审查支付用途等。

(4) 管理越权。任何程序也不能发现和防止那些负责监督控制的管理人员滥用职权,存在着管理人员避开,或指示其下属避开某些预定程序的可能性。在某些情况下,被审计单位管理当局担任控制职能的人员可能权力过大,以至可以凌越控制。管理当局的干预一直是导致许多重大舞弊发生和财务报表失真的一个重要原因。

(5) 修订跟不上变化。被审计单位已有的内部控制一般都是为那些重复发生的常规性业务类型而设计的,因此可能会对不经常发生的或未能预料到的业务类型失去控制的能力。被审计单位处在经常变化的环境之中,为便于生存和保持竞争能力,势必要经常调整经营策略,或收购其他单位,或开办分支机构,或增设部门、增加流水线等。这就可能导致控制程序对新增的业务内容失去了控制作用。

由于被审计单位建立的内部控制只能为财务报表的公允性提供合理的保证,并存在上述固有限制,因此,财务报表审计总存在一定的控制风险,即审计风险模型中的控制风险始终应大于零。这就要求注册会计师必须注意,不管被审计单位内部控制设计和运行得多么有效,都应对财务报表的重要账户或交易类别进行实质性测试。

值得注意的是,注册会计师对内部控制的了解仅限于与审计相关的控制,包括被审计单位为实现财务报告可靠性目标设计和实施的控制,以及在设计和实施进一步审计程序时与拟利用被审计单位内部生成的非财务信息相关的控制。对内部控制了解的深度包括评价控制的设计,并确定其是否得到执行,但不包括对控制是否得到一贯执行的测试(控制测试属于风险应对的内容)。注册会计师无须对被审计单位与审计无关的控制加以考虑。例如,被审计单位可能依靠某一复杂的自动控制系统提高经营活动的效率和效果(如航空公司用于维护航班时间表的自动控制系统),但这些控制通常与审计无关。

二、从整体层面了解和评估内部控制

内部控制由控制环境、被审计单位的风险评估过程、信息系统与沟通、控制活动、对控制的监督五个要素组成。这些要素相互联结、相互作用形成被审计单位的内部控制系统。注册会计师有必要从整体层面了解和评估被审计单位内部控制的五要素情况。

(一)控制环境

控制环境包括治理职能和管理职能,以及治理层和管理层对内部控制及其重要性的态度、认识和措施。控制环境设定了被审计单位的内部控制基调,影响员工对内部控制的认识和态度。良好的控制环境是实施有效内部控制的基础。在审计业务承接阶段,注册会计师需要对控制环境作出初步了解和评价。

(1)对诚信和道德价值观念的沟通与落实。诚信和道德价值观念是控制环境的重要组成部分,影响到重要业务流程的设计和运行。对诚信和道德价值观念的沟通与落实既包括管理层如何处理不诚实、非法或不道德行为,也包括在被审计单位内部,通过行为规范以及高层管理人员的身体力行,对诚信和道德价值观念的营造和保持。例如,管理层在行为规范中指出,员工不允许从供货商那里获得超过一定金额的礼品,超过部分都须报告和退回。尽管该行为规范本身并不能绝对保证员工都照此执行,但至少意味着管理层已对此进行明示,它连同其他程序,可能构成一个有效的预防机制。

(2)对胜任能力的重视。胜任能力是指具备完成某一职位的工作所应有的知识和能力。管理层对胜任能力的重视包括对于特定工作所需的胜任能力水平的设定,以及对达到该水平所必需的知识和能力的要求。注册会计师应当考虑主要管理人员和其他相关人员是否能够胜任承担的工作和职责。例如,财会人员是否对编报财务报表所适用的会计准则和相关会计制度有足够的了解并能正确运用;否则,财务报表出现重大错报的可能性会增加。

(3)治理层的参与程度。被审计单位的控制环境在很大程度上受治理层的影响。治理层对控制环境影响的要素有:治理层相对于管理层的独立性、成员的经验和品德、对被审计单位业务活动的参与程度、治理层行为的适当性、治理层所获得的信息、管理层对治理层所提出问题的追踪程度,以及治理层与内部审计人员和注册会计师的联系程度等。

(4)管理层的理念和经营风格。了解管理层的经营风格对注册会计师评估重大错报风险有着重要的意义,在有效的控制环境中,管理层的理念和经营风格可以创造一个积极的氛围,促进业务流程和内部控制的有效运行,同时创造一个减少错报发生可能性的环境。在管理层以一个或少数几个人为主时,管理层的理念和经营风格对内部控制的影响尤为突出。

了解管理层的经营风格很有必要,管理层的经营风格可以表明管理层所能接受的业务风险的性质。例如,管理层是否经常投资于风险特别高的领域或者在接受风险方面极为保守等。

(5) 组织结构及职权与责任的分配。组织结构将影响权利、责任和工作任务在组织成员中的分配。注册会计师应当考虑被审计单位组织结构中是否采用向个人或小组分配控制职责的方法,是否建立了执行特定职能(包括交易授权)的授权机制,是否确保每个人都清楚地了解报告关系和责任。注册会计师还需审查对分散经营活动的监督是否充分。有效的权责分配制度有助于形成整体的控制意识。注册会计师对组织结构的审查,有助于其确定被审计单位的职责划分应该达到何种程度,也有助于其评价被审计单位在这方面的不足会对整体审计策略产生的影响。

(6) 人力资源政策与实务。政策与程序(包括内部控制)的有效性,通常取决于执行人。因此,被审计单位员工的能力与诚信是控制环境中不可缺少的因素。人力资源政策与实务涉及招聘、培训、考核、晋升和薪酬等方面。被审计单位是否有能力招聘并保留一定数量既有能力又有责任心的员工在很大程度上取决于其人事政策与实务。例如,如果招聘录用标准要求录用最合适的员工,包括强调员工的学历、经验、诚信和道德,这表明被审计单位希望录用有能力并值得信赖的人员。被审计单位有关培训方面的政策应显示员工应达到的工作表现和业绩水准。通过定期考核的晋升政策表明被审计单位希望具备相应资格的人员承担更多的职责。

综上所述,注册会计师应当对控制环境的构成要素获取足够的了解,并考虑内部控制的实质及其综合效果,以了解管理层和治理层对内部控制及其重要性的态度、认识以及所采取的措施。

(二) 风险评估过程

任何经济组织在经营活动中都会面临各种各样的风险,风险对其生存和竞争能力产生影响。很多风险并不为经济组织所控制,但管理层应当确定可以承受的风险水平,识别这些风险并采取一定的应对措施。可能产生风险的事项和情形包括:监管及经营环境的变化、新员工的加入、新信息系统的使用或对原系统进行升级、业务快速发展、新技术,以及新生产型号、产品和业务活动、企业重组、发展海外经营、新的会计准则等。

风险评估过程的作用是,识别、评估和管理影响被审计单位实现经营目标能力的各种风险。了解被审计单位的风险评估过程和结果有助于注册会计师识别财务报表重大错报的风险。而针对财务报告目标的风险评估过程则包括识别与财务报告相关的经营风险,评估风险的重大性和发生的可能性,以及采取措施管理这些风险。例如,风险评估可能会涉及被审计单位如何考虑对某些交易未予记录的可能性,或者识别和分析财务报告中的重大会计估计发生错报的可能性。与财务报告相关的风险也可能与特定事项和交易有关。

(三) 信息系统与沟通

与财务报告相关的信息系统,包括用以生成、记录、处理和报告交易、事项和情况,对相关资产、负债和所有者权益履行经营管理责任的程序和记录。交易可能通过人工或自动化程序生成。记录包括识别和收集与交易、事项有关的信息。处理包括编辑、核对、计量、估价、汇总和调节活动,可能由人工或自动化程序来执行。报告是指用电子或书面形式编制财务报告和其他信息,供被审计单位用于衡量和考核财务及其他方面的业绩。

与财务报告相关的信息系统应当与业务流程相适应。业务流程是指被审计单位开发,采购,生产,销售,发送产品和提供服务,保证遵守法律、法规,记录信息等一系列活动。与财务报告相关的信息系统所生成信息的质量,对管理层能否作出恰当的经营管理决策以及编制可靠的财务报告具有重大影响。与财务报告相关的信息系统通常包括下列职能:①识别与记录所有的有效交易;②及时、详细地描述交易,以便在财务报告中对交易作出恰当分类;③恰当计量交易,以便在财务报告中对交易的金额作出准确记录;④恰当确定交易生成的会计期间;⑤在财务报表中恰当列报交易。

在了解与财务报告相关的信息系统时,注册会计师应当特别关注由于管理层凌驾于账户记录控制之上,或规避控制行为而产生的重大错报风险,并考虑被审计单位如何纠正不正确的交易处理。自动化程序和控制可能降低了发生无意错误的风险,但是并没有消除个人凌驾于控制之上的风险,例如,某些高级管理人员可能篡改自动过入总分类账和财务报告系统的数据金额。当被审计单位运用信息技术进行数据的传递时,发生篡改可能不会留下痕迹或证据。

注册会计师应当了解被审计单位内部如何对财务报告的岗位职责,以及与财务报告相关的重大事项进行沟通。注册会计师还应当了解管理层与治理层(特别是审计委员会)之间的沟通,以及被审计单位与外部(包括与监管部门)的沟通。与财务报告相关的沟通包括使员工了解各自在与财务报告有关的内部控制方面的角色和职责、员工之间的工作联系,以及向适当级别的管理层报告例外事项的方式。公开的沟通渠道有助于确保例外情况得到报告和处理。沟通可以采用政策手册、会计和财务报告手册和备忘录等形式进行,也可以通过发送电子邮件、口头沟通和管理层的行动来进行。

(四) 控制活动

控制活动是指有助于确保管理层的指令得以执行的政策和程序,包括与授权、业绩评价、信息处理、实物控制和职责分离等相关的活动。这些控制活动可能直接影响交易、账户、列报层次各类认定的控制风险。

(1)授权。注册会计师应当了解与授权有关的控制活动,包括一般授权和特别授权。授权的目的在于保证交易在管理层授权范围内进行。一般授权是指管理层制定的要求组织内部遵守的普遍适用于某类交易或活动的政策。特别授权是指管理层针对特定类别的交易或活动逐一设置的授权,如重大资本支出和股票发行等。特别授权也可能用于超过一般授权限制的常规交易。例如,同意因某些特别原因,对某个不符合一般信用条件的客户赊购商品。

(2)业绩评价。注册会计师应当了解与业绩评价有关的控制活动,主要包括被审计单位分析评价实际业绩与预算(或预测、前期业绩)的差异,综合分析财务数据与经营数据的内在关系,将内部数据与外部信息来源相比较,评价职能部门、分支机构或项目活动的业绩(如银行客户信贷经理复核各分行、地区和各种贷款类型的审批和收回),以及对发现的异常差异或关系采取必要的调查与纠正措施。

(3)信息处理。注册会计师应当了解与信息处理有关的控制活动,包括信息技术的一般控制和应用控制。被审计单位通常执行各种措施,检查各种类型信息处理环境下的交易的准确性、完整性和授权。信息处理控制可以是人工的、自动化的,或是基于自动流程的人工控制。

(4)实物控制。注册会计师应当了解实物控制,主要包括了解对资产和记录采取适当的安全保护措施,对访问计算机程序和数据文件设置授权,以及定期盘点并将盘点记录与会计记录相核对。例如,现金、有价证券和存货的定期盘点控制。实物控制的效果影响资产的安全,从而对财务报表的可靠性及审计产生影响。

(5)职责分离。注册会计师应当了解职责分离,主要包括了解被审计单位如何将交易授权、交易记录以及资产保管等职责分配给不同员工,以防范同一员工在履行多项职责时可能发生的舞弊或错误。当信息技术运用于信息系统时,职责分离可以通过设置安全控制来实现。

(五)对控制的监督

管理层的重要职责之一就是建立和维护控制并保证其持续有效运行,对控制的监督可以实现这一目标。监督是由适当的人员,在适当、及时的基础上,评估控制的设计和运行情况的过程。对控制的监督是指被审计单位评价内部控制在一段时间内运行有效性的过程,该过程包括及时评价控制的设计和运行,以及根据情况的变化采取必要的纠正措施。例如,管理层对是否定期编制银行存款余额调节表进行复核,内部审计人员评价销售人员是否遵守公司关于销售合同条款的政策,法律部门定期监控公司的道德规范和商务行为准则是否得以遵循等。

监督对控制的持续有效运行十分重要。例如,没有对银行存款余额调节表是否得到及时和准确的编制进行监督,该项控制可能无法得到持续的执行。通常,被审计单位通过持续的监督活动、专门的评价活动或两者相结合,来实现对控制的监督。持续的监督活动通常贯穿于被审计单位的日常经营活动与常规管理工作中。例如,管理层在履行其日常管理活动时,取得内部控制持续发挥功能的信息。当业务报告、财务报告与他们获取的信息有较大差异时,会对有重大差异的报告提出疑问,并作必要的追踪调查和处理。

以上基于对内部控制五要素的了解和评估是在整体层面对内部控制的了解和评估。在整体层面对被审计单位内部控制的了解和评估,通常由项目组中对被审计单位情况比较了解且较有经验的成员负责,同时需要项目组其他成员的参与和配合。对于连续审计,注册会计师可以重点关注整体层面的内部控制的变化情况,包括由于被审计单位及其环境的变化而导致内部控制发生的变化以及采取的对策。注册会计师还需要特别考虑因舞弊而导致重大错报的可能性及其影响。被审计单位整体层面的内部控制是否有效将直接影响重要业务流程层面控制的有效性,进而影响注册会计师拟实施的进一步审计程序的性质、时间和范围。

三、在业务流程层面了解和评价内部控制

在初步计划审计工作时,注册会计师需要确定在被审计单位财务报表中可能存在重大错报风险的重大账户及其相关认定。为实现此目的,通常采取下列步骤,这些步骤在实务中也可能同时进行。

(一)确定重要业务流程和重要交易类别

在实务中,将被审计单位的整个经营活动划分为几个重要的业务循环,有助于注册会计师更有效地了解和评估重要业务流程及相关控制。通常,对制造业企业,可以划分为销售与收款循环、采购与付款循环、存货与生产循环、工资与人员循环、筹资与投资循环等。被审计单位经营活动的性质不同,所划分的业务循环也不同。例如,对于银行,就没有存货与生产循环,而有发放贷款循环、吸收存款循环。又如,某些被审计单位出口销售与国内销售的流

程完全不同,可将销售与收款循环进一步划分为外销和内销两个子循环。对于某些被审计单位,固定资产的采购和维护可能很重要,也可以将固定资产单独作为一个业务循环。

重要交易类别是指可能对被审计单位财务报表产生重大影响的各类交易。重要交易应与重大账户及其认定相联系,例如,对于一般制造业企业,销售收入和应收账款通常是重大账户,销售和收款都是重要交易类别。除了一般所理解的交易以外,对财务报表具有重大影响的事项和情况也应包括在内。例如,计提资产的折旧或摊销,考虑应收款项的可回收性和计提坏账准备等。

(二) 了解重要交易流程,并进行记录

在确定重要的业务流程和交易类别后,注册会计师便可着手了解每一类重要交易在信息技术或人工系统中生成、记录、处理及在财务报表中报告的程序,即重要交易流程。这是确定在哪个环节或哪些环节可能发生错报的基础。

交易流程通常包括一系列工作:输入数据的核准与修订、数据的分类与合并、进行计算、更新账簿资料和客户信息记录、生成新的交易、归集数据、列报数据。了解重要交易流程的方法通常有:①检查被审计单位的手册和其他书面指引;②询问被审计单位的适当人员;③观察所运用的处理方法和程序;④穿行测试。而与注册会计师了解重要交易相关的流程通常包括生成、记录、处理和报告交易等活动。例如,在销售循环中,这些活动包括输入销售订单、编制货运单据和发票、更新应收账款信息记录等。相关的处理程序包括,通过编制调整分录,修改并再次处理以前被拒绝的交易,以及修改被错误记录的交易。

了解重要交易流程的最根本目的是帮助注册会计师确定哪个环节可能发生错报,因此,注册会计师要注意记录以下信息:①输入信息的来源;②所使用的重要数据档案,如客户清单及价格信息记录;③重要的处理程序,包括在线输入和更新处理;④重要的输出文件、报告和记录;⑤基本的职责划分,即列示各部门所负责的处理程序。

(三) 确定可能发生错报的环节

注册会计师需要确认和了解被审计单位应在哪些环节设置控制,以防止或发现并纠正各重要业务流程可能发生的错报。注册会计师所关注的控制,是那些能通过防止错报的发生,或者通过发现和纠正已有错报,从而确保业务活动具体流程(从交易的发生到记录于账目)能够顺利运转的人工或自动化控制程序。

尽管不同的被审计单位为确保会计信息的可靠性而对业务流程设计和实施不同的控制,但设计控制的目的是为实现某些控制目标,如表 8-1 所示。实际上,这些控制目标与财务报表重大账户的相关认定相联系。

表 8-1　　　　　　　　　　　　　　控制目标表

控制目标	解　释
(1) 完整性:所有的有效交易都已记录	必须有程序确保没有漏记实际发生的交易
(2) 存在和发生:每项已记录的交易均真实	必须有程序确保会计记录中没有虚构的或重复入账的项目
(3) 计价:适当计量交易	必须有程序确保交易以适当的金额入账
(4) 截止性:恰当确定交易生成的会计期间	必须有程序确保交易在适当的会计期间内入账(例如,月、季度、年等)

（续表）

控制目标	解　释
（5）分类：恰当分类	必须有程序确保将交易记入正确的总分类账，必要时，记入相应的明细账内
（6）准确性：正确汇总和过账	必须有程序确保所有作为账簿记录中的借贷方余额都正确地归集（加总），确保加总后的金额正确过入总账，必要时，过入明细分类账

对于每个重要交易流程，注册会计师都会考虑表 8-1 中所列示的控制目标。评价是否实现这些目标的重要标志是，是否存在控制来防止错报的发生，或发现并纠正错报，然后重新提交到业务流程处理程序中进行处理。

注册会计师通过设计一系列关于控制目标是否实现的问题，从而确认某项业务流程中需要加以控制的环节。这些问题针对的是业务流程中数据生成、转移或被转换的环节。表 8-2 中列举了部分在销售交易中的控制目标是否实现的问题。

表 8-2　　　　　　　　　　销售交易中的控制目标示例表

控制目标是否实现的问题	有关认定
怎样确保没有记录虚构或重复的销售？	发生
怎样确保所有的销售和收款均已记录？	完整性
怎样保证货物运送给正确的收货人？	发生
怎样保证发货单据只有在实际发货时才开具？	发生
怎样保证发票正确反映了发货的数量？	准确性

为实现某项审计目标而设计类似表 8-2 中问题的数量，取决于下列因素：①业务流程的复杂程度；②业务流程中发生错报而未能被发现的概率；③是否存在一种具有实效的总体控制来实现控制目标。例如，将仓库的发货日志中记录的发货数量与销售日记账中登记的数量定期进行核对调节，这一控制可以同时实现发生、完整性、截止等多个控制目标。注册会计师应将这些问题记录于工作底稿。

（四）识别和了解相关控制

通过对被审计单位的了解，包括在被审计单位整体层面对内部控制各要素的了解，以及在上述程序中对重要业务流程的了解，注册会计师可以确定是否有必要进一步了解在业务流程层面的控制。在某些情况下，注册会计师之前的了解可能表明被审计单位在业务流程层面针对某些重要交易流程所设计的控制是无效的，或者注册会计师并不打算依赖控制，这时注册会计师没有必要进一步了解在业务流程层面的控制。需要特别注意的是，如果认为仅通过实质性程序无法将认定层次的检查风险降至可接受的水平，或者针对特别风险，注册会计师应当了解和评估相关的控制活动。

1．控制的类型

通常将业务流程中的控制划分为预防性控制和检查性控制。

（1）预防性控制。预防性控制通常用于正常业务流程的每一项交易中，以防止错报的发生。在流程中防止错报是信息系统的重要目标。缺少有效的预防性控制增加了数据

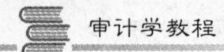

发生错报的可能性,特别是在相关账户及其认定存在较高重大错报风险时,更是如此。预防性控制可能是人工的,也可能是自动化的。表8-3是预防性控制及其能防止错报的例子。

表8-3 预防性控制示例表

对控制的描述	控制用来防止的错报
生成收货报告的计算机程序,同时也更新采购档案	防止出现购货漏记账的情况
在更新采购档案之前必须先有收货报告	防止记录了未收到购货的情况
销货发票上的价格根据价格清单上的信息确定	防止销货计价错误
计算机将各凭证上的账户号码与会计科目表对比,然后进行一系列的逻辑测试	防止出现分类错报

(2)检查性控制。建立检查性控制的目的是发现流程中可能发生的错报(尽管有预防性控制还是会发生的错报)。被审计单位通过检查性控制,监督其流程和相应的预防性控制能否有效地发挥作用。检查性控制通常是管理层用来监督实现流程目标的控制。检查性控制可以由人工执行,也可以由信息系统自动执行。检查性控制通常并不适用于业务流程中的所有交易,而适用于一般业务流程以外的已经处理或部分处理的某类交易,可能一年只运行几次,如每月将应收账款明细账与总账比较。

与预防性控制相比,不同被审计单位之间检查性控制差别很大。许多检查性控制取决于被审计单位的性质、执行人员的能力、习惯和偏好。检查性控制可能是正式建立的程序,如编制银行存款余额调节表,并追查调节项目或异常项目,也可能是非正式的程序。检查性控制及其可能查出的错报的例子如表8-4所示。

表8-4 检查性控制示例表

对控制的描述	设计控制预期查出的错报
定期编制银行存款余额调节表,跟踪调查挂账的项目	在对其他项目进行审核的同时,查找存入银行但没有记入日记账的现金收入、未记录的现金支付或虚构入账的不真实的银行现金收入或支付、未及时入账或未正确汇总分类的银行现金收入或支付
将预算与实际费用间的差异列入计算机编制的报告中并由部门经理复核。记录所有超过预算2%的差异情况和解决措施	在对其他项目进行审核的同时,查找本月发生的重大分类错报或没有记录及没有发生的大笔收入、支出以及相关联的资产和负债项目
计算机每天比较运出货物的数量和开票数量。如果发现差异,产生报告,由开票主管复核和追查	查找没有开票和记录的出库货物,以及与真实发货无关的发票
每季度复核应收账款贷方余额并找出原因	查找没有记录的发票和销售与现金收入中的分类错误

如果确信存在以下情况,那么就可以将检查性控制作为一个主要的手段,来合理保证某特定认定发生重大错报的可能性较小:①控制所检查的数据是完整、可靠的;②控制对于发现重大错报足够敏感;③发现的所有重大错报都将被纠正。

2. 识别和了解相关控制

如前所述,对于业务流程中重要交易类别的有效控制通常同时包括预防性控制和检查性控制。缺乏有效的预防性控制增加了错报的风险,因此,需要建立更为敏感的检查性控制。通常,注册会计师在识别检查性控制的同时,也记录重要的预防性控制。

识别和了解控制采用的主要方法是,询问被审计单位各级别的负责人员。业务流程越复杂,注册会计师越有必要询问信息系统人员,以辨别有关的控制。通常,应首先询问那些级别较高的人员,再询问级别较低的人员,以确定他们认为应该运行哪些控制,以及哪些控制是重要的。这种"从高到低"的询问方法使注册会计师能迅速地辨别被审计单位重要的控制,特别是检查性控制。如果注册会计师打算信赖控制,就需要实施控制测试。

在实务中,防止或发现某一特定的错报可能需要有多重控制,或者一项特别的控制目标是为了发现一种以上的潜在错报,为了实现该目标需要设置多项控制。例如,为实现销售的"存在性"这一控制目标,注册会计师可能要识别一种控制,该项控制的作用是保证出库单只为已经发出的货物编制。然而,注册会计师可能还要识别这样一种控制,其作用是保证销售发票只有在与一张出库单相匹配时才能开出并登记入账。此外,注册会计师也可能认定不管存在多少种的潜在错报,某一特定的控制(如一个设计合理的检查性控制)自身可以足够有效地实现控制目标。例如,对实际发货数量与开票数量进行定期核对调节的程序本身就足以对销售流程中"存在性"这一目标提供合理保证,并且也能对销售流程中"完整性"这一目标提供合理保证。因此,在这种情况下,注册会计师只需了解对实际发货数量与开票数量进行定期核对调节的控制即可。

注册会计师还会特别考虑一项检查性控制发现和纠正错报的能力。例如,将实际发货数量与开票数量进行核对调节的程序,比复核毛利率或进行实际销售和预算销售的比较更能发现未开票的发货,因为进行上述复核或比较的主要目的不是为了查出未开票的发货,也就是说,控制与认定直接或间接相关;关系越间接,控制对防止或发现并纠正认定错报的效果越小。注册会计师应考虑识别和了解与认定关系更直接、更有效的控制。

3. 记录相关控制

在被审计单位已设置的控制中,如果有可以对应"哪个环节需设置控制"问题的,注册会计师应将其记录于工作底稿,同时记录由谁执行该控制。注册会计师可以通过备忘录、笔记或复印被审计单位相关资料而逐步使信息趋于完整。

如果注册会计师对重要业务流程的记录符合下列条件,可以认为其是充分的:①该记录识别了所有重要交易类别;②该记录指出在业务处理流程中"在什么环节可能出错",即在什么环节需要控制;③该记录描述了针对"在什么环节可能出错"建立的预防性控制与检查性控制,而且指出这些控制由谁执行以及如何执行。

(五) 在业务流程层面了解和评价内部控制的其他工作

在业务流程层面了解和评价内部控制除了完成以上四个步骤的工作外,注册会计师通常还要完成下列工作:

(1) 每年执行穿行测试。这是为了解各类重要交易在业务流程中发生、处理和记录的过程。执行穿行测试可获得下列方面的证据:①确认对业务流程的了解;②确认对重要交易的了解是完整的,即在交易流程中所有与财务报表认定相关的可能发生错报的环节都已识别;③确认所获取的有关流程中的预防性控制和检查性控制信息的准确性;④评估控制设计的有效性;⑤确认控制是否得到执行;⑥确认之前所作的书面记录的准确性。

(2) 初步评价和风险评估。在识别和了解控制后,根据执行上述程序和获取的审计证据,注册会计师需要评价控制设计的合理性并确定其是否得到执行。注册会计师对控制的评价结论可能是:①所设计的内部控制单独或连同其他控制能够防止或发现并纠正重大错报,并得到执行;②控制本身的设计是合理的,但没有得到执行;③控制本身的设计就是无效的或缺乏必要的控制。注册会计师对控制的评价,进而对重大错报风险的评估,需要考虑的因素有:①账户特征及已识别的重大错报风险;②对被审计单位整体层面控制的评价。

(3) 对财务报告流程的了解。在实务中,注册会计师还需要进一步了解有关信息从具体交易的业务流程过入总账、财务报表以及相关列报的流程,即财务报告流程及其控制。这一流程和控制与财务报表的列报认定直接相关。财务报告流程包括:①将业务数据汇总记入总账的程序,即如何将重要业务流程的信息与总账和财务报告系统相连接;②在总账中生成、记录和处理会计分录的程序;③记录对财务报表常规和非常规调整的程序,如合并调整、重分类等;④草拟财务报表和相关披露的程序。

第四节　评估重大错报风险

了解被审计单位及其环境和内部控制制度的目的之一是为评估财务报表层次和认定层次的重大错报风险提供充分的证据。在评估重大错报风险的过程中,需要注意特别风险和仅通过实质性程序无法应对的重大错报风险的识别。

一、财务报表层次和认定层次重大错报风险的识别与评估

注册会计师应当识别和评估财务报表层次以及各类交易、账户余额、列报认定层次的重大错报风险。

(一) 识别和评估重大错报风险的审计程序

在识别和评估重大错报风险时,注册会计师应当实施下列审计程序:

(1) 在了解被审计单位及其环境的整个过程中识别风险,并考虑各类交易、账户余额、列报。注册会计师应当运用各项风险评估程序,在了解被审计单位及其环境的整个过程中识别风险,并将识别的风险与各类交易、账户余额和列报相联系。例如,被审计单位因相关环境法规的实施需要更新设备,可能面临原有设备闲置或贬值的风险("计价"认定);宏观经济的低迷可能预示应收账款的回收存在问题("计价"认定);竞争者开发的新产品上市,可能导致被审计单位的主要产品在短期内过时,预示将出现存货跌价和长期资产(如固定资产等)的减值("计价和分摊"认定)。

(2) 将识别的风险与认定层次可能发生错报的领域相联系。注册会计师应当将识别的风险与认定层次可能发生错报的领域相联系。例如,销售困难使产品的市场价格下降,可能导致年末存货成本高于其可变现净值而需要计提存货跌价准备,这显示存货的计价认定可能发生错报。

(3) 考虑识别的风险是否重大。风险是否重大是指风险造成后果的严重程度。例如,被审计单位面临销售困难,注册会计师除考虑产品市场价格下降因素外,还应当考虑产品市场价格下降的幅度、该产品在被审计单位产品中的比重等,以确定识别的风险对财务报表的

影响是否重大。假如产品市场价格大幅下降，导致产品销售收入不能补偿成本，毛利率为负，那么年末存货跌价问题严重，存货计价认定发生错报的风险重大；假如价格下降的产品在被审计单位销售收入中所占比例很小，被审计单位其他产品销售毛利率很高，尽管该产品的毛利率为负，但可能不会使年末存货发生重大跌价问题。

（4）考虑识别的风险导致财务报表发生重大错报的可能性。注册会计师还需要考虑上述识别的风险是否会导致财务报表发生重大错报。例如，考虑存货的账面余额是否重大，是否已适当计提存货跌价准备等。在某些情况下，尽管识别的风险重大，但仍不至于导致财务报表发生重大错报。例如，期末财务报表中存货的余额较低，尽管识别的风险重大，但不至于导致存货的计价认定发生重大错报风险。又如，被审计单位对于存货跌价准备的计提实施了比较有效的内部控制，管理层已根据存货的可变现净值，计提了相应的跌价准备。在这种情况下，财务报表发生重大错报的可能性将相应降低。

注册会计师应当根据风险评估的结果，确定实施进一步审计程序的性质、时间和范围。

（二）可能表明被审计单位存在重大错报风险的事项和情况

注册会计师应当关注下列可能表明被审计单位存在重大错报风险的事项和情况：

（1）在经济不稳定的国家或地区开展业务。

（2）在高度波动的市场开展业务。

（3）在严厉、复杂的监管环境中开展业务。

（4）持续经营和资产流动性出现问题，包括重要客户流失等。

（5）融资能力受到限制。

（6）行业环境发生变化。

（7）供应链发生变化。

（8）开发新产品或提供新服务，或进入新的业务领域。

（9）开辟新的经营场所。

（10）发生重大收购、重组或其他非经常性事项。

（11）拟出售分支机构或业务分部。

（12）复杂的联营或合资。

（13）运用表外融资、特殊目的实体以及其他复杂的融资协议。

（14）重大的关联方交易。

（15）缺乏具备胜任能力的会计人员。

（16）关键人员变动。

（17）内部控制薄弱。

（18）信息技术战略与经营战略不协调。

（19）信息技术环境发生变化。

（20）安装新的与财务报告有关的重大信息技术系统。

（21）经营活动或财务报告受到监管机构的调查。

（22）以往存在重大错报或本期期末出现重大会计调整。

（23）发生重大的非常规交易。

（24）按照管理层特定意图记录的交易。

（25）应用新颁布的会计准则或相关会计制度。

（26）会计计量过程复杂。

（27）事项或交易在计量时存在重大不确定性。

（28）存在未决诉讼和或有负债。

注册会计师应当充分关注可能表明被审计单位存在重大错报风险的上述事项和情况，并考虑由于上述事项和情况导致的风险是否重大，以及该风险导致财务报表发生重大错报的可能性。

（三）两个层次的重大错报风险

在对重大错报风险进行识别和评估后，注册会计师应当确定，识别的重大错报风险是与特定的某类交易、账户余额、列报的认定相关，还是与财务报表整体广泛相关，进而影响多项认定。一是某些重大错报风险可能与特定的各类交易、账户余额、列报的认定相关。例如，被审计单位存在复杂的联营或合资，这一事项表明长期股权投资账户的认定可能存在重大错报风险。又如，被审计单位存在重大的关联方交易，该事项表明关联方及关联方交易的披露认定可能存在重大错报风险。二是某些重大错报风险可能与财务报表整体广泛相关，进而影响多项认定。例如，在经济不稳定的国家和地区开展业务、资产的流动性出现问题、重要客户流失、融资能力受到限制等，可能导致注册会计师对被审计单位的持续经营能力产生重大疑虑。又如，管理层缺乏诚信或承受异常的压力可能引发舞弊风险，这些风险与财务报表整体相关。

1. 控制环境对评估财务报表层次重大错报风险的影响

财务报表层次的重大错报风险很可能源于薄弱的控制环境。薄弱的控制环境带来的风险可能对财务报表产生广泛影响，难以限于某类交易、账户余额、列报，注册会计师应当采取总体应对措施。

例如，被审计单位治理层、管理层对内部控制的重要性缺乏认识，没有建立必要的制度和程序；或管理层经营理念偏于激进，又缺乏实现激进目标的人力资源等，这些缺陷源于薄弱的控制环境，可能对财务报表产生广泛影响，需要注册会计师采取总体应对措施。

2. 控制对评估认定层次重大错报风险的影响

在评估重大错报风险时，注册会计师应当将所了解的控制与特定认定相联系。这是由于控制有助于防止或发现并纠正认定层次的重大错报。在评估重大错报发生的可能性时，除了考虑可能的风险外，还要考虑控制对风险的抵消和遏制作用。有效的控制会减少错报发生的可能性，而控制不当或缺乏控制，错报就会由可能变成现实。控制可能与某一认定直接相关，也可能与某一认定间接相关。关系越间接，控制在防止或发现并纠正认定中错报的作用就越小。以下是常见的控制活动与相关认定层次重大错报风险（由控制风险造成的重大错报风险）之间的关系。

第一，交易授权控制。经济业务和经济活动的适当授权，主要目的在于保证交易是在管理当局的授权范围内授权才产生的。授权有一般授权和特别授权之分。前者指授权处理一般性的交易，如商品采购、商品销售等；后者则指授权处理非常规性交易事件，如股票发行、分红政策、重大的资本性支出等。特别授权也可能用于超过一般授权限制的常规交易，如同意因情有可原的情况，对某个不符合一般信用的顾客赊购商品。管理当局对某项交易的"授权"和员工对交易批准是不同的。比如，信用部门的职员可以在管理人员授权的信用政策范围内，批准个别顾客赊购。

交易授权程序通常对交易和事项的"发生"认定，以及某些账户的"计价和分摊"认定的控制风险有直接影响。例如，若被审计单位在销售环节严格实施科学、合理的控制程序，就

可以合理保证销货交易的真实性,降低"发生"认定的控制风险;同时,也相应地降低了应收账款坏账准备"计价"认定的控制风险。如果交易是按授权价格执行,如商业折扣或现金折扣的授权,则这种授权与"计价"认定的控制风险有关。

第二,职责划分控制。这一类控制程序是指对某交易涉及的各项职责进行合理划分,使每一个人的工作能自动地检查另一个人或更多人的工作。职责划分的主要目的是为了预防和及时发现在执行所分配的职责时所产生的错误或舞弊行为。从控制的观点看,如果某员工在履行其职责的正常过程中就可能发生错误或舞弊,并且内部控制又难以发现他的舞弊,那么可以认为这些职责是不相容的。对于不相容的职责必须实行职责划分,例如:一是某项交易的执行、记录以及维护、保管相关的资产应该指派给不同的个人或部门。比如采购部门人员应负责签发采购单,会计部门应负责记录已收到的货物,仓库人员则应负责该货物的保管工作。二是某项交易执行包括的各个步骤应该指派给不同的个人或部门。比如,某商品批发企业在执行一项销售交易时,应将销售的授权、订货单的归档、货物的发运以及开账单给顾客等工作派给不同人员。三是某些会计工作的职责应分离。比如,在手工会计系统中,应收账款的总账和顾客明细分类账应由不同的人来记录,而记录现金收入和支出的人员不应负责调节银行账户。四是在计算机信息系统(CIS)部门内,及CIS部门与使用部门之间应进行适当的职责划分。CIS系统的很多职能,如系统分析、程序设计、电脑操作和数据控制应该分离。另外,CIS不应更正使用部门送交的数据资料,并且在组织上应独立于使用部门。

大企业和小企业执行"职责划分"控制程序是有些差别的。小企业由于员工的人数较少,实行职责划分往往要比大企业困难得多。但在这些小企业里,业主通常积极参与经营活动,这样,业主可通过担任一些特定的工作来实现职责的合理划分。也有的业主通过对员工的工作进行严密的监督与复核,以弥补职责划分的不足。职责划分会影响三种认定的控制风险:一是"存在"或"发生"认定。比如,将资产保管同资产会计记录的掌管相分离,可以降低盗窃的风险,因为盗窃者将无法通过修改减少资产的记录来掩饰盗窃真相,即在账上仍然记录有被盗窃的资产,会出现账面数大于实存数。二是"完整性"认定。比如,将处理现金支出交易同调节银行账户分离,可以降低不记录支票付款的风险,因为在调节过程中可发现这种风险。具体表现为,在现金日记账和现金总分类账上没有支出记录,而银行对账单上有支出记录,说明现金支出记录不完整。三是"计价和分摊"认定。比如,付款凭单的批准同支票签发相分离,可以降低支票金额书写出错的风险。

第三,凭证与记录控制。凭证是证明交易发生和交易的价格、性质及条件的证据。常见的凭证有发票、支票、合同和工时记录等。凭证经过签名或者盖章,还可以作为交易执行和记录职责的依据。记录包括职工工资记录、永续存货记录、已发出凭证,如销售发票和支票的每日汇总等。这种汇总资料可用来同相应的每日分录独立比较,以确定所有交易是否均已记录。凭证与记录的控制程序会影响三种认定的控制风险,即:一是"存在"或"发生"认定。适当保持的记录,如永续存货记录、应收账款记录、职工工资收入记录等,可以证明已入账的交易确实已经发生,因而同"存在"或"发生"认定有关。二是"完整性"认定。比如,使用预先编号的凭证并按其编号进行会计处理,有助于保证所有交易均已入账,降低"完整性"认定的控制风险。三是"计价和分摊"认定。原始凭证,如购货发票、销售发票、支票、账龄分析表等,提供了交易记录的金额,直接与"计价和分摊"认定相关。

第四,资产接触与记录使用控制。资产接触与记录使用主要是指限制接近资产和接近重要记录,以保证资产和记录的安全。保护资产和记录安全的最重要措施就是采用实物防护措施。比如,将存货存入仓库以防偷盗,如果这一仓库由胜任的职工管理,还能够减少存货的残损;对货币、有价证券等资产的安全存放和使用防火安全装置等也是重要的实物安全保护控制程序。对凭证和记录也需要进行实物安全保护,因为某些记录如果被毁,其后果不堪设想,而要重新建立丢失了或损坏了的记录需要花费昂贵的成本。对重要记录要实行有用的内部控制,如使用电脑程序和档案资料要经过批准。

资产接触与记录使用的控制程序,同降低"存在"、"发生"、"完整性"、"计价和分摊"认定的控制风险相关。

第五,独立稽核。独立稽核是指验证由另一个人或部门执行的工作和验证所记录金额估价的正确性。独立稽核同很多认定的控制风险相关,比如:①人工计算稽核发票、工资计算表、产品成本计算单及存货汇总表的正确性,同"计价和分摊"认定相关;②比较现有资产和有关记录,如银行存款余额调节表、零用现金盘点表及实物存货记录等,同"存在""完整性""计价和分摊"认定相关;③管理当局复核汇总账户余额详细情况的报告,如应收账款账龄分析表、折旧计算表、制造费用分配表等,同"计价和分摊"认定相关。

综上所述,通过分析控制程序对评估认定层次重大错报风险的影响,注册会计师可能识别出有助于防止或发现并纠正特定认定发生重大错报的控制。在确定这些控制是否能够防止或发现并纠正特定认定发生重大错报时,注册会计师应当将控制活动和其他要素综合考虑。如将销售和收款的控制置身于其所在的流程和系统中考虑,以确定其能否实现控制目标。因为单个的控制活动(如将发货单与销售发票相核对)本身并不足以控制重大错报风险。只有多种控制活动和内部控制的其他要素综合作用才足以控制重大错报风险。当然,也有某些控制活动可能专门针对某类交易或账户余额的个别认定。例如,被审计单位建立的、以确保盘点工作人员能够正确地盘点和记录存货的控制活动,直接与存货账户余额的存在性和完整性认定相关。注册会计师只需要对盘点过程和程序进行了解,就可以确定控制是否能够实现目标。

注册会计师应当考虑对识别的各类交易、账户余额和列报认定层次的重大错报风险予以汇总和评估,以确定进一步审计程序的性质、时间和范围。表8-5给出了评估认定层次的重大错报风险汇总表示例。

表 8-5　　　　　　评估认定层次的重大错报风险汇总表

重大账户	认定	识别的重大错报风险	风险评估结果
列示重大账户。例如,应收账款	列示相关的认定。例如,存在、完整性、计价或分摊等	汇总实施审计程序识别出的与该重大账户的某项认定相关的重大错报风险	评估该项认定的重大错报风险水平(应考虑控制设计是否合理,是否得到执行)
存货			
固定资产			
……			

从前面的阐述可知,注册会计师识别和评估财务报表层次以及各类交易、账户余额和列报认定层次的重大错报风险的流程如图8-1所示。

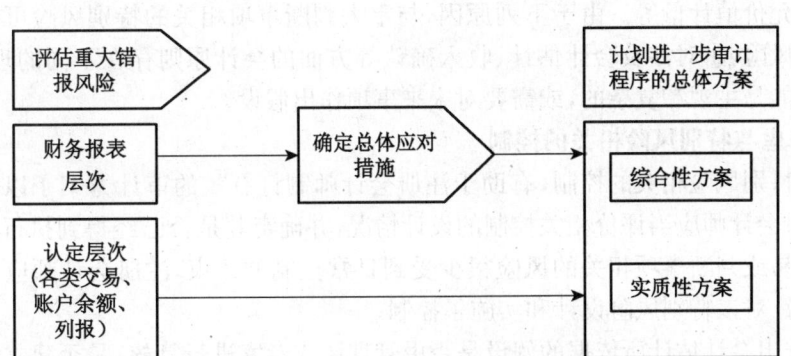

图 8-1 评估重大错报风险流程

(四) 考虑财务报表的可审计性

注册会计师在了解被审计单位内部控制后,可能对被审计单位财务报表的可审计性产生怀疑。例如,对被审计单位会计记录的可靠性和状况的担心可能会使注册会计师认为可能很难获取充分、适当的审计证据,以支持对财务报表发表意见。又如,管理层严重缺乏诚信,注册会计师认为管理层在财务报表中作出虚假陈述的风险高到无法进行审计的程度。因此,如果通过对内部控制的了解发现下列情况,并对财务报表局部或整体的可审计性产生疑问,注册会计师应当考虑出具保留意见或无法表示意见的审计报告:①被审计单位会计记录的状况和可靠性存在重大问题,不能获取充分、适当的审计证据以发表无保留意见;②对管理层的诚信存在严重疑虑。必要时,注册会计师应当考虑解除业务约定。

二、需要特别考虑的重大错报风险

需要特别考虑的重大错报风险简称特别风险,是风险评估的一部分。注册会计师应当运用职业判断,确定识别的风险哪些是需要特别考虑的重大错报风险。

(一) 确定特别风险时应考虑的事项

在确定哪些风险是特别风险时,注册会计师应当在考虑识别出的控制对相关风险的抵消效果前,根据风险的性质、潜在错报的重要程度(包括该风险是否可能导致多项错报)和发生的可能性,判断风险是否属于特别风险。

在确定风险的性质时,注册会计师应当考虑下列事项:①风险是否属于舞弊风险;②风险是否与近期经济环境、会计处理方法和其他方面的重大变化有关;③交易的复杂程度;④风险是否涉及重大的关联方交易;⑤财务信息计量的主观程度,特别是对不确定事项的计量存在较大区间;⑥风险是否涉及异常或超出正常经营过程的重大交易。

(二) 非常规交易和判断事项导致的特别风险

日常的、不复杂的、经正规处理的交易不太可能产生特别风险。特别风险通常与重大的非常规交易和判断事项有关。非常规交易是指由于金额或性质异常而不经常发生的交易。例如,企业购并、债务重组、重大或有事项等。由于非常规交易具有下列特征,与重大非常规交易相关的特别风险可能导致更高的重大错报风险:①管理层更多地介入会计处理;②数据收集和处理涉及更多的人工成分;③复杂的计算或会计处理方法;④非常规交易的性质可能使被审计单位难以对由此产生的特别风险实施有效控制。

判断事项通常包括作出的会计估计,如资产减值准备金额的估计、需要运用复杂估值技

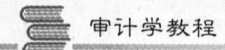

术确定的公允价值计量等。由于下列原因,与重大判断事项相关的特别风险可能导致更高的重大错报风险:①对涉及会计估计、收入确认等方面的会计原则存在不同的理解;②所要求的判断可能是主观和复杂的,或需要对未来事项作出假设。

(三)考虑与特别风险相关的控制

了解与特别风险相关的控制,有助于注册会计师制订有效的审计方案予以应对。对特别风险,注册会计师应当评价相关控制的设计情况,并确定其是否已经得到执行。由于与重大非常规交易或判断事项相关的风险很少受到日常控制的约束,注册会计师应当了解被审计单位是否针对该特别风险设计和实施了控制。

例如,作出会计估计所依据的假设是否由管理层或专家进行复核,是否建立作出会计估计的正规程序,重大会计估计结果是否由治理层批准等。又如,管理层在收到重大诉讼事项的通知时采取的措施,包括这类事项是否提交适当的专家(如内部或外部的法律顾问)处理、是否对该事项的潜在影响作出评估、是否确定该事项在财务报表中的披露问题以及如何确定等。如果管理层未能实施控制以恰当应对特别风险,注册会计师应当认为内部控制存在重大缺陷,并考虑其对风险评估的影响。

三、仅通过实质性程序无法应对的重大错报风险

作为风险评估的一部分,如果认为仅通过实质性程序获取的审计证据无法将认定层次的重大错报风险降至可接受的低水平,注册会计师应当评价被审计单位针对这些风险设计的控制,并确定其执行情况。

在被审计单位对日常交易采用高度自动化处理的情况下,审计证据可能仅以电子形式存在,其充分性和适当性通常取决于自动化信息系统相关控制的有效性,注册会计师应当考虑仅通过实施实质性程序不能获取充分、适当审计证据的可能性。例如,某企业通过高度自动化的系统确定采购品种和数量,生成采购订单,并通过系统中设定的收货确认和付款条件进行付款。除了系统中的相关信息以外,该企业没有其他有关订单和收货的记录。在这种情况下,如果认为仅通过实施实质性程序不能获取充分、适当的审计证据,注册会计师应当考虑依赖的相关控制的有效性,并对其进行了解、评估和测试。

注册会计师可以通过编制表格来汇总识别的重大错报风险,并判定它们的性质,如表8-6所示。

表8-6　　　　　　　　　　　识别的重大错报风险汇总表

识别的重大错报风险	对财务报表的影响	相关的交易类别、账户余额和列报认定	是否与财务报表整体广泛相关	是否属于特别风险	是否属于仅通过实质性程序无法应对的重大错报风险
记录识别的重大错报风险	描述对财务报表的影响和导致财务报表发生重大错报的可能性	列示相关的各类交易、账户余额、列报及其认定	考虑是否属于财务报表层次的重大错报风险	考虑是否属于特别风险	考虑是否属于仅通过实质性程序无法应对的重大错报风险

四、对风险评估的修正

注册会计师对认定层次重大错报风险的评估应以获取的审计证据为基础,并可能随着不断获取审计证据而作出相应的变化。例如,注册会计师对重大错报风险的评估可能基于预期控制运行有效这一判断,即相关控制可以防止或发现并纠正认定层次的重大错报。但在测试控制运行的有效性时,注册会计师获取的证据可能表明相关控制在被审计期间并未有效运行。同样,在实施实质性程序后,注册会计师可能发现错报的金额和频率比在风险评估时预计的金额和频率要高。因此,如果通过实施进一步审计程序获取的审计证据与初始评估获取的审计证据相矛盾,注册会计师应当修正风险评估结果,并相应修改原计划实施的进一步审计程序。

因此,评估重大错报风险与了解被审计单位及其环境一样,也是一个连续和动态地收集、更新与分析信息的过程,贯穿于整个审计过程的始终。

值得提出的是,注册会计师应当及时将注意到的内部控制设计或执行方面的重大缺陷,告知适当层次的管理层或治理层。如果识别出被审计单位未加控制或控制不当的重大错报风险,或认为被审计单位的风险评估过程存在重大缺陷,注册会计师应当就此类内部控制缺陷与治理层沟通。

复习思考题

1. 风险评估的程序有哪些?如何获取风险评估的信息来源?
2. 注册会计师了解行业状况、法律环境与监管环境的内容有哪些?
3. 简述注册会计师在了解被审计单位的性质、会计政策的选择和运用、财务业绩的衡量与评价时应重点关注的内容。
4. 内部控制的含义是什么?如何理解内部控制?
5. 简述内部控制的人工和自动化成分。
6. 如何从整体层面了解和评价被审计单位的内部控制?
7. 如何在业务流程层面了解和评价内部控制?
8. 如何识别和评价财务报表层次和认定层次的重大错报风险?
9. 确定特别风险时应考虑的事项有哪些?
10. 如何理解仅通过实质性程序无法应对的重大错报风险?

练 习 题

一、单项选择题(在每小题列出的四个备选项中只有一个是最符合题目要求的,请将其代码填在题后的括号内)

1. 注册会计师了解被审计单位及其环境的目的是(　　)。
A. 控制检查风险
B. 为了识别和评估财务报表重大错报风险
C. 收集充分适当的审计证据
D. 为了进行风险评估程序

2. 内部控制的目标不包括( )。

A. 审计风险处在低水平

B. 经营的效率和效果

C. 财务报告的可靠性

D. 在所有经营活动中遵守法律法规的要求

3. 下列关于财务报表层次重大错报风险的说法中,不正确的是( )。

A. 通常与控制环境有关

B. 可能影响多项认定

C. 直接界定于某类交易、账户余额、列报的具体认定

D. 与财务报表整体存在广泛联系

4. 在进行风险评估时,注册会计师通常采用的列审计程序是( )。

A. 以人工方式或使用计算机辅助审计技术,对记录或文件中的数据计算准确性进行核对

B. 使用函证、监盘等程序

C. 将财务报表与其所依据的会计记录相核对

D. 实施分析程序以识别异常的交易或事项,以及对财务报表和审计产生影响的金额、比率和趋势

5. 注册会计师采用风险评估程序了解被审计单位及其环境,了解被审计单位及其环境的时间是( )。

A. 在承接审计业务和续约时　　　　B. 在进行审计计划时

C. 在进行期中审计时　　　　　　　D. 贯穿于整个审计过程的始终

二、多项选择题(在每小题列出的四个备选项中有两个或两个以上是符合题目要求的,请将其代码填在题后的括号内)

1. 在了解控制环境时,注册会计师应当关注的内容有( )。

A. 公司治理层相对于管理层的独立性　　B. 公司管理层的理念和经营风格

C. 公司员工整体的道德价值观　　　　　D. 公司对控制的监督

2. 风险评估程序包括( )。

A. 穿行测试

B. 观察和检查

C. 分析程序

D. 询问被审计单位管理层和内部其他相关人员

3. 注册会计师应当从( )了解被审计单位对会计政策的选择和运用。

A. 被审计单位何时采用以及如何采用最新颁布的会计准则和相关会计制度

B. 在新领域和缺乏权威性标准或共识的领域,采用重要会计政策产生的影响

C. 重大税收法规变化

D. 重要项目的会计政策和行业惯例

4. 在了解被审计单位财务业绩衡量和评价情况时,注册会计师应当关注( )。

A. 关键业绩指标

B. 管理层和员工业绩考核与激励性报酬政策

C. 国家出台的个人所得税纳税调整

D. 与竞争对手的业绩比较

5. 控制活动是指有助于确保管理层的指令得以执行的政策和程序,包括( )。

A. 职责分离　　　　　　　　　　　　B. 实物控制

C. 授权与业绩评价　　　　　　　　　D. 信息处理

三、判断题(对每题内容的正误进行判断,你认为正确的用"√"表示,错误的用"×"表示,并填入题后的括号内)

1. 评价对被审计单位及其环境了解的程度是否恰当,关键是看注册会计师对被审计单位及其环境的了解是否实施了风险评估程序。 　　　　　　　　　　　( )

2. 评价控制的设计是指注册会计师确定设计是否合理,不涉及控制是否得到执行。

( )

3. 经营风险最终都会产生财务后果,从而影响财务报表。 　　　　　　　( )

4. 财务报表层次的重大错报风险很可能源于薄弱的控制环境。 　　　　　( )

5. 注册会计师应当及时将注意到的内部控制设计或执行方面的重大缺陷,直接告知被审计单位管理层或治理层。 　　　　　　　　　　　　　　　　　　　　　( )

四、分析题(分析以下各项资料,并按照要求回答问题)

(一) 资料

大通会计师事务所 A 和 B 注册会计师接受委派,对甲上市公司(以下简称甲公司)20×9年度的会计报表进行审计。假设甲公司尚未采用计算机记账。A 和 B 注册会计师于20×9年11月1日至7日对甲公司的内部控制制度进行了解,并在相关审计工作底稿中记录了解的事项,摘录如下:

(1) 甲公司产成品发出时,由销售部填制一式四联的出库单。仓库发出产成品后,将第一联出库单留存登记产成品卡片,第二联销售部留存,第三、第四联交会计部会计人员张红登记产成品总账和明细账。

(2) 会计人员李江负责开具销售发票,在开具销售发票之前,先核对装运凭证和相应的经批准的销售单,并根据已授权批准的商品价目表填写销售发票的价格,根据装运凭证上的数量填写销售发票数量。

(3) 甲公司的材料采购需要经授权批准后方可进行,采购部根据经批准的请购单发出订购单。货物运达后,验收部根据订购单的要求验收货物,并编制一式多联的未连续编号的验收单。仓库根据验收单验收货物,在验收单上签字后,将货物移入仓库加以保管。验收单上有数量、品名、单价等要素。验收单一联交采购部登记采购明细账和编制付款凭证,付款凭证经批准后,月末交会计部;一联交会计部登记材料明细账,一联由仓库保留并登记材料明细账。会计部根据只附验收单的付款凭证登记有关账簿。

(4) 会计部审核付款凭证后,支付采购款项。甲公司授权会计部的经理签署支票,经理将其授权给会计人员王卫负责,但保留了支票印章。王卫根据已适当批准的凭单,在确定支票受款人名称与凭单内容一致后签署支票,并在凭单上加盖"已支付"的印章。对付款控制程序的穿行测试表明,A 和 B 注册会计师未发现与公司规定有不一致之处。

(5) 计划部根据批准,签发预先编号的生产通知单,生产部根据生产通知单填写一式四联的领料单,仓库发料后,其中一联留存,一联连同材料交还领料部,其余两联经仓库登记材料明细账后送会计部进行材料收发核算和成本核算。

(二) 要求

(1) 根据上述摘录,假定未描述的其他内部控制不存在缺陷,请指出甲公司内部控制在设计与运行方面的缺陷,并提出改进建议。

(2) 根据对甲公司内部控制的了解情况,请分别指出上述内部控制缺陷与交易层次或财务报表层次的哪些认定相关。

第九章 风险应对

注册会计师在审计过程中贯彻风险导向的审计理念,围绕重大错报风险的识别、评估和应对,计划和实施审计工作。注册会计师应针对已评估的重大错报风险确定总体应对措施,设计和实施进一步审计程序。

第一节 风险应对概述

根据审计准则,注册会计师应对重大错报风险时遵守以下规定:①注册会计师针对财务报表层次的重大错报风险制定总体应对措施,包括向审计项目组强调在获取审计证据过程中保持职业怀疑态度的必要性、分派更有经验或具有特殊技能的审计人员或利用专家,向审计项目组提供更多的督导等;②注册会计师应当针对认定层次的重大错报风险设计和实施进一步审计程序,包括测试控制的执行有效性以及实施实质性程序;③注册会计师应当评价风险评估的结果是否适当,并确定是否已经获取充分、适当的审计证据;④注册会计师应当将实施关键的程序形成审计工作记录。因此,注册会计师应当针对评估的财务报表层次重大错报风险确定总体应对措施,并针对评估的认定层次重大错报风险设计和实施进一步审计程序,以将审计风险降至可接受的低水平。

一、针对财务报表层次重大错报风险的总体应对措施

在财务报表重大错报风险的评估过程中,注册会计师应当确定,识别的重大错报风险是与特定的某类交易、账户余额、列报的认定相关,还是与财务报表整体广泛相关,进而影响多项认定。如果是后者,则属于财务报表层次的重大错报风险。

注册会计师应当针对评估的财务报表层次重大错报风险确定下列总体应对措施:①向项目组强调在收集和评价审计证据过程中保持职业怀疑态度的必要性;②分派更有经验或具有特殊技能的审计人员,或利用专家的工作;③提供更多的督导;④在选择进一步审计程序时,应当注意使某些程序不被管理层预见或事先了解;⑤对拟实施审计程序的性质、时间和范围作出总体修改。

(一)增加审计程序不可预见性的方法

在审计实务中,注册会计师可以通过以下增加审计程序的方式提高审计程序的不可预见性:

(1)对某些以前未测试的低于设定的重要性水平或风险较小的账户余额和认定实施实质性程序。注册会计师可以关注以前未曾关注过的审计领域,尽管这些领域可能重要程度比较低。如果这些领域有可能被用于掩盖舞弊行为,注册会计师就要针对这些领域实施一

些具有不可预见性的测试。

(2) 调整实施审计程序的时间,使其超出被审计单位的预期。例如,如果注册会计师在以前年度的大多数审计工作都围绕着 12 月或在年底前后进行,那么被审计单位就会了解注册会计师这一审计习惯,由此可能会把一些不适当的会计调整放在年度的 8 月、9 月、10 月等,以避免引起注册会计师的注意。因此,注册会计师可以考虑调整实施审计程序时测试项目的时间,将测试 12 月的项目调整到测试 8 月、9 月或 10 月等月份的项目。

(3) 选取不同的地点实施审计程序,或预先不告知被审计单位所选定的测试地点。例如,在存货监盘程序中,注册会计师可以到未事先通知被审计单位的盘点现场进行监盘,使被审计单位没有机会事先清理现场,隐藏一些不想让注册会计师知道的情况。

(4) 采取不同的审计抽样方法,使当年抽取的测试样本与以前有所不同。

(二) 财务报表层次重大错报风险以及采取的总体应对措施对拟实施进一步审计程序的总体方案的影响

财务报表层次重大错报风险难以限于某类交易、账户余额、列报的特点,意味着此类风险可能对财务报表的多项认定产生广泛影响,并相应增加注册会计师对认定层次重大错报风险的评估难度。因此,注册会计师评估的财务报表层次重大错报风险以及采取的总体应对措施,对拟实施进一步审计程序的总体方案具有重大影响。

拟实施进一步审计程序的总体方案包括实质性方案和综合性方案。其中,实质性方案是指注册会计师实施的进一步审计程序以实质性程序为主;综合性方案是指注册会计师在实施进一步审计程序时,将控制测试与实质性程序结合使用。当评估的财务报表层次重大错报风险属于高风险水平(并相应采取更强调审计程序不可预见性、重视调整审计程序的性质、时间和范围等总体应对措施)时,拟实施进一步审计程序的总体方案往往更倾向于实质性方案。计划进一步审计程序的总体方案如图 9-1 所示。

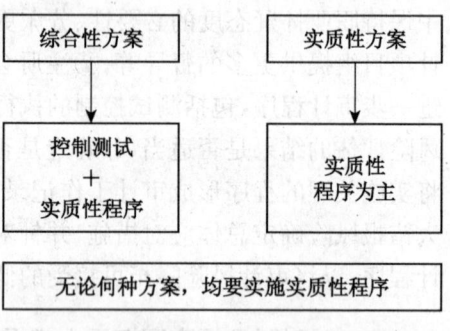

图 9-1　计划进一步审计程序总体方案

二、针对认定层次重大错报风险的进一步审计程序

进一步审计程序是相对风险评估程序而言的,是指注册会计师针对评估的各类交易、账户余额、列报(包括披露,下同)认定层次重大错报风险实施的审计程序,包括控制测试和实质性程序。注册会计师应当针对所评估的认定层次重大错报风险来设计和实施进一步审计程序,包括审计程序的性质、时间和范围,以确保实施的审计程序具有目的性和针对性,有的放矢地配置审计资源,提高审计效率和效果。在设计进一步审计程序时,注册会计师应当考虑下列因素:

(1) 风险的重要性。风险的重要性是指风险造成的后果的严重程度。风险的后果越严重,就越需要注册会计师关注和重视,越需要精心设计有针对性的进一步审计程序。

(2) 重大错报发生的可能性。重大错报发生的可能性越大,同样越需要注册会计师精心设计进一步审计程序。

(3) 涉及的各类交易、账户余额和列报的特征。不同的交易、账户余额和列报,产生的

认定层次的重大错报风险也会存在差异,适用的审计程序也有差别,需要注册会计师区别对待,并设计有针对性的进一步审计程序予以应对。

(4) 被审计单位采用的特定控制的性质。不同性质的控制(人工控制或自动化控制)对注册会计师设计进一步的审计程序具有重要影响。

(5) 注册会计师是否拟获取审计证据,以确定内部控制在防止或发现并纠正重大错报方面的有效性。如果注册会计师在风险评估时预期内部控制运行有效,随后拟实施的进一步审计程序必须包括控制测试,且实质性程序自然会受到之前控制测试结果的影响。

综合上述几方面因素,注册会计师对认定层次重大错报风险的评估为确定进一步审计程序的总体方案奠定了基础。因此,注册会计师应当根据对认定层次重大错报风险的评估结果,恰当选用实质性方案或综合性方案。通常情况下,注册会计师出于成本效益的考虑可以采用综合性方案设计进一步审计程序,即将测试控制运行的有效性与实质性程序结合使用。但在某些情况下(如仅通过实质性程序无法应对的重大错报风险),注册会计师必须通过实施控制测试,才可能有效应对评估出的某一认定的重大错报风险;而在另一些情况下(如注册会计师的风险评估程序未能识别出与认定相关的任何控制,或注册会计师认为控制测试很可能不符合成本效益原则),注册会计师可能认为仅实施实质性程序就是适当的。

小型被审计单位可能不存在能够被注册会计师识别的控制活动,注册会计师实施的进一步审计程序可能主要是实质性程序。但是,注册会计师始终应当意识到在缺乏控制的情况下,仅通过实施实质性程序是否能够获取充分、适当的审计证据。

第二节 控制测试

控制测试指的是测试控制运行的有效性,这一概念需要与"了解内部控制"进行区分。"了解内部控制"包含两层含义:一是评价控制的设计;二是确定控制是否得到执行。测试控制运行的有效性与确定控制是否得到执行所需获取的审计证据是不同的。在实施风险评估程序(了解控制)以获取控制是否得到执行的审计证据时,注册会计师应当确定某项控制是否存在,被审计单位是否正在使用;控制运行有效性强调的是控制能够在各个不同时点按照既定设计得以一贯执行。

一、控制测试的要求

在测试控制运行的有效性时,注册会计师应当从下列方面获取关于控制是否有效运行的审计证据:①控制在所审计期间的不同时点是如何运行的;②控制是否得到一贯执行;③控制由谁执行;④控制以何种方式运行(如人工控制或自动化控制)。作为进一步审计程序的类型之一,控制测试并非在任何情况下都需要实施。当存在下列情形之一时,注册会计师应当实施控制测试:

(1) 在评估认定层次重大错报风险时,预期控制的运行是有效的。如果在评估认定层次重大错报风险时预期控制的运行是有效的,注册会计师应当实施控制测试,就控制在相关期间或时点的运行有效性获取充分、适当的审计证据。注册会计师通过实施风险评估程序,可能发现某项控制的设计是存在的,也是合理的,同时得到了执行。在这种情况下,出于成本效益的考虑,注册会计师可能预期,如果相关控制在不同时点都得到了一贯执行,与该项控制有关的财务报表认定发生重大错报的可能性就不会很大,也就不需要实施很多的实质性程序。为此,注册会计师可能会认为值得对相关控制在不同时点是否得到了一贯执行进行测试,即实施控制测试。这种测试主要是出于成本效益的考虑,其前提是注册会计师通过了解内部控制以后认为某项控制存在着被信赖和利用的可能。因此,只有认为控制设计合理、能够防止或发现和纠正认定层次的重大错报,注册会计师才有必要对控制运行的有效性实施测试。

(2) 仅实施实质性程序不足以提供认定层次充分、适当的审计证据。如果认为仅实施实质性程序获取的审计证据无法将认定层次重大错报风险降至可接受的低水平,注册会计师应当实施相关的控制测试,以获取控制运行有效性的审计证据。

有时,对有些重大错报风险,注册会计师仅通过实质性程序无法予以应对。例如,在被审计单位对日常交易或与财务报表相关的其他数据(包括信息的生成、记录、处理、报告)采用高度自动化处理的情况下,审计证据可能仅以电子形式存在,此时审计证据是否充分和适当通常取决于自动化信息系统相关控制的有效性。如果信息的生成、记录、处理和报告均通过电子格式进行而没有适当有效的控制,则生成不正确信息或信息被不恰当修改的可能性就会大大增加。在认为仅通过实施实质性程序不能获取充分、适当的审计证据的情况下,注册会计师必须实施控制测试,且这种测试已经不再是单纯出于成本效益的考虑,而是必须获取的一类审计证据。

二、控制测试的性质

控制测试的性质是指控制测试所使用的审计程序的类型及其组合。计划从控制测试中获取的保证水平是决定控制测试性质的主要因素之一。注册会计师应当选择适当类型的审计程序以获取有关控制运行有效性的保证。计划的保证水平越高,对有关控制运行有效性的审计证据的可靠性要求就越高。

(一) 控制测试所使用的审计程序的类型

虽然控制测试与了解内部控制的目的不同,但两者采用审计程序的类型通常相同,包括询问、观察、检查和穿行测试。此外,控制测试的程序还包括重新执行。

(1) 询问。注册会计师可以向被审计单位适当员工询问,获取与内部控制运行情况相关的信息。例如,询问信息系统管理人员有无未经授权接触计算机硬件和软件,向负责复核银行存款余额调节表的人员询问如何进行复核,包括复核的要点是什么、发现不符事项如何处理等。然而,仅仅通过询问不能为控制运行的有效性提供充分的证据,注册会计师通常需要印证被询问者的答复,如向其他人员询问和检查执行控制时所使用的报告、手册或其他文件等。因此,虽然询问是一种有用的手段,它必须和其他测试手段结合使用才能发挥作用。在询问过程中,注册会计师应当保持职业怀疑态度。

(2) 观察。观察是测试不留下书面记录的控制(如职责分离)的运行情况的有效方法。例如,观察存货盘点控制的执行情况。观察也可运用于实物控制,如查看仓库门是否锁好,或空白支票是否妥善保管。通常情况下,注册会计师通过观察直接获取的证据比间接获取的证据更可靠。但是,注册会计师还要考虑其所观察到的控制在注册会计师不在场时可能未被执行的情况。

(3) 检查。对运行情况留有书面证据的控制,检查非常适用。书面说明、复核时留下的记号,或其他记录在偏差报告中的标志都可以被当作控制运行情况的证据。例如,检查销售发票是否有复核人员签字,检查销售发票是否附有客户订购单和出库单等。

（4）重新执行。通常只有当询问、观察和检查程序结合在一起仍无法获得充分的证据时,注册会计师才考虑通过重新执行来证实控制是否有效运行。例如,为了合理保证计价认定的准确性,被审计单位的一项控制是由复核人员核对销售发票上的价格与统一价格单上的价格是否一致。但是,要检查复核人员有没有认真执行核对,仅仅检查复核人员是否在相关文件上签字是不够的,注册会计师还需要自己选取一部分销售发票进行核对,这就是重新执行程序。但是,如果需要进行大量的重新执行,注册会计师就要考虑通过实施控制测试以缩小实质性程序的范围是否有效率。

（5）穿行测试。除了上述四类控制测试常用的审计程序以外,实施穿行测试也是一种重要的审计程序。值得注意的是,穿行测试不是单独的一种程序,而是将多种程序按特定审计需要进行结合运用的方法。穿行测试是通过追踪交易在财务报告信息系统中的处理过程,来证实注册会计师对控制的了解、评价控制设计的有效性以及确定控制是否得到执行。可见,穿行测试更多地在了解内部控制时运用。但在执行穿行测试时,注册会计师可能获取部分控制运行有效性的审计证据。

（二）实施控制测试时对双重目的的实现

控制测试的目的是评价控制是否有效运行;实质性程序中的细节测试的目的是发现认定层次的重大错报。尽管两者目的不同,但注册会计师可以考虑针对同一交易同时实施控制测试和细节测试,以实现双重目的,简称"双重目的测试"。例如,注册会计师通过检查某笔交易的发票可以确定其是否经过适当的授权,也可以获取关于该交易的金额、发生时间等细节证据。当然,如果拟实施双重目的的测试,注册会计师应当仔细设计和评价测试程序。

（三）实施实质性程序的结果对控制测试结果的影响

如果通过实施实质性程序未发现某项认定存在错报,这本身并不能说明与该认定有关的控制是有效运行的;但如果通过实施实质性程序发现某项认定存在错报,注册会计师应当在评价相关控制的运行有效性时予以考虑。因此,注册会计师应当考虑实施实质性程序发现的错报对评价相关控制运行有效性的影响(如降低对相关控制的信赖程度、调整实质性程序的性质、扩大实质性程序的范围等)。如果实施实质性程序发现被审计单位没有识别出的重大错报,通常表明内部控制存在重大缺陷,注册会计师应当就这些缺陷与管理层和治理层进行沟通。

三、控制测试的时间

控制测试的时间包含两层含义:一是何时实施控制测试;二是测试所针对的控制适用的时点或期间。一个基本的原理是,如果测试特定时点的控制,注册会计师仅得到该时点控制运行有效性的审计证据;如果测试某一期间的控制,注册会计师可获取控制在该期间有效运行的审计证据。因此,注册会计师应当根据控制测试的目的确定控制测试的时间,并确定拟信赖的相关控制的时点或期间。

关于根据控制测试的目的确定控制测试的时间,如果仅需要测试控制在特定时点的运行有效性(如对被审计单位期末存货盘点进行控制测试),注册会计师只需要获取该时点的审计证据。如果需要获取控制在某一期间有效运行的审计证据,仅获取与时点相关的审计证据是不充分的,注册会计师应当辅以其他控制测试,包括测试被审计单位对控制的监督。换言之,关于控制在多个不同时点的运行有效性的审计证据的简单累加并不能构成控制在某期间的运行有效性的充分、适当的审计证据;而所谓的"其他控制测试"应当具备的功能是,能提供相关控制在所有相关时点都运行有效的审计证据;被审计单位对控制的监督起到的就是一种检验相关控制在所有相关时点是否都有效运行的作用,因此注册会计师测试这类活动能够强化控制在某个期间运行有效性的审计证据效力。

另外,注册会计师还要考虑如何使用期中审计证据和以前审计获取的审计证据。

四、控制测试的范围

控制测试的范围主要是指某项控制活动的测试次数。注册会计师应当设计控制测试,以获取控制在整个拟信赖的期间有效运行的充分、适当的审计证据。在确定某项控制的测试范围时通常考虑以下因素:

(1)在整个拟信赖的期间,被审计单位执行控制的频率。控制执行的频率越高,控制测试的范围越大。

(2)在所审计期间,注册会计师拟信赖控制运行有效性的时间长度。拟信赖控制运行有效性的时间长度不同,在该时间长度内发生的控制活动次数也不同。拟信赖期间越长,控制测试的范围越大。

(3)为证实控制能够防止或发现并纠正认定层次重大错报,所需获取审计证据的相关性和可靠性。对审计证据的相关性和可靠性要求越高,控制测试的范围越大。

(4)通过测试与认定相关的其他控制获取的审计证据的范围。针对同一认定,可能存在不同的控制。当针对其他控制获取审计证据的充分性和适当性较高时,测试该控制的范围可适当缩小。

(5)在风险评估时拟信赖控制运行有效性的程度。注册会计师在风险评估时对控制运行有效性的拟信赖程度越高,需要实施控制测试的范围越大。

(6)控制的预期偏差。预期偏差可以用控制未得到执行的预期次数占控制应当得到执行次数的比率加以衡量(也可称作预期偏差率)。考虑该因素,是因为在考虑测试结果是否可以得出控制运行有效性的结论时,不可能只要出现任何控制执行偏差就认定控制运行无效,所以需要确定一个合理水平的预期偏差率。控制的预期偏差率越高,需要实施控制测试的范围越大。如果控制的预期偏差率过高,注册会计师应当考虑控制可能不足以将认定层次的重大错报风险降至可接受的低水平,从而针对某一认定实施的控制测试可能是无效的。

需要注意的是,对于一项自动化应用控制,一旦确定被审计单位正在执行该控制,注册会计师通常无须扩大控制测试的范围,但需要考虑执行下列测试以确定该控制持续有效运行:①测试与该应用控制有关的一般控制的运行有效性;②确定系统是否发生变动,如果发生变动,是否存在适当的系统变动控制;③确定对交易的处理是否使用授权批准的软件版本。例如,注册会计师可以检查信息系统安全控制记录,以确定是否存在未经授权的接触系统硬件和软件,以及系统是否发生变动。

第三节 实质性程序

实质性程序是指注册会计师针对评估的重大错报风险实施的直接用以发现认定层次重大错报的审计程序。因此,注册会计师应当针对评估的重大错报风险设计和实施实质性程序,以发现认定层次的重大错报。实质性程序包括对各类交易、账户余额、列报的细节测试以及实质性分析程序。

一、实质性程序的要求

注册会计师实施的实质性程序应当包括下列与财务报表编制完成阶段相关的审计程序:①将财务报表与其所依据的会计记录相核对;②检查财务报表编制过程中作出的重大会计分录和其他会计调整。注册会计师对会计分录和其他会计调整检查的性质和范围,取决于被审计单位财务报告过程的性质和复杂程度以及由此产生的重大错报风险。由于注册会计师对重大错报风险的评估是一种判断,可能无法充分识别所有的重大错报风险,并且由于内部控制存在固有局限性,无论评估的重大错报风险结果如何,注册会计师都应当针对所有重大的各类交易、账户余额、列报实施实质性程序。

如果认为评估的认定层次重大错报风险是特别风险,注册会计师应当专门针对该风险实施实质性程序。例如,如果认为管理层面临实现盈利指标的压力而可能提前确认收入,注册会计师在设计询证函时不仅应当考虑函证应收账款的账户余额,还应当考虑询证销售协议的细节条款(如交货、结算及退货条款);注册会计师还可考虑在实施函证的基础上针对销售协议及其变动情况询问被审计单位的非财务人员。

如果针对特别风险仅实施实质性程序,注册会计师应当使用细节测试,或将细节测试和实质性分析程序结合使用,以获取充分、适当的审计证据。审计准则作此规定的考虑是,为应对特别风险需要获取具有高度相关性和可靠性的审计证据,仅实施实质性分析程序不足以获取有关特别风险的充分、适当的审计证据。

二、实质性程序的性质

实质性程序的性质是指实质性程序的类型及其组合。实质性程序包括细节测试和实质性分析程序两种基本类型。细节测试是对各类交易、账户余额、列报的具体细节进行测试,目的在于直接识别财务报表认定是否存在错报。检查、观察、询问、函证、重新计算、重新执行等审计程序均可以用于细节测试。实质性分析程序从技术特征上仍然是分析程序,主要是通过研究数据间关系评价信息,只是将该技术方法用作实质性程序,即用以识别各类交易、账户余额、列报及相关认定是否存在错报。

(一) 细节测试和实质性分析程序的适用性

由于细节测试和实质性分析程序的目的、技术手段存在一定差异,因此各自有不同的适用领域。注册会计师应当根据各类交易、账户余额、列报的性质选择实质性程序的类型。细节测试适用于对各类交易、账户余额、列报认定的测试,尤其是对存在或发生、计价认定的测试;对在一段时期内存在可预期关系的大量交易,注册会计师可以考虑实施实质性分析程序。

(二) 细节测试的方向

对于细节测试,注册会计师应当针对评估的风险设计细节测试,获取充分、适当的审计证据,以达到认定层次所计划的保证水平。即注册会计师需要根据不同的认定层次的重大错报风险设计有针对性的细节测试。例如,在针对存在或发生认定设计细节测试时,注册会计师应当选择包含在财务报表金额中的项目,并获取相关审计证据;又如,在针对完整性认定设计细节测试时,注册会计师应当选择有证据表明应包含在财务报表金额中的项目,并调查这些项目是否确实包括在内。如为应对被审计单位漏记本期应付账款的风险,注册会计师可以检查期后付款记录。

(三) 设计实质性分析程序时考虑的因素

注册会计师在设计实质性分析程序时应当考虑的因素包括:①对特定认定使用实质性分析程序的适当性;②对已记录的金额或比率作出预期时,所依据的内部或外部数据的可靠性;③作出预期的准确程度是否足以在计划的保证水平上识别重大错报;④已记录金额与预期值之间可接受的差异额。考虑到数据及分析的可靠性,当实施实质性分析程序时,如果使用被审计单位编制的信息,注册会计师应当考虑测试与信息编制相关的控制,以及这些信息是否在本期或前期经过审计。

三、实质性程序的时间

注册会计师在实施实质性程序时必须权衡在期中或期末获取同样审计效果所需审计证据所耗费的审计资源。在期中实施实质性程序,一方面消耗了审计资源,另一方面期中实施实质性程序获取的审计证据又不能直接作为期末财务报表认定的审计证据,注册会计师仍然需要消耗进一步的审计资源使期中审计证据能够合理延伸至期末。于是这两部分审计资源的总和是否能够显著小于完全在期末实施实质性程序所需消耗的审计资源,是注册会计师需要权衡的。注册会计师在考虑是否在期中实施实质性程序时应当考虑下列因素:

(1) 控制环境和其他相关的控制。控制环境和其他相关的控制越薄弱,注册会计师越不宜在期中实施实质性程序。

(2) 实施审计程序所需信息在期中之后的可获得性。如果实施实质性程序所需信息在期中之后可能难以获取(如系统变动导致某类交易记录难以获取),注册会计师应考虑在期中实施实质性程序;但如果实施实质性程序所需信息在期中之后的可获得性并不存在明显困难,该因素不应成为注册会计师在期中实施实质性程序的重要影响因素。

(3) 实质性程序的目标。如果针对某项认定实施实质性程序的目标就包括获取该认定的期中审计证据(从而与期末比较),注册会计师应在期中实施实质性程序。

(4) 评估的重大错报风险。注册会计师评估的某项认定的重大错报风险越高,针对该认定所需获取的审计证据的相关性和可靠性要求也就越高,注册会计师越应当考虑将实质性程序集中于期末(或接近期末)实施。

(5) 各类交易或账户余额以及相关认定的性质。例如,某些交易或账户余额以及相关认定的特殊性质(如收入截止认定、未决诉讼)决定了注册会计师必须在期末(或接近期末)实施实质性程序。

(6) 针对剩余期间,能否通过实施实质性程序或将实质性程序与控制测试相结合,降低期末存在错报而未被发现的风险。如果针对剩余期间注册会计师可以通过实施实质性程序或将实质性程序与控制测试相结合,较有把握地降低期末存在错报而未被发现的风险(如注册会计师在11月份实施预审时考虑是否使用一定的审计资源实施实质性程序,从而形成的剩余期间不是很长),注册会计师可以考虑在期中实施实质性程序;但如果针对剩余期间注册会计师认为还需要消耗大量审计资源才有可能降低期末存在错报而未被发现的风险,甚至没有把握通过适当的进一步审计程序降低期末存在错报而未被发现的风险(如被审计单位于7月份发生管理层变更,注册会计师接受后任管理层邀请实施预审时,考虑是否使用一定的审计资源实施实质性程序),注册会计师就不宜在期中实施实质性程序。

实质性程序的时间选择与控制测试的时间选择有共同点,也有很大差异。共同点在于,两类程序都面临着对期中审计证据和对以前审计获取的审计证据的考虑。两者的差异在于:

(1)在控制测试中,期中实施控制测试并获取期中关于控制运行有效性审计证据的做法更具有一种"常态";而由于实质性程序的目的在于更直接地发现重大错报,在期中实施实质性程序时更需要考虑其成本效益的权衡。

(2)在本期控制测试中拟信赖以前审计获取的有关控制运行有效性的审计证据,已经受到了很大的限制;而对于以前审计中通过实质性程序获取的审计证据,应采取更加慎重的态度和更严格的限制。

四、实质性程序的范围

评估的认定层次重大错报风险和实施控制测试的结果是注册会计师在确定实质性程序的范围时的重要考虑因素。因此,在确定实质性程序的范围时,注册会计师应当考虑评估的认定层次重大错报风险和实施控制测试的结果。注册会计师评估的认定层次的重大错报风险越高,需要实施实质性程序的范围越广。如果对控制测试结果不满意,注册会计师应当考虑扩大实质性程序的范围。

复 习 思 考 题

1. 增加审计程序不可预见性的基本方法有哪些?
2. 财务报表层次重大错报风险是如何影响拟实施进一步审计程序的总体方案的?
3. 在设计针对认定层次重大错报风险的进一步审计程序时,应当考虑哪些因素?
4. 控制测试与了解内部控制的区别有哪些? 对控制测试有何要求?
5. 控制测试所使用的审计程序类型有哪些? 什么叫双重目的测试?
6. 在确定某项控制的测试范围时通常要考虑哪些因素?
7. 实质性程序的含义是什么? 对实施实质性程序有何要求?
8. 简述实质性程序的性质、时间和范围。

练 习 题

一、单项选择题(在每小题列出的四个备选项中只有一个是最符合题目要求的,请将其代码填在题后的括号内)

1. 控制测试的程序不包括( )。

A. 询问　　　　　　　　　　　B. 穿行测试和重新执行

C. 观察和检查　　　　　　　　D. 分析程序

2. 在对资产存在性认定获取审计证据时,正确的测试方向是( )。

A. 从支持性证据到会计记录　　B. 从会计记录到支持性证据

C. 从尚未记录的项目到财务报表　D. 从财务报表到尚未记录的项目

3. 在下列各项中,与被审计单位财务报表层次重大错报风险评估最相关的是( )。

A. 被审计单位控制环境薄弱

B. 被审计单位的生产成本计算过程相当复杂

C. 被审计单位持有大量高价值且易被盗窃的资产

D. 被审计单位应收账款周转率呈明显下降趋势

4. 注册会计师设计和实施的进一步审计程序的性质、时间和范围,应当与评估的( )重大错报风险具备明确的对应关系。

A. 财务报表层次   B. 认定层次

C. 账户余额   D. 交易或事项

5. 只有认为控制设计合理、能够防止或发现和纠正认定层次的重大错报,注册会计师才有必要进行( )。

A. 细节测试   B. 实质性测试

C. 了解内部控制   D. 控制测试

二、多项选择题(在每小题列出的四个备选项中有两个或两个以上是符合题目要求的,请将其代码填在题后的括号内)

1. 根据审计准则,注册会计师应对重大错报风险时遵守的规定有( )。

A. 针对财务报表层次的重大错报风险制定总体应对措施

B. 针对认定层次的重大错报风险设计和实施进一步审计程序

C. 评价风险评估的结果是否适当,并确定是否已经获取充分、适当的审计证据

D. 应当将实施关键的程序形成审计工作记录

2. 下列增加审计程序的方式中,注册会计师可以通过其提高审计程序不可预见性的有( )。

A. 对某些以前未测试的低于设定的重要性水平或风险较小的账户余额和认定实施实质性程序

B. 调整实施审计程序的时间,使其超出被审计单位的预期

C. 选取不同的地点实施审计程序,或预先不告知被审计单位所选定的测试地点

D. 采取不同的审计抽样方法,使当年抽取的测试样本与以前有所不同

3. 在设计进一步审计程序时,注册会计师应当考虑的因素有( )。

A. 风险的重要性和重大错报发生的可能性

B. 涉及的各类交易、账户余额和列报的特征

C. 被审计单位采用的特定控制的性质

D. 注册会计师是否拟获取审计证据,以确定内部控制在防止或发现并纠正重大错报方面的有效性

4. 在确定控制测试的范围时,注册会计师通常考虑的因素有( )。

A. 控制的执行频率

B. 控制的预期偏差

C. 在风险评估时拟信赖控制运行有效性的程度

D. 总体变异性

5. 如果针对特别风险仅实施实质性程序,那么注册会计师应当( )。

A. 使用细节测试

B. 仅使用实质性分析程序

C. 将细节测试和实质性分析程序结合使用

D. 将分析程序和控制测试程序结合使用

三、判断题（对每题内容的正误进行判断，你认为正确的用"√"表示，错误的用"×"表示，并填入题后的括号内）

1. 综合性方案是指注册会计师在实施进一步审计程序时，将控制测试与实质性程序结合使用，但控制测试的范围一定要大于实施实质性程序的范围。　　　　　（　　）

2. 实质性方案不必对被审计单位的内部控制进行了解，但实施的进一步审计程序是以实质性程序为主。　　　　　（　　）

3. 注册会计师对内部控制的了解可以代替对控制运行有效性的测试。　　（　　）

4. 如果通过实施实质性程序未发现某项认定存在错报，这本身并不能说明与该认定有关的控制是有效运行的。　　　　　（　　）

5. 控制环境和其他相关的控制越薄弱，注册会计师越不宜在期中实施实质性程序。　　　　　（　　）

四、分析题（分析以下各项资料，并按照要求回答问题）

(一) 资料

1. 被审计单位背景资料简介

某公司是一家生产和销售高端清洁用品的外商独资被审计单位，其产品主要用于星级酒店宾馆和大型饭店。除了在北京、上海直接向终端客户销售外，在全国其他地区均向省级或市级经销商销售。

该公司提供的财务报表显示：20×9 年度销售收入为 112 655 260 元，比上一年增长21%（董事会制定的当年预算目标是增长 20%）。20×9 年 12 月 31 日应收账款余额为39 560 810 元，组成情况如下：共有 226 个客户，其中 9 个客户（均为省级经销商）的余额在100 万元以上，占应收账款总额的 38%，其余客户的余额均小于 30 万元。此外余额为 10 万元以上且账龄超过 1 年的应收账款客户有 15 家。

20×9 年 12 月 31 日坏账准备余额为 1 879 830 元。该公司采用账龄分析法和个别认定法相结合的方式计提坏账准备，其中账龄分析法为：账龄 6 个月以上 1 年以下：10%；1 年以上 2 年以下：50%；两年以上：100%。

应收账款相关资料如表 9-1 所示。

表 9-1　　　　　　　　　应收账款相关资料表　　　　　　　　金额单位：元

项目	20×9 年	20×8 年
应收账款	39 560 810.00	27 765 338.00
坏账准备	1 879 830.00	1 707 400.00
销售收入	112 655 260.00	93 103 520.00
应收账款周转天数（天）	108	92

该公司 20×9 年度的税前利润为 8 475 623 元，总体重要性水平为 423 781 元（税前利润的 5%）。

173

2. 注册会计师对销售业务流程的风险评估和进一步审计程序的方案

由于销售业务的重要性及其固有风险,注册会计师认为销售收入和应收账款层次的"发生或存在"和"准确性"认定存在重大错报风险。

被审计单位在20×9年以放宽授信额度来增加销售收入,导致货款回收速度放缓,应收账款余额大幅上升,但坏账准备余额与去年基本持平。注册会计师认为应收账款的计价认定存在特别风险,即年末坏账准备的计提很可能不够。

基于以前年度对该公司的了解,以及本年度对该公司环境、经营状况、内部控制等的了解和评估,注册会计师决定对应收账款采用综合性审计方案。

该公司在各主要业务流程及财务报告编制中采用了计算机信息系统,注册会计师在本年度审计中测试了信息系统一般控制并认为信息系统一般控制是有效的。注册会计师对销售收入、应收账款余额和坏账准备余额实施了以下进一步审计程序:①控制测试;②评估针对特别风险的控制;③实质性程序。

3. 设计和实施控制测试

注册会计师从销售流程中选取了一些关键的控制进行测试。

一是业绩评价控制测试。所测试的控制:销售主管每月审核按客户分列的销售收入(包括与上月销售额和本月预算额的比较)和应收账款(包括当月货款回收金额和月末余额)汇总表,对其中的重大差异和异常情况进行跟进分析,编制分析报告并呈报销售经理和总经理。总经理与销售经理审阅后讨论解决措施。

相关的财务报表认定:销售收入的发生、准确性、完整性以及应收账款的存在、准确性。

测试程序:该控制是月度控制,注册会计师决定选取2月、6月、10月、11月这4个月份测试该控制。注册会计师分别与总经理和销售经理就上述4个月份的分析报告进行讨论,证实他们确实审阅了该报告并对重大差异和异常情况进行了调查和跟进。事后注册会计师还通过询问销售经理和相关销售人员印证了当时所采取的跟进措施。销售收入和应收账款汇总表由财务系统自动生成并与当月财务报表的销售收入总额和应收账款余额一致,注册会计师核对了上述4个月份的财务报表,证实无误。

测试结果:该控制有效运行,注册会计师对该控制可以信赖。

二是人工控制测试。所测试的控制:对每一笔销售收入,销售部专职秘书将客户订单、客户已签收的送货单(所有货物由物流公司运送)以及发票(计算机发票由销售部开具)上的客户名称、货物品种、数量、价格进行核对,并在发票记账联盖"核对确认无误"章,交给财务部作为确认销售收入的凭证。对于数据不符的交易则进行调查并调整。

相关的财务报表认定:销售收入的发生、准确性以及应收账款的存在、准确性。

测试程序:该控制为人工控制,每天发生数次,注册会计师为了获取较高程度的保证,决定抽取每月5个共60个样本。该测试是双重目的测试,既可测试控制运行的有效性,同时也是针对销售收入的细节测试。注册会计师询问了执行该控制的销售部专职秘书和负责记录销售收入的会计人员,确认该控制确实得到执行。注册会计师从销售收入明细账中抽取60笔交易,核对客户订单、客户已签收的送货单以及发票,以检查有关信息是否一致,发票记账联上是否有"核对确认无误"章,以及入账金额是否准确。

测试结果:没有发现例外情况。该控制有效运行。注册会计师对该控制可以信赖。

三是自动化应用控制测试。所测试的控制:订单分为"待批准""已批准"和"已执行"状态。订单一经批准就会自动生成相应的送货单;已发货的订单在系统中被设置为"已执行"

状态,每月末系统会自动配比当月的"已执行"订单、送货单和当月入账的销售收入(均有订单号索引),对未确认收入的订单生成"已执行订单未入账报告"。财务人员对该报告进行跟踪调查,补记漏记的销售收入。

相关的财务报表认定:销售收入的完整性。

测试程序:注册会计师在上年度审计中已经测试了该控制并证明该控制的运行是有效的。本年度注册会计师了解到该控制没有发生变化;注册会计师本年度已经测试了信息技术一般控制的运行有效性,因而不必再测试该自动化控制。(该控制还包括人工控制的成分,即财务人员的跟进程序,注册会计师对该人工控制进行测试,结果显示控制有效)。

(二) 要求

分析控制测试结果对实质性程序的影响。

第十章　审计测试中的抽样技术

在早期的审计实务中,注册会计师要对被审计单位全部的会计和其他资料进行审查。随着企业规模的扩大和经济业务的日益复杂,继续采用详细审计方法既不经济也不现实,抽样审计的应用就成为历史的必然。将抽样技术运用于审计工作,是审计理论和实践的重大突破,实现了审计从详细审计到抽样审计的历史性飞跃。注册会计师除了进行详细审计,或从审计对象总体中选择有特殊重要性的全部项目或特定项目进行审计外,一般都会运用审计抽样技术。

第一节　选取测试项目的方法

在设计审计程序时,注册会计师应当确定选取测试项目的适当方法。注册会计师可以使用的方法,包括选取全部项目、选取特定项目和审计抽样。注册会计师可以根据与所测试认定有关的重大错报风险和审计效率的要求,单独或综合使用选取测试项目的方法,以获取充分、适当的审计证据,实现审计程序的目标。

一、选取全部项目

选取全部项目是指对总体中的全部项目进行检查。对全部项目进行检查,通常更适用于细节测试,而不适合控制测试。实施细节测试时,在某些情况下,基于重要性水平或风险的考虑,注册会计师可能认为需要测试总体中的全部项目。总体可以包括构成某类交易或账户余额的所有项目,也可以是其中的一层,同一层中的项目具有某一共同特征。例如,在截止性测试中,注册会计师通常对截止日前后一段时期的所有交易进行检查。当存在下列情形之一时,注册会计师应当考虑选取全部项目进行测试:

(1) 总体由少量的大额项目构成。某类交易或账户余额中的所有项目的单个金额都较大时,注册会计师可能需要测试所有项目。

(2) 存在特别风险且其他方法未提供充分、适当的审计证据。某类交易或账户余额中所有项目可能单个金额不大但存在特别风险,则注册会计师也可能需要测试所有项目。存在特别风险的项目主要包括:①管理层高度参与的,或错报可能性较大的交易事项或账户余额;②非常规的交易事项或账户余额,特别是与关联方有关的交易或余额;③长期不变的账户余额,如滞销的存货余额或账龄较长的应收账款余额;④可疑的或非正常的项目,或明显不规范的项目;⑤以前发生过错误的项目;⑥期末人为调整的项目;⑦其他存在特别风险的项目。

(3) 由于信息系统自动执行的计算或其他程序具有重复性,对全部项目进行检查符合成本效益原则。注册会计师可运用计算机辅助审计技术选取全部项目进行测试。

二、选取特定项目

选取特定项目是指对总体中的特定项目进行针对性测试。根据对被审计单位的了解、评估的重大错报风险以及所测试总体的特征等，注册会计师可以确定从总体中选取特定项目进行测试。选取的特定项目可能包括：①大额或关键项目；②超过某一金额的全部项目；③被用于获取某些信息的项目；④被用于测试控制活动的项目。

选取特定项目时，注册会计师只对审计对象总体中的部分项目进行测试。注册会计师通常按照覆盖率或风险因素选取测试项目，或将这两种方法结合使用。按照覆盖率选取测试项目是指选取数量较少、金额较大的项目进行测试，从而使测试项目的金额占审计对象总体金额很大的百分比。例如，如果8个金额较大的项目占审计对象总体金额的85%，则通过测试这8个项目就可对审计对象总体的存在性和准确性获得较高程度保证。注册会计师也可以决定抽取超过某一设定金额的所有项目，从而验证某类交易或账户余额的大部分金额。按照风险因素选取测试项目是指选取那些具有某种较高风险特征的项目进行测试。例如，可疑的项目、异常的项目、特别具有风险倾向的项目，或者以前发生过错误的项目等。

另外，注册会计师还可能选择某些项目进行检查，以获取与被审计单位的性质、交易的性质以及内部控制等事项有关的信息，或确定某一控制活动是否得到执行。对这些项目进行测试实际上属于风险评估程序，主要是为了提供与被审计单位及其环境有关的信息。

选取特定项目实施检查，通常是获取审计证据的有效手段，但并不构成审计抽样。对按照这种方法所选取的项目实施审计程序的结果，不能推断至整个总体。其原因在于，虽然选取特定项目也是对某类交易或账户余额中低于百分之百的项目实施审计程序，但与审计抽样不同的是，并非所有抽样单元都有被选取的机会。不符合注册会计师选择标准的项目将没有机会被选取。因为选取的特定项目不能代表总体或某一子总体中全部项目的特征。因此，与审计抽样不同，选取特定项目进行测试不能根据所测试项目中发现的误差推断审计对象总体的误差。

三、审计抽样

审计抽样是指注册会计师对某类交易或账户余额中低于百分之百的项目实施审计程序，使所有抽样单元都有被选取的机会。审计抽样使注册会计师能够获取和评价与被选取项目的某些特征有关的审计证据，以形成或帮助形成对从中抽取样本的总体结论。其中，抽样单元是指构成总体的个体项目；总体是指注册会计师从中选取样本并据此得出结论的整套数据。总体可分为多个层或子总体。每一层或子总体可予以分别检查。

（一）审计抽样的特征与适用范围

审计抽样应当具备三个基本特征：①对某类交易或账户余额中低于百分之百的项目实施审计程序；②所有抽样单元都有被选取的机会；③审计测试的目的是为了评价该账户余额或交易类型的某一特征。

注册会计师获取审计证据时可能使用三种目的的审计程序：①风险评估程序；②控制测试（必要时或决定测试时）；③实质性程序。有些审计程序可以使用审计抽样，有些审计程序则不宜使用审计抽样。

（1）风险评估程序通常不涉及使用审计抽样。但如果注册会计师在了解控制的设计和确定其是否得到执行的同时计划和实施控制测试,则会涉及审计抽样,但此时审计抽样是针对控制测试进行的。

(2) 当控制的运行留下轨迹时,注册会计师可以考虑使用审计抽样实施控制测试。对于未留下运行轨迹的控制实施测试时,注册会计师应当考虑实施询问、观察等审计程序,以获取有关控制运行有效性的审计证据,此时不涉及审计抽样。

(3) 实质性程序包括对各类交易、账户余额、列报的细节测试,以及实质性分析程序;在实施细节测试时,注册会计师可以使用审计抽样获取证据,以验证有关财务报表金额的一项或多项认定(如应收账款的存在性),或对某些金额作出独立估计(如陈旧存货的价值)。在实施实质性分析程序时,注册会计师不宜使用审计抽样方法。

(二) 统计抽样与非统计抽样

在对某类交易或账户余额使用审计抽样时,注册会计师可以使用统计抽样方法,也可以使用非统计抽样方法。统计抽样是指同时具备下列特征的抽样方法:①随机选取样本;②运用概率论评价样本结果,包括计量抽样风险。统计抽样的样本必须具有这两个特征,不同时具备这两个特征的抽样方法为非统计抽样。一方面,即使注册会计师严格按照随机原则选取样本,如果没有对样本结果进行统计评估,就不能认为使用了统计抽样。另一方面,基于非随机选样的统计评估也是无效的。

注册会计师应当根据具体情况并运用职业判断,确定使用统计抽样或非统计抽样方法,以最有效率地获取审计证据。例如,在控制测试中,与仅仅对偏差的发生进行定量分析相比,对偏差的性质和原因进行定性分析通常更为重要。在这种情况下,使用非统计抽样可能更为适当。

注册会计师在统计抽样与非统计抽样方法之间进行选择时主要考虑成本效益。统计抽样的优点在于能够客观地计量抽样风险,并通过调整样本规模精确地控制风险,这是与非统计抽样最重要的区别。另外,统计抽样还有助于注册会计师高效地设计样本,计量所获取证据的充分性,以及定量评价样本结果。但统计抽样又可能发生额外的成本。首先,统计抽样需要特殊的专业技能,因此,使用统计抽样需要增加额外的支出培训注册会计师。其次,统计抽样要求单个样本项目符合统计要求,这些也可能需要支出额外的费用。非统计抽样如果设计适当,也能提供与设计适当的统计抽样方法同样有效的结果。注册会计师使用非统计抽样时,必须考虑抽样风险并将其降至可接受水平,但不能精确地测定出抽样风险。

不管统计抽样还是非统计抽样,两种方法都要求注册会计师在设计、实施抽样和评价样本时运用职业判断。另外,使用的抽样方法通常也不影响对选取的样本项目实施的审计程序。

(三) 属性抽样与变量抽样

属性抽样是一种用来对总体中某一事件发生率得出结论的统计抽样方法。属性抽样在审计中最常用的用途是测试某一控制的偏差率,以支持注册会计师评估的控制有效性。在属性抽样中,设定控制的每一次发生或偏离都被赋予同样的权重,而不管交易金额的大小。

变量抽样是一种用来对总体金额得出结论的统计抽样方法。变量抽样通常回答下列问题:金额是多少;账户是否存在错报? 变量抽样在审计中的主要用途是进行实质性细节测试,以确定记录金额是否合理。

属性抽样和变量抽样的主要区别如表 10-1 所示。

表 10-1　　　　　　　　　　　　　　　　属性抽样和变量抽样

抽样技术	测试种类	目　　标
属性抽样	控制测试	估计总体既定控制的偏差率（次数）
变量抽样	实质性细节测试	估计总体总金额或者总体中的错误金额

选取测试项目旨在帮助注册会计师确定实施审计程序的范围。审计程序的范围是指实施审计程序的数量，包括抽取的样本量，对某项控制活动的观察次数等。注册会计师可以根据具体情况，单独或综合使用选取测试项目的方法，但所使用的方法应当能够有效地提供充分、适当的审计证据，以实现审计程序的目标。在确定适当的选取测试项目的方法时，注册会计师应当考虑与所测试认定有关的重大错报风险和审计效率。

第二节　审计抽样的步骤

在获取审计证据时，注册会计师应当运用职业判断，评估重大错报风险，并设计进一步审计程序，以确保将审计风险降至可接受的低水平。使用审计抽样时，审计风险可能受到抽样风险和非抽样风险的影响。

一、抽样风险和非抽样风险

抽样风险和非抽样风险可能影响重大错报风险的评估和检查风险的确定。

（一）抽样风险

抽样风险是指注册会计师根据样本得出的结论，与对总体全部项目实施与样本同样的审计程序得出的结论存在差异的可能性。抽样风险与样本量成反比，样本量越大，抽样风险越低。

注册会计师在进行控制测试时应关注以下抽样风险：①信赖不足风险，这是指抽样结果使注册会计师没有充分信赖实际上应予信赖的内部控制的可能性。②信赖过度风险，这是指抽样结果使注册会计师对内部控制的信赖超过了其实际可予信赖程度的可能性。

在实施细节测试时，注册会计师应关注以下的抽样风险：①误受风险，也称"β风险"，是指抽样结果表明账户余额不存在重大错误，而实际上存在重大错误的可能性。②误拒风险，也称"α风险"，即与误受风险相反，是指抽样结果表明账户余额存在重大错误，而实际上不存在重大错误的可能性。

上述这些风险，都将严重影响审计的效率和效果。信赖不足风险和误拒风险一般会导致注册会计师执行过多的审计程序，降低审计效率；信赖过度风险与误受风险很可能导致注册会计师形成不正确的审计结论。可见，信赖过度风险和误受风险对注册会计师来说是最危险的风险，因为它们使审计无法达到预期的效果。而信赖不足风险和误拒风险则属保守型风险，出现这两种风险后，审计效率虽不高，但一般都能保证审计效果。

（二）非抽样风险

非抽样风险是指由于某些与样本规模无关的因素而导致注册会计师得出错误结论的可能性。非抽样风险包括审计风险中不是由抽样所导致的所有风险。注册会计师即使对某类交易或账户余额的所有项目实施某种审计程序，也可能仍未能发现重大错报或控制失效。

在审计过程中,可能导致非抽样风险的原因包括下列情况:①注册会计师选择的总体不适合于测试目标;②注册会计师未能适当地定义控制偏差或错报,导致注册会计师未能发现样本中存在的偏差或错报;③注册会计师选择了不适于实现特定目标的审计程序(例如,注册会计师依赖应收账款函证来揭露未入账的应收账款);④注册会计师未能适当地评价审计发现的情况(例如,注册会计师错误解读审计证据导致没有发现误差;对所发现误差的重要性的判断有误,从而忽略了性质十分重要的误差,也可能导致得出不恰当的结论);⑤其他原因。

非抽样风险是由人为错误造成的,因而可以降低、消除或防范。虽然在任何一种抽样方法中注册会计师都不能量化非抽样风险,但通过采取适当的质量控制政策和程序,对审计工作进行适当的指导、监督与复核,以及对注册会计师实务的适当改进,可以将非抽样风险降至可以接受的水平。注册会计师也可以通过仔细设计审计程序尽量降低非抽样风险。如果可以从两种审计程序中加以选择,且两种程序均以大致相同的成本提供相同程度的保证,注册会计师应选择非抽样风险水平较低的程序。

抽样风险和非抽样风险对审计工作的影响如表 10-2 所示。

表 10-2　　　　　　　　　　　抽样、非抽样风险对审计工作的影响

审计测试	抽样风险种类	对审计工作的影响
控制测试	① 信赖过度风险	效果
	② 信赖不足风险	效率
细节测试	① 误受风险	效果
	② 误拒风险	效率

注:两种测试中的非抽样风险对审计效率和审计效果都有影响。

二、审计抽样的步骤

注册会计师在控制测试和实质性细节测试中使用审计抽样方法,一般分三个阶段进行:第一阶段是样本设计阶段,旨在根据测试的目标和抽样总体,制订选取样本的计划。第二阶段是选取样本阶段,旨在按照适当的方法从相应的抽样总体中选取所需的样本。第三阶段是评价样本结果阶段,旨在根据对误差的性质和原因的分析,将样本结果推至总体,形成对总体的结论。

(一) 样本设计

在设计审计样本时,注册会计师应当考虑审计程序的目标和抽样总体的属性。换言之,注册会计师首先应考虑拟实现的具体目标,并根据目标和总体的特点确定能够最好地实现该目标的审计程序组合,以及如何在实施审计程序时运用审计抽样。审计抽样中样本设计阶段的工作主要包括以下步骤。

1. 确定测试目标

审计抽样必须紧紧围绕审计测试的目标展开,因此,确定测试目标是样本设计阶段的第一项工作,一般而言,控制测试是为了获取关于某项控制的设计或运行是否有效的证据,而细节测试的目的是确定某类交易或账户余额的金额是否正确,以提供与存在的错报有关的证据。

2. 定义总体与抽样单元

（1）总体。在实施抽样之前，注册会计师必须仔细定义总体，确定抽样总体的范围。总体可以包括构成某类交易或账户余额的所有项目，也可以只包括某类交易或账户余额中的部分项目。例如，如果应收账款中没有个别重大项目，注册会计师直接对应收账款账面余额进行抽样，则总体包括构成应收账款期末余额的所有项目。如果注册会计师已使用选取特定项目的方法将应收账款中的个别重大项目挑选出来单独测试，只对剩余的应收账款余额进行抽样，则总体只包括构成应收账款期末余额的部分项目。注册会计师所定义的总体应具备下列两个特征：①适当性，即注册会计师应确定总体适合于特定的审计目标，包括适合于测试的方向；②完整性，即注册会计师应当从总体项目内容和涉及时间等方面确定总体的完整性。

（2）抽样单元。在定义抽样单元时，注册会计师应当使其与审计测试的目标保持一致。注册会计师在定义总体时通常都指明了适当的抽样单元。在控制测试中，抽样单元通常是能够提供控制运行证据的资料；而在细节测试中，抽样单元可能是一个账户余额、一笔交易或交易中的一项记录，甚至为每个货币单位。

（3）分层。如果总体项目存在重大的变异性，注册会计师应当考虑分层。分层是指将一个总体划分为多个子总体的过程，每个子总体由一组具有相同特征（通常为货币金额）的抽样单元组成。分层可以降低每一层中项目的变异性，从而在抽样风险没有成比例增加的前提下减小样本规模。注册会计师可以考虑将总体分为若干个离散的具有识别特征的子总体（层），以提高审计效率。注册会计师应当仔细界定子总体，以使每一抽样单元只能属于一个层。对某一层中的样本项目实施审计程序的结果，只能用于推断构成该层的项目。如果对整个总体作出结论，注册会计师应当考虑与构成整个总体的其他层有关的重大错报风险。例如，在对某一账户余额进行测试时，占总体数量20%的项目，其金额可能占该账户余额的90%。注册会计师只能根据该样本的结果推断至上述90%的金额。对于剩余10%的金额，注册会计师可以抽取另一个样本或使用其他收集审计证据的方法，单独作出结论，或者认为其不重要而不实施审计程序。

3. 定义误差构成条件

注册会计师必须事先准确定义构成误差的条件；否则，执行审计程序时就没有识别误差的标准。在控制测试中，误差是指控制偏差。注册会计师应仔细定义所要测试的控制及可能出现偏差的情况；在细节测试中，误差是指错报，注册会计师要确定什么构成错报。

注册会计师在定义误差构成条件时要考虑审计程序的目标。清楚地了解误差构成条件，对于确保在推断误差时仅将所有与审计目标相关的条件包括在内至关重要。例如，在对应收账款存在性的细节测试中（如函证），客户在函证日之前支付、被审计单位在函证日之后不久收到的款项不构成误差。而且，被审计单位在不同客户之间误登明细账并不影响应收账款账户的总额。因此，即使该情况可能对审计的其他方面（如对舞弊的可能性或坏账准备的适当性的评估）产生重要影响，在评价该程序的样本结果时将其判定为误差是不适当的。

（二）选取样本

选取样本要遵循的基本原则是保证总体中的所有抽样单元均有被选取的机会，以使样本能够代表总体。只有如此，才能保证根据抽样结果推断得到的总体特征具有合理性和可靠性。

1. 确定样本规模

样本规模是指从总体中选取样本项目的数量。在审计抽样中，如果样本规模过小，就不能反映出总体的特征,注册会计师就无法获取充分的审计证据,其审计结论的可靠性就会大打折扣,甚至可能得出错误的审计结论;相反,如果样本规模过大,则会增加审计工作量,造成不必要的时间和人力的浪费,降低审计效率,失去审计抽样的意义。在确定样本规模时,注册会计师应当考虑能否将抽样风险降至可接受的低水平。影响样本规模的因素包括:

(1)可接受的抽样风险。样本规模受注册会计师可接受的抽样风险水平的影响。注册会计师愿意接受的抽样风险越低,需要的样本规模越大;愿意接受的抽样风险越高,样本规模越小。

(2)可容忍误差。可容忍误差是指注册会计师能够容忍的最大误差。在其他因素既定的条件下,可容忍误差越大,所需的样本规模越小。

(3)预计总体误差。预计总体误差即注册会计师预期在审计过程中发现的误差。在控制测试中,预计总体误差是指预计总体偏差率。预计总体误差越大,可容忍误差也应当越大。在既定的可容忍误差下,当预计总体误差增加时,所需的样本规模更大。

(4)总体变异性。总体变异性是指总体的某一特征(如金额)在各项目之间的差异程度。在控制测试中,注册会计师在确定样本规模时一般不考虑总体变异性。在细节测试中,注册会计师确定适当的样本规模时要考虑特征的变异性。总体项目的变异性越低,通常样本规模越小。注册会计师可以通过分层,将总体分为相对同质的组,以尽可能降低每一组中变异性的影响,从而减小样本规模。未分层总体具有高度变异性,其样本规模通常很大。最有效率的方法是根据预期会降低变异性的总体项目特征进行分层。在实质性测试中分层的依据通常包括项目的账面金额,与项目处理有关的控制的性质,或与特定项目(如更可能包含错报的那部分总体项目)有关的特殊考虑等。分组后的每一组总体被称为一层,每层分别独立选取样本。

(5)总体规模。除非总体非常小,一般而言总体规模对样本规模的影响几乎为零。注册会计师通常将抽样单元超过 5 000 个的总体视为大规模总体。对大规模总体而言,总体的实际容量对样本规模几乎没有影响。对小规模总体而言,审计抽样比其他选择测试项目的方法的效率低。

表 10-3 列示了审计抽样中影响样本规模的因素,并分别说明了这些影响因素在控制测试和细节测试中的表现形式。

表 10-3　　　　　　　　　　　影响样本规模的因素

影响因素	控制测试	细节测试	与样本规模的关系
可接受的抽样风险	可接受的信赖过度风险	可接受的误受风险	反向变动
可容忍误差	可容忍偏差率	可容忍错报	反向变动
预计总体误差	预计总体偏差率	预计总体错报	同向变动
总体变异性	—	总体变异性	同向变动
总体规模	总体规模	总体规模	影响很小

使用统计抽样方法时,注册会计师必须对影响样本规模的因素进行量化,并利用根据统计公式开发的专门的计算机程序或专门的样本量表来确定样本规模。在非统计抽样中,注册会计师可以只对影响样本规模的因素进行定性的估计,并运用职业判断确定样本规模。

2. 选取样本

在选取样本项目时,注册会计师应当使总体中的所有抽样单元均有被选取的机会。使所有抽样单元都有被选取的机会是审计抽样的基本特征之一。因此,不管使用统计抽样或非统计抽样方法,所有的审计抽样均要求注册会计师选取的样本对总体来讲具有代表性;否则,就无法根据样本结果推断总体。

选取样本的基本方法,包括使用随机数表或计算机辅助审计技术选样、系统选样和随意选样。

第一,使用随机数表或计算机辅助审计技术选样。使用随机数表或计算机辅助审计技术选样又称随机数选样。使用随机数选样需以总体中的每一项目都有不同的编号为前提。注册会计师可以使用计算机生成的随机数,如电子表格程序、随机数码生成程序、通用审计软件程序等计算机程序产生的随机数,也可以使用随机数表获得所需的随机数。

随机数是一组从长期来看出现概率相同的数码,且不会产生可识别的模式。随机数表也称乱数表,它是由随机生成的从 0 到 9 十个数字所组成的数表,每个数字在表中出现的次数是大致相同的,它们出现在表上的顺序是随机的。随机数表的实例如表 10-4 所示。

表 10-4 随机数表(部分列示)

行\列	(1)	(2)	(3)	(4)	(5)
1	45794	56742	01536	02115	81765
2	68903	08753	25595	86453	30995
3	91098	21345	22527	97864	76895
4	08643	34566	06243	62467	07856
5	07543	75314	81837	16656	06121
6	89053	13456	11008	42751	27756
7	56842	75342	56420	69994	98872
8	88766	76544	05463	07972	18876
9	97657	16980	63661	10281	17453
10	90644	23579	53342	53988	53060
11	89965	08643	88345	33276	70985
12	09876	34578	48235	03427	49626
13	65437	64258	56879	92567	88974
14	12445	35789	87643	85678	48237
15	34679	64534	71468	08178	77233

在表 10-4 中的每一个数都是运用随机方法选出的随机 5 位数,但此表并非全部的随机 5 位数。使用随机数表时,首先,应建立表中数字与总体中项目的一一对应关系。如果总体中的项目为连续编号,这种一一对应关系很容易确定,但有时也需要重新编号才能做到一一对应。例如,若经济业务事项编号为 A001,B001,…时,注册会计师可指定用 1 代替 A,用 2 代替 B 等。其次,应选择一个起点和一个选号路线,起点和选号路线可任意选择,但一经

选定,则应从起点开始,按照选号路线依次选样。

现举例说明如何使用随机数表。假定注册会计师对某公司连续编号为 500～5 000 的现金支票进行随机选样,希望选取一组样本量为 20 的样本。首先,注册会计师确定只用随机数表所列数字的前 4 位数来与现金支票号码一一对应。其次,确定第 5 列第一行为起点,选号路线为第 5 列;第 4 列,第 3 列,第 2 列,第 1 列,依次进行。最后,按照规定的一一对应关系和起点及选号路线,选出 20 个数码:3099, 0785, 0612, 2775, 1887, 1745, 4962, 4823, 1665, 4275, 0797, 1028, 3327, 0817, 2559, 2252, 0624, 1100, 0546, 4823。

凡前 4 位数在 500 以下或 5 000 以上的,因为支票号码没有一一对应关系,均不入选。选出 20 个数码后,按此数码选取号码与其对应的 20 张支票作为选定样本进行审查。

第二,系统选样。系统选样也称等距选样,是指首先计算选样间隔,确定选样起点,然后再根据间隔顺序选取样本的一种选样方法。例如,注册会计师希望采用系统选样法从 2 000 张凭证中选出 100 张作为样本。首先计算出选样间隔为 20(2 000÷100),假定注册会计师确定随机起点为 542,则注册会计师每隔 20 张凭证选取一张,共选取 100 张凭证作为样本即可;如 542 为第一张,则往下的顺序为 522,502,…,往上的顺序为 562,582,…。

系统选样方法使用简便,并可用于无限总体。但使用系统选样方法要求总体必须是随机排列的;否则,容易发生较大的偏差。所以,在使用这种方法时,必须先确定总体是否为随机排列,若不是随机排列,则不宜使用。

第三,随意选样。随意选样也称任意选样,是指注册会计师不带任何偏见地选取样本,即注册会计师不考虑样本项目的性质、大小、外观、位置或其他特征而选取总体项目。随意选样的主要缺点在于很难完全无偏见地选取样本项目,即这种方法难以彻底排除注册会计师的个人偏好对选取样本的影响,因而很可能使样本失去代表性。由于文化背景和所受训练等的不同,每个注册会计师都可能无意识地带有某种偏好。例如,从发票柜中取发票时,某些注册会计师可能倾向于抽取柜子中间位置的发票,这样就会使柜子上面部分和下面部分的发票缺乏相等的选取机会。因此,在运用随意选样方法时,注册会计师要避免由于项目性质、大小、外观和位置等的不同所引起的偏见,尽量使所选取的样本具有代表性。

三种基本方法均可选出代表性样本。但随机数选样和系统选样属于随机基础选样方法,即对总体的所有项目按随机规则选取样本,因而可以在统计抽样中使用,当然也可以在非统计抽样中使用。而随意选样虽然也可以选出代表性样本,但它属于非随机基础选样方法,因而不能在统计抽样中使用,只能在非统计抽样中使用。

3. 对样本实施审计程序

注册会计师应当针对选取的每个项目,实施适合于具体审计目标的审计程序。对选取的样本项目实施审计程序旨在发现并记录样本中存在的误差。

如果选取的项目不适合实施审计程序,注册会计师通常使用替代项目。例如,注册会计师在测试付款是否得到授权时选取的付款单据中可能包括一个空白的付款单。如果注册会计师确信该空白付款单是合理的且不构成误差,可以适当选择一个替代项目进行检查。如果因凭证缺失等原因导致注册会计师无法对所选取的项目实施已设计的审计程序,且不能针对该项目实施适当的替代审计程序,注册会计师通常考虑将该项目视作误差。

注册会计师通常对每一样本项目实施适合于特定审计目标的审计程序。有时,注册会计师可能无法对选取的抽样单元实施计划的审计程序(如由于原始单据丢失等原因)。注册会计师对未检查项目的处理取决于未检查项目对评价样本结果的影响。如果注册会计师对样本结果的评价不会因为未检查项目可能存在错报而改变,就不需对这些项目进行检查。如果未检查项目可能存在的错报会导致该类交易或账户余额存在重大错报,注册会计师就要考虑实施替代程序,为形成结论提供充分的证据。例如,对应收账款的积极式函证没有收到回函时,注册会计师必须审查期后收款的情况,以证实应收账款的余额。注册会计师也要考虑无法对这些项目实施检查的原因是否会影响计划的重大错报风险评估水平或对舞弊风险的评估。如果注册会计师无法或者没有执行替代审计程序,则应将该项目视为一项误差。

(三) 评价样本结果

注册会计师在对样本实施必要的审计程序后,需要对抽样结果进行评价,其具体程序和内容如下:

(1) 分析样本误差。注册会计师应当考虑样本的结果、已识别的所有误差的性质和原因及其对具体审计目标和审计的其他方面可能产生的影响。无论是统计抽样还是非统计抽样,对样本结果的定性评估和定量评估一样重要。即使样本的统计评价结果在可以接受的范围内,注册会计师也应对样本中的所有误差(包括控制测试中的控制偏差和细节测试中的金额错报)进行定性分析。

(2) 推断总体误差。在实施控制测试时,由于样本的误差率就是整个总体的推断误差率,注册会计师无须推断总体误差率。当实施细节测试时,注册会计师应当根据样本中发现的误差金额推断总体误差金额,并考虑推断误差对特定审计目标及审计的其他方面的影响。

(3) 形成审计结论。注册会计师在评价样本结果的基础上,应根据所取得的证据,确定审计证据是否足以证实某一审计对象的总体特征,从而得出审计结论。

第三节　控制测试中抽样技术的运用

对拟信赖的内部控制进行控制测试时,一般采用属性抽样审计方法。属性抽样审计就是在一定的精确度和可信赖水平的条件下,通过计算样本差错率来对总体的某种"差错"(属性)的发生频率进行推断的统计抽样审计方法。所谓属性,是指审计对象总体的质量特征,即被审计的业务活动或被审计单位的内部控制是否遵循了既定的标准以及存在的误差水平。属性抽样审计是对总体某种属性的"是"或"否"的回答,抽样结果只有两种:"对"与"错"或"是"与"否"。总体的特征通常为反映遵循制度规定或要求的相应水平。

一、属性抽样中所使用的基本概念

(一) 误差

一般说来,在属性抽样中,误差是指注册会计师认为使控制程序失去效能的所有的控制无效事件。注册会计师应根据实际情况,恰当地定义误差。例如,可将"误差"定义为会计记录中的虚假账户、经济业务的记录未进行复核、审批手续不全等各类差错。

(二) 审计对象总体

运用属性抽样时,注册会计师应保证总体中所有的项目被选取的概率是相同的,也就是说,总体所有项目的特征应是相同的。例如,某公司有国内和国外两个分公司,其国内、国外的销售业务是用两种不同的方式进行的。注册会计师在评价两个公司的会计控制时,则必须把它们分为两个不同的总体,即国内、国外两个总体。

（三）风险与可信赖程度

可信赖程度是指样本特征能够代表总体特征的可靠性程度。风险或称风险度与可信赖程度是互补的,换句话说,1减去可信赖程度就是风险。例如,注册会计师选择一个95％的可信赖程度,他就有5％的风险去接受抽样结果表示的内部控制是有效的结论。属性抽样中的风险矩阵图如表10-5所示。

表 10-5　　　　　　　　　　　　　属性抽样风险矩阵图

内部控制实际状况 抽样结果	实际运行状况达到 预期信赖程度	实际运行状况未达到 预期信赖程度
肯　定	正确的决定	信赖过度风险
否　定	信赖不足风险	正确的决定

在控制测试中,一般将最小可信赖程度定为90％,如果其属性对于其他项目是重要的,则采用95％的可信赖程度。

（四）可容忍误差

在进行控制测试时,可容忍误差的确定应能确保当总体误差超过可容忍误差时,注册会计师将降低对内部控制的可信赖程度。

二、属性抽样的具体方法

属性抽样的方法主要有固定样本量抽样、停/走抽样和发现抽样三种。

（一）固定样本量抽样

固定样本量抽样是一种使用最为广泛的属性抽样,常用于估计审计对象总体中某种误差发生的比例,即用"多大比例"来回答问题。例如,用这种方法估计重复支付的单据数,注册会计师最后得出的结论一般是:"有95％的可信赖程度说明重复支付的单据数占总体的2％~6％。"一般情况下,固定样本量抽样的基本步骤如下。

1. 确定审计目的

审计的目的决定了"属性"的含义,审查某项内部控制程序的执行情况与审查某个账户余额的准确性的"属性"含义是不同的。例如,注册会计师若打算审查企业是否只有在将验收报告与进货发票相核对之后,才核准支付采购货款这项内部控制程序时,注册会计师只会对该程序操作的准确性,以及进货发票与验收报告相核对的控制程序是否正常运行感兴趣。

2. 定义"误差"

以购货付款业务为例,正常的内部控制应当包括核对验收报告与购货发票,然后再核准支付货款,因此,对于每张发票和验收报告,凡属下列情况之一的,均可以定义为误差的属性:①未附验收单的发票;②与验收单所记载的内容不符的发票;③计算有误的发票;④要素不全的发票;⑤涂改、伪造的发票。

如前所述,"可容忍误差"是注册会计师认为抽样结果可以达到审计目的所愿意接受的审计对象总体的最大误差。在运用属性抽样进行控制测试时,可容忍误差是指注册会计师不改变对内部控制的可信赖程度而愿意接受的最大差错发生率。其界限主要取决于被测试的内部控制的重要程度、差错的性质、金额和对差错属性的定义。

3. 定义审计对象总体

审计对象总体就是作为抽样对象的全部被审计事项的范围。首先,在确定审计对象总体时,要明确审计目标,审计目标不同,被抽查的总体就不同。其次,要明确审计对象总体的时间界限,通常以月度、季度、年度或经济业务活动的周期作为总体的时间范围。例如,被审计单位对每笔采购业务均采用连续编号的凭单,每张凭单上要附有验收报告及发票,因此,抽样单位是个别的凭单。若此项测试是期中执行的,则假设审计对象总体包括审计年度前10个月内购买原材料的××张凭单。

4. 确定抽样的方法

抽样的方法即如何抽取所需样本。抽样方法应能保证样本的代表性,保证抽样审计结果的可靠性。抽样方法包括纯随机抽样、等距抽样、分层抽样、金额单位抽样、重复抽样和不重复抽样等。因为上述原材料的采购凭单是连续编号的,所以注册会计师决定采用随机选样法来选取样本。

5. 确定样本量

属性抽样的样本容量决定于抽样推断的精确度、可信赖程度和总体差错率。精确度的确定要考虑差错属性的性质,对重要的差错属性的发生率的推断应要求较高的精确度,在推断次要的差错属性的发生率时,可适当地降低精确度。可信赖程度的确定主要取决于注册会计师对内部控制的评价,对不好的内部控制下的抽样审计结论应要求较高的可信赖程度,以便减小抽样风险;对有效的内部控制制度,可适当地降低可信度要求,经常采用的可信赖程度是90%和95%。总体误差率与样本量成正比例关系,因为事先不知道总体误差率,只能使用预计的总体误差率。

假设从前3年的审计中,注册会计师得知上述所描述的原材料采购的内部控制制度发生的误差率分别为0.6%、0.9%及0.8%,误差不呈逐年减少的趋势,因此基于稳健原则的因素,可将预期总体误差率定为1%。

若注册会计师发现验收报告与订购单之间的脱节导致了多支付给供应商购货款,即误记进货与应付账款,均会对会计报表产生影响,这种"误差"注册会计师给予了应有的关注。但注册会计师仍准备信赖内部控制,以减少实质性测试的范围。基于这些考虑,注册会计师依赖其专业判断,确定可容忍误差率为4%,信赖过度风险为5%。

为了简化工作,注册会计师根据已制定出的控制测试统计样本量表(如表10-6所示),查出可容忍差错率为4%,预期总体误差率为1%时,应选取的样本量为156项,样本中的预期误差数为1个。若在样本中发现两个或两个以上的误差,就说明抽样结果不能支持注册会计师对内部控制的预期信赖程度。

表 10-6　　　　　　　　　　95%的可信赖程度下控制测试样本量表

(括号内数字为预计误差数)

预期总体误差率	可容忍误差率										
	2%	3%	4%	5%	6%	7%	8%	9%	10%	15%	20%
0.00%	149(0)	99(0)	74(0)	59(0)	49(0)	42(0)	36(0)	32(0)	29(1)	19(0)	14(0)
0.25%	236(1)	157(1)	117(1)	93(1)	78(1)	66(1)	58(1)	51(1)	46(1)	30(1)	22(1)
0.50%	*	157(1)	117(1)	93(1)	78(1)	66(1)	58(1)	51(1)	46(1)	30(1)	22(1)

（续表）

预期总体误差率	可容忍误差率										
	2%	3%	4%	5%	6%	7%	8%	9%	10%	15%	20%
0.75%	*	208(1)	117(1)	93(1)	78(1)	66(1)	58(1)	51(1)	46(1)	33(1)	22(1)
1.00%	*	*	156(1)	93(1)	78(1)	66(1)	58(1)	51(1)	46(1)	30(1)	22(1)
1.25%	*	*	156(1)	124(2)	78(1)	66(1)	58(1)	51(1)	46(1)	30(1)	22(1)
1.50%	*	*	192(3)	124(2)	103(2)	88(2)	77(2)	51(1)	46(1)	30(1)	22(1)
1.75%	*	*	227(4)	153(3)	103(2)	88(2)	77(2)	51(1)	46(1)	30(1)	22(1)
2.00%	*	*	*	181(4)	127(3)	88(2)	77(2)	68(2)	46(1)	30(1)	22(1)
2.25%	*	*	*	208(5)	127(3)	88(2)	77(2)	68(2)	61(2)	30(1)	22(1)
2.50%	*	*	*	*	150(4)	109(3)	77(2)	68(2)	61(2)	30(1)	22(1)
2.75%	*	*	*	*	173(5)	109(3)	95(3)	68(2)	61(2)	30(1)	22(1)
3.00%	*	*	*	*	195(6)	129(4)	95(3)	84(3)	61(2)	30(1)	22(1)
3.25%	*	*	*	*	*	148(5)	112(4)	84(3)	61(2)	30(1)	22(1)
3.50%	*	*	*	*	*	167(6)	112(4)	84(3)	76(3)	30(1)	22(1)
3.75%	*	*	*	*	*	185(7)	129(5)	100(4)	76(3)	40(2)	22(1)
4.00%	*	*	*	*	*	*	146(6)	100(4)	89(4)	40(2)	22(1)
5.00%	*	*	*	*	*	*	*	158(8)	116(6)	40(2)	30(2)
6.00%	*	*	*	*	*	*	*	*	179(11)	50(3)	30(2)
7.00%	*	*	*	*	*	*	*	*	*	68(5)	37(3)

6. 选取样本并进行审计

即按照定义的误差属性对选取的样本进行审查。比如，注册会计师对上述选取的 156 张凭单及附件逐张审核。

7. 评价抽样结果

在对样本进行审计后，应将查出的误差加以汇总，并评价抽样结果。在评价抽样结果时，不仅要考虑误差的次数，而且还要考虑差错的性质。现对上述审查情况作进一步的讨论：

（1）若注册会计师通过抽样查出的误差数为 1，且没有发现有欺诈舞弊或逃避内部控制的情况，由于发现的误差数不超过预期误差数，所以，注册会计师可以得出审计结论：总体误差率不超过 4% 的可信赖程度为 95%。

（2）若注册会计师通过抽样查出的误差数为 3，且没有发现有欺诈舞弊或逃避内部控制的情况，由于发现的误差数超过预期误差数 1，并且从表 10-6 可以看出，这种情况下符合注册会计师要求的样本量增至 192 个，预期总体误差率为 1.5%，因此，注册会计师不能以 95% 的可信赖程度保证总体误差率不超过 4%。这时，注册会计师应减少对这一内部控制的可信赖程度，实施其他审计程序，如扩大实质性测试范围，增加样本量或不再进行抽样审计而代之以详细审计等。

（3）若注册会计师在审查样本时发现有欺诈舞弊或逃避内部控制的情形发生，不论其误差率是高还是低，均应采用其他审计程序。因为这种误差的性质比较严重，注册会计师应评价所发现的这类事件对财务报表的影响，采用有利于彻底揭露这类误差的审计程序。同时应及时通知被审计单位负责人，以使被审计单位能够及时制止这类错误再次发生。

8. 书面说明抽样程序

注册会计师应在其审计工作底稿上，以书面形式说明前述 7 个步骤，作为审计抽样的整体结论的基础。

（二）停/走抽样

停/走抽样是固定样本量抽样的一种特殊形式，它是从预计总体误差为零开始，边抽样边评价来完成抽样工作的方法。在这种方法下，抽样工作要经过几个步骤，每一步骤完成后，注册会计师都需要决定是停止抽样还是继续下一个步骤。由于这种方法的样本量是不固定的，抽查到哪一步结束，应根据注册会计师对审查结果是否满意而定，故被称为停/走抽样。

停/走抽样的基本步骤如下：

（1）确定可容忍误差和风险水平，如 5％的可容忍误差，5％的风险水平。

（2）确定初始样本量。通常根据所确定的可容忍误差和风险水平确定，如根据第 1 个步骤的要求查表 10-7 得出最小的样本量为 60 个。

表 10-7　　　　　　　　停/走抽样初始样本量表

（预计总体误差为零）

可容忍误差 \ 风险水平样本量	10％	5％	2.5％
10％	24	30	37
9％	27	34	42
8％	30	38	47
7％	35	43	53
6％	40	50	62
5％	48	60	74
4％	60	75	93
3％	80	100	124
2％	120	150	185
1％	240	300	370

（3）进行停/走抽样决策，通常是利用停/走抽样决策表进行决策。例如，如果注册会计师在 60 个项目中找出一个误差，则总体误差在 5％风险水平下为 8％（查表 10-8，风险系数除以样本量，即 4.8÷60＝8％），这个结果大于可容忍误差 5％，因此，注册会计师需增加样本 36 个，将样本量扩大到 96 个（风险系数除以可容忍误差，即 4.8÷0.05＝96）。如果对增

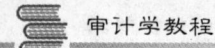

加的 36 个样本审计后没有发现误差,则注册会计师有 95% 的把握确信总体误差率不超过 5%。

表 10-8 停/走抽样样本量扩展及总体误差评估表

错误数 风险系数	风险水平		
	10%	5%	2.5%
0	2.4	3.0	3.7
1	3.9	4.8	5.6
2	5.4	6.3	7.3
3	6.7	7.8	8.8
4	8.0	9.2	10.3
5	9.3	10.6	11.7
6	10.6	11.9	13.1
7	11.8	13.2	14.5
8	13.0	14.5	15.8
9	14.3	16.0	17.1
10	15.5	17.0	18.4
11	16.7	18.3	19.7
12	18.0	19.5	21.0
13	19.0	21.0	22.3
14	20.2	22.0	23.5
15	21.4	23.4	24.7
16	22.6	24.3	26.0
17	23.8	26.0	27.3
18	25.0	27.0	28.5
19	26.0	28.0	29.6
20	27.1	29.0	31.0

如果首次对 60 个样本进行审计后发现了两个误差,则总体误差率为 10.5%(6.3÷60),大大超过可容忍误差,因此,注册会计师应决定增加 66 个样本(6.3÷0.05－60),即样本量扩大到 126 个。如对增加的 66 个样本审计后没有找到误差,注册会计师同样可以确定有 95% 的把握说总体误差不超过 5%。如果又发现了一个误差,则总体误差为 6.2%(7.8÷126),这时,需要决定是再扩大样本量到 156 个(7.8÷0.05),还是将上述过程得出的结果作为选用固定样本量的预期总体误差而改变抽样方式。一般来讲,样本量不宜扩大到初始样本量的 3 倍。应用停/走抽样,可以构造一个如表 10-9 的决策表。

表 10-9　　　　　　　　　　　　　　停/走抽样决策表

步骤	累计样本量	如果累计误差等于以下数字就停止	如果累计误差等于以下数字就增加样本量	若累计误差等于以下数字就转到第 5 步
1	60	0	1~4	4
2	96	1	2~4	4
3	126	2	3~4	4
4	156	3	4	4
5	以样本误差作为预期总体误差采用固定样本量抽样			

（三）发现抽样

发现抽样是固定样本量抽样的另一种特殊形式，与固定样本量抽样的不同之处在于发现抽样将预计总体偏差率直接定为零，并根据可接受信赖过度风险和可容忍偏差率一起确定样本量。在对选出的样本进行审查时，一旦发现一个偏差就立即停止抽样。如果在样本中没有发现偏差，则可以得出总体可以接受的结论。发现抽样适合于查找重大舞弊或非法行为。

第四节　实质性程序中抽样技术的运用

属性抽样虽对控制测试非常有用，但它并不能提供被审计项目货币价值量的资料，因此，不适用于变量总体。由于在审计工作中存在大量的变量总体，使变量抽样在实践中得以广泛运用。变量抽样是对审计对象总体的货币金额进行实质性测试时所采用的抽样方法。

一、抽样的基本概念在实质性程序中的具体表现

在实质性程序中，审计抽样只能在实施细节测试时使用。在细节测试中，可接受的抽样风险主要是指抽样风险中的误受风险，有时也包括误拒风险。表 10-10 列示的是实质性测试的风险矩阵图。

表 10-10　　　　　　　　　　　　　变量抽样风险矩阵

交易活动和账户金额 　　　　　　　　　实际情况 抽样结论	符合《企业会计准则》 及其他财务会计法规	不符合《企业会计准则》及其他 财务会计法规，并含有重要误差
肯定	正确的决定	误受风险
否定	误拒风险	正确的决定

在确定可接受的误受风险水平时，注册会计师需要考虑下列因素：注册会计师愿意接受的审计风险水平；评估的重大错报风险水平；针对同一审计目标（财务报表认定）的其他实质性程序的检查风险，包括分析程序。

可容忍误差在细节测试表现为可容忍错报。可容忍错报是指在不导致财务报表存在重

大错报的情况下,注册会计师对各类交易、账户余额、列报确定的可接受的最大错报金额。可容忍错报的确定是以注册会计师对财务报表层次重要性水平的初步评估为基础。某账户的可容忍错报实际上就是该账户的重要性水平。它是该账户的错报与其他账户的错报汇总起来不会引起财务报表整体重大错报的最大金额。对特定的账户而言,当抽样风险一定时,如果注册会计师确定的可容忍错报降低,所需的样本规模就增加。

在细节测试中,预计总体误差是指预计总体错报额,即预计总体发生错报的金额。

二、变量抽样的常用方法

变量抽样法可用于确定账户金额是多是少,是否存在重大误差等。变量抽样法通常适用于审查应收账款的金额、存货的数量和金额、工资费用、交易活动的有效性等。变量抽样主要包括三种具体的方法:均值估计抽样、差额估计抽样和比率估计抽样。每种方法推断总体错报的方法各不相同。

(一) 均值估计抽样

均值估计抽样是指通过抽样审查确定样本的平均值,再根据样本平均值推断总体的平均值和总值的一种变量抽样方法。使用这种方法时,注册会计师先计算样本中所有项目审定金额的平均值,然后用这个样本平均值乘以总体规模,得出总体金额的估计值。总体估计金额和总体账面金额之间的差额就是推断的总体错报。

【例 10-1】 注册会计师从总体规模为 1 000 个项目、账面金额为 1 000 000 元的存货项目中选择了 200 个项目作为样本。在确定了正确的采购价格并重新计算了价格与数量的乘积之后,注册会计师将 200 个样本项目的审定金额加总后除以 200,确定样本项目的平均审定金额为 980 元。然后计算估计的存货余额为 980 000 元(980×1 000)。推断的总体错报就是 20 000 元(1 000 000−980 000)。

(二) 差额估计抽样

差额估计抽样是以样本实际金额与账面金额的平均差额来估计总体实际金额与账面金额的平均差额,然后再以这个平均差额乘以总体规模,从而求出总体的实际金额与账面金额的差额(即总体错报)的一种方法。差额估计抽样的计算公式如下:

$$平均错报=样本实际金额与账面金额的差额÷样本规模$$
$$推断的总体错报=平均错报×总体规模$$

使用这种方法时,注册会计师先计算样本项目的平均错报,然后根据这个样本平均错报推断总体。

【例 10-2】 注册会计师从总体规模为 1 000 的存货项目中选取了 200 个项目进行检查。总体的账面金额总额为 1 040 000 元。注册会计师逐一比较 200 个样本项目的审定金额和账面金额并将账面金额(208 000 元)和审定金额(196 000 元)之间的差异加总后为 12 000 元。12 000 元的差额除以样本项目个数 200,得到样本平均错报 60 元。然后注册会计师用这个平均错报乘以总体规模,计算出总体错报为 60 000 元(60×1 000)。

(三) 比率估计抽样

比率估计抽样是指以样本的实际金额与账面金额之间的比率关系来估计总体实际金额与账面金额之间的比率关系,然后再以这个比率去乘总体的账面金额,从而求出估计的总体实际金额的一种抽样方法。比率估计抽样法的计算公式如下:

比率＝样本审定金额÷样本账面金额

估计的总体实际金额＝总体账面金额×比率

推断的总体错报＝估计的总体实际金额－总体账面金额

如果[例10-2]中注册会计师使用比率估计抽样,样本审定金额合计与样本账面金额的比例则为0.94(196 000÷208 000)。注册会计师用总体的账面金额乘以该比例0.94,得到估计的存货余额977 600元(1 040 000×0.94)。推断的总体错报则为62 400元(1 040 000－977 600)。

如果未对总体进行分层,注册会计师通常不使用均值估计抽样,因为此时所需的样本规模可能太大,以至于对一般的审计而言不符合成本效益原则。比率估计抽样和差额估计抽样都要求样本项目存在错报。如果样本项目的审定金额和账面金额之间没有差异,这两种方法使用的公式所隐含的机理就会导致错误的结论。如果注册会计师决定使用统计抽样,且预计只发现少量差异,就不应使用比率估计抽样和差额估计抽样,而考虑使用其他的替代方法,如均值估计抽样或概率比例模型抽样法(PPS抽样)。

复习思考题

1. 什么叫审计抽样? 统计抽样与非统计抽样有何区别? 属性抽样与变量抽样有何区别?

2. 如何理解统计抽样与专业判断之间的关系?

3. 在设计样本时应考虑哪些因素? 简述各种因素对样本设计的影响。

4. 如何选取样本? 各种选样方法有何特征?

5. 注册会计师选取全部项目进行测试的情形有哪些? 选取的特定项目一般包括哪些情形?

6. 属性抽样是怎样定义"误差"的? 请举例说明?

7. 属性抽样的方法有哪些? 各自有何特征?

8. 变量抽样的常用方法有哪些? 如何运用?

练习题

一、单项选择题(在每小题列出的四个备选项中只有一个是最符合题目要求的,请将其代码填在题后的括号内)

1. 在未对总体进行分层的情况下,注册会计师不宜使用的抽样方法是( )。

A. 概率比例规模抽样　　　　　　B. 差额估计抽样

C. 比率估计抽样　　　　　　　　D. 均值估计抽样

2. 注册会计师从总体规模为1 000个、账面价值为300 000元的存货项目中选取200个项目(账面价值50 000元)进行检查,确定其审定金额为50 500元。如果采用比率估计抽样,注册会计师推断的存货总体错报为( )元。

A. 2 500　　　　B. 500　　　　C. 3 000　　　　D. 3 650

3. 下列各项风险中,对审计工作的效率和效果都产生影响的是( )。

A. 非抽样风险　　　　　　　　B. 误受风险

C. 信赖不足风险　　　　　　　　　　　　D. 信赖过度风险

4. 注册会计师运用分层抽样方法的主要目的是为了（　　　）。

A. 无偏见地选取样本项目

B. 审计可能有较大错误的项目，并减少样本量

C. 减少样本的非抽样风险

D. 决定审计对象总体特征的正确发生率

5. 在控制测试中，信赖过度风险与样本数量之间是（　　　）变动关系。

A. 比例变动关系　　　　　　　　　　　　B. 反向

C. 同向　　　　　　　　　　　　　　　　D. 不变

二、多项选择题（在每小题列出的四个备选项中有两个或两个以上是符合题目要求的，请将其代码填在题后的括号内）

1. 在编制审计计划时，需考虑影响样本量大小的有关事项，对审计抽样工作进行规划。下列各项表述中，正确的有（　　　）。

A. 预期误差越小，需要选取的样本量越大

B. 划分的层级总体越多，需要选取的样本量越大

C. 可信赖程度要求越高，需要选取的样本量越大

D. 可容忍误差越小，需要选取的样本量越大

2. 在抽样风险中，导致注册会计师执行额外的审计程序，降低审计效率的风险有（　　　）。

A. 信赖过度风险　　　　　　　　　　　　B. 信赖不足风险

C. 误受风险　　　　　　　　　　　　　　D. 误拒风险

3. 在进行控制测试时，注册会计师如认为抽样结果无法达到其对所测试的内部控制的预期信赖程度，应当考虑（　　　）。

A. 发表保留意见或否定意见　　　　　　　B. 增加样本量

C. 执行替代审计程序　　　　　　　　　　D. 修改实质性测试程序

4. 审计抽样应当具备的基本特征有（　　　）。

A. 对某类交易或账户余额中低于100％的项目实施审计程序

B. 审计测试的目的是为了评价该账户余额或交易类型的某一特征

C. 所有抽样单元都有被选取的机会

D. 选样方法能够计量并控制审计风险在可接受的水平

5. 注册会计师必须事先准确定义构成误差的条件，下列对误差的描述中，正确的有（　　　）。

A. 在细节测试中，误差是指错报

B. 在控制测试中，误差是指内部控制的缺陷

C. 在细节测试中，误差就是可容忍错报

D. 在控制测试中，误差是指控制偏差

三、判断题（对每题内容的正误进行判断，你认为正确的用"√"表示，错误的用"×"表示，并填入题后的括号内）

1. 风险评估程序通常不涉及审计抽样，但所有的实质性程序均会涉及审计抽样。（　　　）

2. 审计抽样是指注册会计师对某类交易或账户余额中低于百分之百的项目实施审计

程序,使所有抽样单元都有被选取的机会。 （　　）

3. 注册会计师选用统计抽样比非统计抽样更能获取充分、适当的审计证据。 （　　）

4. 在审计过程中,只有对留下了运行轨迹的控制实施的控制测试和对各类交易、账户余额、列报的细节测试才可能涉及审计抽样。 （　　）

5. 可容忍错报是指在不导致财务报表存在重大错报的情况下,注册会计师对各类交易、账户余额、列报确定的可接受的最大错报金额。 （　　）

四、分析题(分析以下各项资料,并按照要求回答问题)

(一) 资料

某注册会计师抽样审查的情况如表 10-11 所示。

表 10-11 抽样审查情况表

审查内容	样本及其容量	可容忍误差	推断误差	总体实际误差
未批准的赊销	销货发票副本 200 张	2%	1.5%	10%
伪造应收账款	向 150 户客户发函	10 000 元	20 000 元	19 800 元
虚列现金支出	200 笔支出及凭证	1%	25%	0.5%
漏记应付账款	材料验收单 100 张	5 000 元	8 670 元	3 000 元

(二) 要求

(1) 在表 10-11 所列情况中,关于未批准赊销的情况属于哪种抽样风险?

(2) 在表 10-11 所列四种情况中,哪种情况可能使注册会计师给予相关内部控制制度的信赖低于应当给予的信赖?

(3) 在表 10-11 所列四种情况中,哪种情况的抽样结果未引起抽样风险?

(4) 在表 10-11 所列四种情况中,哪种情况直接影响实质性测试的效率,但不影响实质性测试的效果?

第十一章　信息技术对审计影响的考虑

会计信息技术化的大规模普及对审计环境产生了较大影响，审计人员在审计过程中要深入了解被审计单位信息技术的应用范围与性质，必须在计划和执行审计工作时对企业信息技术进行全面考虑，这是因为信息系统在设计和运行上都会对评价审计风险、业务流程、收集审计证据等产生直接影响。

第一节　信息技术与内部控制

从广义上讲，凡是能扩展人类信息功能的技术，都是信息技术。具体而言，信息技术是指利用电子计算机和现代通信手段实现获取信息、传递信息、存储信息、处理信息、显示信息、分配信息等的相关技术。注册会计师必须充分认识信息技术对内部控制的影响和由此产生的风险。注册会计师必须具备新观念、新意识，并具备一定的信息技术相关技能，积极应对信息化环境下面临的挑战。

一、信息技术对企业内部控制的影响

在信息技术环境下，传统的人工控制越来越多地被自动控制所替代。当然，被审计单位采用信息系统处理业务，并不意味着人工控制被完全取代。信息系统对控制的影响，取决于被审计单位对信息系统的依赖程度。例如，在基于信息技术的信息系统中，系统进行自动操作来实现对交易信息的创建、记录、处理和报告，并将相关信息保存为电子形式（如电子的采购订单、采购发票、发运凭证和相关会计记录）。但相关控制活动也可能同时包括手工的部分，例如，订单的审批和事后审阅以及会计记录调整之类的人工控制。由于被审计单位信息技术的特点及复杂程度不同，被审计单位的手工及自动控制的组合方式往往会有所区别。

概括地说，自动控制能为企业带来以下好处：

（1）自动控制能够有效处理大流量交易及数据，因为自动信息系统可以提供与业务规则一致的系统处理方法。

（2）自动控制比较不容易被绕过。

（3）自动信息系统、数据库及操作系统的相关安全控制可以实现有效的职责分离。

（4）自动信息系统可以提高信息的及时性、准确性，并使信息变得更易获取。

（5）自动信息系统可以提高管理层对企业业务活动及相关政策的监督水平。

二、信息技术产生的风险

随着信息技术的发展，内部控制虽然在形式及内涵方面发生了变化，但内部控制的目标

并没有发生改变,即:①提高管理层决策制定的效果和业务流程的效率;②提高会计信息的可靠性;③促进企业遵守法律、法规。

信息技术在改进被审计单位内部控制的同时,也产生了特定的风险:

(1) 信息系统或相关系统程序可能会对数据进行错误处理,也可能会去处理那些本身就错误的数据。

(2) 自动信息系统:数据库及操作系统的相关安全控制如果无效,会增加对数据信息非授权访问的风险,这种风险可能导致系统对非授权交易及虚假交易请求的拒绝处理功能遭到破坏,系统程序、系统内的数据遭到不适当的改变,系统对交易进行不适当的记录,以及信息技术人员获得超过其职责范围的过大系统权限等。

(3) 数据丢失风险或数据无法访问风险,如系统瘫痪。

(4) 不适当的人工干预,或人为绕过自动控制。

三、注册会计师在信息化环境下面临的挑战

信息技术在会计处理和财务报告中的运用,把注册会计师带入了一个全新的、充满挑战的信息化环境。在这个环境中,注册会计师面对的是功能复杂、高度集成的大型信息系统,以及系统生成、处理、记录和报告的海量电子数据,甚至还有完全不同于传统形式的舞弊手法。如果作为审计工作对象的财务会计信息和报告是由企业财务报告相关信息系统作为载体所形成的,那么注册会计师在了解业务流程和内部控制、识别和评估审计风险、确定审计风险的应对以及审计范围、制订整体审计计划、执行审计程序以及收集审计证据等方面将面临来自信息化环境的众多挑战,主要体现在以下几个方面:

(1) 对业务流程开展和内部控制运作的理解。在传统环境下,业务流程的开展和内部控制的运作主要依赖人工处理。在信息化环境下,相当部分的内部控制环节转移到信息系统中自动执行,或者人工与信息系统相结合而执行。因此,注册会计师需要重新建立对业务流程开展和内部控制运作的理解和认识。

(2) 对信息系统相关审计风险的认识。信息系统在带来效率、效果提升的同时,也产生了出于信息技术导致的风险。注册会计师在执行财务报表审计时,需要充分识别并评估与会计核算和财务报告编制相关的信息技术运用相伴而生的风险,如程序逻辑的错误、权限的不当授予等。对相关控制风险缺乏认识,可能导致审计工作针对性的欠缺,难以有效识别财务报表重大错报。

(3) 审计范围的确定。注册会计师在确定审计范围时,往往受困于信息技术的复杂性和专业性。企业的应用系统架构如何? 信息系统间的数据流向是怎样的? 如果对这些根本性问题认识不清楚,往往会导致在确定审计范围时产生遗漏。

(4) 审计内容的变化。由于在信息化环境下,会计核算与财务报告是由信息系统通过程序进行自动处理的,因此审计内容很有可能包括对信息系统中的相关自动控制的测试。例如,在针对存货计价不准确的重大错报风险执行审计程序时,由于被审计单位存货的计价依赖于高度自动化处理,不存在或存在很少人工干预,针对该风险仅实施实质性程序可能不可行。获取的审计证据,即存货的库龄分析仅以电子形式存在,注册会计师必须测试存货的计价相关的内部控制的有效性,以及存货库龄计算的准确性。

(5) 审计线索的隐性化。在信息化环境下,会计信息已经全面数字化,传统的审计线索可能已经不复存在;在信息加工处理方面,信息系统封装了信息处理的过程,其内部处理逻

辑、运算的中间过程,往往对系统的用户而言是独立的,传统的审计线索全面隐性化。

(6)审计技术改进的必要性。面对海量的交易、数据和财务信息,传统的审计技术在抽样针对性和样本覆盖程度方面的局限性越来越突出。一方面,信息技术的运用改变了企业的运作模式和工作方式,传统审计技术针对的问题特征可能已经消失,或者发生了改变,注册会计师的经验可能无法简单移植,从而丧失了针对性;另一方面,面对海量数据,传统的抽样方式难以覆盖大量的数据,对于不同来源的数据缺乏深刻的洞察力,覆盖性方面也难以提供更强的审计信心。

(7)有待优化的知识结构。信息技术的广泛运用,对注册会计师的知识结构提出了新的要求。他们不仅仅要具备丰富的会计、审计、经济、管理、法律方面的知识和技能,还必须对信息技术有所掌握和了解,熟悉系统的架构、信息处理的基本逻辑、系统运行的原理,以及与信息技术运用相伴而生的风险因素。在信息化环境下,注册会计师必须熟悉信息技术的运用和信息系统的风险及控制,应对以上新的挑战,对审计的策略、范围、内容、方法和手段作出有针对性的调整,获取充分、适当的审计证据,从而发表恰当的审计意见。

(8)与专业团队的充分协同工作。新兴复杂技术的日新月异,使财务报表审计对专业知识的需求日益迫切。注册会计师在优化自身的知识结构体系的过程中,引入相关技术专业人员参与审计工作成为一种有效的审计手段而普遍存在。比较常见的专业领域有信息技术、税务等。因此,在审计全过程中如何整合各方资源,进行有效的审计成为审计过程中一个重要的议题和考虑方面。需要强调的是,注册会计师在引入专业人员进行审计的项目中,从审计规划、审计执行到审计完成的各个阶段都应该积极引入专业人员参与,以确保相关的审计风险被合理识别和应对,保证审计过程的有效执行和审计效果的提升。

第二节 信息技术中的一般控制与应用控制测试

在信息技术环境下,人工控制的基本原理与方式并不会发生实质性的改变,注册会计师仍需要按照标准执行相关的审计程序,而对于自动控制,就需要从信息技术一般控制审计、信息技术应用控制审计以及公司层面信息技术控制审计三方面进行考虑。

一、信息技术一般控制

信息技术一般控制是指为了保证信息系统的安全,对整个信息系统以及外部各种环境要素实施的、对所有的应用或控制模块具有普遍影响的控制措施。信息技术一般控制通常会对实现部分或全部财务报表认定作出间接贡献。在有些情况下,信息技术一般控制也可能对实现信息处理目标和财务报表认定作出直接贡献。这是因为有效的信息技术一般控制确保了应用系统控制和依赖计算机处理的自动会计程序得以持续有效地运行。当人工控制依赖系统生成的信息时,信息技术一般控制同样重要。如果注册会计师计划依赖自动应用控制、自动会计程序或依赖系统生成信息的控制,他们就需要对相关的信息技术一般控制进行测试。

注册会计师应当清楚记录信息技术一般控制与关键的自动应用控制及接口、关键的自动会计程序、关键人工控制所依赖的系统生成数据和报告,或生成手工日记账时使用系统生成的数据和报告的关系。

信息技术一般控制包括程序开发、程序变更、程序和数据访问以及计算机运行四个方面。

（1）程序开发。程序开发领域的目标是确保系统的开发、配置和实施能够实现管理层的应用控制目标。程序开发控制一般包括但不限于以下要素：①程序开发的管理方法论；②项目启动、分析和设计；③测试和质量确保；④数据迁移；⑤程序实施和应急计划；⑥流程更新和用户培训；⑦开发过程中的需求变更管理；⑧开发过程中的职责分离。

（2）程序变更。程序变更领域的目标是确保对程序和相关基础组件的变更是经过请求、授权、执行、测试和实施的，以达到管理层的应用控制目标。程序变更范围除包含代码类的常规变更，同时也需要关注配置类的变更以及紧急变更。程序变更一般包括但不限于以下要素：①对变更维护活动的管理；②对变更请求的规范、授权与跟踪；③测试和质量确保；④程序实施；⑤流程更新和用户培训；⑥变更过程中的职责分离。

（3）程序和数据访问。程序和数据访问这一领域的目标是确保分配的访问程序和数据的权限是经过用户身份认证并经过授权的。程序和数据访问的子组件一般包括安全活动管理、安全管理、数据安全、操作系统安全、网络安全和物理安全。程序和数据访问一般包括但不限于以下要素：①应用用户授权管理；②高权限用户管理；③职责分工和权限管理；④认证和密码控制；⑤用户监控；⑥物理访问和环境控制；⑦网络访问控制。

（4）计算机运行。计算机运行这一领域的目标是确保业务系统根据管理层的控制目标完整准确地运行，确保运行问题被完整准确地识别并解决，以维护财务数据的完整性。计算机运行一般包括但不限于以下要素：①系统作业管理；②问题和故障管理；③数据备份和恢复；④备份介质的异地存放；⑤灾难恢复。

二、信息技术应用控制

信息技术应用控制一般要经过输入、处理及输出等环节。与人工控制类似，系统自动控制关注的要素包括完整性、准确性、存在和发生等。各要素的主要含义如下：

（1）完整性：系统处理数据的完整性，如各系统之间数据传输的完整性、销售订单的系统自动顺序编号、总账数据的完整性等。

（2）准确性：系统运算逻辑的准确性，如金融机构利息计提逻辑的准确性、生产企业的物料成本运算逻辑的准确性、应收账款账龄的准确性等。

（3）存在和发生：信息系统相关的逻辑校验控制，如限制检查、合理性检查、存在检查和格式检查等。部分业务操作的授权管理，如入账审批管理的权限设定和授予、物料成本逻辑规则修改权限的设定和授予等。

针对系统自动控制的信息技术应用控制审计需要在理解业务流程的基础之上进行识别和定义。常见的系统自动控制以及信息技术应用控制审计关注点有：

（1）系统自动生成报告。企业的业务或财务系统会定期或按需生成各类报告，如账龄报告、贷款逾期报告、业务和财务数据核对差异报告等。信息技术应用控制审计包括对这些报告生成逻辑（包括完整性和准确性）的测试、异常报告跟进控制的审计等。

（2）系统配置和科目映射。信息系统中包含了大量的自动校验控制和映射关系，包括数据完整性校验、录入合法性编辑检查、边界阈值设定、财务科目映射关系等。信息技术应用控制审计会对这些系统配置和映射关系的存在性和有效性进行测试。

（3）接口控制。接口控制包括各业务系统之间、业务和财务系统之间、企业内部系统和合作伙伴/交易对手/监管机构之间的接口数据传输。信息技术应用控制审计会对这些接口数据传输的完整性和准确性进行测试。

（4）访问和权限。企业内部各业务部门、财务部门、信息技术部门等均会根据各自的职责需要来对信息系统进行访问，各部门、各团队甚至各岗位访问的权限均可能存在差异，因此在系统控制层面需要对这些权限进行明确的定义和部署，以保证适当的人员配备适当的访问权限。信息技术应用控制审计会对这些访问权限授予情况的合理性进行测试。

三、公司层面信息技术控制

除信息技术一般控制和应用控制外，目前国内外企业的管理层也越来越重视公司层面的信息技术控制管理。常见的公司层面信息技术控制包括但不限于：①信息技术规划的制定；②信息技术年度计划的制订；③信息技术内部审计机制的建立；④信息技术外包管理；⑤信息技术预算管理；⑥信息安全和风险管理；⑦信息技术应急预案的制定；⑧信息系统架构和信息技术复杂性。

目前，审计机构针对公司层面信息技术控制往往会执行单独的审计，以评估企业信息技术的整体控制环境，来决定信息技术一般控制和应用控制的审计重点、风险等级、审计测试方法等。

四、信息技术一般控制、应用控制与公司层面控制三者之间的关系

公司层面信息技术控制情况代表了该公司的信息技术控制的整体环境，包括该公司对于信息技术的重视程度和依赖程度、信息技术复杂性、对于外部信息技术资源的使用和管理情况、信息技术风险偏好等，这些要素会影响该公司信息技术一般控制和信息技术应用控制的部署和落实。例如，如果某公司使用了较多的信息技术外部资源和服务，则可能会相应地提高外部用户管理和外连接口失效的风险，因此需要更多关注信息技术一般控制领域内的用户管理类控制，特别是外部用户管理机制，以及信息技术应用控制的外部系统接口管理机制等。

根据目前信息技术审计的业内最佳实践，注册会计师在执行信息技术一般控制和信息技术应用控制审计之前，会首先执行配套的公司层面信息技术控制审计，以了解公司的信息技术整体控制环境，并基于此识别出信息技术一般控制和信息技术应用控制的主要风险点以及审计重点。

应用控制是设计在计算机应用系统中的、有助于达到信息处理目标的控制。例如，许多应用系统中包含很多编辑检查来确保录入数据的准确性。编辑检查可能包括格式检查（如日期格式或数字格式），存在检查（如客户编码存在于客户主数据文档之中），或合理性检查（如最大支付金额）。如果录入数据的某一要素未通过编辑检查，那么系统可能拒绝录入该数据或系统可能将该录入数据拖入系统生成的例外报告之中，留待后续跟进和处理。

如果在带有关键的编辑检查功能的应用系统所依赖的计算机环境中发现了信息技术一般控制的缺陷，注册会计师可能就不能信赖上述编辑检查功能按设计发挥作用。例如，程序变更控制缺陷可能导致未授权人员对检查录入数据字段格式的编程逻辑进行修改，以至于系统接受不准确的录入数据。此外，与安全和访问权限相关的控制缺陷可能导致数据录入不恰当地绕过合理性检查，而该合理性检查原本应能使系统拒绝处理金额超过最大容差范围的支付操作。

因此,公司层面信息技术控制是公司信息技术整体控制环境,决定了信息技术一般控制和信息技术应用控制的风险基调;信息技术一般控制是基础,信息技术一般控制的有效与否会直接关系到信息技术应用控制的有效性是否能够信任。

第三节 信息技术对审计过程的影响

一、信息技术对审计的影响

信息技术在企业中的应用并不改变注册会计师制定审计目标、进行风险评估和了解内部控制的原则性要求,审计准则和财务报告审计目标在所有情况下都适用。但是,注册会计师必须更深入了解企业的信息技术应用范围和性质,因为系统的设计和运行对审计风险的评价、业务流程和控制的了解、审计工作的执行以及需要收集的审计证据的性质都有直接的影响。归纳起来,信息技术对审计过程的影响主要体现在以下几个方面:

(1)对审计线索的影响。审计线索对审计来说极其重要。传统的手工会计系统,审计线索包括凭证、日记账、分类账和报表。注册会计师通过顺查和逆查的方法来审查记录,检查和确定其是否正确地反映了被审计单位的经济业务,检查企业的会计核算是否合理、合规。而在信息技术环境下,从业务数据的具体处理过程到报表的输出都由计算机按照程序指令完成,数据均保存在磁性介质上,从而会影响到审计线索,如数据存储介质、存取方式以及处理程序等。

(2)对审计技术手段的影响。过去,注册会计师的审计都是手工进行的,但随着信息技术的广泛应用,若仍以手工方式进行审计,显然已经难以满足工作的需要,难以达到审计的目的。因此,注册会计师需要掌握相关信息技术,把信息技术当作一种有力的审计工具。

(3)对内部控制的影响。现代审计技术中,注册会计师会对被审计单位的内部控制进行审查与评价,以此作为制订审计方案和决定抽样范围的依据。

(4)对审计内容的影响。在信息化条件下,由于信息化的特点,审计内容发生了相应的变化,在信息化的会计系统中,各项会计事项都是由计算机按照程序进行自动处理的,信息系统的特点及固有风险决定了信息化环境下审计的内容,包括对信息化系统的处理和相关控制功能的审查。例如,在审计账龄分析表时,在信息技术环境下,必须考虑其数据准确性以支持相关审计结论,因而需要对其基于系统的数据来源及处理过程进行考虑。

(5)对注册会计师的影响。信息技术在被审计单位的广泛应用要求注册会计师一定要具备相关信息技术方面的知识。因此,注册会计师要成为知识全面的复合型人才,他们不仅要有丰富的会计、审计、经济、法律、管理等方面的知识和技能,还需要熟悉信息系统的应用技术、结构和运行原理,有必要对信息化环境下的内部控制作出适当的评价。

因此,注册会计师必须对系统内的风险和控制都非常熟悉,然后对审计的策略、范围、方法和手段作出相应的调整,以获取充分、适当的审计证据,支持发表的审计意见。

二、信息技术审计范围的确定

被审计单位的流程和信息系统可能拥有各自不同的特点,因此注册会计师应按各自特点制定审计计划中包含的信息技术审计内容;另外,如果注册会计师计划依赖自动控制或自动信息系统生成的信息,那么他们就需要适当扩大信息技术审计的范围。基于此,注册会计师在确定审计策略时,需要结合被审计单位业务流程复杂度、信息系统复杂度、系统生成的交易数量和业务对系统的依赖程度、信息和复杂计算的数量、信息技术环境规模和复杂度五个方面;对信息技术审计范围进行适当考虑。信息技术审计的范围与被审计单位在业务流程及信息系统相关方面的复杂度成正比,在具体评估复杂度时,可以从以下几个方面予以考虑:

(1)评估业务流程的复杂度。对业务流程(如销售流程、薪酬流程、采购流程等)复杂度的评估并不是一个纯粹客观的过程,而是需要注册会计师的职业判断。注册会计师可以通过考虑以下因素,对业务流程复杂度作出适当判断:①流程是否涉及过多人员及部门,并且相关人员及部门之间的关系复杂且界限不清;②某流程是否涉及大量操作及决策活动;③某流程的数据处理过程是否涉及复杂的公式和大量的数据录入操作;④某流程是否需要对信息进行手工处理;⑤对系统生成的报告的依赖程度。

(2)评估信息系统的复杂度。与评估业务流程的复杂度相似,企业信息系统复杂度的评估也不是一个纯粹客观的过程,评估过程包含大量的职业判断,也受到所使用系统类型(如商业软件或自行研发系统)的影响。具体来说,评估商业软件的复杂程度应当考虑系统复杂程度、市场份额、系统实施和运行所需的参数设置范围,以及客制化程度(对出厂标准配置的变更、变更类型。例如,是仅为报告形式的变更还是对数据处理方式的变更)。而对于自行研发系统复杂度的评估,应当考虑系统复杂程度、距离上一次系统架构重大变更的时间、系统变更对财务系统的影响结果,以及系统变更之后的系统运行情况及运行期间。同时,还需要考虑系统生成的交易数量、信息和复杂计算的数量,包括:①被审计单位是否存在大量交易数据,以至于用户无法识别并更正数据处理错误;②数据是否通过网络传输,如EDI;③是否使用特殊系统,如电子商务系统。

(3)信息技术环境的规模和复杂度。评估信息技术环境的规模和复杂度,主要应当考虑产生财务数据的信息系统数量、信息系统接口以及数据传输方式、信息部门的结构与规模、网络规模、用户数量、外包及访问方式(例如本地登录或远程登录)。信息技术环境复杂并不一定意味着信息系统是复杂的;反之亦然。在具体审计过程中,注册会计师除了考虑以上所提及的复杂度外,还需要充分考虑系统在实际应用中存在的问题,评价这些问题对审计范围的影响:①管理层如何获知与信息技术相关的问题? ②系统功能中是否发现严重问题或不准确成分? 如果是,是否存在可以绕过的程序(如自行修复程序等)? ③是否发生过信息系统运行出错、安全事件或对固定数据的修改等严重问题? 如果是,管理层如何应对这些问题,以及管理层如何确保这些问题得到可靠解决? ④内部审计或其他报告中是否提出过与信息系统、数据环境或应用系统相关的问题? ⑤报告中提及的最普遍的系统问题是什么? ⑥是否存在由于业务操作不规范而需要经常在系统内数据库中直接进行数据信息更改的情况? ⑦信息系统用户的能力、操作和安全意识如何?

在对被审计单位的业务流程、信息系统和相关风险进行充分了解之后,注册会计师应当判断被审计单位是否包含信息技术关键风险,并且实质性程序是否无法完全控制该风险。如果符合上述情况的描述,注册会计师应将信息技术审计纳入财务审计计划之中。此外,如果注册会计师计划依赖系统自动控制,或依赖以自动系统生成信息为基础的人工控制或业务流程审阅结果,那么注册会计师也同样需要对信息技术相关控制进行评估。

综上所述,在信息技术环境下,审计工作与对系统的依赖程度是直接关联的,注册会计师需要全面考虑其关联关系,从而可以准确定义相关的信息系统审计范围。

了解内部控制有助于注册会计师识别潜在错报的类型和影响重大错报风险的因素,以及设计进一步审计程序的性质、时间安排和范围。无论被审计单位运用信息技术的程度如何,注册会计师均需了解与审计相关的信息技术一般控制和应用控制。

三、信息技术一般控制对控制风险的影响

　　信息技术一般控制对应用控制的有效性具有普遍性影响。无效的一般控制增加了应用控制不能防止或发现并纠正认定层次重大错报的可能性,即使这些应用控制本身得到了有效设计。如果一般控制有效,注册会计师可以更多地信赖应用控制,测试这些控制的运行有效性,并将控制风险评估为低于“最高”水平。考虑到公司层面信息技术控制是公司的整体控制环境,决定了信息技术的风险基准,因此,注册会计师通常优先评估公司层面信息技术控制和信息技术一般控制的有效性。

四、信息技术应用控制对控制风险和实质性程序的影响

　　在评估应用控制对控制风险和实质性程序的影响时,注册会计师需要将控制与具体的审计目标相联系,注册会计师首先针对每个具体的审计目标,了解和识别相关的控制与缺陷,在此基础上,对每个相关审计目标评估初步控制风险。但对于一般控制而言,由于其影响广泛,注册会计师通常不将控制与具体的审计目标相联系。

　　如果针对某一具体审计目标,注册会计师能够识别出有效的应用控制,在通过测试确定其运行有效后,注册会计师能够减少实质性程序。

　　(1)当面临不太复杂的IT环境时,例如在信息技术并不对传统的审计线索产生重大影响的情况下,注册会计师可采取传统方式进行审计,即“绕过计算机进行审计”。在此情形下,注册会计师虽然仍需要了解信息技术一般控制和应用控制,但不测试其运行有效性,即不依赖其降低评估的控制风险水平,更多的审计工作将依赖非信息技术类审计方法。

　　(2)当面临较为复杂的IT环境时,“绕过计算机进行审计”就不可行,而需要“穿过计算机进行审计”。

第四节　计算机辅助审计技术与数据分析

一、计算机辅助审计技术的种类

　　计算机辅助审计技术是指利用计算机和相关软件,使审计测试工作实现自动化的技术。通常将计算机辅助审计技术分为两类:一类是用来测试程序/系统的,即面向系统的计算机辅助审计技术;另一类是用于分析电子数据的,即面向数据的计算机辅助审计技术。

　　(1)面向系统的计算机辅助审计技术,包括平行模拟、测试数据、嵌入审计模块法、程序编码审查、程序代码比较和跟踪、快照等方法。

　　平行模拟法是指注册会计师使用自身的应用软件,并且运用与被审计单位同样的数据文件,执行被审计单位应用软件同样的操作,以确定被审计单位自动控制的有效性或账户余额的准确性。

　　测试数据法是指注册会计师使用被审计单位的计算机系统和应用软件处理注册会计师自身准备的测试数据,以确定被审计单位的自动控制是否正确地处理测试数据。

嵌入审计模块法是指注册会计师在被审计单位的应用软件系统中嵌入审计模块,以识别特定类型的交易。

程序编码审查是指注册会计师使用专业的编码审查工具,进行开发编码的独立审查,以期发现冗余代码、错误代码、恶意代码等。

程序代码比较和跟踪是指注册会计师使用专业的代码比较工具,进行开发代码的比对,包括客制化开发版本和标准版之间的代码比对、不同版本程序之间代码的比对跟踪等。

快照是指注册会计师使用专业的工具,将系统运行过程中的某一状态进行快照记录,以进行包括系统性能、功能、状态等的横向比较。

(2)面向数据的计算机辅助审计技术,包括数据查询、账表分析、审计抽样、统计分析、数值分析等方法。

计算机辅助审计技术可以在以下方面提高审计工作的效率和效果:一是将现有手工执行的审计测试自动化。例如对报告数据的准确性和完整性进行测试。二是在手工方式不可行的情况下执行测试或分析。例如,审计大量的和非正常的销售交易,尽管这项工作有可能通过手工执行来实现,但对于多数大型公司而言,从时间角度出发,需要审计的交易数量是无法通过手工方式来进行的。

计算机辅助审计技术不仅能够提高审计大量交易的效率,而且计算机不会受到劳累过度的影响(而注册会计师在审计大量交易后很容易产生疲劳);从这个意义上讲,计算机辅助审计技术还可以使审计工作更具效果。与用手工方式进行同样的测试相比较,即便是第一年使用计算机辅助审计技术进行审计,也会节省大量的审计工作量,而后续年度节约的审计时间和成本则会更多。

二、计算机辅助审计技术的应用

最广泛地应用计算机辅助审计技术的领域是实质性程序,特别是在与分析程序相关的方面。计算机辅助审计技术使得对系统中的每一笔交易进行测试成为可能,用于在交易样本量很大的情况下替代手工测试。

与其他控制测试相同,计算机辅助审计技术也可用于测试控制的有效性,选择少量的交易,并在系统中进行穿行测试,或是开发一套集成的测试工具,用于测试系统中的某些交易。在控制测试中使用计算机辅助审计技术的优势是可以对每一笔交易进行测试(包括主文件和交易文件),从而确定是否存在控制失效的情况。

由于计算机辅助审计技术有助于详审海量数据,它也可用于辅助对舞弊的检查工作(如审计非正常的日记账)。

三、计算机辅助审计技术工具与电子表格

计算机辅助审计技术是一种审计方式,因此也需要使用一定的工具来加以实现。常见的工具包括:

(1)通用类:Excel、Access 等。Excel 自带了大量的核算或分析的库函数或工具,但是它处理的数据量较为有限,Access 可以灵活导入数据,并可使用简单的 SQL 语言进行分析,处理数据的范围和数量大于 Excel。

(2)数据库类:SQL Server、Oracle 等专用的数据库工具,可以快速高效地分析大量数据,但是对分析人员的技术水平要求较高,至少必须非常精通 SQL 语言。

（3）专业工具类：ACL、IDEA等。专业的分析工具，一般只有审计和内部控制专业人士以及财务管理人员才会使用这些工具。

即使在信息化程度极高的环境下，由于系统限制等原因，财务信息和报告的生成往往还需要借助电子表格来完成。所谓电子表格，是指利用计算机作为表格处理工具，以实现制表工具、计算工具以及表格结果保存的综合电子化的软件。目前普遍使用的电子表格通常包括Excel等软件，通过电子表格可以进行数据记录、计算与分析，并能对输入的数据进行各种复杂统计运算后显示为可视性极佳的表格。因此，注册会计师在进行系统审计时，需要谨慎地考虑电子表格中的控制，以及类似于信息系统一般控制的设计与执行（在相关时）有效性，从而确保这些内嵌控制持续的完整性。

（1）电子表格的特性。电子表格的特性（即开放的访问、手工输入数据和容易出错）以及编制并使用电子表格的环境的特性（例如，用户开发不正式、开发文档不完整、保存在局域网或本地磁盘而不是其他受控的信息系统环境中），增加了电子表格所生成的数据存在错误的风险，从而影响审计工作的进行。

（2）确定重要的财务电子表格和其他最终用户计算工具的范围。重要的财务电子表格和其他最终用户计算工具（例如，按需报告工具或在数据仓库中运行查询）用来在重要的流程中（即自动控制或步骤）生成财务数据，或用来生成用于关键人工控制的财务或其他数据。作为起始点，注册会计师应该了解评估范围内重要的流程和账户，并识别用来支持这些流程或账户的相关的电子表格或工具。

（3）电子表格控制的考虑。因为电子表格非常容易被修改，并可能缺少控制活动，因此，电子表格往往面临重大的固有风险和错误，例如：①输入错误：由错误数据录入、错误引用或其他简单的剪贴功能造成的错误；②逻辑错误：创建错误的公式从而生成了错误的结果；③接口错误：与其他系统传输数据时产生的错误；④其他错误：单元格范围定义不当、单元格参考错误或电子表格链接不当。

注册会计师应当了解相关的电子表格/数据库如何支持关键控制达到相关业务流程的信息处理目标。电子表格控制可能包括以下一项或多项内容：①对电子表格执行的、类似于信息系统一般控制的控制；②内嵌在电子表格中的控制（类似于一个自动应用控制）；③针对电子表格数据输入和输出的人工控制。

四、数据分析

对审计而言，数据分析是注册会计师获取审计证据的一种手段，是指注册会计师在计划和执行审计工作时，通过对内部或外部数据进行分析、建模或可视化处理，以发现其中隐藏的模式、偏差或不一致，从而揭示出对审计有用的信息的方法。

数据分析对注册会计师来说是一门新学科，需要在硬件、软件、技能和质量控制等方面进行大量投入。在大中型会计师事务所对大型企业审计市场需求作出的响应中，数据分析居于重要地位，不仅可以应用于审计中，也可以广泛应用于其他鉴证业务中。

数据分析能够帮助注册会计师以快速、低成本的方式实现对被审计单位整套完整数据（而非运用抽样技术得出的样本数据）进行检查，不仅能够在很大程度上提高审计的效率和效果，也有助于注册会计师从全局的角度更好地把握被审计单位交易和事项的经济实质，从而有助于提高审计质量。

数据分析是通过基础数据结构中的字段来提取数据，而不是通过数据记录的格式。一个简单的例子是 Excel 工具中的 Power View,它可以过滤、排序、切分和突显出电子表格中的数据,然后用各种各样的气泡图、柱状图和饼图等方式可视化地呈现数据。可视化与其基础数据几乎一样,因此分析质量的提高程度取决于必须以正确方式提取、分析和连接的基础数据。

数据分析工具可用于风险分析、交易和控制测试、分析性程序,用于为判断提供支撑并提供见解。例如,它们可以利用外部市场数据(如第三方定价信息)为投资重新定价。利率、汇率、GDP 的变化以及其他增长指标也可用于分析性程序。许多数据分析常规工具可以很容易地由注册会计师执行。独立完成这些分析的能力非常重要。更高级的常规分析工具可用于风险分析以便发现问题,而更详细的分析可用来明确重点,提供审计证据和洞察力。

一些常规分析工具可以提供审计证据,为会计估计的计算方法是否适当的判断提供支持。数据分析工具可以提高审计质量。审计质量不在于工具本身,而是在于分析和相应判断的质量。这种价值不在于数据转换,而是在于从分析产生的交谈和询问中提取的审计证据。

第五节　不同信息技术环境下审计面临的问题

在公司层面信息技术控制范畴内,被审计单位运用网络、数据库管理系统、电子商务、信息技术职能外包安排等不同信息技术环境下审计面临诸多问题。

一、网络环境

很多企业可能使用局域网或互联网将各种类型的计算机、工作站、打印机、服务器等互相连接起来。在网络环境下,用于处理交易的应用软件和数据文件可能分布于不同位置但互相连接的计算机设备上,由此产生了与内部控制相关的问题,包括对分布于不同位置的服务器的安全、数据和信息的分布及同步、管理监督以及兼容性问题。

二、数据库管理系统

数据库管理系统是一种操作和管理数据库的大型软件,用于建立、使用和维护数据库。它对数据库进行统一的管理和控制,以保证数据库的安全性和完整性。使用数据库管理系统能够实现不同应用软件之间的数据共享,减少数据冗余,改进对数据的控制,提高数据的决策支撑作用。

很多被审计单位使用 ERP 系统实现整个单位数据库系统的整合。ERP 是 Enterprise Resource Planning(企业资源计划)的简称。ERP 是针对物资资源管理(物流)、人力资源管理(人流)、财务资源管理(财流)、信息资源管理(信息流)集成一体化的企业管理软件。ERP 系统能够实现会计部门与业务部门的数据共享。当然,数据库管理系统也带来了与内部控制相关的问题,包括多重使用者能够访问和修改共享数据的风险。因此,需要实施严格的数据库管理和接触控制,以及数据安全备份制度。

三、电子商务系统

越来越多的被审计单位采用电子商务的方式进行交易。电子商务是指在互联网开放的网络环境下,以信息技术为手段,买卖双方不谋面地进行各种商贸活动,实现消费者的网上购物、商户之间的网上交易和在线电子支付以及各种商务活动、交易活动、金融活动和相关的综合服务活动的一种新型的商业运营模式。在这种方式下,交易信息在网上传输,容易被拦截、篡改或不当获取,需要采取相应的安全控制。此外,被审计单位的会计信息系统可能与交易对方的系统相连接,产生了互相依赖的风险,即交易一方的风险部分取决于交易对手如何识别和管理其自身系统中的风险。

四、外包安排

被审计单位可能将全部或部分的信息技术职能外包给专门的应用软件服务提供商或云计算服务商等计算机服务机构。根据美国国家标准与技术研究院(NIST)的定义,云计算是一种按使用量付费的模式,这种模式提供可用的、便捷的、按需的网络访问,进入可配置的计算资源共享池(资源包括网络、服务器、存储、应用软件、服务),这些资源能够被快速提供,只需投入很少的管理工作,或与服务供应商进行很少的交互。

注册会计师应当实施与服务机构活动相关的程序有:①了解服务机构中与被审计单位内部控制相关的控制以及针对服务机构活动所实施的控制;②获取相关控制运行有效性的证据。

注册会计师可通过以下程序获取相关控制运行有效性的证据,包括:①了解服务机构。注册会计师对服务机构内部控制有效性出具的报告或与控制测试相关的商定程序报告;②测试被审计单位对服务机构活动的控制;③对服务机构实施控制测试。

如果可以获取服务机构注册会计师对服务机构内部控制有效性出具的报告,注册会计师应当评价该报告是否提供了充分、适当的证据,以支持注册会计师的意见。在评价时,注册会计师可能考虑以下因素:①对控制的测试涵盖的期间及其与管理层评估时间点的关系;②对控制的测试涵盖的范围、测试的控制及其与企业控制的关联度;③对控制的测试结果,以及服务机构注册会计师对控制运行有效性发表的意见。

复习思考题

1. 简述信息技术对企业内部控制的影响。
2. 信息技术的进化能否从实质上改变审计的目标?
3. 注册会计师在信息化环境下面临哪些挑战?
4. 简述信息技术一般控制、应用控制与公司层面控制三者之间的关系。
5. 简述信息技术应用控制对控制风险和实质性程序的影响。
6. 计算机辅助审计技术是如何分类的?
7. 简述不同信息技术环境下审计面临的问题。
8. 注册会计师如何运用数据分析获取审计证据?

练 习 题

一、单项选择题(在每小题列出的四个备选项中只有一个是最符合题目要求的,请将其代码填在题后的括号内)

1. 下列关于信息技术的说法中,错误的是( )。

A. 广义上讲,凡是能扩展人类信息功能的技术都是信息技术

B. 信息技术的实现是依靠电子计算机和现代通信手段

C. 光盘技术、计算机技术、通信技术是现代信息技术的核心

D. 信息技术在改造被审计单位内部控制的同时,也产生了特定的风险

2. 信息技术在企业中的应用改变了( )。

A. 财务报表审计目标　　　　　　B. 风险评估的原则性要求

C. 审计准则　　　　　　　　　　D. 内部控制的形式

3. 下列对信息技术一般控制和应用控制的相关表述中,错误的是( )。

A. 如果注册会计师计划依赖自动应用控制,则需要对相关的信息技术一般控制进行验证

B. 有效的信息技术一般控制确保了应用系统控制得以持续有效地运行

C. 信息技术应用控制一般要经过输入、处理及输出等环节

D. 如果注册会计师不依赖自动控制,则无须了解与审计相关的信息技术一般控制和应用控制

4. 下列对计算机辅助审计技术的运用的说法中,错误的是( )。

A. 计算机辅助审计技术能提高审计工作的效率和效果

B. 计算机辅助审计技术最广泛地运用于实质性程序,特别是细节测试

C. 计算机辅助审计技术也可用于测试控制的有效性

D. 计算机辅助审计技术有助于详审海量数据,也可用于辅助对舞弊的检查工作

5. 由于电子表格能够非常容易进行修改,并可能缺少控制活动,所以电子表格面临重大固有风险和错误,其中不包括( )。

A. 输入错误　　　B. 逻辑错误　　　C. 计算错误　　　D. 接口错误

6. 常见的系统自动控制和信息技术应用控制审计关注点不包括( )。

A. 系统自动生成报告　　　　　　B. 系统配置和科目映射

C. 接口控制　　　　　　　　　　D. 程序变更

7. 下列关于信息技术对审计过程的影响的表述中,正确的是( )。

A. 信息技术一般控制对应用控制的有效性具有普遍影响

B. 如果针对某一具体审计目标,注册会计师能够识别出有效的应用控制,在通过测试确定其有效性后,注册会计师能够增加实质性程序

C. 当面临不太复杂的 IT 环境时,注册会计师可采取穿过计算机进行审计

D. 当面临较为复杂的 IT 环境时,注册会计师可采取绕过计算机进行审计

8. 下列各项中,不属于评估信息技术环境的规模和复杂度主要应当考虑因素的是( )。

A. 财务数据的信息系统数量　　　B. 信息部门的结构与规模

C. 网络规模　　　　　　　　　　D. 用户质量

二、多项选择题(在每小题列出的四个备选项中有两个或两个以上是符合题目要求的,请将其代码填在题后的括号内)

1. 信息系统的使用给企业的管理和会计核算程序带来的重要变化包括( )。

A. 计算机文档代替了纸质日记账和分类账

B. 计算机显示屏和电子影像代替了纸质凭证

C. 固定的定期报告代替了灵活多样的报告

D. 系统问题的存在比偶然性误差少

2. 有效的信息系统需要实现(   )功能并保留记录结果。

A. 识别和记录全部授权交易

B. 及时、详细记录交易内容,并在财务报告中对全部交易进行适当分类

C. 确定交易发生期间,并将交易记录在适当的会计期间

D. 衡量交易价值,并在财务报告中适当体现相关价值

3. 与人工控制类似,系统自动控制关注的要素包括(   )。

A. 完整性   B. 准确性

C. 访问和权限   D. 存在和发生

4. 在公司层面信息技术控制范畴内,不同信息技术环境下的问题包括(   )。

A. 网络环境   B. 数据库管理系统

C. 电子商务系统   D. 外包安排

5. 注册会计师在确定审计策略时,需要结合被审计单位的(   ),对信息技术审计范围进行适当考虑。

A. 业务流程复杂度

B. 信息系统复杂度

C. 系统生成的交易数量和业务对于系统的依赖程度

D. 信息和复杂计算的数量

6. 信息技术在改造被审计单位内部控制的同时,也会产生的特定风险有(   )。

A. 可能对数据进行错误处理或处理那些本身就错误的数据

B. 数据丢失风险或数据无法访问风险

C. 不适当的人工干预

D. 自动信息系统、数据库及操作系统的相关安全控制如果无效,会增加对数据信息非授权访问的风险

7. 自动控制能为企业带来的好处有(   )。

A. 自动控制能够有效处理大流量交易及数据

B. 自动信息系统、数据库及操作系统的相关安全控制可以实现有效的职责分离

C. 自动控制比较不容易被绕过

D. 自动信息系统可以提高信息的及时性和准确性

8. 信息技术一般控制包括(   )。

A. 程序变更   B. 程序和数据访问

C. 程序开发   D. 计算机运行

9. 下列关于信息技术一般控制、应用控制与公司层面的控制三者之间的关系的说法中,正确的有(   )。

A. 一般控制是应用控制的基础

B. 公司层面信息技术决定了一般控制和应用控制的风险基调

C. 一般控制的有效与否会直接关系到应用控制的有效性是否能够信任

D. 公司层面控制是公司信息技术整体的控制环境

10. 常见的公司层面信息技术控制包括但不限于(   )。

A. 信息技术外包管理　　　　B. 信息技术年度计划的制定

C. 信息安全和风险管理　　　　D. 信息技术内部审计机制的建立

三、判断题(对每题内容的正误进行判断,你认为正确的用"√"表示,错误的用"×"表示,并填入题后的括号内)

1. 信息系统对控制的影响,取决于被审计单位对信息系统的依赖程度。　　　(　)

2. 尽管被审计单位信息技术的特点及复杂程度不同,被审计单位的手工及自动控制的组合方式是没有区别的。　　　(　)

3. 随着信息技术的发展,内部控制在形式及内涵方面发生了变化,内部控制的目标同时也发生了改变。　　　(　)

4. 信息技术一般控制通常会对实现部分或全部财务报表认定作出间接贡献。　　(　)

5. 公司层面信息技术控制是公司信息技术整体控制环境,决定了信息技术一般控制和信息技术应用控制的风险基调。　　　(　)

6. 信息技术在企业中的应用并不改变注册会计师制定审计目标、进行风险评估和了解内部控制的原则性要求。　　　(　)

7. 注册会计师通常优先评估公司层面信息技术控制和信息技术应用控制的有效性。　　　(　)

8. 数据分析工具可用于风险分析、交易和控制测试、分析性程序,用于为判断提供支撑并提供见解。　　　(　)

第三篇 财务报告审计实务 与审计报告

内容提要

本篇以注册会计师审计财务报告为主线,说明审计基本理论、基本方法与技巧在审计实务中的应用。

按照一般企业财务报表格式,重点介绍了"财务报表主要项目的重点认定的控制测试与实质性审计程序",包括主营业务收入的截止测试,应收账款的函证程序,固定资产权利和存在的审计程序,存货的监盘程序、计价与截止测试,应付账款完整性的审计测试程序,主营业务成本的审计测试等,以及会计估计、持续经营、首次接受委托时期初余额等特殊项目的审计考虑和审计报告的撰写。

介绍了实质性分析程序在主营业务收入、主营业务成本、应付账款、固定资产(累计折旧)、应收账款(坏账准备)、存货等项目审计中的应用,以及主营业务收入、应收账款、固定资产和累计折旧、应付账款、存货、主营业务成本、资产减值损失等重点财务报表项目的其他审计程序,并简要介绍了财务报表其他项目的实质性程序。

第十二章　销售与收款循环审计

　　前面各章主要阐述了审计的基本理论、基本方法与技巧,从本章起至第十六章将以一般企业财务报表审计为例,介绍业务循环审计的具体内容,重点介绍财务报表项目如何进行审计测试。审计测试包括控制测试和对交易、账户余额实施实质性程序。

　　控制测试通常按照业务循环采用审计抽样的方法进行,采用业务循环审计的目的在于确保审计工作质量,提高审计工作效率。一般而言,在财务报表审计中可将被审计单位的所有交易和账户余额划分为 4 个、5 个、6 个甚至更多个业务循环。由于各被审计单位的业务性质和规模不同,其业务循环的划分也应有所不同。我们将交易和账户余额划分为销售与收款循环、采购与付款循环、存货与仓储循环、筹资与投资循环,分章阐述各业务循环的审计。由于货币资金与上述多个业务循环均密切相关,并且货币资金的业务和内部控制又有着不同于其他业务循环和其他财务报表项目的鲜明特征,因此,将货币资金审计单独安排在第十六章。又由于现金流量与货币资金增减变动密切联系,现金流量的审计也一并在第十六章介绍。

　　对交易和账户余额的实质性程序,既可按财务报表项目,也可按业务循环组织实施。按财务报表项目组织实施的称为分项审计方法,按业务循环组织实施的称为循环审计方法。一般而言,分项审计方法与多数被审计单位账户设置体系及财务报表格式相吻合,所以具有操作方便的优点,但它也有与按业务循环进行的控制测试严重脱节的弊端;而循环审计方法则不仅可与按业务循环进行的控制测试直接联系,可加深注册会计师对被审计单位经济业务的理解,而且便于注册会计师的合理分工。将特定业务循环所涉及的财务报表项目分配给一个或数个注册会计师,能够提高审计工作的效率与效果。

　　按照各财务报表项目与业务循环的相关程度,可以建立起各业务循环与其所涉及的财务报表主要项目(本教材不涉及特殊行业的财务报表项目)之间的对应关系,如表 12-1 所示。

表 12-1　　　　　　　　　　　　业务循环与财务报表主要项目对照表

业务循环	资产负债表主要项目	利润表主要项目
销售与收款循环	应收票据 应收账款 长期应收款 预收账款 应交税费	营业收入 税金及附加 销售费用
采购与付款循环	预付账款 固定资产	管理费用

（续表）

业务循环	资产负债表主要项目	利润表主要项目
	在建工程 无形资产 开发支出 商誉 长期待摊费用 应付票据 应付账款 长期应付款	
存货与仓储循环	存货（包括 材料采购 在途物资 原材料 材料成本差异 库存商品 发出商品 商品进销差价 委托加工物资 委托代销商品 受托代销商品 周转材料 生产成本 制造费用 劳务成本 存货跌价准备 受托代销商品款等） 应付职工薪酬	营业成本
筹资与投资循环	交易性金融资产 衍生金融资产 其他应收款 债权投资 其他债权投资 长期股权投资 其他权益工具投资 其他非流动金融资产 投资性房地产 递延所得税资产 其他非流动资产 短期借款 交易性金融负债 衍生金融负债 其他应付款	财务费用 资产减值损失 公允价值变动收益 投资收益 营业外收入 营业外支出 所得税费用

（续表）

业务循环	资产负债表主要项目	利润表主要项目
	持有待售负债	
	其他流动负债	
	长期借款	
	应付债券	
	预计负债	
	递延所得税负债	
	其他非流动负债	
	实收资本（或股本）	
	资本公积	
	盈余公积	
	未分配利润	

第一节 销售与收款循环的特性

销售与收款循环的审计，通常可以相对独立于其他业务循环而单独进行，但这并不等于说销售与收款循环的审计是孤立的。销售与收款循环的特性主要包括以下三个方面。

一、主要业务活动

销售与收款是企业的最主要业务循环之一，是决定经营收入的重要环节。注册会计师了解在销售与收款循环中的典型活动，对了解该业务循环的审计非常必要。销售与收款循环的主要业务活动包括十个方面。

（一）接受顾客订单

顾客提出订货要求是整个销售与收款循环的起点。顾客的订单只有在符合管理层的授权标准时，才能被接受。

公司管理当局一般都列出了已批准销售的顾客名单。销售部门在决定是否同意接受某顾客的订单时，应追查该顾客是否被列入企业经批准销售的顾客名单。如果某顾客未被列入顾客名单，则通常需要由销售部门的主管来决定批准销售与否。

很多企业在批准了顾客订单之后，下一步就应编制一式多联的销售单。销售单是证明管理当局有关销售交易的"发生"认定的凭据之一，也是某笔销售交易轨迹的起点。

（二）批准赊销信用

对于赊销业务，赊销批准是由信用管理部门根据管理当局的赊销政策，以及对每个顾客的已授权的信用额度来进行的。信用管理部门的职员在收到销售部门的销售单后，即将销售单与该顾客已被授权的赊销信用额度以及至今尚欠的账款余额加以比较。在执行人工赊销信用检查时，应当合理划分工作职责，切实避免某些销售人员在参与信用分析时为扩大销售而使企业承受不适当的信用风险。

企业应对每个新顾客进行信用调查，包括获取信用评审机构对顾客信用等级的评定报告。无论批准赊销与否，都要求被授权的信用管理部门人员在销售单上签署意见，然后再将已签署意见的销售单送回销售单管理部门。

设计信用批准控制的目的是为了降低坏账风险,这些控制与应收账款净额的"计价或分摊"认定有关。

（三）按销售单供货

公司管理当局通常要求商品仓库只有在收到经过批准的销售单时才能供货。设立这项控制程序的目的是为了防止仓库在未经授权的情况下擅自发货。因此,已批准销售单的一联通常应送达仓库,作为仓库按销售单供货和发货给装运部门的授权依据。

（四）按销售单装运货物

将按经批准的销售单供货与按销售单装运货物职责相分离,有助于避免装运职员在未经授权的情况下装运产品。此外,装运部门职员在装运前,还必须进行独立验证,以确定从仓库提取的商品都附有经批准的销售单,并且,所提取商品的内容与销售单一致。

装运凭证是指一式多联的、连续编号的提货单,可由电脑或人工编制。按序归档的装运凭证通常由装运部门保管。装运凭证提供了商品确实已装运的证据,因此,它是证实销货交易"发生"认定的另一种形式的凭据。而定期检查以确定在编制的每张装运凭证后均已附有相应的销售发票,则有助于保证销货交易"完整性"认定的正确性。

（五）向顾客开具账单

开具账单包括编制和向顾客寄送事先连续编号的销售发票。销售发票副联通常由开具账单部门保管。通过审核账单可以确认以下主要问题:

（1）是否对所有装运的货物都开具了账单,即对"完整性"进行认定。

（2）是否只对实际装运才开具账单,有无重复开具账单或虚构交易,即对"发生（真实性）"进行认定。

（3）是否按已授权批准的商品价目表所列价格计价开具账单,即对交易计价的"准确性"进行认定。

为了降低开具有关账单过程中出现遗漏、重复、错误计价或其他差错的风险,应设立以下程序进行控制:

（1）开具账单部门职员在编制每张销售发票之前,应独立检查是否存在装运凭证和相应的经批准的销售单。

（2）应依据已授权批准的商品价目表编制销售发票。

（3）独立检查销售发票计价和计算的正确性。

（4）将装运凭证上的商品总数与相对应的销售发票上的商品总数进行比较。

以上控制程序有助于确保用于记录销货交易的销售发票的正确性。因此,这些控制与销货交易的"发生"、"完整性"和"准确性"认定有关。

（六）记录销售

记录销售的过程包括区分赊销、现销,分别按销售发票编制转账凭证或现金、银行存款收款凭证,再据以登记销售明细账、应收账款明细账或现金日记账、银行存款日记账。对记录销售的控制,注册会计师主要应关心销售发票是否记录正确,并归属适当的会计期间。记录销售的控制程序包括以下内容:

（1）只依据附有有效装运凭证和销售单的销售发票记录销售,这些装运凭证和销售单应能证明销售交易的发生及其发生的日期。

（2）控制所有事先连续编号的销售发票。

（3）独立检查已处理销售发票上的销售金额同会计记录金额的一致性。

（4）记录销售的职责应与处理销货交易的其他功能相分离。

（5）对记录过程中所涉及的有关记录的接触予以限制，以减少未经授权批准的记录的发生。

（6）定期独立检查应收账款的明细账与总账的一致性。

（7）定期向顾客寄送对账单，并要求顾客将任何例外情况直接向指定的未涉及执行或记录销货交易循环的会计主管报告。

以上这些控制的有效实施，有助于降低"发生"、"完整性"和"准确性"认定的控制风险。

（七）办理和记录现金、银行存款收入

这项活动涉及有关货款收回，现金、银行存款的记录等。在办理和记录现金、银行存款收入时，最应关心的是货币资金失盗的可能性。货币资金失盗可能发生在货币资金收入登记入账之前或入账之后。处理货币资金收入时最重要的是要保证全部货币资金都必须如数、及时地记入现金、银行存款日记账或应收账款明细账，并如数、及时地将现金存入银行。在这方面，汇款通知单起着很重要的作用。

（八）办理和记录销货退回、销货折扣与折让

顾客如果对商品不满意，销货企业一般都会同意接受退货，或给予一定的销货折让；顾客如果提前支付货款，销货企业则可能会给予一定的销货折扣。发生此类事项时，必须经授权批准，并应确保与办理此事有关的部门和职员各司其职，分别控制实物流和会计处理。在这方面，严格使用贷项通知单无疑会起到关键的作用。

（九）注销坏账

在市场经济中，顾客因宣告破产、死亡等原因而不支付货款的事时有发生。销货企业若认为某项货款再也无法收回，就必须注销这笔货款。对这些坏账，正确的处理方法应该是获取货款无法收回的确凿证据，经适当审批后及时作会计调整。

（十）提取坏账准备

坏账准备提取的数额必须能够抵补企业以后无法收回的本期销货款。

二、主要凭证和会计记录

在内部控制比较健全的企业，处理销售与收款业务通常需要使用很多凭证和会计记录，这些凭证和会计记录是注册会计师审计该类业务时审计证据的主要来源。典型的销售与收款循环所涉及的主要凭证和会计记录有以下几种：

（1）顾客订货单。这是顾客提出的书面购货要求。企业可以通过销售人员或其他途径，如采用电话、信函和向现有的及潜在的顾客发送订货单等方式接受订货，取得顾客订货单。

（2）销售单。销售单是列示顾客所订商品的名称、规格、数量以及其他与顾客订货单有关资料的表格，作为销售方内部处理顾客订货单的依据。

（3）发运凭证。即在发运货物时编制的，用以反映发出商品的规格、数量和其他有关内容的凭据。发运凭证的一联寄送给顾客，其余联（一联或数联）由企业保留。这种凭证可用作向顾客开票收款的依据。

（4）销售发票。这是一种用来表明已销售商品的规格、数量、销售金额、运费和保险费的价格、开票日期、付款条件等内容的凭证。销售发票的一联寄送给顾客，其余联由企业保留。销售发票也是在会计账簿中登记销售业务的基本凭证。

（5）商品价目表。商品价目表是列示已经授权批准的、可供销售的各种商品的价格清单。

（6）贷项通知单。这是一种用来表示由于销货退回或经批准的折让而引起的应收销货款减少的凭证。这种凭证的格式通常与销售发票的格式相同，只不过它不是用来说明应收账款的增加，而是用来说明应收账款的减少。

（7）应收账款明细账。应收账款明细账是用来记录每个顾客各项赊销、现金收入、销货退回及折让的明细账。各应收账款明细账的余额合计数与应收账款总账的余额相等。

（8）主营业务收入明细账。这是一种用来记录销货业务的明细账，它通常记载和反映不同类别的销货总额（如按销售商品的品种、类别等）。

（9）折扣与折让明细账。这是一种用来核算企业销售商品时，按销售合同规定为了及早收回货款而给予客户的销货折扣和因商品品种、质量等原因而给予顾客的销货折让情况的明细账。

（10）汇款通知书。汇款通知书是一种与销售发票一起寄给顾客，由顾客在付款时再寄回销货单位的凭证。这种凭证注明顾客的姓名、销售发票号码、销货单位开户银行账号以及金额等内容。如果顾客没有将汇款通知书随同货款一并寄回，一般应由收受邮件的人员在开拆邮件时再代编一份汇款通知书。采用汇款通知书能使现金立即存入银行，可以改善资产保管的控制。

（11）现金日记账和银行存款日记账。这是用来记录应收账款的收回或现销收入以及其他各种现金、银行存款收入和支出的日记账。

（12）坏账审批表。坏账审批表是一种用来批准将某些应收款项注销为坏账的，仅在企业内部使用的凭证。

（13）顾客月末对账单。这是一种定期寄送给顾客的用于购销双方定期核对账目的凭证。顾客月末对账单上应注明应收账款的月初余额、本月各项销货业务的金额、本月已收到的货款、各贷项通知单的数额以及月末余额等内容。

（14）转账凭证。转账凭证是指记录转账业务的记账凭证，它是根据有关转账业务（即不涉及现金、银行存款收付的各项业务）的原始凭证编制的。

三、管理当局违背认定的表现形式和常见手段

销售与收款业务循环如果控制失效，会增加营业收入、应收账款等会计报表项目相关认定的控制风险。在该业务循环中，被审计单位管理当局违背认定的常见手段有：

（1）虚构销货业务，违背"发生"认定。例如，被审计单位以白条出库，作销售入账；有的对开发票，确认收入；也有的虚开发票，确认收入。如某集团公司利用子公司按市场价格销售给第三方，确认该子公司销售收入，再由另一子公司从第三方手中购回，这种做法避免了集团内部交易必须抵消的约束，达到了在合并报表中操纵收入和利润的目的。

（2）提前或推迟确认收入，违背"截止"、"计价或分摊"、"发生"等认定。这是被审计单位管理当局粉饰利润的常见手段之一。提前确认收入，常见手段有将一些不确定性的收入确认为收入，或不适当地运用完工百分比法（高估完工百分比），或提前开具销售发票等，主要发生在当期收入较低而费用较高的企业，如建筑施工企业和高新技术行业等。推迟确认收入的操纵手段则正好相反，主要发生在当期收益较为充裕而未来收益预计可能减少的企业。

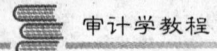

(3) 变更销售收入确认方式,违背"计价或分摊"认定。有的被审计单位根据业绩考核需要随意变更销售收入确认政策,人为调节收入,收入确认严重违背《企业会计准则第14号——收入》的要求;特别是,对于跨年度实现的销售,或需要根据销售的不同阶段划分收入的企业随意调节销售实现比率的现象时有发生。

(4) 应收账款的入账金额不真实、不合法,违背"存在"、"完整性"、"分类"等相关认定。例如,被审计单位利用关联交易虚增或虚减销货,人为调节利润;将应在"长期股权投资"、"应收票据"、"应收股利"、"其他应收款"等账户反映的内容反映在"应收账款"账户中,以掩盖各种不正常经营行为。

(5) 坏账处理不合理、不合规,违背"计价或分摊"等相关认定。主要表现为:混淆计提坏账准备的范围,人为扩大或缩小计提坏账准备基数;对于符合坏账处理条件的应收账款不作处理,或将不符合坏账处理条件的应收账款做坏账处理;计提坏账准备的方法违背一贯性原则。

销售与收款循环的相关内容汇总如表 12-2 所示。

表 12-2　　　　　　　　　　　销售与收款循环相关内容一览表

主要业务活动	凭证或记录	主要的相关认定	可能的错误与舞弊
(1) 接受顾客订单	顾客订货单	发生	可能销售商品给了未经授权的顾客
(2) 批准赊销信用	销售单	计价与分摊	销售可能未经信用批准
(3) 按销售单供货	销售单	完整性	仓库可能对未经批准的销售单发出了商品
(4) 按销售单装运货物	发运凭证	发生、完整性	所装运的货物可能与被订购的货物不符;可能有未授权装运货物
(5) 向顾客开具账单	销售单、发运凭证、商品价目表、销售发票	发生、完整性、计价与分摊	可能对虚构交易开单或重复开单;有些装运货物可能没有开账单;销售发票可能计价错误
(6) 记录销售	转账凭证,应收账款、营业收入明细账	发生、完整性、计价与分摊	发票可能未入销售账户和顾客账户;发票可能过到错误的账户上
(7) 办理和记录现金及银行存款收入	顾客月末对账单、汇款通知书、收款凭证及银行存款日记账	发生、完整性、计价与分摊	货币资金失盗;收款记录错误
(8) 办理和记录销货退回及折扣与折让	贷项通知单、折扣与折让明细表	发生、完整性、计价与分摊	虚假销货退回;虚假的折扣折让
(9) 注销坏账	坏账审批表	发生、计价与分摊	未经授权注销坏账
(10) 提取坏账准备	转账凭证	计价与分摊	提取坏账准备有误

第二节　销货的控制测试与交易的实质性测试

被审计单位建立销货业务内部控制的目标,也就是注册会计师实施相应内部控制测试和交易实质性测试所要达到的审计目标。各种业务循环的基本目标是相同的,但其具体目标则有所不同;另外,某些控制还可以实现多个目标。本节从每个控制目标出发,介绍与销货相关的内部控制、控制测试及交易的实质性测试,以便我们对销货审计的全过程有所了解,与销货相关账户(如营业收入、应收账款、坏账准备等)的实质性测试还将在本章后面几节详细介绍。

一、已登记入账销货业务的真实性(或发生)测试

被审计单位要确保登记入账的销货业务确系已经发给真实的顾客(发生),一般必须建立和执行的关键内部控制有:①销货业务是以经过审核的发运凭证及经过批准的顾客订货单为依据登记入账;②在发货前,顾客的赊销已经被授权批准;③销售发票均经事先编号,并已恰当地登记入账;④每月向顾客寄送对账单,对顾客提出的意见作专案追查。

针对以上关键的内部控制,注册会计师常用的控制测试方法有:①检查销售发票副联是否附有发运凭证(或提货单)及顾客订货单;②检查顾客的赊销是否经授权批准;③检查销售发票连续编号的完整性;④观察是否寄发对账单,并检查顾客回函档案。注册会计师通过控制测试,分析销货交易"真实性"的控制风险。例如,如果被审计单位在销货的授权审批方面严格执行:在销货发生之前,赊销业务须经正确审批;非经正当审批,不得发出货物。这两项控制有助于防止企业财产向虚构的或无力支付货款的顾客发货而蒙受损失。凭证的连续编号,则可以防止重复开具账单或重复记账。

为了实现销货审计的真实性(存在)目标,注册会计师在相关控制测试的基础上确定实质性测试的性质、时间和范围,以明确审计重点。实现销货交易"真实性"目标常用的实质性测试程序包括:①复核主营业务收入总账、明细账以及应收账款明细账中的大额或异常项目;②追查主营业务收入明细账中的分录至销售单、销售发票副联及发运凭证;③将发运凭证与存货永续记录中的发运分录进行核对;④将主营业务收入明细账中的分录与销售单中的赊销审批和发运审批进行核对。

对销货业务的"真实性"进行实质性测试,注册会计师一般关心三类错误的可能性:一是未曾发货却已将销货业务登记入账;二是销货业务重复入账;三是向虚构的顾客发货,并作为销货业务登记入账。前两类错误可能是有意的,也可能是无意的;而第三类错误却是有意的。不难想象,将不真实(或未发生)的销货登记入账,其后果是很严重的,因为这样会导致虚报资产和收入。在此,鉴别多报或高估销货究竟是有意的还是无意的,这一点非常关键。尽管无意的多报也会导致应收账款明显增多,但注册会计师通常可以通过函证轻易发觉。对于有意的多报就不同了,由于作弊者试图加以隐瞒,使得注册会计师较难发现。在这种情况下,注册会计师就有必要制定并实施适当的实质性测试程序以发现这种有意的多报。对"真实性(或发生)"目标而言,注册会计师通常只在认为内部控制有弱点时,才实施实质性测试,测试的性质取决于潜在的控制弱点的性质:

（1）针对未曾发货却已将销货业务登记入账这类错误的可能性，注册会计师可以从主营业务收入明细账中抽取几笔分录，追查有无发运凭证及其他佐证凭证，借以查明有无事实上没有发货却已登记入账的销货业务。若注册会计师对发运凭证等的真实性也有怀疑，就可能有必要再进一步追查存货的永续盘存记录，测试存货余额有无减少。

（2）针对销货业务重复入账这类错误的可能性，注册会计师可以通过检查企业的销货交易记录清单以确定是否存在重号、缺号。

（3）针对向虚构的顾客发货并作为销货业务登记入账这类错误发生的可能性，注册会计师应当检查主营业务收入明细账中与销货分录相应的销货单，以确定销货是否经过赊销批准手续和发货审批手续。

检查上述三类多报或高估销货错误的可能性的另一有效的办法是追查应收账款明细账中贷方发生额的记录。如果应收账款最终得以收回货款或者收到退货，则记录入账的销货业务通常是真实的；如果贷方发生额是注销坏账，或者直到审计时所欠货款仍未收回，就必须详细追查相应的发运凭证和顾客订货单等，因为这些迹象都说明可能存在虚构的销货业务。

二、已发生销货业务登记入账的完整性测试

要保证所有已发生的销货业务已登记入账（完整性），被审计单位必须建立和执行以下两项关键的内部控制：一是发运凭证（或提货单）均经事先编号并已经登记入账；二是销售发票均经事先编号，并已登记入账。因为对凭证预先进行编号，可以防止销货以后忘记向顾客开具账单或登记入账。针对这些控制，常用的控制测试方法是检查发运凭证和销售发票连续编号的完整性。

销货业务的审计一般偏重于检查虚报资产与收入的问题（"发生"认定），通常情况下无需对完整性目标进行交易的实质性测试。但是，如果内部控制不健全，比如被审计单位没有由发运凭证追查至主营业务收入明细账这一独立内部核查程序，就有必要进行交易的实质性测试。从发货部门的档案中选取部分发运凭证，并追查至有关的销货发票副本和主营业务收入明细账，是销货业务完整性测试的常用程序。为使这一程序成为一项有意义的实质性测试，注册会计师必须能够确信全部发运凭证均已归档，这一点可以通过检查凭证的编号顺序来查明。

特别需要强调的是，由原始凭证追查至明细账与从明细账追查至原始凭证是有区别的：前者用来测试遗漏的业务（"完整性"目标），后者用来测试不真实的业务（"发生"认定，即真实性目标）。测试销货的发生目标时，起点是明细账，即从主营业务收入明细账中抽取一个发票号码样本，追查至销售发票存根、发运凭证以及顾客订货单；测试销货的完整性目标时，起点应是发货凭证，即从发运凭证中选取样本，追查至销售发票存根和主营业务收入明细账，以测试是否存在遗漏事项。

设计发生目标和完整性目标的审计程序时，确定追查凭证和记录的起点即测试的方向很重要。例如，注册会计师如果关心的是发生目标，但弄错了追查的方向（即由发运凭证追查至明细账），这是属于严重的审计缺陷，这种缺陷有时候会导致审计目标无法实现。但在测试其他目标时，方向一般无关紧要，如测试交易业务的计价，可以由销售发票追查发运凭证或反向追查。

三、登记入账销货业务的计价测试

销货计价的关键内部控制包括：①销售价格、付款条件、运费和销售折扣的确定经适当的授权批准；②由独立人员对销售发票的编制作内部核查，比如了解顾客的信用情况，确定是否符合企业的赊销政策。对这些控制常用的测试程序是：检查销售发票是否经适当的授权批准；检查有关凭证上的内部核查标记。

销货业务的计价准确包括：按订货数量发货，按发货数量准确地开具账单以及将账单上的数额准确地记入会计账簿。对这三个方面，每次审计中一般都要作实质性测试，以确保其准确无误。典型的实质性测试包括复算会计记录中的数据，通常的做法是以主营业务收入明细账中的会计分录为起点，将所选择的交易业务的合计数与应收账款明细账和销售发票存根进行比较核对。销售发票存根上所列的单价，通常还要与经过批准的商品价目表进行比较核对，其金额小计和合计数也要进行复算。发票中列出的商品的规格、数量和顾客代号等，则应与发运凭证进行比较核对。另外，往往还要审核顾客订货单和销售单中的同类数据。

将计价目标中的控制测试和实质性测试作一比较，便可作为例证来说明有效的内部控制如何节约了审计时间。很明显，计价目标的控制测试几乎不花多少时间，因为只需审核一下签字或者其他内部核查的证据即可。内部控制如果有效，实质性测试的样本量便可以减少，审计成本也因控制测试的成本较低而将大为降低。

四、登记入账销货业务的分类测试

要确保登记入账销货业务的分类（会计分录）恰当，关键的内部控制应包括：①采用适当的会计科目表；②内部复核和核查，比如将登记入账的销货业务的原始凭证与会计科目表比较核对。对这些控制常用的测试程序是：检查会计科目表是否适当；检查有关凭证上内部复核和核查的标记。

销货分为现销、赊销、代销、分期收款销售、售后回购、售后租回、以旧换新等，在编制会计分录时应正确区分不同的销货种类，选择适当的会计科目。对固定资产、无形资产等长期资产的转让，不能混作正常销售。

销售分类恰当的实质性测试一般可与计价测试一并进行。注册会计师可以通过审核原始凭证确定具体交易业务的类别是否恰当，并以此与账簿的实际记录作比较。

五、销货业务记录的及时性（截止）测试

销货业务截止正确的关键控制包括两个方面：一是采用尽量能在销货发生时开具收款账单和登记入账的控制方法；二是内部核查，如检查开票员所保管的未开票发运凭证，确定是否包括所有应开票的发运凭证在内。对这些控制常用的测试程序是：①检查尚未开具收款账单的发货和尚未登记入账的销货业务；②检查有关凭证上内部核查的标记。

发货后应尽快开具账单并登记入账，以防止无意漏记销货业务，确保它们记入正确的会计期间。销货截止常用的实质性测试程序是，将销货业务登记入账的日期与发运凭证的日期比较核对。通常情况下，在执行计价实质性测试的同时，也实行销货截止的实质性测试，即一般要将所选取的提货单或其他发运凭证的日期与相应的销售发票存根、主营业务收入明细账和应收账款明细账上的日期作比较。如有重大差异，就可能存在销货截止期限上的

错误。

六、销货业务已正确地记入明细账并正确地汇总(准确性、计价或分摊测试)

确保销货业务已经正确地记入明细账,并经正确汇总,所须的关键控制包括:①每月定期给顾客寄送对账单;②由独立人员对应收账款明细账作内部核查;③将应收账款明细账余额合计数与其总账余额进行比较。对这些控制常用的测试程序是:①观察对账单是否已经寄出;②检查内部核查标记;③检查将应收账款明细账余额合计数与其总账余额进行比较的标识。

应收账款明细账的记录若不正确,将影响被审计单位收回应收账款的能力,因此,将全部赊销业务正确地记入应收账款明细账极为重要。同理,为保证会计报表准确,主营业务收入明细账必须正确地加总并过入总账。在多数审计中,通常都要加总主营业务收入明细账数,并将加总数和一些具体的内容分别追查至主营业务收入总账和应收账款明细账或现金、银行存款日记账,以检查在销售过程中是否存在有意或无意的错报问题。不过这一测试的样本量要受内部控制的影响。从主营业务收入明细账追查至应收账款明细账,一般与为实现其他审计目标所作的测试一并进行;而将主营业务收入明细账加总,并追查、核对加总数至其总账,则应作为单独的一项测试程序来执行。

为了验证被审计单位销货管理和收款管理的相关内部控制制度设计与执行的有效性,注册会计师一般要编制"销货与收款内部控制调查表"。注册会计师可以围绕审计测试目标进行询问,并对销货与收款循环的控制风险进行初步评价。销货与收款内部控制调查表如表 12-3 所示。

表 12-3　　　　　　　　　　销货与收款内部控制调查表

被审计单位＿＿＿＿＿　编制人＿＿＿＿＿　日期＿＿＿＿＿　索引号＿＿＿＿＿
被审计期间＿＿＿＿＿　复核人＿＿＿＿＿　日期＿＿＿＿＿　页　次＿＿＿＿＿

问　题	回　答			取得方式	评　注
	是	否	不适用		
1. 信用调查					
1.1　是否设立资信部门,定期调查顾客信用程度,开列信用不好的客户名单?					
1.2　是否定期检查顾客的信用程度?					
2. 接受订货					
2.1　是否建立销售合同制度?					
2.2　销售合同签订前是否报经负责人或委托内部注册会计师审批?					
2.3　销售人员是否根据授权签订销售合同?					
2.4　已签订的销售合同是否有专人负责登记和保管?					
2.5　销售合同是否连续编号?					

（续表）

问　题	回　答			取得方式	评　注
	是	否	不适用		
3. 批准销售					
3.1　是否有健全的经授权批准的开票和结算制度？					
3.2　赊销和分期收款销售是否经过审批？					
3.3　销售折扣、销货退回是否经授权批准？					
3.4　现金折扣是否经过适当授权？					
4. 销售发货					
4.1　仓库人员是否根据发票提货联，确认手续完备后发货并签字盖章？					
4.2　门卫是否检查销售发票出门联，验证货物后放行，是否收下销售发票出门联并填写出门登记簿？					
4.3　销货退回是否重新入库，并具有仓库签发的退货验收表？					
4.4　销货退回是否记入存货并冲减主营业务收入？					
5. 会计记录					
5.1　销售业务发生后，财务会计部门是否及时取得有关凭证（如销售发票记账联、出库单、出口产品报关单等）并据以收款或转账？					
5.2　销售发票中所列商品的单价是否与商品价目表核对相符？					
5.3　是否定期将销售明细账与仓库部门实物账、销售部门台账核对？					
5.4　是否定期编制应收账款账龄分析？					
5.5　是否将应收账款定期与客户核对并催收货款？					
5.6　是否建立坏账核销的报批程序？					
5.7　核销坏账是否经过规定的报批程序？					
5.8　已经核销的应收账款是否在备查登记簿上登记？					
6. 职责分离					
6.1　销售业务中签订合同、组织供货、开票、发货、入账等职责是否分离？					
6.2　应收票据的保管与记账职责是否分离？					

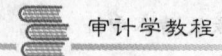

（续表）

问 题	回答			取得方式	评 注
	是	否	不适用		
6.3 票据接受贴现和换新的批准与保管职责是否分离？					
7. 内部审计					
7.1 内部审计人员是否定期向客户寄发应收账款对账单，并及时查清差异原因？					
7.2 内部审计人员是否经常评价货运文件、发票、应收账款账龄分析表，了解企业规定的工作程序是否得到贯彻执行					
评价：					

必须注意的是，确定了关键内部控制和内部控制中可能存在的薄弱环节，并且对被审计单位的控制风险作出评价后，注册会计师应当判断继续实施内部控制测试的成本是否会低于因此而减少对销货交易、账户余额的实质性测试所需的成本。如果被审计单位相关的内部控制不存在，或被审计单位的相关内部控制未得到有效执行，或内部控制测试的工作量可能大于进行内部控制测试所减少的实质性测试的工作量，则注册会计师不应再继续实施控制测试，而应直接实施实质性测试程序。

第三节　营业收入审计

一、营业收入的审计目标

营业收入项目核算企业在销售商品、提供劳务等主营业务活动中所产生的收入（主营业务收入），以及企业确认的除主营业务活动以外的其他经营活动实现的收入，包括出租固定资产、出租无形资产、出租包装物和商品、销售材料等实现的收入（其他业务收入）。其审计目标一般包括：

（1）确定利润表中记录的营业收入是否已发生，且与被审计单位有关。

（2）确定所有应当记录的营业收入均已记录。

（3）确定与营业收入有关的金额及其他数据是否已恰当记录，包括对销售退回、销售折扣与折让的处理是否适当。

（4）确定营业收入是否已记录于正确的会计期间。

（5）确定营业收入已按照企业会计准则的规定在财务报表中作出恰当的列报。

二、主营业务收入实质性测试程序

第一，取得或编制主营业务收入项目明细表，复核加计正确，并与报表数、总账数和明细账合计数核对相符。

第二，查明主营业务收入的确认原则、方法，注意是否符合会计准则和会计制度规定的收入实现条件，前后期是否一致。按照《企业会计准则第14号——收入》的要求，企业销售商品收入，应在下列条件均满足时予以确认：

（1）企业已将商品所有权上的主要风险和报酬转移给购货方。

（2）企业既没有保留通常与所有权相联系的继续管理权，也没有对已售出的商品实施有效控制。

（3）收入的金额能够可靠地计量。

（4）相关的经济利益很可能流入企业。

（5）相关的已发生或将发生的成本能够可靠地计量。

因此，对主营业务收入的审计，应当依据上述产品销售收入确认的五个条件，区分不同的销售方式（如交款提货销售方式、预收账款销售方式、托收承付结算方式等）合理确认销售收入。

第三，选择运用以下分析性复核方法，作比较分析：

（1）将本期与上期的主营业务收入进行比较，分析产品销售的结构和价格的变动是否正常，并分析异常变动的原因。注册会计师可以根据公式"销售收入＝销售数量×销售价格"作因素分析，进行连环替代。

（2）比较本期各月各种主营业务收入的波动情况，分析其变动趋势是否正常，并查明异常现象和重大波动的原因。注册会计师可以采用"定基"或"环比"的方法，来发现差异。

（3）计算本期重要产品的毛利率，分析比较本期与上期同类产品毛利率变化情况，注意收入与成本是否配比，并查清重大波动和异常情况的原因。

（4）计算重要客户的销售额及其产品毛利率，分析比较本期与上期有无异常变化。

第四，根据普通发票或增值税发票申报表，估算全年收入，与实际入账收入金额核对，并检查是否存在虚开发票或销售未开发票的情况。

第五，获取产品价格目录，抽查售价是否符合定价政策，并注意销售给关联方或关系密切的重要客户的产品价格是否合理，有无低价或高价结算以转移收入的现象。

第六，抽取本期一定数量的销售发票，检查开票、记账、发货日期是否相符，品名、数量、单价、金额等是否与发运凭证、销售合同等一致，并编制测试表。

第七，实施销售的截止测试

截止测试是实质性测试中常用的一种审计技术，被广泛运用于货币资金、往来款项、存货、长期股权投资、主营业务收入和期间费用等项目的审计中，尤其在主营业务收入审计中的运用更为典型。对主营业务收入实施截止测试，其目的主要在于确定被审计单位主营业务收入的会计记录归属期是否正确：应记入本期或下期的主营业务收入有否被推延至下期或提前至本期。

根据收入确认的基本原则，注册会计师在审计中应该注意把握三个与主营业务收入确认有着密切关系的日期：

（1）发票开具日期或者收款日期。发票开具日期是指开具增值税专用发票或普通发票的日期。

（2）记账日期。记账日期是指被审计单位确认主营业务收入实现，并将该笔经济业务记入主营业务收入账户的日期。

（3）发货日期（服务业则是提供劳务的日期）。发货日期是指仓库开具出库单并发出库存商品的日期。

收入截止测试所要解决的问题实质上是收入归属期间是否正确，通过这三个日期的互相检查，目的是确定账簿记录的真实性、完整性，实现主营业务收入审计的截止、真实性（发生)、完整性目标。为此,测试的方法是将一笔收入交易的记账日期同发票日期或发货日期进行比较,以确定收入的记账日期的归属期间是否正确。

检查以上三个日期是否归属于同一适当会计期间是营业收入截止测试的关键所在。收入确认的时点应根据《企业会计准则第 14 号——收入》的相应标准来判断。发票日期、发货日期或其他日期是否能作为收入的确认时点,本应确认的收入是否在相应的时期内被反映到账簿上,则是销售截止测试所应解决的问题。

在销售截止测试中,之所以提供两个测试记账日期的出发点,即发票日期和发货日期,主要是由确认收入的多种可能性决定的。例如,某公司的客户已将货物提走,但该公司没有开具销售发票,这时,不能将发货日期作为销售收入确认的时点,因为它不符合收入确认的相应标准。相反,即使公司已为货物开具了销售发票,但其客户没有来提货,如果不符合收入确认的标准,公司也不能确认销售收入。因此说,收入确认日期的多样性为销售截止测试提供了更多的测试路线,而不是销售截止测试所选用的日期为收入确认提供了更多的选择性。

围绕上述三个重要日期,在审计实务中,注册会计师可以考虑选择三条审计路线实施营业收入的截止测试:

(1)以账簿记录为起点。即从报表日前后若干天的账簿记录查至记账凭证,检查发票存根与发运凭证,目的是证实已入账收入是否在同一期间已开具发票并发货,有无多记收入。这种方法的优点是比较直观,容易追查至相关凭证记录,以确定其是否应在本期确认收入,特别是在连续审计两个以上会计期间时,检查跨期收入十分便捷,可以提高审计效率。缺点是缺乏全面性和连贯性,只能查多记,无法查漏记,尤其是当本期漏记收入延至下期,而审计时被审计单位尚未及时登账时,不易发现应记入而未记入报告期收入的情况。使用这种方法主要是为了防止多计收入。

(2)以销售发票为起点。即从报表日前后若干天的发票存根查至发运凭证与账簿记录,确定已开具发票的货物是否已发货并于同一会计期间确认收入。具体做法是抽取若干张在报表日前后开具的销售发票的存根,追查至发运凭证和账簿记录,查明有无漏记收入现象。这种方法也有其优缺点,优点是较全面、连贯,容易发现漏记的收入;缺点是较费时费力,有时难以查找相应的发货及账簿记录,而且不易发现多记的收入。使用该方法时应注意两点:①相应的发运凭证是否齐全,特别应注意有无报告期内已作收入而下期初用红字冲回,并且无发货、收货记录,以此来调节前后期会计利润的情况;②被审计单位的发票存根是否已全部提供,有无隐瞒。为此,应查看被审计单位的发票领购簿,尤其应关注普通发票的领购和使用情况。使用这种方法主要是为了防止少计收入。

(3)以发运凭证为起点。从报表日前后若干天的发运凭证查至发票开具情况与账簿记录,确认营业收入是否已记入恰当的会计期间。该方法的优缺点与方法二类似,具体操作中还应考虑被审计单位的会计政策才能作出恰如其分的处理。使用这种方法主要也是为了防止少计收入。

上述三条审计路线在实务中均被广泛采用,它们并不是孤立的,注册会计师可以考虑在同一被审计单位财务报表审计中并用这三条路线,甚至可以在同一主营业务项目审计中并用。实际上,由于被审计单位的具体情况各异,管理当局意图各不相同,有的为了想办法完成利润目标、承包指标,更充分地享受税收等优惠政策、便于筹资等目的,可能会多计收入;有的则为了以丰补歉、留有余地等目的而少计收入。因此,为提高审计效率,注册会计师应

当凭专业经验和所掌握的信息、资料作出正确判断,选择其中的一条或两条审计路线实施更有效的收入截止测试。

第八,结合对决算日应收账款的函证程序,观察有无未经认可的巨额销售。

第九,销售退回、销售折扣与折让的实质性测试。

被审计单位在销售业务中,往往会因产品品种不符、质量不符合要求以及结算方面的原因发生销售退回、销售折扣与折让业务。尽管引起销售退回、销售折扣与折让的原因不尽相同,其表现形式也不尽一致,但都是对收入的抵减,直接影响收入的确认和计量。折扣与折让的实质性测试程序主要包括:

(1) 获取或编制折扣与折让明细表,复核加计正确,并与明细账合计数核对相符。

(2) 取得被审计单位有关销售折扣与折让的具体规定和其他文件资料,并抽查较大的折扣与折让发生额的授权批准情况,与实际执行情况进行核对,检查其是否经授权批准,是否合法、真实。

(3) 检查销售退回的产品是否已验收入库并登记入账,有无形成账外物资情况;销售折扣与折让是否及时足额提交对方,有无虚设中介、转移收入、私设账外"小金库"等情况。

(4) 检查销售退回、销售折扣与折让的会计处理是否正确。

第十,特殊销售行为的实质性测试。

特殊销售行为,如附有销售退回条件的商品销售、委托代销、售后回购、以旧换新、商品需要安装和检查的销售、分期收款销售等,应确定恰当的审计程序进行审计。

(1) 附有销售退回条件的商品销售,若对退货部分能作合理估计的,确定其是否按估计不会退货部分确认收入;若对退货部分不能作合理估计的,确定其是否在退货期满时确认收入。

(2) 售后回购,分析特定销售回购的实质,判断其是属于真正的销货交易,还是属于融资行为。

(3) 以旧换新销售,确定销售的商品是否按照商品销售的方法确认收入,回收的商品是否作为购进商品处理。

第十一,其他方面的实质性测试。

比如,检查外币收入折算汇率是否正确;调查集团内部销售的情况,记录其交易价格、数量和金额,并追查在编制合并会计报表时是否已予以抵销;调查向关联方销售的情况,记录其交易品种、数量、价格、金额以及占营业收入总额的比例;检查主营业务收入在利润表上的披露是否恰当。

三、其他业务收入的实质性程序

其他业务收入的实质性程序一般包括以下内容:

(1) 获取或编制其他业务收入明细表,复核加计是否正确,并与总账数和明细账合计数核对是否相符,结合主营业务收入科目与营业收入报表数核对是否相符。

(2) 计算本期其他业务收入与其他业务成本的比率,并与上期该比率比较,检查是否有重大波动,如有,应查明原因。

(3) 检查其他业务收入内容是否真实、合法,收入确认原则及会计处理是否符合规定,择要抽查原始凭证予以核实。

(4) 对异常项目,应追查入账依据及有关法律文件是否充分。对用材料进行非货币性资产交换的,应确定其是否具有商业实质且公允价值能够可靠计量。

(5) 抽查资产负债表日前后一定数量的记账凭证,实施截止测试,追踪到发票、收据等,确定入账时间是否正确,对于重大跨期事项作必要的调整建议。

(6) 检查其他业务收入的列报是否恰当。

第四节　应收账款与坏账准备审计

被审计单位的应收账款是在销货业务中产生的,其销售如果属于赊销,即销售实现时没有立即收取现款,而是获得了要求客户在一定条件下和一定时间内支付货款的权力,就产生了应收账款。因此,应收账款的审计应结合销货业务来进行。

坏账是指企业无法收回或收回的可能性极小的应收款项(包括应收票据、应收账款、预付款项、其他应收款和长期应收款等)。由于发生坏账而产生的损失称为坏账损失。企业通常应采用备抵法按期估计坏账损失,形成坏账准备。与直接转销法相比,备抵法将预计不能收回的应收款项作为坏账损失及时计入费用,能够避免企业虚增利润;在财务报表上列示应收款项的净额,有助于财务报表使用者了解企业真实的财务状况;并且,使得应收款项实际占用资金更接近实际,消除了虚列的应收款项,比较准确地反映了企业资金周转情况。

一、应收账款和坏账准备的审计目标

应收账款的审计目标一般包括:

(1) 确定应收账款是否存在(真实性)。

(2) 确定应收账款是否归被审计单位所有(所有权)。

(3) 确定应收账款增减变动的记录是否完整(完整性)。

(4) 确定应收账款是否可收回,坏账准备的计提方法和比例是否恰当,坏账准备的计提是否充分。

(5) 确定应收账款和坏账准备期末余额是否正确。

(6) 确定应收账款和坏账准备在会计报表上的披露是否恰当。

二、应收账款实质性测试程序

(一) 核对应收账款

取得或编制应收账款明细表,复核加计正确,并与总账数和明细账合计数核对相符;结合"坏账准备"科目与报表数核对相符。

应当注意,应收账款报表数反映企业因销售商品、产品和提供劳务等而应向购买单位收取的各种款项,减去已计提的相应的坏账准备后的净额。因此,其报表数应同应收账款总账数和明细账数减去与应收账款相应的坏账准备总账数和明细账数后的余额核对相符。

(二) 检查涉及应收账款的相关财务指标

(1) 复核应收账款借方累计发生额与主营业务收入是否配比,并将当期应收账款借方发生额占销售收入净额的百分比与管理层考核指标比较,如存在差异应查明原因。

(2) 计算应收账款周转率、应收账款周转天数等指标,并与被审计单位以前年度指标、同行业同期相关指标对比分析,检查是否存在重大异常。

（三）分析应收账款账龄

注册会计师可以通过编制或索取应收账款账龄分析表来分析应收账款的账龄，以便了解应收账款的可收回性。应收账款账龄分析表如表12-4所示。

表12-4 应收账款账龄分析表

年 月 日 货币单位：

顾 客 名 称	期 末 余 额	账 龄			
		1年以上	1～2年	2～3年	3年以上
合 计					

应收账款的账龄是指资产负债表中的应收账款从销售实现、产生应收账款之日起，至资产负债表日止所经历的时间。编制应收账款账龄分析表时，可以选择重要的客户及其余额列示，不重要的或余额较小的，可以汇总列示。应收账款账龄分析表的合计数减去已计提的相应坏账准备后的净额，应该等于资产负债表中的应收账款数。

（四）函证应收账款

函证是指注册会计师为了获取影响财务报表或相关披露认定的项目的信息，通过直接来自第三方对有关信息和现存状况的声明获取和评价审计证据的过程。函证应收账款的目的在于证实应收账款账户余额的真实性、正确性，防止或发现被审计单位及其有关人员在销售交易中发生的错误或舞弊行为。通过函证应收账款，可以比较有效地证明被询证者（即债务人）的存在和被审计单位记录的可靠性。

注册会计师应当考虑被审计单位的经营环境、内部控制的有效性、应收账款账户的性质、被询证者处理询证函的习惯做法及回函的可能性等，以确定应收账款函证的范围、对象、方式和时间。

1. 函证的范围和对象

除非有充分证据表明应收账款对被审计单位财务报表而言是不重要的，或者函证很可能是无效的，否则，注册会计师应当对应收账款进行函证。如果注册会计师不对应收账款进行函证，应当在工作底稿中说明理由。如果认为函证很可能是无效的，注册会计师应当实施替代审计程序，获取充分、适当的审计证据。函证数量的多少、范围是由诸多因素决定的，主要有：

（1）应收账款在全部资产中的重要性。若应收账款在全部资产中所占的比重较大，则函证的范围应相应大一些。

（2）被审计单位内部控制的强弱。若内部控制制度较健全，则可以相应减少函证量；反之，则应相应扩大函证范围。

（3）以前期间的函证结果。若以前期间函证中发现过重大差异，或欠款纠纷较多，则函证范围应相应扩大一些。

（4）函证方式的选择。若采用积极的函证方式，则可以相应减少函证量；若采用消极的函证方式，则要相应增加函证量。

一般情况下，注册会计师应选择以下项目作为函证对象：大额或账龄较长的项目；与债务人发生纠纷的项目；关联方项目；主要客户（包括关系密切的客户）项目；交易频繁但期末

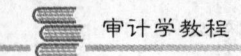

余额较小甚至余额为零的项目;可能产生重大错报或舞弊的非正常的项目。

2. 函证的方式

函证方式分为积极的函证方式和消极的函证方式。注册会计师可采用积极的或消极的函证方式实施函证,也可将两种方式结合使用。

(1) 积极的函证方式,又称正面式、肯定式函证。如果采用积极的函证方式,注册会计师应当要求被询证者在所有情况下必须回函,确认询证函所列示信息是否正确,或填列询证函要求的信息。在采用积极的函证方式时,只有注册会计师收到回函,才能为财务报表认定提供审计证据。注册会计师没有收到回函,可能是由于被询证者根本不存在,或是由于被询证者没有收到询证函,也可能是由于询证者没有理会询证函,因此,无法证明所函证信息是否正确。

(2) 消极的函证方式,又称反面式、否定式函证。如果采用消极的函证方式,注册会计师只要求被询证者仅在不同意询证函列示信息的情况下才予以回函。在采用消极的函证方式时,如果收到回函,能够为财务报表认定提供说服力强的审计证据。未收到回函可能是因为被询证者已收到询证函且核对无误,也可能是因为被询证者根本就没有收到询证函。因此,积极的函证方式通常比消极的函证方式提供的审计证据可靠。因而在采用消极的方式函证时,注册会计师通常还需辅之以其他审计程序。

当同时存在下列情况时,注册会计师可考虑采用消极的函证方式:①重大错报风险评估为低水平;②涉及大量余额较小的账户;③预期不存在大量的错误;④没有理由相信被询证者不认真对待函证。

在审计实务中,注册会计师也可将这两种方式结合使用。当应收账款的余额是由少量的大额应收账款和大量的小额应收账款构成时,注册会计师可以对所有的或抽取的大额应收账款样本采用积极的函证方式,而对抽取的小额应收账款样本采用消极的函证方式。

3. 函证时间的选择

为了充分发挥函证的作用,应恰当选择函证的实施时间。注册会计师通常以资产负债表日为截止日,在资产负债表日后适当时间内实施函证。如果重大错报风险评估为低水平,注册会计师可选择资产负债表日前适当日期为截止日实施函证,并对所函证项目自该截止日起至资产负债表日止发生的变动实施实质性程序。

4. 函证的控制

注册会计师通常利用被审计单位提供的应收账款明细账户名称及客户地址等资料据以编制询证函,但注册会计师应当对选择被询证者、设计询证函以及发出和收回询证函保持控制。出于掩盖舞弊的目的,被审计单位可能想方设法拦截或更改询证函及回函的内容。如果注册会计师对函证程序控制不严密,就可能给被审计单位造成可乘之机,导致函证结果发生偏差和函证程序失效。注册会计师应当采取下列措施对函证实施过程进行控制:

(1) 将被询证者的名称、地址与被审计单位有关记录核对。

(2) 将询证函中列示的账户余额或其他信息与被审计单位有关资料核对。

(3) 在询证函中指明直接向接受审计业务委托的会计师事务所回函。

(4) 询证函经被审计单位盖章后,由注册会计师直接发出。

(5) 将发出询证函的情况形成审计工作记录。

(6) 将收到的回函形成审计工作记录,并汇总统计函证结果。

在审计实务中,注册会计师经常会遇到被询证者以传真、电子邮件等方式回函的情况。

这些方式确实能使注册会计师及时得到回函信息,但由于这些方式易被截留、篡改或难以确定回函者的真实身份,因此,注册会计师应当直接接收,并要求被询证者及时寄回询证函原件。

在审计实务中,注册会计师还经常会遇到采用积极的函证方式实施函证而未能收到回函的情况。对此,注册会计师应当考虑与被询证者联系,要求对方作出回应或再次寄发询证函。如果未能得到被询证者的回应,注册会计师应当实施替代审计程序。所实施的替代程序因所涉及的账户和认定而异,但替代审计程序应当能够提供实施函证所能够提供的同样效果的审计证据。例如检查与销售有关的文件,包括销售合同或协议、销售订单、销售发票副本及发运凭证等,以验证这些应收账款的真实性。

注册会计师一般是通过函证结果汇总表来加以控制函证结果,汇总表的参考格式如表12-5所示。

表 12-5   函证结果汇总表

函证编号	债务人名称	债务人地址	函证日期			账面金额	函证结果	差异金额及说明	审定金额
			第一次	第二次	…				

5. 对不符事项的处理

收回的询证函若有差异,即函证出现了不符事项,注册会计师应当先提请被审计单位查明原因,并作进一步分析和核实。不符事项的原因可能是由于双方登记入账的时间不同,或是由于一方或双方记账错误,也可能是被审计单位的舞弊行为。对应收账款而言,登记入账的时间不同而产生的不符事项主要表现为:

(1)询证函发出时,债务人已经付款,而被审计单位尚未收到货款。

(2)询证函发出时,被审计单位的货物已经发出并已作销售记录,但货物仍在途中,债务人尚未收到货物。

(3)债务人由于某种原因将货物退回,而被审计单位尚未收到。

(4)债务人对收到的货物的数量、质量及价格等方面有异议而全部或部分拒付货款等。

如果不符事项构成错报,注册会计师应当重新考虑所实施审计程序的性质、时间和范围。

6. 对函证结果的总结和评价

注册会计师应将函证的过程和情况记录在工作底稿中,并据以评价函证的可靠性。在评价函证的可靠性时,注册会计师应当考虑:①对询证函的设计、发出及收回的控制情况;②被询证者的胜任能力、独立性、授权回函情况、对函证项目的了解及其客观性;③被审计单位施加的限制或回函中的限制。注册会计师对函证结果可进行如下评价:

(1)注册会计师应重新考虑:对内部控制的原有评价是否适当;控制测试的结果是否适当;分析程序的结果是否适当;相关的风险评价是否适当等。

(2)如果函证结果表明没有审计差异,则注册会计师可以合理地推论,全部应收账款总体是正确的。

（3）如果函证结果表明存在审计差异，注册会计师则应当估算应收账款总额中可能出现的累计差错是多少，估算未被选中进行函证的应收账款的累计差错是多少。为取得对应收账款累计差错更加准确的估计，也可以进一步扩大函证范围。

需要指出的是，即便应收账款得到了债务人的确认，也并不意味着债务人一定会付款。另外，函证也不可能发现应收账款中存在的所有问题。例如，对于关联往来等被审计单位管理当局可控的项目或根据以前年度经验有调整的项目，注册会计师不应过度依赖函证结果。虽然如此，函证仍不失为测试应收账款真实性（存在）的一种必要的、有效的审计方法。注册会计师通过对应收账款进行函证，并执行其他实质性测试的审计程序，可以对有关债权回收的可能性作出合理的结论，并向被审计单位管理当局提出有关债权情况所面临的风险和应当采取的措施。

（五）其他实质性测试程序

应收账款的其他实质性测试程序包括：

（1）请被审计单位协助，在应收账款明细表上标出至审计时已收回的应收账款金额。对已收回金额较大的款项进行常规检查，如核对收款凭证、银行对账单、销售发票等，并注意凭证发生日期的合理性。

（2）检查未函证应收账款。由于注册会计师不可能对所有应收账款进行函证，因此，对于未函证应收账款，注册会计师应抽查有关原始凭据，如销售合同、销售订单、销售发票副本及发运凭证等，以验证与其相关的这些应收账款的真实性。

（3）检查坏账的确认和处理。首先，注册会计师应检查有无债务人破产或者死亡的，以及破产或以遗产清偿后仍无法收回的，或者债务人长期未履行清偿义务的应收账款；其次，应检查被审计单位坏账的处理是否经授权批准，有关会计处理是否正确。

（4）抽查有无不属于结算业务的债权。不属于结算业务的债权，不应在应收账款中进行核算。因此，注册会计师应抽查应收账款明细账，并追查有关原始凭证，查证被审计单位有无不属于结算业务的债权。如有，应作记录或建议被审计单位作适当调整。

（5）检查贴现、质押或出售。检查银行存款和银行贷款等询证函的回函、会议纪要、借款协议和其他文件，确定应收账款是否已被质押或出售，应收账款贴现业务属质押还是出售，其会计处理是否正确。企业以其按照销售商品、提供劳务的销售合同所产生的应收债权向银行等金融机构贴现，在进行会计核算时，应按照"实质重于形式"的原则，充分考虑交易的经济实质。对于有明确的证据表明有关交易事项满足销售确认条件，如与应收债权有关的风险、报酬实质上已经发生转移等，应按照出售应收债权处理，并确认相关损益。否则，应作为以应收债权为质押取得的借款进行会计处理。

（6）分析应收账款明细账余额。应收账款明细账余额一般在借方，在分析应收账款明细账余额时，注册会计师如果发现应收账款出现贷方明细余额的情形，就应查明原因，必要时建议作重分类调整。

（7）检查应收账款在资产负债表上是否已恰当披露。如果被审计单位为上市公司，则其会计报表附注通常应披露期初、期末余额的账龄分析，期末欠款金额较大的单位账款，以及持有5%（含5%）以上股份的股东单位账款等情况。

三、坏账准备的实质性测试程序

企业会计准则规定，企业应当在期末对应收款项进行检查，并预计可能产生的坏账损失。应收款项包括应收票据、应收账款、预付款项、其他应收款和长期应收款等。下面,我们以应收账款相关的坏账准备为例,阐述坏账准备审计常用的实质性程序。

(一) 实施分析程序

计算坏账准备余额占应收款项余额的比例,并与以前期间的相关比例核对,检查分析其重大差异,以发现有重要问题的审计领域。

(二) 检查坏账准备的计提

查明坏账准备的计提方法和比例是否符合企业会计准则的规定,计提的数额是否恰当,会计处理是否正确,前后期是否一致。

企业应当用备抵法核算坏账损失,计提坏账损失的具体方法由企业自行确定。企业应当列出目录,具体注明计提坏账准备的范围、提取方法、账龄的划分和提取比例,按照管理权限,经股东大会或董事会,或经理(厂长)会议或类似机构批准,并且按照法律、行政法规的规定报有关各方备案,并备置于公司所在地,以供投资者查阅。坏账准备提取方法一经确定,不得随意变更。如需变更,仍然应按上述程序经批准后报经有关方面备案,并在财务报表附注中说明变更的内容和理由、变更的影响数等。

采用备抵法核算坏账,首先要按期估计坏账损失。估计坏账损失主要有账龄分析法、余额百分比法等方法。采用账龄分析法计提坏账准备时,收到债务人当期偿还的部分债务后,剩余的应收款项,不应改变其账龄,仍应按原账龄加上本期应增加的账龄确定;在存在多笔应收款项,且各笔应收款项账龄不同的情况下,收到债务人当期偿还的部分债务,应当逐笔认定收到的是哪一笔应收款项;如果确实无法认定的,按照先发生先收回的原则确定,剩余应收款项的账龄按上述同一原则确定。

在采用账龄分析法、余额百分比法等方法的同时,能否采用个别认定法,应当视具体情况而定。如果某项应收款项的可收回性与其他各项应收款项存在明显的差别(例如,债务人所处的特定地区等),导致该项应收款项如果按照与其他应收款项同样的方法计提坏账准备,将无法真正地反映其可收回金额的,可对该项应收款项采用个别认定法计提坏账准备。企业应根据所持应收款项的实际可收回情况,合理计提坏账准备,不得多提或少提,否则应视为滥用会计估计,按照重大会计差错更正的方法进行会计处理。

在确定坏账准备的计提比例时,企业应当根据以往的经验、债务人的实际财务状况和现金流量的情况,以及其他相关信息合理地估计。除有确凿证据表明该项应收款项不能收回,或收回的可能性不大外(如债务单位撤销、破产、资不抵债、现金流量严重不足、发生严重的自然灾害等导致停产而在短时间内无法偿付债务等,以及应收款项逾期3年以上),下列各种情况一般不能全额计提坏账准备:①当年发生的应收款项,以及未到期的应收款项;②计划对应收款项进行重组;③与关联方发生的应收款项;④其他已逾期,但无确凿证据证明不能收回的应收款项。但这一规定并不意味着企业对与关联方之间发生的应收款项可以不计提坏账准备。企业与关联方之间发生的应收款项与其他应收款项一样,也应当在期末时分析其可收回性,并预计可能发生的坏账损失。对预计可能发生的坏账损失,计提相应的坏账准备。

此外,企业持有的未到期的应收票据,如有确凿证据证明不能够收回或收回的可能性不大时,应将其账面余额转入应收账款,并计提相应的坏账准备;企业的预付账款如有确凿证据表明其不符合预付账款性质,或者因供货单位破产、撤销等原因已无望再收到所购货物的,应将原计入预付账款的金额转入其他应收款,并计提相应的坏账准备。

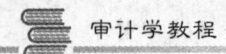

(三) 检查坏账损失

对于被审计单位在被审期间内发生的坏账损失,注册会计师应检查其原因是否清楚,是否符合有关规定,有无授权批准,有无已作坏账处理后又重新收回的应收款项,相应的会计处理是否正确。对有确凿证据表明确实无法收回的应收款项,如债务单位已撤销、破产、资不抵债、现金流量严重不足等,企业应根据管理权限,经股东大会或董事会,或经理(厂长)办公会或类似机构批准作为坏账损失,冲销提取的坏账准备。

(四) 检查长期挂账应收款项

注册会计师应检查应收款项(包括应收账款和其他应收款等)明细账及相关原始凭证,查找有无资产负债表日后仍未收回的长期挂账应收款项。如有,应提请被审计单位作适当处理。

(五) 检查函证结果

对债务人回函中反映的例外事项及存在争议的余额,注册会计师应查明原因并作记录。必要时,应建议被审计单位作相应的调整。

(六) 确定坏账准备的披露是否恰当

企业应当在财务报表附注中清晰地说明坏账的确认标准、坏账准备的计提方法和计提比例,并应区分应收账款和其他应收款项目,按账龄披露坏账准备的期末余额。并且,上市公司除按会计准则规定应披露坏账准备的计提方法等外,还应在会计报表附注中分项披露以下事项:

(1) 本期全额计提坏账准备,或计提坏账准备的比例较大的(计提比例一般超过40%及以上,下同),应说明计提的比例以及理由。

(2) 以前期间已全额计提坏账准备,或计提坏账准备的比例较大的但在本期又全额或部分收回的,或通过重组等其他方式收回的,应说明其原因、原估计计提比例的理由以及原估计计提比例的合理性。

(3) 对某些金额较大的应收款项不计提或计提坏账比例较低(一般为5%或低于5%)的理由。

(4) 本期实际冲销的应收款项及其理由,其中,实际冲销的关联交易产生的应收款项应单独披露。

按照企业会计准则的要求,计提资产减值准备的企业应按年填报资产减值准备明细表。因此,检查坏账准备的披露是否恰当,除了关注其在会计报表附注披露上的恰当性以外,还应关注企业资产减值准备明细表中有关坏账准备内容披露的恰当性。

第五节 其他相关账户审计

在销售与收款循环中,除了以上介绍的主营业务收入、其他业务收入、应收账款和坏账准备这四个重要的财务报表项目或会计科目(账户)之外,还有应收票据、长期应收款、预收款项、应交税费、税金及附加、销售费用等账户。限于篇幅,以下对这些账户的审计目标和实质性测试程序在表12-6中作简要说明,注册会计师应视具体情况,充分运用专业判断作合理增删。

表 12-6　　　　　　　　销售与收款循环其他相关账户审计目标与实质性测试程序

账户及相关审计目标	主要的实质性测试程序
（一）应收票据 其审计目标一般包括： (1) 确定资产负债表中记录的应收票据是否存在； (2) 确定所有应当记录的应收票据均已记录； (3) 确定记录的应收票据由被审计单位拥有或控制； (4) 确定应收票据及其坏账准备增减变动的记录是否完整； (5) 确定应收票据可否收回，坏账准备的计提方法和比例是否恰当，计提是否充分； (6) 检查应收票据及其坏账准备期末余额是否正确； (7) 确定应收票据及其坏账准备是否已按照企业会计准则的规定在财务报表中作出恰当列报	应收票据的主要实质性测试程序有： (1) 获取或编制应收票据明细表：①复核加计是否正确，并与总账数和明细账合计数核对是否相符；②结合坏账准备科目与报表数核对是否相符；③检查非记账本位币应收票据的折算汇率及折算是否正确；④检查逾期票据是否已转为应收账款。 (2) 取得被审计单位应收票据备查簿，核对其是否与账面记录一致。 (3) 监盘库存票据。 (4) 必要时，选取部分票据（特别关注有疑问的商业承兑汇票）向出票人函证，证实其存在性和可收回性，并编制函证结果汇总表。 (5) 对于大额票据，应取得相应销售合同或协议、销售发票和出库单等原始交易资料进行核对，以证实是否存在真实的交易。 (6) 复核带息票据的利息计算是否正确，注意逾期应收票据是否已按规定停止计提利息，并检查其会计处理是否正确。 (7) 对贴现的应收票据，复核其贴现息计算是否正确，会计处理是否正确。编制已贴现和已转让但未到期的商业承兑汇票清单，并检查是否存在贴现保证金。 (8) 请被审计单位协助，在应收票据明细表上标出至外勤审计时已兑现或已贴现的应收票据，核对收款凭证等资料，以确认其资产负债表日的真实性。 (9) 实施其他实质性测试程序，如对应收票据相关的坏账准备、关联方及其交易、披露是否恰当等进行审计
（二）长期应收款 其审计目标一般包括： (1) 确定资产负债表中的长期应收款和未实现融资收益是否存在； (2) 确定被审计单位所有应当记录的长期应收款均已记录； (3) 确定记录的长期应收款和未实现融资收益由被审计单位拥有或控制； (4) 确定长期应收款的发生、收回和未实现融资收益的入账、摊销的记录是否完整； (5) 确定长期应收款是否可否收回，坏账准备的计提方法和比例是否恰当，计提是否充分，其坏账准备增减变动的记录是否完整； (6) 确定长期应收款及其坏账准备和未实现融资收益期末余额是否正确； (7) 确定长期应收款和未实现融资收益是否已按照企业会计准则的规定在财务报表中作出恰当列报	长期应收款的主要实质性测试程序有： (1) 获取或编制长期应收款明细表：①复核加计是否正确，并与总账数和明细账合计数核对是否相符，结合坏账准备科目和未实现融资收益科目与报表数核对是否相符；②检查非记账本位币长期应收款的折算汇率及折算是否正确。 (2) 分析长期应收款账龄及余额构成，了解每一明细项目的性质，查阅长期应收款相关合同协议，了解长期应收款是否按合同或协议规定按期收款，检查长期应收款是否真实。 (3) 选择长期应收款的重要项目，函证其余额和交易条款，对未回函的再次发函或实施替代的审计程序。 (4) 对于融资租赁产生的长期应收款，取得相关的合同和契约，并检查、核对相关的信息。 (5) 对于采用递延方式、有融资性质的销售形成的长期应收款，取得相关的销售合同或协议，检查是否满足确认销售收入的条件；检查合同规定的售价、每期租金、收款期等要素；检查所销售资产在销售收入确认日的公允价值；检查会计处理是否正确。 (6) 对有实质上构成对被投资单位净投资的长期权益，检查在"长期股权投资"的账面价值减记至零以后还需承担的投资损失，检查是否冲减长期应收款，若无，应作出记录，必要时建议作适当调整。 (7) 对长期应收款（未实现融资收益）实施专门的实质性程序。 (8) 实施其他实质性测试程序，如对长期应收款的坏账准备、关联方及其交易、列报（1年内到期的长期应收款是否在编制报表时已重分类至"一年内到期的非流动资产"）等进行审计

（续表）

账户及相关审计目标	主要的实质性测试程序
（三）预收款项 其审计目标一般包括： (1) 确定资产负债表中记录的预收账款是否存在； (2) 确定所有应当记录的预收账款是否均已记录，确定记录的预收账款是否是被审计单位应当履行的现时义务； (3) 确定预收账款是否以恰当的金额包括在财务报表中，与之相关的计价调整是否已恰当记录； (4) 确定预收账款是否已按照企业会计准则的规定在财务报表中作出恰当列报	预收款项的主要实质性测试程序有： (1) 获取或编制预收款项明细表，并进行以下检查：①复核加计是否正确，并与报表数、总账数和明细账合计数核对是否相符；②以非记账本位币结算的预收账款，检查其采用的折算汇率及折算是否正确；③检查是否存在借方余额，必要时进行重分类调整；④结合应收账款等往来项目的明细余额，检查是否存在应收、预收两方挂账的项目，必要时作出调整；⑤标识重要客户。 (2) 请被审计单位协助，在预收款项明细表上标出截至审计日已转销的预收款项，对已转销金额较大的预收款项进行检查，核对记账凭证、仓库发货单、货运单据、销售发票等，并注意这些凭证日期的合理性。 (3) 抽查预收账款有关的销货合同、仓库发货记录、货运单据和收款凭证，检查已实现销售的商品是否及时转销预收账款，确定预收账款期末余额的正确性和合理性。 (4) 选择预收款项的若干重大项目函证，根据回函情况编制函证结果汇总表。 (5) 检查预收账款长期挂账的原因，并作出记录，必要时提请被审计单位予以调整。检查账龄超过 1 年的预收款项未结转的原因并作出记录。 (6) 对预收款项中按税法规定应预缴税费的预收销售款，结合应交税费项目检查是否及时、足额缴纳有关税费。 (7) 实施其他实质性测试程序，如对预收账款是否已计入恰当期间、关联方及其交易、列报是否恰当等进行审计
（四）应交税费 其审计目标一般包括： (1) 确定资产负债表中记录的应交税费是否存在； (2) 确定所有应当记录的应交税费均已记录； (3) 确定记录的应交税费是被审计单位应当履行的偿还义务； (4) 确定应交税费以恰当的金额包括在财务报表中，与之相关的计价调整已恰当记录； (5) 确定应交税费是否已按照企业会计准则的规定在财务报表中作出恰当列报	应交税费的主要实质性测试程序有： (1) 取得或编制应交税费明细表，并进行以下检查：①复核加计是否正确，并与报表数、总账数和明细账合计数核对是否相符；②注意印花税、耕地占用税以及其他不需要预计应缴数的税金有无误入应交税费项目；③分析存在借方余额的项目，查明原因，判断是否由被审计单位预缴税款引起。 (2) 首次接受委托时，取得被审计单位的纳税鉴定、纳税通知、减免税批准文件等，了解被审计单位适用的税种、附加税费、计税（费）基础、税（费）率，以及征、免、减税（费）的范围与期限。连续接受委托时，关注其变化情况。 (3) 核对期初未交税金与税务机关受理的纳税申报资料是否一致，检查缓期纳税及延期纳税事项是否经过有权税务机关批准。 (4) 取得税务部门汇算清缴或其他确认文件、有关政府部门的专项检查报告、税务代理机构专业报告、被审计单位纳税申报资料等，分析其有效性，并与上述明细表及账面数据进行核对。 (5) 检查企业所得税、增值税、消费税、土地增值税、城市维护建设税等计算是否正确。 (6) 检查应交税费的列报是否恰当

（续表）

账户及相关审计目标	主要的实质性测试程序
（五）税金及附加 其审计目标一般包括： (1) 确定利润表中记录的税金及附加是否已发生，且与被审计单位有关； (2) 确定所有应当记录的税金及附加是否均已记录。确定与税金及附加有关的金额及其他数据是否已恰当记录； (3) 确定税金及附加是否已记录于正确的会计期间； (4) 确定税金及附加中的交易和事项是否已记录于恰当的账户； (5) 确定税金及附加已按照企业会计准则的规定在财务报表中作出恰当列报	税金及附加的主要实质性测试程序有： (1) 获取或编制税金及附加明细表，复核加计是否正确，并与报表数、总账数和明细账合计数核对是否相符。 (2) 确定被审计单位的纳税（费）范围与税（费）种是否符合国家规定。 (3) 根据审定的本期应纳税的营业收入和其他纳税事项，按规定的税率，分项计算、复核本期应纳税额，检查会计处理是否正确。 (4) 根据审定的本期应税消费品销售额（或数量），按规定适用的税率，分项计算、复核本期应纳消费税额，检查会计处理是否正确。 (5) 根据审定的本期应纳资源税产品的课税数量，按规定适用的单位税额，计算、复核本期应纳资源税额，检查会计处理是否正确。 (6) 检查城市维护建设税、教育费附加等项目的计算依据是否和本期应纳增值税、消费税合计数一致，并按规定适用的税率或费率计算、复核本期应纳城市维护建设税、教育费附加等，检查会计处理是否正确。 (7) 实施其他实质性测试程序，如结合"应交税费"账户的审计，复核其勾稽关系等
（六）销售费用 其审计目标一般包括： (1) 确定利润表中记录的销售费用是否已发生，且与被审计单位有关； (2) 确定所有应当记录的销售费用是否均已记录； (3) 确定与销售费用有关的金额及其他数据是否已恰当记录； (4) 确定销售费用是否已记录于正确的会计期间； (5) 确定销售费用是否已记录于恰当的账户； (6) 确定销售费用是否已按照企业会计准则的规定在财务报表中作出恰当的列报	销售费用的主要实质性测试程序有： (1) 获取或编制销售费用明细表：①复核其加计数是否正确，并与报表数、总账数和明细账合计数核对是否相符；②将销售费用中的工资、折旧等与相关的资产、负债科目核对，检查其勾稽关系的合理性。 (2) 对销售费用进行分析：①计算分析各个月份销售费用总额及主要项目金额占主营业务收入的比率，并与上一年度进行比较，判断变动的合理性；②计算分析各个月份销售费用中主要项目发生额及占销售费用总额的比率，并与上一年度进行比较，判断其变动的合理性。 (3) 检查各明细项目是否与被审计单位销售商品和材料、提供劳务以及专设的销售机构发生的各种费用有关，是否合规、合理，计算是否正确。 (4) 检查销售佣金支出是否符合规定，审批手续是否健全，是否取得有效的原始凭证；如超过规定，是否按规定进行了纳税调整。 (5) 检查广告费、宣传费、业务招待费的支出是否合理，审批手续是否健全，是否取得有效的原始凭证；如超过规定限额，应在计算应纳税所得额时调整。 (6) 选择重要或异常的销售费用，检查销售费用各项目开支标准是否符合有关规定，开支内容是否与被审计单位的产品销售或专设销售机构的经费有关，计算是否正确，原始凭证是否合法，会计处理是否正确。 (7) 实施其他实质性测试程序，如对销售费用实施截止测试、检查由产品质量保证产生的预计负债等

复习思考题

1. 简述销售与收款循环的主要业务活动、主要的凭证和会计记录。
2. 在销售与收款循环中,管理当局违背认定的常见手段有哪些?
3. 简述销货控制测试和实质性测试的主要内容。
4. 营业收入审计的目标是什么?怎样实施销售的截止测试?
5. 应收账款审计的目标是什么?简述其主要的实质性测试程序。
6. 怎样确定应收账款函证的范围和对象?如何选择函证的时间?
7. 怎样控制应收账款的函证?怎样分析函证结果差异?
8. 坏账准备实质性测试的主要程序有哪些?

练习题

【实务题 1】 练习应收账款的审计

(一)资料

正信会计师事务所接受委托,审计东方公司 20×8 年度的财务报表。A 注册会计师了解和测试了与应收账款相关的内部控制,并将重大错报风险评估为高水平。A 注册会计师取得 20×8 年 12 月 31 日的应收账款明细表,并于 20×9 年 1 月 15 日采用积极式函证方式对所有重要客户寄发了询证函。A 注册会计师将与函证结果相关的重要异常情况汇总于表 12-7。

表 12-7　　　　　　　　　与函证结果相关的重要异常情况汇总表

异常情况	函证编号	客户名称	询证金额(元)	回函日期	回函内容
(1)	22	甲	300 000	20×9 年 1 月 22 日	购买东方公司 300 000 元货物属实,但款项已于 20×8 年 12 月 25 日用支票支付
(2)	56	乙	500 000	20×9 年 1 月 19 日	因产品质量不符合要求,根据购货合同,于 20×8 年 12 月 28 日将货物退回
(3)	64	丙	640 000	20×9 年 1 月 19 日	20×8 年 12 月 10 日收到东方公司委托本公司代销的货物 640 000 元,尚未销售
(4)	82	丁	900 000	20×9 年 1 月 18 日	采用分期付款方式购货 900 000 元,根据购货合同,已于 20×8 年 12 月 25 日首付 300 000 元
(5)	134	戊	600 000	因地址错误,被邮局退回	

(二)要求

针对上述各种异常情况,请问 A 注册会计师应分别相应实施哪些进一步重要审计程序?

【实务题 2】 练习坏账准备的审计

(一)资料

某注册会计师对东海股份有限公司 20×8 年度的财务报表进行审计,发现该公司 20×8

年度未发生购并、分立和债务重组行为,供产销形势与上年相当,该公司提供的未经审计的20×8年度合并财务报表附注的部分内容如下:

(1)坏账核算的会计政策:坏账核算采用备抵法,坏账准备按期末应收账款余额的5‰计提。

(2)20×8年年末余额,应收账款÷坏账准备=16 553÷52.77。

(3)20×8年应收账款账龄分析如表12-8所示。

表12-8 　　　　　　　　　　20×8年应收账款账龄分析表 　　　　　　　　　单位:万元

账　龄	年初数	年末数
1年以内	8 392	10 915
1~2年	1 186	1 399
2~3年	1 161	1 365
3年以上	1 421	2 874
合　计	12 160	16 553

(二) 要求

假定上述附注内容中的年初数均已审定无误,假设你作为注册会计师,请运用专业判断,必要时运用实质性分析程序,指出以上附注内容中存在或可能存在的不合理之处,并简要说明理由。

第十三章　采购与付款循环审计

采购与付款循环所涉及的财务报表项目主要是资产负债表项目,按其在财务报表中的列示顺序通常应为预付款项、固定资产、在建工程、无形资产、开发支出、商誉、长期待摊费用、应付票据、应付账款和长期应付款等;所涉及的利润表项目通常为管理费用。

第一节　采购与付款循环的特性

采购与付款循环的特性主要包括以下三个方面。

一、主要业务活动

在一个典型的制造企业,其采购与付款循环的主要业务活动和相应的控制程序及相关的认定包括以下八个方面。

(一)请购商品和劳务

仓库负责对需要购买的已列入存货清单的项目填写请购单,其他部门也可以对所需要购买的未列入存货清单的项目编制请购单。大多数企业对正常经营所需的物资(如日常修理用料、日常生产用料等)的购买均作一般授权,但对资本性支出(如购置固定资产等)和租赁合同,企业政策则通常要求作特别授权,只允许指定人员提出请购。请购单可由手工或计算机编制,但由于企业内不少部门都可以填列请购单,不便事先编号。为加强控制,每张请购单必须经过对这类支出负预算责任的主管人员签字批准。请购单是证明有关采购交易的"发生"认定的凭据之一,也是采购交易轨迹的起点。

(二)编制订购单

采购部门在收到请购单后,只能对经过批准的请购单发出订购单。对每张订购单,采购部门应确定最佳的供应来源。对一些大额、重要的采购项目,应采取竞价方式来确定供应商,以保证供货的质量、及时性和成本的低廉。

订购单应当正确填写所需要的商品品名、数量、价格、厂商名称和地址等,预先予以编号并经过被授权的采购人员签名。其正联应送交供应商,副联则送至企业内部验收部门、应付凭单部门和编制请购单的部门。随后,应独立检查订购单的处理,以确定是否确实收到商品并正确入账。独立检查订购单上填写的商品是否验收入库并已入账,与采购交易的"完整性"认定有关。

(三)商品验收入库

有效的订购单代表企业已授权验收部门接受供应商发运来的商品。验收部门首先应比较所收商品与订购单上的要求是否相符,如商品的品名、说明、数量、到货时间等,然后再盘点商品并检查商品有无损坏。

验收部门编制一式多联、预先编号的验收单,作为验收和检验商品的依据。验收人员将商品送交仓库或其他请购部门时,应要求其在验收单的副联上签收,以确立他们对所采购的资产应负的保管责任。验收人员还应将其中的一联验收单送交应付凭单部门。

验收单是支持资产或费用以及与采购有关的负债"发生""存在"认定的重要凭证。定期独立地审查验收单的顺序以确定每笔采购交易都已编制凭证,则与采购交易的"完整性"认定有关。

(四)储存已验收的商品存货

将已验收商品的保管与采购的其他职责相分离,可以减少未经授权的采购和盗用商品的风险。存放商品的仓库区应相对独立,限制无关人员接近。这些控制与商品的"存在"认定有关,即能合理保证"账实相符"。

(五)编制付款凭单

记录采购交易之前,应付凭单部门应编制付款凭单。付款凭单控制一般包括:

(1)确定供应商发票的内容与相关的验收单、订购单的一致性。

(2)确定供应商发票计算的正确性。

(3)编制有预先编号的付款凭单,并附上支持性凭证(如订购单、验收单和供应商发票等)。这些支持性凭证的种类,因交易对象的不同而不同。

(4)独立检查付款凭单计算的正确性。

(5)在付款凭单上填入应借记的资产或费用账户名称。

(6)由被授权人员在凭单上签字,以示批准照此凭单要求付款。所有未付凭单的副联应保存在未付凭单档案中,以待日后付款。

经适当批准和有预先编号的凭单为记录采购交易提供了依据,因此,以上各项控制与"存在"、"发生"、"完整性"和"计价或分摊"认定有关。例如,付款凭单预先编号可以合理防止付款凭单重复编制(即"重号",真实性)或被遗漏(即"缺号",完整性);独立检查付款凭单的计算是否正确,则涉及"计价或分摊"认定。

(六)确认与记录负债

应付账款是企业的一项重要负债。作为负债,一般应同时具有以下两个基本特征:①负债是企业的现时义务;②负债的偿还预期会导致经济利益流出企业。正确确认已验收货物和已接受劳务而发生的应付账款,要求准确、及时地加以记录。

应付账款部门一般有责任核查购置的财产,并在应付凭单登记簿或应付账款明细账中加以记录。在收到供应商发票时,应付账款部门应将发票上所记载的品名、规格、数量、条件及运费与订货单上的有关资料核对,如有可能,还应与验收单上的资料进行比较。

应付账款部门的一项重要控制是要求记录现金支出的人员不得经手现金、有价证券和其他资产。恰当的凭证、记录与恰当的记账手续,对业绩的独立考核和应付账款职能而言是必不可少的控制。

在手工记账系统下,应将已批准的未付款凭单送达会计部门,据以编制有关记账凭证和登记有关账簿。会计主管应监督为采购交易而编制的记账凭证中账户分类的适当性;通过定期核对编制记账凭证的日期与凭单副联的日期,以监督入账的及时性。而独立检查会计人员则应核对所记录的凭单总数与应付凭单部门送来的每日凭证汇总表是否一致,并定期独立检查应付账款总账余额与应付凭单部门未付款凭单档案中的总金额是否一致。

(七) 付款

通常是由应付凭单部门负责确定未付凭单并在到期日付款。企业有多种款项结算方式,例如,在采用支票结算方式时,编制和签署支票的有关控制要点为:

(1) 独立检查已签发支票的总额与所处理的那批付款凭单的总额的一致性。

(2) 应由被授权的财务部门的人员负责签署支票。

(3) 被授权签署支票的人员应确定每张支票都附有一张已经适当批准的未付款凭单,还应确定支票受款人姓名和金额与凭单内容的一致性。

(4) 支票一经签署就应在其凭单和支持性凭证上用加盖印戳或打洞等方式将其注销,以免重复付款。

(5) 支票签署人不应签发无记名甚至空白支票。

(6) 支票应预先连续编号,保证支出支票存根的完整性和作废支票处理的恰当性。

(7) 应确保只有被授权的人员才能接近未经使用的空白支票。

(八) 记录支出

仍以支票结算方式为例,在手工记账系统下,会计部门应根据已签发的支票编制付款记账凭证,并据以登记银行存款日记账及其他相关账簿。记录现金、银行存款支出的有关控制包括:

(1) 会计主管应独立检查记入银行存款日记账和应付账款明细账的金额的一致性,以及与支票汇总记录的一致性。

(2) 通过定期比较银行存款日记账记录的日期与支票副本的日期,独立检查入账的及时性。

(3) 独立编制银行存款余额调节表。

二、主要凭证和会计记录

从上述介绍可知,采购与付款业务通常要经过请购→订货→验收→付款这样的程序。一般地说,在内部控制比较健全的企业,处理购货与付款业务所涉及的主要凭证和会计记录有以下十种:

(1) 请购单。请购单是由商品制造、资产使用等部门的有关人员填写,送交采购部门,申请购买商品、劳务或其他资产的书面凭证。

(2) 订购单。订购单是由采购部门填写,向另一企业购买订购单上所指定商品、劳务或其他资产的书面凭证。

(3) 验收单。验收单是收到商品、资产时所编制的凭证,列示从供应商处收到的商品、资产的种类和数量等内容。

(4) 卖方发票。卖方发票是供应商开具的,交给买方以载明发运的货物或提供的劳务、应付金额和付款条件等事项的凭证。

(5) 付款凭单。付款凭单是采购方企业的应付凭单部门编制的,载明已收到商品、资产或接受劳务的厂商、应付款金额和付款日期的凭证。付款凭单是企业内部记录和支付负债的授权证明文件。

(6) 转账凭证。转账凭证是指用来记录转账业务的支付凭证。在此,转账凭证用来记录不涉及现金、银行存款收付的采购交易,所附原始凭证包括卖方发票等。

(7) 付款凭证。付款凭证是用来记录现金和银行存款支出业务的记账凭证。在此,付

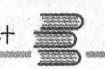

款凭证主要用来记录已支付的到期采购款项。

(8) 应付账款明细账。

(9) 现金日记账和银行存款日记账。

(10) 卖方对账单。

卖方对账单是由供货方按月编制的,标明期初余额、本期购买、本期支付给卖方的款项和期末余额的凭证。卖方对账单是供货方对有关业务的陈述,如果不考虑买卖双方在收发货物上可能存在的时间差异等因素,其期末余额通常应与采购方相应的应付账款期末余额一致。

购货与付款所涉及的十种主要凭证和会计记录,是注册会计师在审计该循环时的主要审计证据来源。

三、管理当局违背认定的表现形式和常见手段

采购与付款业务循环如果控制失效,会直接或间接地增加应付账款、存货、固定资产、营业成本等财务报表项目相关认定的控制风险。在该业务循环中,被审计单位管理当局违背认定的表现形式和常见手段有:

(1) 把应计入外购材料成本中的有关进货费用计入当期损益,致使材料采购成本计价不实。

(2) 利用"应付账款"骗取回扣,表现在已支付货款并符合现金折扣条件,然后将折扣私分或留作"小金库",或者不及时将现金折扣入账而挪作他用。

(3) 对存货采购过程中发生的溢缺、毁损的会计处理不正确、不合理,如把应由过失人赔偿的损失作为"销售费用""管理费用"或"营业外支出"处理。

(4) 把购进的价值较大的包装物或低值易耗品直接以"管理费用"或"销售费用"列支,形成大量的账外资产。

(5) 隐瞒赊购业务,以低估或隐瞒应付账款等相关负债,夸大流动性指标和企业的偿债能力。

(6) 在固定资产购建和管理过程中,资本化利息计算不正确,资本性支出列作收益性支出处理;固定资产盘盈或接受捐赠不入账,形成账外固定资产。

(7) 随意改变折旧计算方法,虚增(或虚减)折旧,以人为调节利润指标。

(8) 虚列工程项目支出或固定资产维修费用支出,非法套取现金。

采购与付款循环的相关内容汇总如表 13-1 所示。

表 13-1 采购与付款循环相关内容一览表

主要业务活动	凭证与记录	主要的相关认定	可能的错误与舞弊
(1) 请购商品和劳务	请购单	发生	请购单可能未经负责支出预算的主管人员签字批准
(2) 编制订购单	订购单	完整性	没有经过批准的请购单就发出了订购单
(3) 验收商品	订购单、验收单	存在、完整性	验收商品后未编制预先编号的验收单,或验收单与卖方发票的内容不一致

（续表）

主要业务活动	凭证与记录	主要的相关认定	可能的错误与舞弊
（4）储存已验收的商品	验收单	存在	可能存在未经授权的采购或商品被盗用
（5）编制付款凭单	付款凭单、验收单、订购单、供应商发票	存在、计价或分摊、完整性	因内部稽核制度不健全，付款凭单与订购单、验收单、供应商发票等可能存在不一致
（6）确认与记录负债	应付账款明细账、卖方对账单、转账及记账凭证等	存在、计价或分摊、完整性	确认与记录负债所依据的付款凭单可能未经批准，或确认与记录负债不及时
（7）支付负债	付款凭单	存在、计价或分摊、完整性	因内部稽核制度不健全，可能存在重复支付、遗漏支付、少付或多付
（8）记录现金、银行存款支出	现金、银行存款日记账、付款凭证	存在、完整性、计价或分摊、	因内部稽核制度不健全，可能存在重记或漏记支出

第二节 采购与付款的控制测试与交易的实质性测试

被审计单位的采购与付款交易涉及应付账款、固定资产等财务报表项目，相关的内部控制测试和交易的实质性测试内容包括以下几个方面。

一、采购业务的内部控制、控制测试和交易的实质性测试

采购业务测试涉及的业务活动主要包括：请购商品或劳务，编制订购单，验收商品，储存已验收的商品存货，编制付款凭单，确认与记录负债。

（一）采购业务的真实性测试（"发生"认定）

要合理保证所记录的购货都确已收到商品或劳务，应具备的关键内部控制制度有：①请购单、订货单、验收单和卖方发票一应俱全，并附在付款凭单后；②购货按正确的级别批准，并实行适当的职责分离制度，包括请购与审批、询价与确定供应商、采购合同的订立与审批、采购、验收与相关会计记录等不相容岗位要相互分离；③注销凭证，以防止重复使用；④对卖方发票、验收单、订货单和请购单作内部核查。对这些内部控制常用的测试方法是：查验付款凭单后是否附有单据；检查核准购货标记；检查注销凭证的标记；检查内部核查的标记。

一般地，如果注册会计师对被审计单位在购货业务真实性目标控制的恰当性感到满意，为查找不正确的、不真实存在的交易而执行的实质性测试程序就可大为减少。恰当的控制可以防止那些主要使企业管理层和员工个人而非企业本身受益的交易，作为企业的营业支出或资产登记入账。例如，有效的内部控制可以防止个人购置的物品在企业报销。验证购货业务是否真实，常用的实质性测试程序有：①复核采购明细账、总账及应付账款明细账，注意是否有大额或不正常的金额；②检查卖方发票、验收单、订货单和请购单的合理性和真实性；③追查存货的采购至存货的永续盘存记录；④检查取得的固定资产。

（二）采购业务的完整性测试

被审计单位为了确保已发生的采购业务都已记录，一般应包括的关键内部控制有：①订

货单均经事先编号并已登记入账;②验收单均经事先编号并已登记入账;③收到的卖方发票,均重新连续编号并已登记入账。对这些内部控制常用的测试方法是:检查订货单、验收单、卖方发票连续编号的完整性。

在正常的商业过程中,接受商品和劳务而产生的应付未付款项,即应付账款,如果未予以入账,将直接影响应付账款的余额,从而低估企业的负债。注册会计师在审计购货业务时,应重点关注"完整性"目标,原因是被审计单位如果漏记购货业务,则可能漏记负债,夸大偿债能力。验证购货业务记录是否完整,常用的实质性测试程序有:①从验收单追查至采购明细账;②从卖方发票追查至采购明细账。

(三) 采购交易的计价测试

有关采购交易计价的内部控制有:①计价计算和金额的内部核查制度;②采购价格和折扣的批准制度。对这些内部控制常用的测试方法是:检查内部核查的标记;审核批准采购价格和折扣的标记。

由于许多资产、负债和费用项目的计价有赖于交易在采购明细账上的正确记录,因此,这些报表项目实质性测试的范围,在很大程度上就取决于注册会计师对被审计单位购货交易内部控制执行效果的评价。如果注册会计师认为其购货交易内部控制执行良好,则对这些报表项目计价准确性的实质性测试数量,显然要比购货交易内部控制不健全或形同虚设的企业少得多。验证采购交易计价是否正确,常用的实质性测试程序有:①将采购明细账中记录的业务同卖方发票、验收单和其他记录文件比较;②复算包括折扣和运费在内的卖方发票的准确性。

二、付款业务的内部控制、控制测试和交易的实质性测试

在内部控制健全的企业,与采购相关的付款业务同样有其内部控制目标和内部控制,注册会计师应针对每个具体的内部控制目标确定关键的内部控制,并对此实施相应的控制测试和交易的实质性测试。由于采购和付款业务同属一个交易循环,联系紧密,因此,对付款业务的部分测试可与测试采购业务一并实施。当然,另一些付款业务测试仍需单独实施。付款业务测试涉及的业务活动主要包括支付负债和记录现金、银行存款支出。一般来说,被审计单位与付款业务相关的内部控制内容有:

(1) 付款审批与付款执行必须分离。

(2) 在办理付款业务时,应当对采购发票、结算凭证、验收证明等相关凭证的真实性、完整性、合法性及合规性进行严格审查。

(3) 应当建立预付账款和定金的授权批准制度。

(4) 由专人按照约定的付款日期、折扣条件等管理应付账款,已到期的应付款项须经有关授权人员审批后方可办理结算与支付。

(5) 建立健全退货管理制度,对退货条件、退货手续、货物出库、退货货款回收等作出明确规定,及时收回退货款。

(6) 定期与供应商核对应付账款、应付票据、预付账款等往来款项。

为了验证被审计单位采购与付款业务相关的内部控制制度设计与执行的有效性,注册会计师一般要编制"采购与付款内部控制调查表"。注册会计师可以围绕审计测试目标进行询问,并对采购与付款循环的控制风险进行初步评价。"采购与付款内部控制调查表"如表13-2所示。

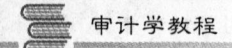

表 13-2   **采购与付款内部控制调查表**

被审计单位＿＿＿＿＿＿ 编制人＿＿＿＿＿＿ 日期＿＿＿＿＿＿ 索引号＿＿＿＿＿＿

被审计期间＿＿＿＿＿＿ 复核人＿＿＿＿＿＿ 日期＿＿＿＿＿＿ 页　次＿＿＿＿＿＿

问　题	回答			取得方式	评　注
	是	否	不适用		
1. 请购业务					
1.1　是否由相应业务部门提出，并经业务部门主管批准？					
1.2　是否设定请购业务核准权限？					
1.3　请购业务批准是否存在越权行为？					
2. 采购业务					
2.1　购货部门是否核对请购单的授权限额批准情况？					
2.2　是否存在比质比价采购管理制度？					
2.3　大宗材料、重大金额采购是否采用招标方式？					
2.4　主要物资、原材料、大宗材料和固定资产的采购是否有订货合同并经授权批准？					
2.5　大额购货合同的订购是否有内部审计部门参与？					
2.6　重大购货条款是否征求律师意见？					
2.7　采购订单是否预先连续编号？					
2.8　主要物资的采购是否选择两个以上的供货单位？					
2.9　是否按照合同规定及时承付货款？					
2.10　是否建立供应商考评档案？					
2.11　供应商考评档案是否及时更新并业经授权？					
3. 验收业务					
3.1　验收部门是否独立于采购、发运、会计和仓储部门等控制职能之外？					
3.2　是否具有货物验收质量标准？					
3.3　所有货物是否全部经质量控制检查？					
3.4　存货入库是否根据订货合同、购货发票办理验收入库手续？					
3.5　未被验收的货物是否另设隔离区或明显地表明"未经验收货物"字样？					
3.6　特殊的无须验收的购货是否经过授权批准？					
3.7　验收单或入库单是否已预先连续编号？					
3.8　验收人员是否亲临现场验收或取样？					

（续表）

问 题	回答			取得方式	评 注
	是	否	不适用		
3.9 发生存货拒收时,是否将拒收货款分离储藏,并设立明显标记?					
3.10 是否建立存货短缺、毁损的处理或追索制度?					
3.11 有无定期的各类资产减值评价报告制度?					
4. 会计核算					
4.1 是否根据与订货合同、入库单、质检单核对无误后的进货发票付款或转账?					
4.2 应付账款明细账与总账是否按月核对相符?					
4.3 应付账款是否定期与客户对账?					
4.4 货款的支付凭证是否及时入账?					
4.5 进货费用的列支是否符合制度规定?					
5. 固定资产及在建工程管理					
5.1 各类固定资产的分管部门有无每项资产的档案和实物台账?					
5.2 公司是否能及时详细地掌握所有固定资产或在建工程闲置、毁损、丢失或出租、租入的情况?					
5.3 在建工程有无专门的核算和管理? 是否在会计部门管辖范围之内?					
5.4 在建工程结转固定资产的具体条件是否均符合公司实际情况?					
5.5 是否存在长期未转固定资产的在建工程?					
5.6 利息资本化的金额是否在固定资产的价值构成中占有较大比重?					
5.7 内部审计部门有无专门的基建或设备购置审计人员和日常审计安排?					
6. 其他					
6.1 存货和固定资产的授权、采购、验收、使用、付款与记账等职责是否分离?					
6.2 内部审计人员是否定期审查存货采购的有关内容?					

评价:

值得一提的是,考虑到采购与付款循环测试的特殊性,注册会计师往往对这一循环采用属性抽样的审计方法。一方面,在测试该循环中的大多数属性时,注册会计师通常选择相对较低的可容忍误差。另一方面,由于购货与付款循环中各财务报表项目所涉及的业务交易量和金额的大小往往悬殊,使得注册会计师在审计时常将其中大额的和不寻常的项目筛选出来,百分之百地加以测试。

第三节　应付账款审计

应付账款是企业在正常经营过程中,因购买材料、商品和接受劳务供应等而应付给供应单位的款项,它是随着企业赊购交易的发生而发生的。因此,注册会计师应结合赊购业务进行应付账款的审计。

一、应付账款的审计目标

应付账款的审计目标一般包括:

(1) 确定资产负债表中记录的应付账款是否存在。

(2) 确定所有应当记录的应付账款是否均已记录。

(3) 确定资产负债表中记录的应付账款是被审计单位应当履行的现实义务。

(4) 确定应付账款期末余额是否正确,应付账款是否以恰当的金额包括在财务报表中,与之相关的计价调整已恰当记录。

(5) 确定应付账款已按照企业会计准则的规定在财务报表中作出恰当的列报。

二、应付账款的实质性测试程序

(一) 核对应付账款

取得或编制应付账款明细表,复核加计正确,并与报表数、总账数和明细账合计数核对是否相符。

(二) 对应付账款进行分析性复核

根据被审计单位实际情况,选择以下方法对应付账款执行实质性分析程序:

(1) 将期末应付账款余额与期初余额进行比较,分析波动原因。

(2) 分析长期挂账的应付账款,要求被审计单位作出解释,判断被审计单位是否缺乏偿债能力或利用应付账款隐瞒利润;并注意其是否可能无须支付,对确实无须支付的应付款的会计处理是否正确,依据是否充分;关注账龄超过 3 年的大额应付账款在资产负债表日后是否偿还,检查偿还记录,单据及披露情况。

(3) 计算应付账款与存货的比率,应付账款与流动负债的比率,并与以前年度相关比率对比分析,评价应付账款整体的合理性。

(4) 分析存货和营业成本等项目的增减变动,判断应付账款增减变动的合理性。

(三) 应付账款的函证

函证程序对实现债权债务的真实性(存在)目标是有效的,但实现完整性目标的效果并不十分理想。一般情况下,注册会计师对应付账款进行实质性测试时,更加重视完整性目标的测试,而非真实性(存在)目标。由于函证不能保证查出未记录的应付账款,因此应付账款通常不需要函证,况且注册会计师能够取得购货发票等外部凭证来证实应付账款的余额。

但是,如果应付账款的控制风险较高,某应付账款明细账户余额较大或被审计单位处于财务困难阶段,则应进行应付账款的函证。进行函证时,注册会计师应选择较大金额的债权人,以及那些在资产负债表日金额不大、甚至为零,但为企业重要供货人的债权人,作为函证对象。函证最好采用积极式形式,并具体说明应付金额。同应收账款的函证一样,注册会计师必须对函证的过程进行控制,要求债权人直接回函,并根据回函情况编制与分析函证结果汇总表,对未回函的,应考虑是否再次函证。

若存在未回函的重大项目,注册会计师应采用替代程序。例如,可以检查决算日后应付账款明细账及现金和银行存款日记账,核实其是否已支付,同时检查该笔债务的相关凭证资料,核实交易事项的真实性(发生)。

(四) 审计应付账款的完整性

为了防止被审计单位低估负债,注册会计师应检查被审计单位有无故意漏记应付账款的行为。常用的实质性测试程序包括:

(1) 结合存货监盘,检查被审计单位在资产负债表日是否存在有材料入库凭证(验收报告或入库单)但未收到购货发票的经济业务,看被审计单位是否存在低估材料暂估价,从而低估应付账款的行为。

(2) 检查资产负债表日后收到的购货发票,关注购货发票的日期,确认其入账时间是否正确,看是否存在应付账款延迟入账的情况。

(3) 检查资产负债表日后应付账款明细账贷方发生额的相应凭证,确认其入账时间是否正确,是否存在资产负债表日之前的购货发票、入库单在资产负债表日之后入账。

在检查时,注册会计师还可以通过询问被审计单位的会计和采购人员,查阅资本预算、工作通知单和基建合同来进行。

若注册会计师通过实施以上审计程序发现某些未入账的应付账款,应将有关情况详细记入审计工作底稿,然后根据其重要性确定是否需要建议被审计单位进行相应的调整。

(五) 应付账款的其他实质性测试程序

审计应付账款的其他实质性测试程序包括:

(1) 检查应付账款是否存在借方余额,如果存在应查明原因,必要时建议被审计单位作重分类调整。

(2) 结合预付账款的明细账,查明有否在应付账款和预付账款两边同时挂账的项目;结合其他应付账款的明细余额,查明有无不属于应付账款的其他应付款。

(3) 检查应付账款长期挂账的原因,并作出记录,注意其是否可能无须支付。对于确实无法支付的应付账款应建议被审计单位进行调整,并进行相应的会计处理。

(4) 检查带有现金折扣的应付账款的账务处理是否正确。

(5) 被审计单位与债权人进行债务重组的,结合债务重组事项的专项审计,检查有关的会计处理是否正确。

(6) 关注是否存在应付关联方账款。若有,应通过了解关联交易事项目的、价格和条件,检查采购合同等方法确认该应付账款的合法性和合理性;通过向关联方查询及函证等方法,以确认交易的真实性。

(7) 对于用非记账本位币结算的应付账款,检查其采用的折算汇率是否正确。

(8) 检查应付账款在资产负债表上的披露是否恰当。

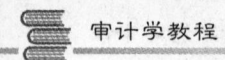

第四节　固定资产审计

固定资产审计的范围很广。固定资产科目余额反映企业所有固定资产的原价,累计折旧科目余额反映企业固定资产的累计折旧数额,固定资产减值准备科目余额反映企业对固定资产计提的减值准备数额。固定资产项目余额由固定资产科目余额扣除累计折旧科目余额和固定资产减值准备科目余额构成,这三项无疑属于固定资产的审计范围。

一、固定资产的审计目标

固定资产的审计目标一般包括:

(1) 确定资产负债表中记录的固定资产是否存在。

(2) 确定所有应记录的固定资产是否均已记录。

(3) 确定记录的固定资产是否由被审计单位所有或控制。

(4) 确定固定资产的计价方法是否恰当。

(5) 确定固定资产的折旧政策是否恰当。

(6) 确定折旧费用的分摊是否合理、一贯。

(7) 确定固定资产减值准备的计提是否充分、完整,方法是否恰当。

(8) 确定固定资产、累计折旧的期末余额是否正确。

(9) 确定固定资产、累计折旧和固定资产减值准备是否已按照企业会计准则的规定在财务报表中作出恰当列报。

二、固定资产(账面余额)的实质性测试程序

(一) 核对固定资产

获取或编制固定资产和累计折旧分类汇总表,检查固定资产的分类是否正确并与总账数和明细账合计数核对是否相符,结合累计折旧、减值准备科目与报表数核对是否相符。其中,固定资产和累计折旧分类汇总表是审计固定资产和累计折旧的重要工作底稿。

(二) 执行实质性分析程序

根据被审计单位业务的性质,选择以下方法对固定资产实施实质性分析程序:

(1) 基于对被审计单位及其环境的了解,通过进行以下比较,并考虑有关数据间关系的影响,建立有关数据的期望值:①分类计算本期计提折旧额与固定资产原值的比率,并与上期比较;②计算固定资产修理及维护费用占固定资产原值的比例,并进行本期各月、本期与以前各期的比较。

(2) 确定可接受的差异额。

(3) 将实际情况与期望值相比较,识别需要进一步调查的差异。

(4) 如果其差额超过可接受的差异额,调查并获取充分的解释和恰当的佐证审计证据(例如,通过检查相关的凭证)。

(5) 评估分析程序的测试结果。

(三) 固定资产增加的检查

被审计单位如果不正确核算固定资产的增加,将对资产负债表和利润表产生长期的影

响。因此,审计固定资产增加,是固定资产实质性测试中的重要内容。固定资产的增加有多种途径,审计中应注意:

(1) 对于外购固定资产,通过核对购货合同、发票、保险单、发运凭证等文件,抽查测试其计价是否正确,授权批准手续是否齐备,会计处理是否正确。如果是房屋,还应检查契税的会计处理是否正确。如果以一笔款项购入多项没有单独标价的固定资产,还应检查是否按各项固定资产公允价值的比例对总成本进行分配,分别确定各项固定资产的入账价值。

(2) 对于在建工程转入的固定资产,应检查竣工决算、验收和移交报告是否正确,与在建工程相关的记录是否核对相符,借款费用资本化金额是否恰当;对已经在用或已经达到预定可使用状态但尚未办理竣工决算的固定资产,检查其是否已经暂估入账,并按规定计提折旧;竣工决算完成后,是否及时调整。

(3) 对于投资者投资转入的固定资产,应检查其入账价值与投资合同中关于固定资产作价的规定是否一致,须经评估确认的是否有评估报告并经有关部门确认;固定资产交接手续是否齐全。

(4) 对于更新改造增加的固定资产,应查明增加的固定资产原值是否真实,是否符合资本化条件,会计处理是否正确;重新确定的剩余折旧年限是否恰当。

(5) 对于盘盈的固定资产,如果同类或类似固定资产存在活跃市场的,应检查是否按同类或类似固定资产的市场价格,减去按该项固定资产新旧程度估计的价值损耗后的余额,作为入账价值;如果同类或类似固定资产不存在活跃市场的,应检查是否以该项固定资产的预计未来现金流量的现值作为入账价值。

另外,对于因债务人抵债而获得的固定资产、以非货币性交易换入的固定资产,以及其他原因增加的固定资产,应检查相关的原始凭证,核对其计价及会计处理是否正确,法律手续是否齐全。

(四) 固定资产减少的检查

固定资产的减少主要包括出售、向其他单位投资转出、向债权人抵债转出、报废、毁损、盘亏等。

有时在全面清查固定资产时,被审计单位会出现固定资产账存实亡现象,这可能是由于固定资产管理或使用部门不了解报废固定资产与会计核算两者间的关系,擅自报废固定资产而未及时通知财务部门在会计账户上作相应的核算所致,这样势必造成会计报表反映失真。审计固定资产减少的主要目的就在于查明业已减少的固定资产是否已作适当的会计处理。其审计要点如下:

(1) 检查减少固定资产的授权批准文件。

(2) 检查因不同原因减少固定资产的会计处理是否符合有关规定,验证其数额计算的准确性。

(3) 结合固定资产清理和待处理财产损溢(待处理固定资产损溢)科目,抽查固定资产账面转销额是否正确。

(4) 检查是否存在未作会计记录的固定资产减少业务:①复核本期是否有新增加的固定资产替换了原有的固定资产;②分析营业外收支等账户,查明有无处置固定资产所带来的收支;③若某种产品因故停产,追查其专用生产设备等的处理情况;④向被审计单位的固定资产管理部门查询本期有无未作会计记录的固定资产减少业务。

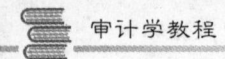

（五）检查固定资产的所有权或控制权

对各类固定资产,注册会计师应获取、汇集不同的证据以确定其是否确归被审计单位所有:对于外购的机器设备等固定资产,通常经审核采购发票、购货合同等予以确定;对于房地产类固定资产,还需查阅有关的合同、产权证明、财产税单、抵押借款的还款凭据、保险单等书面文件;对融资租入的固定资产,应验证有关融资租赁合同,证实其并非经营租赁;对汽车等运输设备,应验证有关运营证件等;对受留置权限制的固定资产,通常还应审核被审计单位的有关负债项目等予以证实。

（六）其他实质性测试程序

在审计固定资产时,除了完成以上程序外,还应实施以下实质性测试程序:

（1）检查固定资产后续支出的核算是否符合规定。

（2）对购入固定资产进行实地观察。

（3）确定被审计单位估计的固定资产使用期限和残值是否合理。

（4）检查固定资产的租赁。

（5）检查固定资产的保险。

（6）调查未使用和不需用的固定资产。

（7）检查因清产核资、资产评估调整的固定资产。

（8）检查固定资产的抵押、担保情况。

（9）检查有无与关联方之间的固定资产购销活动。

（10）检查固定资产是否在会计报表上做恰当披露。

三、固定资产(累计折旧)的实质性测试程序

固定资产可以长期参加生产经营而仍保持其原有实物形态,但其价值将随着固定资产的使用而逐渐转移到生产的产品中,或构成经营成本或费用。在固定资产使用寿命内,按照确定的方法对应计折旧额进行的系统分摊就是固定资产的折旧。固定资产折旧主要取决于企业根据其固定资产的特点制定的折旧政策,在一定程度上具有主观性。累计折旧的实质性测试程序主要如下。

（一）核对累计折旧

获取或编制固定资产及累计折旧分类汇总表,复核加计正确,并与报表数、总账数和明细账合计数核对是否相符。

（二）执行实质性分析程序

根据具体情况,选择以下方法对累计折旧实施实质性分析程序:

（1）对折旧计提的总体合理性进行复核,是测试折旧正确与否的一个有效办法。在不考虑固定资产减值准备的前提下,计算、复核的方法是用应计提折旧的固定资产乘本期的折旧率。如果总的计算结果和被审计单位的折旧总额相近,且固定资产及累计折旧的内部控制较健全时,就可以适当减少累计折旧和折旧费用的其他实质性测试工作量。当然,在计算之前,注册会计师应对本期增加和减少固定资产、使用年限长短不一的和折旧方法不同的固定资产作适当调整。

（2）计算本期计提折旧额占固定资产原值的比率,即被审计年度的综合折旧率,并与上期比较,分析本期折旧计提额的合理性和准确性。若波动比较大,应检查被审计单位是否改变了折旧计提方法。

(3) 计算累计折旧占固定资产原值的比率,评估固定资产的老化率(或新旧程度),并估计因闲置、报废等原因可能发生的固定资产损失,结合固定资产减值准备,分析其是否合理。若有必要,将此比率与上期比较,旨在发现累计折旧核算上的错误。

（三）其他实质性测试程序

在审计累计折旧时,除了完成以上程序外,还应实施以下实质性测试程序:

(1) 检查被审计单位制定的折旧政策和方法是否符合企业会计准则和会计制度的规定。

(2) 复核被审计年度折旧费用的计算是否正确。

(3) 检查折旧费用的分配是否合理,与上期分配方法是否一致。

(4) 检查固定资产发生增减变动时,有关折旧的会计处理是否符合规定。

(5) 比较"累计折旧"账户贷方的本期计提折旧额与相应的成本费用中的折旧费用明细账户的借方发生额,查明所计提折旧金额是否已全部摊入本期产品的成本费用。

(6) 结合固定资产审计,检查其折旧的计算是否正确无误,并追查至固定资产登记卡。并注意有无已提足折旧的固定资产继续超提折旧的情况和应计提折旧的固定资产不提或少提折旧的情况。

(7) 检查累计折旧的披露是否恰当。

四、固定资产(固定资产减值准备)的实质性测试程序

固定资产的可收回金额低于其账面价值称为固定资产减值。在此,可收回金额应当根据固定资产的公允价值减去处置费用后的净额与资产预计未来现金流量的现值两者之间的较高者确定;处置费用包括与固定资产处置有关的法律费用、相关税费、搬运费以及为使固定资产达到可销售状态所发生的直接费用等。固定资产减值准备的实质性测试程序如下。

（一）核对固定资产减值准备

获取或编制固定资产减值准备明细表,复核加计正确,并与报表数、总账数和明细账合计数核对是否相符。

（二）执行分析性复核程序

分析本期期末固定资产减值准备数额占期末固定资产原价的比率,并与期初数比较。若有异常波动,应查明波动原因,判断波动的合理性。

（三）其他实质性测试程序

在审计固定资产减值准备时,除了完成以上程序外,还应实施以下实质性测试程序:

(1) 检查固定资产减值准备的计提和核销批准程序,取得并核对书面报告等证明文件。主要应检查固定资产减值准备的计提方法是否符合会计制度的规定,计提的依据是否充分,计提的数额是否恰当,相关会计处理是否正确,前后期是否一致。

(2) 检查实际发生固定资产损失时,相应固定资产减值准备的转销是否符合有关规定,会计处理是否正常。

(3) 检查是否存在转回固定资产减值准备的情况,确定减值准备在以后会计期间没有转回。

(4) 确定固定资产减值准备在会计报表上的披露是否恰当。

第五节 其他相关账户审计

在采购与付款循环中,除了以上介绍的应付账款、固定资产、累计折旧和固定资产减值准备这四个重要的财务报表项目或会计科目(账户)之外,还有预付款项、在建工程、工程物资、固定资产清理、无形资产、长期待摊费用、应付票据、管理费用等账户。限于篇幅,以下对这些账户的审计目标和实质性测试程序在表 13-3 中作简要说明,注册会计师应视具体情况,充分运用专业判断作合理增删。

表 13-3　　　　　　采购与付款循环其他相关账户审计目标与实质性测试程序

账户及相关审计目标	主要的实质性测试程序
(一)预付款项 其审计目标一般包括: (1)确定资产负债表中记录的预付款项是否存在; (2)确定所有应当记录的预付账款是否均已记录; (3)确定记录的预付账款是否由被审计单位拥有或控制; (4)确定预付账款是否以恰当的金额包括在财务报表中,与之相关的计价调整是否已恰当记录; (5)确定预付账款是否已按照企业会计准则的规定在财务报表中作出恰当列报	预付款项的主要实质性测试程序有: (1)获取或编制预付款项明细表:①复核加计是否正确,并与总账数和明细账合计数核对是否相符,结合坏账准备科目与报表数核对是否相符;②结合应付账款明细账审计,查核有无重复付款或将同一笔已付清的账款在预付账款和应付账款两个科目中同时挂账的情况;③分析出现贷方余额的项目,查明原因,必要时建议进行重新分类调整;④对期末预付账款余额与上期期末余额进行比较,解释其波动原因。 (2)分析预付账款账龄及余额构成,确定:①该笔款项是否根据有关购货合同支付;②检查 1 年以上预付账款未核销的原因及发生坏账的可能性,检查不符合预付账款性质的或因供货单位破产、撤销等原因无法再收到所购货物的是否已转入其他应收款。 (3)检查大额预付工程款增加或者结转是否有相应的审批手续,与相关合同、工程进度是否一致。 (4)选择大额或异常的预付款项重要项目(包括零账户),函证其余额是否正确,并根据回函情况实施进一步的程序。 (5)实施其他实质性测试程序,如对预付账款的关联方及其交易、坏账准备等实施实质性审计程序
(二)在建工程 其审计目标一般包括: (1)确定资产负债表中记录的在建工程是否存在; (2)确定所有应记录的在建工程是否均已记录; (3)确定记录的在建工程是否由被审计单位拥有或控制; (4)确定在建工程是否以恰当的金额包括在资产负债表中,与之相关的计价调整已恰当记录; (5)确定在建工程是否已按照企业会计准则的规定在财务报告中作出恰当列报	在建工程的主要实质性测试程序有: (1)获取或编制在建工程明细表,复核加计是否正确,并与总账数和明细账合计数核对相符,结合减值准备科目与报表数核对是否相符。 (2)实施分析程序。基于对被审计单位及其环境的了解,通过进行以下比较,并考虑有关数据间关系的影响,建立有关数据的期望值:①依据借款和工程建设情况计算借款费用资本化金额,并与被审计单位实际的借款费用资本化情况进行比较;②确定可接受的差异额;③将实际情况与期望值相比较,识别需要进一步调查的差异;④如果其差异额超过可接受的差异额,调查并获取充分的解释和恰当的佐证审计证据(如检查相关的凭证);⑤评估分析程序的测试结果。 (3)检查本期在建工程的增加数和减少数。 (4)检查是否有长期挂账的在建工程;如有,了解原因,并关注是否可能发生损失,检查减值准备计提是否正确。 (5)实施其他实质性测试程序,如对在建工程实地检查、确定在建工程的列报是否恰当等

（续表）

账户及相关审计目标	主要的实质性测试程序
（三）工程物资 其审计目标一般包括： (1) 确定资产负债表中记录的工程物资是否存在； (2) 确定所有应记录的工程物资是否均已记录； (3) 确定资产负债表中的工程物资是否由被审计单位拥有或控制； (4) 确定工程物资是否以恰当的金额包括在财务报表中，与之相关的计价调整是否已恰当记录； (5) 确定工程物资及减值准备的列报是否恰当	工程物资的主要实质性测试程序有： (1) 获取或编制工程物资及减值准备明细表，复核加计是否正确，并与总账数和明细账合计数核对是否相符，结合减值准备科目与报表数核对是否相符。 (2) 实地检查工程物资，确定其是否存在。并观察是否有呆滞、积压物资。 (3) 抽查若干工程物资采购合同、发票、货物验收单等原始凭证，检查其是否经过授权批准，会计处理是否正确。 (4) 结合在建工程审计，检查工程物资的领用手续是否齐全，会计处理是否正确。 (5) 检查工程完工后剩余的工程物资转入存货时对所含的增值税进项税额的处理是否正确。 (6) 检查被审计单位是否对工程物资定期盘点，对盘盈(亏)是否及时处理。处理是否符合规定。会计处理是否正确。 (7) 实施其他实质性测试程序，如对工程物资的减值准备、披露等实施实质性审计程序
（四）固定资产清理 其审计目标一般包括： (1) 确定资产负债表中记录的固定资产清理是否实际存在； (2) 确定被审计单位的所有应当记录的固定资产清理是否均已记录； (3) 确定资产负债表中记录的固定资产清理是否为被审计单位拥有或控制； (4) 确定固定资产清理是否以恰当的金额包括在财务报表中，与之相关的计价调整是否已恰当记录； (5) 确定固定资产清理已按照企业会计准则的规定在财务报表中是否作出恰当列报	固定资产清理的主要实质性测试程序有： (1) 获取或编制固定资产清理明细表，复核加计是否正确，并与报表数、总账数和明细账合计数核对是否相符。 (2) 检查固定资产清理的发生是否有正当理由，是否经有关技术部门鉴定，固定资产清理的发生和转销是否经授权批准，相应的会计处理是否正确。 (3) 由对外投资、非货币性资产交换、债务重组等原因转出产生固定资产清理的，检查相关的合同协议以及股东(大)会、董事会的决议，确定合同或协议约定的价值是否公允，检查其会计处理是否正确。 (4) 检查固定资产清理是否长期挂账，如有，应作出记录，必要时建议作适当调整。 (5) 检查固定资产清理是否已按照企业会计准则的规定在财务报表中作出恰当列报
（五）无形资产 其审计目标一般包括： (1) 确定资产负债表中记录的无形资产是否存在； (2) 确定被审计单位所有应当记录的无形资产是否均已记录； (3) 确定资产负债表中记录的无形资产是否由被审计单位拥有或控制；	无形资产的主要实质性测试程序有： (1) 获取或编制无形资产明细表，复核加计是否正确，并与总账数和明细账合计数核对是否相符，结合累计摊销、无形资产减值准备科目与报表数核对是否相符。 (2) 检查无形资产的权属证书原件、非专利技术的持有和保密状况等，并获取有关协议和董事会纪要等文件、资料，检查无形资产的性质、构成内容、计价依据、使用状况和受益期限，确定无形资产是否存在，并由被审计单位拥有或控制。 (3) 检查无形资产的增加和减少情况。 (4) 检查被审计单位确定无形资产使用寿命的依据，分析其合理性。

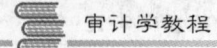

（续表）

账户及相关审计目标	主要的实质性测试程序
（4）确定无形资产是否以恰当的金额包括在财务报表中，与之相关的计价或分摊调整是否已恰当记录； （5）确定无形资产是否已按照企业会计准则的规定在财务报表中作出恰当列报	（5）检查无形资产的后续支出是否合理，会计处理是否正确。 （6）检查无形资产预计是否能为被审计单位带来经济利益，若否，检查是否将其账面价值予以转销，计入当期营业外支出。 （7）实施其他实质性测试程序，如对无形资产的披露、减值、摊销等实施实质性审计程序
（六）长期待摊费用 其审计目标一般包括： （1）确定资产负债表中记录的长期待摊费用是否存在； （2）确定所有应当记录的长期待摊费用是否均已记录； （3）确定记录的长期待摊费用是否由被审计单位拥有或控制； （4）确定资产负债表中的长期待摊费用是否以恰当的金额包括在财务报表中，与之相关的计价或分摊调整是否已恰当记录； （5）确定长期待摊费用是否已按照企业会计准则的规定在财务报表中作出恰当列报	长期待摊费用的主要实质性测试程序有： （1）获取或编制长期待摊费用明细表，复核加计是否正确，并与总账数和明细账合计数核对是否相符，减去将于一年内（含一年）摊销的数额后与报表数核对是否相符。 （2）抽查长期待摊费用的原始凭证，查阅有关合同、协议等资料，确定是否真实，检查会计处理是否正确。 （3）检查摊销政策是否符合会计制度的规定，复核计算摊销额及相关的会计处理是否正确，前后期是否保持一致，是否存在随意调节利润的情况。 （4）检查被审计单位筹建期间发生的开办费是否在发生时直接计入管理费用。 （5）对于经营租赁方式租入的固定资产发生的改良支出，检查相关的原始资料（如承租合同、装修合同和决算书等），确定改良支出金额是否正确，摊销期限是否合理，摊销额的计算及会计处理是否正确。 （6）检查被审计单位是否将预期不能为其带来经济利益的长期待摊费用项目的摊余价值予以转销。 （7）检查长期待摊费用是否已按照企业会计准则的规定在财务报表中作出恰当列报，注意剩余摊销期一年以内的长期待摊费用是否在资产负债表中的"一年内到期的非流动资产"项目反映
（七）应付票据 其审计目标一般包括： （1）确定资产负债表中记录的应付票据是否存在； （2）所有应当记录的应付票据是否均已记录； （3）确定记录的应付票据是否为被审计单位应当履行的现实义务； （4）确定应付票据是否以恰当的金额包括在财务报表中，与之相关的计价调整是否已恰当记录； （5）确定应付票据是否已按照企业会计准则的规定在财务报表中作出恰当的列报	应付票据的主要实质性测试程序有： （1）获取或编制应付票据明细表：①复核加计是否正确，并与报表数、总账数和明细账合计数核对是否相符；②与应付票据备查簿的有关内容核对是否相符。 （2）检查应付票据备查簿的有关内容。 （3）选择应付票据的重要项目（包括零账户），函证其余额和交易条款，对未回函的再次发函或实施替代的检查程序（检查原始凭单，如合同、发票、验收单，核实票据的真实性）。 （4）查明逾期未兑付票据的原因，对于逾期的银行承兑汇票是否转入短期借款，对于逾期的商业承兑汇票是否已经转入应付账款，带息票据是否已经停止计息，是否存在抵押票据的情形。 （5）检查与关联方的应付票据的真实性，执行关联方及其交易审计程序。通常，应了解关联交易事项的目的、价格和条件，检查采购合同，并通过向关联方或其他注册会计师查询和函证等方法，以确认交易的真实性。 （6）检查应付票据是否已按照企业会计准则的规定在财务报表中作出恰当列报

（续表）

账户及相关审计目标	主要的实质性测试程序
（八）管理费用 其审计目标一般包括： (1) 确定利润表中记录的管理费用是否已发生，且与被审计单位有关； (2) 确定所有应当记录的管理费用是否均已记录； (3) 确定与管理费用有关的金额及其他数据是否已恰当记录； (4) 确定管理费用是否已记录于正确的会计期间； (5) 确定管理费用是否已记录于恰当的账户； (6) 确定管理费用是否已按照企业会计准则的规定在财务报表中作出恰当的列报	管理费用的主要实质性测试程序有： (1) 取得或编制管理费用明细表，复核加计是否正确，与报表数、总账数及明细账合计数核对是否相符。 (2) 检查管理费用的明细项目的设置是否符合规定的核算内容与范围，结合成本费用的审计，检查是否存在费用分类错误，若有，应提请被审计单位调整。 (3) 对管理费用进行分析：①计算分析管理费用中各项目发生额及占费用总额的比率，将本期、上期管理费用各主要明细项目作比较分析，判断其变动的合理性；②将管理费用实际金额与预算金额进行比较；③比较本期各月份管理费用，对有重大波动和异常情况的项目应查明原因，检查费用的开支是否符合有关规定，计算是否正确，原始凭证是否合法，会计处理是否正确，必要时作适当处理。 (4) 将管理费用中的职工薪酬、无形资产摊销、长期待摊费用摊销额等项目与各有关账户进行核对，分析其勾稽关系的合理性，并作出相应记录。 (5) 选择管理费用中的重要明细项目作重点检查。 (6) 抽取资产负债表日前后若干天的一定数量的凭证，实施截止性测试，对于重大跨期项目，应作必要调整。 (7) 检查管理费用是否已按照企业会计准则的规定在财务报表中作出恰当的列报

复习思考题

1. 简述采购与付款循环的主要业务活动、主要的凭证和会计记录。
2. 在采购与付款循环中，管理当局违背认定的常见手段有哪些？
3. 简述采购交易控制测试和实质性测试的主要内容。
4. 应付账款审计的目标是什么？怎样实施应付账款的完整性测试？
5. 在应付账款的实质性测试中怎样应用函证程序？
6. 固定资产的审计目标是什么？如何实施实质性分析性程序？

练习题

【实务题 1】 练习应付账款的审计

（一）资料

注册会计师在审查某公司应付账款明细账时，发现 20×8 年开开化工厂明细账有贷方余额 286 万元，经查证有关凭证，是 20×5 年向开开化工厂购买化工原料的货款。

（二）要求

分析可能存在的问题？是否需要进一步审查，如何审查？

【实务题 2】 练习应付账款的审计

（一）资料

某注册会计师在对某公司的应付账款项目进行审计。根据需要，该注册会计师决定对该公司下列四个明细账户中的两个进行函证，如表 13-4 所示。

表 13-4	应付账款明细账户表	单位:元
供货单位	应付账款年末余额	本年度供货总额
A 公司	42 650	66 500
B 公司	0	2 980 000
C 公司	89 000	96 000
D 公司	298 000	3 136 000

（二）要求

请帮助该注册会计师选择两位供货人函证，并说明理由。

【实务题 3】 练习固定资产的审计

（一）资料

注册会计师张明了解到被审计单位 CMF 公司在被审计年度因其第一大股东 GF 欠 CMF 公司债务，双方协商债务重组，为此 CMF 公司获得原属第一大股东的厂房一幢及整条流水线。CMF 公司与第一大股东 GF 公司签订了债务重组协议，并确定了债务重组的损益。

（二）要求

列出注册会计师张明应采取的审计程序。

第十四章 存货与仓储循环审计

原材料经过采购与付款循环进入存货与仓储循环,存货与仓储循环又随销售与收款循环中产成品商品的销售环节而结束。可见,存货与仓储循环同其他业务循环的联系非常密切。存货与仓储循环涉及的内容主要是存货的管理及生产成本的计算等。考虑财务报表项目与业务循环的相关程度,该循环所涉及的资产负债表项目主要是存货、应付职工薪酬等;所涉及的利润表项目主要是营业成本等项目。其中,存货又包括:材料采购或在途物资、原材料、材料成本差异、库存商品、发出商品、商品进销差价、委托加工物资、委托代销商品、受托代销商品、周转材料、生产成本、制造费用、劳务成本、存货跌价准备等。

第一节 存货与仓储循环的特性

存货与仓储循环是由原材料转化为产成品的有关活动组成,其特性主要包括以下三个方面。

一、主要业务活动

在一个典型的制造企业,其存货与仓储循环的主要业务活动包括以下六个方面。

(一)计划和安排生产

生产计划部门的职责是根据顾客订单或者对销售预测和存货需求的分析来决定生产授权。若已决定授权生产,即签发预先连续编号的生产通知单。生产计划部门通常应将发出的所有生产通知单编号并加以记录控制。此外,还需要编制一份材料需求报告,列示所需要的材料和零配件及其库存。

(二)发出原材料

仓库部门的责任是根据从生产部门收到的领料单发出原材料。领料单上必须列示所需的材料数量和种类,以及领料部门的名称。领料单可以一料一单,也可以一单多料,通常需一式三联。仓库发料后,以其中一联连同材料交还领料部门,其余两联经仓库登记材料明细账后,送会计部门进行材料收发核算和成本核算。

(三)生产产品

生产部门在收到生产通知单及领取原材料后,便将生产任务分解到每一个生产工人,并将所领取的原材料交给生产工人,据以执行生产任务。生产工人在完成生产任务后,将完成的产品交生产部门查点,然后转交检验员验收并办理入库手续;或是将所完成的产品移交下一个部门,以进一步加工。

（四）核算产品成本

为了正确地核算产品成本，对在产品进行有效控制，必须建立健全成本会计制度，将生产控制和成本核算有机结合在一起。一方面，生产过程中的各种记录、生产通知单、领料单、工时记录单、入库单等文件资料都要汇集到会计部门，由会计部门对其进行检查和核对，了解和控制生产过程中存货的实物流转。另一方面，会计部门要设置相应的会计账户，会同有关部门对生产过程中的成本进行核算和控制。完善的成本会计制度应该提供原材料转为在产品，在产品转为产成品，以及按成本中心、分批生产任务通知单或生产周期所消耗的材料、人工和间接费用的分配与归集的详细资料。

（五）储存产成品

产成品入库，必须由仓库部门先行点验和检查，然后签收。签收后，将实际入库数量通知会计部门。据此，仓库部门确立了本身应承担的责任，并对验收部门的工作进行验证。除此之外，仓库部门还应根据产成品的品质特征分类存放，并填制标签。

（六）发出产成品

产成品的发出必须由独立的发运部门进行。装运产成品时必须持有经有关部门核准的发运通知单，并据此编制出库单。出库单至少一式四联，一联交仓库部门；一联发运部门留存；一联送交顾客；一联作为给顾客开发票的依据。

二、主要凭证和会计记录

在存货与仓储循环发生的交易，从领料生产到加工、销售产成品时结束，所涉及的凭证和记录是存货与仓储循环审计的主要证据来源，主要如下。

（一）生产指令

生产指令又称生产任务通知单，是企业下达制造产品等生产任务的书面文件，用以通知生产车间组织产品制造，供应部门组织材料发放，会计部门组织成本计算。广义的生产指令也包括用于指导产品加工的工艺规程，如生产路线图等。

（二）领发料凭证

这是企业为控制材料发出所采用的各种凭证，如材料发出汇总表、领料单、限额领料单、领料登记簿、退料单等。

（三）产量和工时记录

产量和工时记录是登记工人或生产班组在出勤内完成产品数量、质量和生产这些产品所耗费工时数量的原始记录。其内容与格式多种多样，在不同的生产企业中，甚至在同一企业的不同生产车间中，由于生产类型不同而采用不同格式的产量和工时记录。常见的产量和工时记录主要有工作通知单、工序进程单、工作班产量报告、产量通知单、产量明细表和废品通知单等。

（四）工资汇总表及人工费用分配表

工资汇总表是为了反映企业全部工资的结算情况，并据以进行工资结算总分类核算和汇总整个企业工资费用而编制的，这是企业进行工资费用分配的依据。人工费用分配表反映了各生产车间各产品应负担的生产人工工资及福利费。

（五）材料费用分配表

这是用来汇总反映各生产车间各产品所耗费的材料费用的原始记录。

（六）制造费用分配表

这是用来汇总反映各生产车间各产品所应负担的制造费用的原始记录。

（七）成本计算单

成本计算单是用来归集某一成本计算对象所应承担的生产费用,包括直接材料、直接人工和制造费用,以计算该成本计算对象的总成本和单位成本的记录。

（八）存货明细账

存货明细账是用来反映各种存货增减变动情况和期末库存数量及相关成本信息的会计记录。

三、管理当局违背认定的表现形式和常见手段

存货与仓储业务循环如果控制失效,会直接或间接地增加存货(产成品、生产成本等)、营业成本等财务报表项目相关认定的控制风险。被审计单位管理当局为了达到虚增或虚减利润(即虚盈实亏或虚亏实盈)的目的,在该业务循环中违背认定的表现形式和常见手段有:

（1）在生产成本账户中列支了不应计入生产成本的开支,如将在建工程领料列入基本生产成本等;或把应列入生产成本的开支不计入生产成本。

（2）在分配人工费用、制造费用时,采用了不恰当的分配方法;在完工产品与在产品之间的费用划分选用的方法不恰当,存在人为调节本期完工产品成本的现象。

（3）随意改变存货计价方法,人为调节主营业务成本。

存货与仓储循环的相关内容汇总如表 14-1 所示。

表 14-1　　　　存货与仓储循环相关内容一览表

主要业务活动	凭证与记录	主要的相关认定	可能的错误与舞弊
（1）计划和安排生产	生产指令(生产任务通知单)	发生	生产指令可能没有经过授权批准
（2）按生产指令领发材料	领发料凭证	发生、计价	领料单可能没有经过授权批准
（3）记录产量和工时	产量和工时记录	计价或分摊、完整性	相关记录未预先连续编号
（4）产品验收入库,登记存货明细账	存货明细账	存在或发生、计价	存货保管人员与记录职务可能没有分离
（5）进行料、工、费计算与分配,确定产品生产成本	工资汇总表、人工费用分配表、材料费用分配表、制造费用分配表、成本计算单	计价	未严格进行内部核查

第二节　存货与仓储的控制测试和交易的实质性测试

被审计单位的存货与仓储交易涉及存货(如生产成本等)、产品销售成本等财务报表项目,相关的内部控制测试和交易的实质性测试包括以下内容。

一、生产业务的内部控制与控制测试

生产业务的关键内部控制主要包括成本会计制度和工薪内部控制两个方面。在成本会计制度方面,关键的控制程序包括:

(1) 生产指令、领料单和工资应通过特别授权批准或一般授权批准,以确保生产业务是根据管理当局的授权进行的。这项控制的测试方法是检查凭证中是否包括这三个关键点的恰当审批。

(2) 成本核算必须是以经过审核的生产通知单、领发料凭证、产量和工时记录、人工费用分配表、材料费用分配表、制造费用分配表为依据,这是成本核算真实、可靠的制度保证(即记录的成本为实际发生的而非虚构的)。控制测试的方法是检查有关成本的记账凭证是否附有生产通知单等原始凭证,这些原始凭证的顺序编号是否完整。

(3) 生产通知单、领发料凭证、产量和工时记录、人工费用分配表、材料费用分配表、制造费用分配表均事先编号并已经登记入账,这样可以保证所有耗费和物化劳动均已反映在成本中(完整性)。控制测试的方法是检查生产通知单等原始凭证的顺序编号是否完整。

(4) 采用适当的成本核算方法,并且前后各期一致;采用适当的费用分配方法,并且前后各期一致;采用适当的成本核算流程和账务处理流程,并建立内部核查制度。这样可以确保成本以正确的金额,在恰当的会计期间及时记录于适当的账户(计价、截止、分类)。控制测试的方法是选取部分样本测试各种费用的归集和分配以及成本的计算;测试是否按照规定的成本核算流程和账务处理流程进行核算和账务处理。

(5) 存货保管人员与记录、批准人员职务相分离,即对存货实施保护措施,保管人员与记录、批准人员相互独立,可以预防发生舞弊。控制测试的方法是询问和观察存货和记录的接触以及相应的批准程序。

(6) 定期进行存货盘点,可以保证账面存货与实际存货定期核对相符。控制测试的方法是询问和观察存货盘点程序。

工薪内部控制方面,关键的控制程序包括:

(1) 上工、工作时间(特别是加班时间)、工资(薪金或佣金)、代扣款项、工资结算和汇总,应通过恰当手续经过特别审批或一般审批,这是工薪核算总体合理的制度保证。控制测试的方法是检查人事档案、工时卡的有关核准说明、工薪记录中有关内部检查标记,检查人事档案中的授权和工薪记录中有关核准的标记。

(2) 工时卡必须经领班核准,并用生产记录钟记录工时,这种控制程序可以保证记录的工薪为实际发生的而非虚构的(发生,即真实性)。控制测试的方法是检查工时卡的核准说明,复核人事政策、组织结构图等。

(3) 工资分配表、工资汇总表完整反映已发生的工薪支出,以确保所有已发生的工薪支出已记录(完整性)。控制测试的方法是检查工资分配表、工资汇总表、工资结算表,并核对员工工资手册、员工手册等。

(4) 采用适当的工资费用分配方法,并且前后各期一致;采用适当的账务处理流程。这些控制可以合理保证工薪以正确的金额,在恰当的会计期间及时记录于适当的账户。控制测试程序一般是选取部分样本测试工资费用的归集和分配;测试是否按照规定的账务处理流程进行账务处理。

（5）人事、考勤、工薪发放、记录等职务相互分离，以预防舞弊的发生，控制测试的方法是询问和观察各项职责执行情况。

二、交易的实质性测试

存货与仓储循环有关交易的实质性测试，重点是有关成本的测试、实质性分析程序的运用、存货的监盘，以及存货计价和截止测试。这些测试将在本章以下的各节详细介绍。

在存货与仓储的余额测试中，存货的实质性测试占有重要位置。这是因为，存货是资产负债表中的主要项目，往往也是流动资产中的最大项目。而且，存货流动性强、周转快，受市场因素和生产计划的影响大，在各年度之间往往不平衡，对各年度末的资产和各年度的损益有很大的影响。在会计核算上，存货对应的会计账项很多，存货项目的真实性与正确性，直接影响到其他会计账项。而在存货的实质性测试中，往往对注册会计师的专业素质和相关业务知识要求较高，所耗用的审计工时较多，使用的审计程序较复杂。

为了验证被审计单位存货与仓储业务相关的内部控制制度设计与执行的有效性，注册会计师一般要编制"存货与仓储内部控制调查表"。注册会计师可以围绕审计测试目标进行询问，并对存货与仓储循环的控制风险进行初步评价。"存货与仓储内部控制调查表"如表14-2所示。

表 14-2   **存货与仓储内部控制调查表**

被审计单位_____ 编制人_____ 日期_____ 索引号_____
被审计期间_____ 复核人_____ 日期_____ 页　次_____

问　题	回答			取得方式	评　注
	是	否	不适用		
一、存货管理内部控制					
1. 领料管理					
1.1　领料单是否经有关部门负责人审批？					
1.2　已批准的领料单是否经过部门负责人签章？					
1.3　领料单是否连续编号并按顺序使用？					
1.4　领料单的发送是否根据授权批准的生产指令发出？					
2. 仓库管理					
2.1　仓储人员是否如实发出材料？					
2.2　领料单上的填制与签章等手续是否齐全？					
2.3　仓储人员与稽核人员是否定期或不定期地盘点材料库存？					
2.4　稽核人员是否对有关存货的收发领退原始凭证及内控实施情况作出评价？					
3. 会计记录					
3.1　会计主管是否对材料汇总表及所附原始凭证作出评价？					

（续表）

问　题	回答			取得方式	评　注
	是	否	不适用		
3.2　会计人员是否根据经过复核的记账凭证登记相关材料账？					
3.3　总分类账是否由总账会计负责登记？					
3.4　稽核人员是否核对仓储部门材料明细账与财务部门有关材料账？					
3.5　材料误差处理是否经过授权批准？					
3.6　生产部门对月末剩余材料是否办理退库或假退库手续？					
4. 职位分离					
4.1　核发、记账、核对、职务是否由不同的人员担任？					
5. 内部审计					
5.1　内部审计人员是否定期对材料控制系统进行内部审计、评价、改进？					
二、工薪内部控制					
1. 人事管理					
1.1　员工的招聘、录用和辞退是否经授权批准？					
1.2　考勤人员是否经过授权考察员工绩效并签章？					
1.3　有无部分管理人员或职工的工资关系在公司的关联企业或其他单位？					
2. 工资管理					
2.1　公司的工资、福利是否包括期权、实物、疗养、医疗补贴等多种形式？					
2.2　工资核算范围是否符合规定？					
2.3　计时、计件工资的原始记录是否健全，工资表的计算依据是否与相关统计表的数额相符？					
2.4　工时卡等原始工时记录是否经授权的业务主管批准？					
2.5　工资是否通过银行代发？					
2.6　有关人员记录工时是否签章？					
2.7　人事、劳动部门是否具备独立、完整的工资档案及台账？					
3. 会计记录					
3.1　会计主管是否对工资表及所附原始凭证作出评价？					

(续表)

问　题	回答			取得方式	评　注
	是	否	不适用		
3.2　原始工资发放表是否经领取工资职工本人签字?					
3.3　会计人员是否将各种工资、福利形式进行了适当的会计处理?					
3.4　工资表的编制是否由劳动部门办理?					
3.5　稽核员是否定期评价工时明细表与工时汇总表、工资汇总表、工资费用分配表?					
3.6　稽核员是否评价有关结算原始凭证和代扣款原始凭证?					
3.7　工资的有关附加费是否有欠缴、欠提的现象?					
3.8　退休员工的各种费用是否都由公司承担?					
4. 职位分离					
4.1　人事、考勤、记账、稽核、结算职务是否由不同的人员担任?					
5. 内部审计					
5.1　内部审计人员是否定期对工薪内部控制进行内部审计?					
5.2　内部审计是否定期或不定期对工薪内部控制进行评价和改进?					
三、制造费用内部控制					
1. 生产管理					
1.1　是否根据批准(或调整后)的生产计划组织生产?					
1.2　车间定额管理是否完整、正确?					
1.3　车间在产品、自制半成品和产成品等的计量管理是否完整、正确?					
1.4　车间生产原始记录是否完整、正确?					
2. 成本管理					
2.1　是否建立成本管理制度?					
2.2　成本核算方法是否适合企业的生产特点,是否严格执行?					
2.3　成本开支范围是否符合有关规定?					
2.4　是否定期进行成本分析,发现问题及时处理?					
2.5　固定资产折旧方法和期限选择是否与企业实际情况和国家规定相符?					
3. 会计记录					

（续表）

问 题	回答			取得方式	评 注
	是	否	不适用		
3.1 制造费用的支出和归集是否经评价并正确入账？					
3.2 制造费用的分配标准是否恰当，计算是否正确？					
3.3 制造费用分配汇总表选择的分配标准与相关的统计报告或原始记录核对是否相符？					
3.4 对实际分配的制造费用与预计分配的费用或标准成本下确定的费用差异是否作了相应的账务处理？					
3.5 月末是否有非记账人员核对制造费用有关明细账与总账？					
4. 其他					
4.1 制造费用总分类账与明细账登记人员是否由不同人员承担？					
4.2 内部审计人员是否定期对制造费用控制系统进行内部审计、评价和改进					

评价：

需注意的是，确定了关键内部控制和内部控制中可能存在的薄弱环节，并且对被审计单位的控制风险作出评价后，注册会计师应当判断继续实施内部控制测试的成本是否会低于因此而减少对存货与仓储交易、账户余额的实质性测试所需的成本。如果被审计单位相关的内部控制不存在，或被审计单位的相关内部控制未得到有效执行，或内部控制测试的工作量可能大于进行内部控制测试所减少的实质性测试的工作量，则注册会计师不应再继续实施控制测试，而应直接实施实质性测试程序。

第三节　生产成本与营业成本的审计

存货成本涉及采购成本、生产成本、销售成本等方面，它们之间的关系如表 14-3 所示。

表 14-3　　　　　　　　　　生产成本及销售成本倒轧表

项 目	未审数	调整或重分类金额（借或贷）	审定数
一、原材料期初余额			
加：本期购进			
减：原材料期末余额			
其他发出额			
二、直接材料成本			
加：直接人工成本			
制造费用			

（续表）

项　目	未审数	调整或重分类金额（借或贷）	审定数
三、生产成本			
加：在产品期初余额			
减：在产品期末余额			
四、产品生产成本			
加：产成品期初余额			
减：产成品期末余额			
五、销售成本（营业成本）			

从表 14-3 可以看出，销售成本的审计涉及表中列出的所有项目，包括材料采购（或在途物资）、原材料、生产成本（直接材料、直接人工、制造费用）、产成品等账户。本节仅介绍以下项目的审计，其他项目的审计将在本章后面几节介绍。

一、材料采购与原材料的审计

对材料采购账户实施的实质性测试程序主要有：

（1）获取或编制材料采购明细表，复核加计正确，并与总账数、明细账合计数核对是否相符。

（2）检查期末材料采购，核对有关凭证，对大额材料采购，追查至相关的购货合同及购货发票，复核采购成本的正确性，并抽查期后入库情况。

（3）查阅资产负债表日前后若干天的材料采购的增减变动的有关账簿记录和收料报告单等资料，检查有无跨期现象，若有，则应作出记录，必要时作调整。

（4）若采用计划成本核算，还应审核材料采购账项有关材料成本差异发生额的计算处理是否正确。

（5）审核有无长期挂账的材料采购事项，若有，应查明原因，必要时应作调整。

对原材料账户实施的实质性测试程序是：

（1）获取或编制原材料明细表，复核加计是否正确，并与总账数、明细账合计数核对是否相符；同时抽查核对明细账是否与仓库台账、卡片记录相符。

（2）对期末原材料余额与上期期末余额进行比较，解释其波动的原因，并对大额异常项目进行调查。

（3）现场观察被审计单位的期末原材料盘点情况，取得原材料盘点资料和盘盈、盘亏报告表，作重点抽查，并注意查明账实不符的原因，有关审批手续是否完备，账务处理是否正确；存放在外的库存材料，应现场查看或函询核实。

（4）检查原材料的入账基础和计价方法是否正确，是否前后期一致；在以实际成本计价条件下，应以样本的单位成本与原材料明细账及购货发票核对；在以计划成本计价条件下，应以样本的单位成本与原材料明细账、原材料成本差异明细账及购货发票核对。

（5）检查发出材料的计价基础，抽查若干月份发出材料汇总表的正确性。

（6）根据被审计单位原材料计价方法，抽查年末结存量较大的原材料的计价是否正确。若原材料以计划成本计价，还应检查"材料成本差异"账项发生额、转销额是否正确。

(7) 审核有无长期挂账原材料事项,若有,应查明原因,必要时作调整。

(8) 查阅资产负债表日前后若干天的原材料增减变动的有关账簿记录和原始凭证,检查有无跨期现象,若有,则应作出记录,必要时作调整。

(9) 结合原材料的盘点,检查期末有无料到单未到的情况,若有,应查明是否已按暂估价入账,其暂估价是否合理。

必要时,对原材料实施截止测试。有关截止测试技术和监盘方法将在本章第五节详细介绍。

二、生产成本及完工产品成本的审计

生产成本包括直接材料、直接人工和制造费用三个成本项目,在生产成本完整、真实的基础上,完工产品成本的正确与否只涉及生产成本在当期完工产品与在产品之间的分配是否恰当。

(一) 直接材料成本的审计

直接材料成本的审计一般应从审阅材料和生产成本明细账入手,抽查有关的费用凭证,验证企业产品直接耗用材料的数量、计价和材料费用分配是否真实、合理。其主要内容包括:

(1) 抽查产品成本计算单,检查直接材料成本的计算是否正确,材料费用的分配标准与计算方法是否合理和适当,是否与材料费用分配汇总表中该产品分摊的直接材料费用相符。

(2) 检查直接材料耗用数量的真实性,有无将非生产用材料计入直接材料费用。比如,是否存在在建工程用料计入生产成本。

(3) 运用定基或环比的方法进行趋势分析,比较同一产品前后各年度的直接材料成本,如有重大波动应查明原因。

(4) 抽查材料发出及领用的原始凭证,检查领料单的签发是否经过授权,材料发出汇总表是否经过适当的人员复核,材料单位成本计价方法是否适当,是否正确及时入账。

(5) 对采用定额成本或标准成本的企业,应检查直接材料成本差异的计算、分配与会计处理是否正确,并查明直接材料的定额成本、标准成本在本年度内有无重大变化。

(二) 直接人工成本的审计

直接人工成本审计的内容主要包括:

(1) 抽查产品成本计算单,检查直接人工成本的计算是否正确,人工费用的分配标准与计算方法是否合理和适当,是否与人工费用分配汇总表中该产品分摊的直接人工费用相符。

(2) 分别计时工资和计件工资,将本年度直接人工成本与前期进行比较,查明其异常波动的原因。

(3) 分析比较本年度各个月份的人工费用发生额,若有异常波动,应查明原因,看是否存在利用假工资单套取现金的情况。

(4) 结合应付工资的检查,抽查人工费用会计记录及会计处理是否正确。

(5) 对采用标准成本的企业,应抽查直接人工成本差异的计算、分配与会计处理是否正确,并查明直接人工的标准成本在本年度内有无重大变化。

(三) 制造费用的审计

制造费用是企业为生产产品或提供劳务而发生的间接费用,即生产单位为组织和管理生产而发生的费用,包括分厂和车间管理人员的工资、福利费、折旧费、修理费、办公费、水电

费、取暖费、租赁费、机物料消耗、低值易耗品摊销、劳保费等,其审计要点包括:

(1) 获取或编制制造费用汇总表,并与明细账、总账核对相符,抽查制造费用中的重大数额项目及例外项目是否合理。

(2) 审阅制造费用明细账,检查其核算内容及范围是否正确,并应注意是否存在异常会计事项,若有,则应追查至记账凭证及原始凭证,重点查明企业有无将不应列入成本费用的支出(如投资支出、被没收的财物、支付的罚金、违约金、技术改造支出等)列入制造费用。

(3) 必要时,对计入制造费用的折旧费、待摊费用、预提费用等实施截止测试,即检查资产负债表日前后若干天的制造费用明细账及其凭证,确定有无跨期入账的情况。

(4) 检查制造费用的分配是否合理。重点查明制造费用的分配方法是否符合企业自身的生产技术条件,是否体现受益原则,分配方法是否一惯;分配率和分配额的计算是否正确,有无人为估计数代替分配数的情况。

(5) 对于采用标准成本法的企业,应抽查标准制造费用的确定是否合理,计入成本计算单的数额是否正确,制造费用的计算、分配与会计处理是否正确,并查明标准制造费用在本年度内有无重大波动。

(四) 生产成本在当期完工产品与在产品之间分配的审计

主要的审计程序有:检查成本计算单中在产品数量与生产统计报告或在产品盘存表中的数量是否一致;检查在产品约当产量计算或其他分配标准是否合理;计算复核生产成本在当期完工产品与在产品之间的分配是否恰当。

三、主营业务成本(销售成本)的审计

主营业务成本是指企业对外销售商品、产品,对外提供劳务等发生的实际成本。它是由期初库存产品成本加上本期入库产品成本,再减去期末库存产品成本求得的。主营业务成本的审计目标是:

(1) 确定主营业务成本的记录是否完整。

(2) 确定主营业务成本的计算是否正确。

(3) 确定主营业务成本与主营业务收入是否配比。

(4) 确定主营业务成本在会计报表上的披露是否恰当。

对主营业务成本的审计,应结合审阅主营业务收入明细账、产成品明细账等记录并核对有关的原始凭证和记账凭证进行,必要时应对产成品进行截止测试。其审计要点包括:

(1) 获取或编制主营业务成本明细表,并与明细账和总账核对相符。

(2) 编制生产成本及销售成本倒轧表(如表 12-3 所示),并与有关总账核对相符。

(3) 分析比较本年度与上年度主营业务成本总额,以及本年度各月份的主营业务成本金额,若有重大波动和异常情况,应查明原因。

(4) 结合生产成本的审计,抽查销售成本结转数额的正确性,并检查是否与销售收入配比。

(5) 检查主营业务成本账户中的重大调整事项(如销售退回等)是否有其充分理由。

(6) 检查主营业务成本在利润表中是否已恰当披露。

四、其他业务成本的审计

对其他业务成本,主要的实质性程序有:

（1）获取或编制其他业务成本明细表，复核加计是否正确，并与总账数和明细账合计数核对是否相符，结合主营业务成本科目与营业成本报表数核对是否相符。

（2）复核其他业务成本明细表的正确性，并与相关科目交叉核对。

（3）检查其他业务成本是否有相应的收入，并与上期其他业务收入、其他业务成本比较，检查是否有重大波动，如有，应查明原因。

（4）检查其他业务成本内容是否真实，计算是否正确，配比是否恰当，并择要抽查原始凭证予以核实。

（5）对异常项目，应追查入账依据及有关法律文件是否充分。

（6）检查除主营业务活动以外的其他经营活动发生的相关税费是否计入本科目。

（7）检查其他业务成本是否已按照企业会计准则的规定在财务报表中作出恰当列报。

第四节　实质性分析程序的应用

在存货与仓储循环，特别是在成本核算过程中可供选择的成本计算方法比较多，会计估计比较普遍，注册会计师应重点关注成本计算方法的"一贯性"问题。注册会计师在存货与仓储循环的审计过程中往往需要大量运用实质性分析程序来获取审计证据，并协助形成恰当的审计结论。因此，分析程序在存货与仓储循环审计中占有重要的地位。在该循环中，常用的分析程序主要是简单比较法和比率分析法两种。

一、简单比较法

在存货与仓储循环的分析程序中，注册会计师常用的简单比较包括：

（1）比较前后各期及本年度内各个月份存货余额及其构成，分析期末存货余额及其构成的总体合理性。必要时，需要考虑季节性的影响和被审计单位的生产经营环境等因素。

（2）比较前后各期及被审计年度内各个月份存货成本差异率是否发生变动，如有变动应查明原因，并查明是否存在调节成本的现象。

（3）比较前后各期及本年度内各个月份生产成本总额及单位生产成本，以确定本期生产成本的总体合理性。

（4）比较前后各期及本年度内各个月份制造费用总额及其构成，以评价制造费用及其构成的总体合理性。

（5）比较前后各期及本年度内各个月份薪酬费用的发生额及单位产品的薪酬费用，以确定薪酬费用的合理性。

（6）比较前后各期及本年度内各个月份主营业务成本总额及单位销售成本，以确定主营业务成本的总体合理性。

（7）比较前后各期及本年度内各个月份的直接材料成本及单位产品的直接材料费，以评价直接材料成本的总体合理性。

（8）将存货余额与现有的订单、资产负债表日后各期的销售额和下一年度的预测销售额进行比较，以评估存货滞销和跌价的可能性。

（9）将存货跌价损失准备与本年度存货处理损失的金额相比较，判断被审计单位是否计提足额的跌价损失准备。

（10）将与关联企业发生存货交易的频率、规模、价格和账款结算条件，与非关联企业对比，判断被审计单位是否利用与关联企业的存货交易虚构业务交易，以调节利润。

执行实质性分析程序的目的是通过比较发现非正常差异，明确错报漏报发生的重点领域，以提高进一步使用其他审计程序的效率。从内容上看，以上第（3）至第（7）五项属于成本会计中的经常性项目，即直接材料、直接人工、制造费用、生产成本、主营业务成本，第（8）和第（9）两项围绕存货跌价损失进行分析，其中前者分析跌价的可能性，后者分析跌价损失准备计提的充分性。第（2）和第（10）两项围绕是否存在调节成本或利润的现象进行分析。把握这些规律，有助于提高简单分析法的效果。

二、比率分析法

在存货与仓储循环的分析程序中，注册会计师常用的比率主要是存货周转率和毛利率。

（一）存货周转率

在流动资产中，存货所占的比重较大。存货的流动性，将直接影响企业的流动比率，因此，注册会计师必须特别重视对存货的分析。存货周转率是衡量和评价企业购入存货、投入生产、销售收回等各环节管理状况的综合性指标，可以反映企业的销售能力和存货是否积压。其计算公式为：

$$存货周转率＝主营业务成本÷平均存货×100\%$$

利用存货周转率进行纵向比较或与其他同行业企业进行横向比较时，要求存货计价持续一致。存货周转率的波动可能意味着被审计单位存在以下情况：

（1）有意或无意地减少存货储备，表现为存货周转率明显增加。

（2）存货管理或控制程序发生变动。若被审计单位存货管理或控制程序有所改善，存货周转率会表现为合理地增加。

（3）存货成本项目发生变动。就制造企业的完工产品而言，存货成本包括直接材料、直接人工和制造费用三个项目，这些项目中的一个或多个发生增减变动会影响主营业务成本与存货余额，从而引起存货周转率的波动。

（4）存货核算方法发生变动，比如由先进先出法改为后进先出法，存货周转率也会发生波动。

（5）存货跌价准备计提基础或冲销政策发生变动。

（6）销售额发生大幅度变动，如销售额大幅度增加，在价格稳定的情况下会导致存货周转率增加。

（二）毛利率

毛利率是反映盈利能力的主要指标，用以衡量成本控制及销售价格的变化。其计算公式为：

$$毛利率＝（主营业务收入－主营业务成本）÷主营业务收入×100\%$$

毛利率的波动可能意味着被审计单位存在以下情况：

（1）销售价格发生变动。

（2）销售产品总体结构发生变动。比如，毛利率高的产品销售额增加了，毛利率低的产品销售额在减少，则会导致综合毛利率增加。

（3）单位产品成本发生变动。

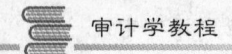

（4）固定制造费用比重较大时销售数量发生变动（主要受经营杠杆作用的影响）。

第五节 存货的监盘、计价和截止测试

存货是指企业在日常活动中持有以备出售的产成品或商品、处在生产过程中的在产品、在生产过程或提供劳务过程中耗用的材料和物料等。在通常情况下，存货对企业经营特点的反映能力强于其他资产项目。存货不仅对于生产制造业、批发业和零售行业十分重要，有时对于服务行业也具有重要性。

一、存货审计的目标

一般地，存货的重大错报对于流动资产、营运资本、总资产、销售成本、毛利以及净利润都会产生直接的影响。存货的重大错报对于其他某些项目，例如利润分配和所得税，也具有间接影响。审计中许多复杂和重大问题都与存货有关。存货、产品生产和销售成本构成了会计、审计，乃至企业管理中最为普遍、重要和复杂的问题。就存货审计而言，其目标是：

（1）确定存货是否存在（真实性）。

（2）确定存货是否归被审计单位所有（权利）。

（3）确定存货增减变动的记录是否完整（完整性）。

（4）确定存货的品质状况，存货跌价损失准备的计提是否合理（计价与分摊）。

（5）确定存货的计价方法是否恰当。

（6）确定存货年末余额是否正确。

（7）确定存货在财务报表上的披露是否恰当。

存货审计，尤其是对年末存货余额的测试，通常是审计中最复杂也最费时的部分。对存货存在性和存货价值的评估通常十分困难。导致存货审计复杂的主要原因包括：①存货通常是资产负债表中的一个主要项目，而且通常是构成营运资本的最大项目；②存货存放于不同的地点，这使得对它的实物控制和盘点都很困难。企业必须将存货置放于便于产品生产和销售的地方，但是这种分散也带来了审计的困难；③存货项目的多样性也给审计带来了困难。例如，化学制品、宝石、电子元件以及其他的高科技产品；④存货本身的陈旧以及存货成本的分配也使得存货的估价出现困难；⑤允许采用的存货计价方法的多样性。

正是由于存货对于企业的重要性、存货问题的复杂性以及存货与其他项目密切的关联度，要求注册会计师对存货项目的审计应当予以特别的关注。相应地，要求实施存货项目审计的注册会计师具备较高的专业素质和相关业务知识，分配较多的审计工时，运用多种有针对性的审计程序。

存货审计的重点程序是监盘、计价及截止测试。

二、存货的监盘

存货监盘是指注册会计师现场监督被审计单位存货的盘点，并进行适当的抽查。相应地，存货监盘有两层含义，一是注册会计师现场监督被审计单位存货的盘点；二是注册会计师根据需要进行适当的抽查。存货监盘作为一项核心的审计程序，通常可以同时实现存在、完整性、计价，甚至权利等多项审计目标。

（一）存货监盘计划

注册会计师应当根据被审计单位存货的特点、盘存制度和存货内部控制的有效性等情况，在评价被审计单位存货盘点计划的基础上，编制存货监盘计划，对存货监盘作出合理安排。注册会计师根据计划过程所搜集到的信息，可以确定参与监盘的地点以及存货监盘的程序。在编制存货监盘计划时，注册会计师应当充分考虑以下因素：

（1）针对存货项目的重要程度，需要考虑：①存货、净利润与其他资产的相对金额与内在联系；②各类存货（原材料、在产品和产成品）的相对金额；③存放于各地点存货的相对金额。考虑并评价存货项目的重要程度直接关系到注册会计师投入的审计资源，越重要的项目，相应地要计划更详细的审计测试。

（2）了解与存货相关的内部控制。存货的内部控制几乎涉及企业产品的所有生产与销售环节，包括采购、验收入库、仓储、领用、加工（生产）、运输等方面。根据对各个环节有关存货内部控制制度的评价结果（即控制风险的高低）来计划控制测试的范围、性质和时间。

（3）评价存货的审计风险。包括：①评价固有风险，影响存货固有风险的因素很多，例如存货的数量和种类、成本归集的难易程度、运输的便捷程度、废旧过时的速度或易损耗程度、遭受失窃的难易程度等；②评价控制风险，如前所述，涉及企业产品的所有生产与销售的控制环节；③在对固有风险和控制风险（统称"重大错报风险"）进行综合评估后，据以作为可接受检查风险的评估基础；④根据对存货审计风险的评估结果，合理确定存货审计的重要性水平。

（4）审阅以前年度的工作底稿。目的是了解被审计单位的存货情况、存货盘点程序以及其他在以前年度存货审计中遇到的重大问题。存货盘点的时间安排、识别周转缓慢的存货、存货的截止确认、盘点小组人员的确定以及存货的多处存放等，注册会计师均应对此充分关注。

（5）考虑实地察看存货的存放场所。这样有助于注册会计师熟悉在库存货及其组织管理方式，也有助于注册会计师在盘点工作开始之前发现潜在问题，例如难以盘点的存货、周转缓慢的存货、过时存货、残次品以及代销存货。

（6）利用专家的工作。在确定资产数量或资产实物状况时（例如矿石堆）或在收集特殊类别存货的审计证据时（例如艺术品、稀有玉石、房地产、电子器件、工程设计等），注册会计师可以考虑利用专家的工作。

（7）复核或与被审计单位管理当局讨论其存货盘点计划、以前年度存货审计中存在的问题，以及当期存货审计事项。在复核或与管理当局讨论其存货盘点计划时，注册会计师应当考虑以下主要因素，以评价其能否合理地确定存货的数量和状况：①盘点的时间安排；②存货盘点范围和场所的确定；③盘点人员的分工及胜任能力；④盘点前的会议及任务布置；⑤存货的整理和排列，毁损、陈旧、过时、残次及所有权不属于被审计单位的存货的区分；⑥存货的计量工具和计量方法；⑦在产品完工程度的确定方法；⑧存放在外单位的存货的盘点安排；⑨存货收发截止的控制；⑩盘点期间存货移动的控制，以及盘点表的设计、使用与控制，盘点结果的汇总及盘盈盘亏的分析、调查与处理等。

（二）存货监盘的程序

存货监盘程序主要包括控制测试与实质性程序两种方式。注册会计师需要确定存货监盘程序以控制测试为主还是实质性程序为主，哪种方式更加有效。一般来说，如果只有少数项目构成了存货的主要部分，注册会计师以实质性程序为主的审计方式获取与存在认定相关的证据更为有效。在这种情况下,对于单位价值较高的存货项目,应实施百分之百的实质性程序,而对于其他存货则可视情况进行抽查。

在大多数审计业务中,注册会计师会发现以控制测试为主的审计方式更加有效。如果注册会计师采用以控制测试为主的审计方式,并准备信赖被审计单位存货盘点的控制措施与程序,那么,绝大部分的审计程序将限于询问、观察以及抽查。

1. 观察程序

在被审计单位盘点存货前,注册会计师应当观察盘点现场,确定应纳入盘点范围的存货是否已经适当整理和排列,并附有盘点标识,防止遗漏或重复盘点。对未纳入盘点范围的存货,注册会计师应查明未纳入的原因。

对所有权不属于被审计单位的存货,注册会计师应当取得其规格、数量等有关资料,确定是否已分别存放、标明,且未被纳入盘点范围。对于被审计单位持有的受托代存存货,注册会计师应视情况确定并执行有关的补充程序。此外,注册会计师还应当向受托代存存货的所有权人确证受托代存的存货属于所有权人,尤其在无法立即识别存货归属的情况下。

注册会计师在实施存货监盘过程中,应当跟随被审计单位安排的存货盘点人员,注意观察被审计单位事先制订的存货盘点计划是否得到了贯彻执行,盘点人员是否准确无误地记录了被盘点存货的数量和状况。

2. 抽查程序

注册会计师应当进行适当抽查,将抽查结果与被审计单位盘点记录相核对,并形成相应记录。抽查的目的包括:一是确证被审计单位的盘点计划得到适当执行(控制测试);二是证实被审计单位的存货实物总额(实质性程序)。如果观察程序能够表明被审计单位的组织管理得当,并存在充分有效的盘点、监督以及复核程序,那么注册会计师可以决定减少所需抽查的存货项目。当采用实质性测试时,注册会计师实施抽查的范围取决于存货的性质或样本选择方法。

抽查的范围通常包括所有盘点工作小组的盘点内容以及难以盘点或隐蔽性较强的存货。如果注册会计师对被审计单位的有关程序不满意,或者注册会计师未能观察到相当比重的存货盘点项目,注册会计师就应当实施实质性的盘点程序。需要指出的是,注册会计师应尽可能避免被审计单位了解自己将抽取测试的存货项目。

在抽查时,注册会计师应当从存货盘点记录中选取项目追查至存货实物,以测试盘点记录的真实性;注册会计师还应当从存货实物中选取项目追查至存货盘点记录,以测试盘点记录的完整性。如果注册会计师在实施抽查程序时发现了差异,很可能表明被审计单位的存货盘点记录在真实性(存在)或完整性方面存在错误。由于抽查的内容通常仅仅是存货盘点中的一小部分,所以在抽查中发现的错误很可能意味着在被审计单位的盘点中还存在着其他错误,注册会计师应予以充分关注,并建议被审计单位更正。

3. 盘点日不是资产负债表日的处理

如果存货盘点日不是资产负债表日,注册会计师应当实施适当的审计程序,确定盘点日与资产负债表日之间存货的变动是否已作正确的记录。在很多情况下,存货盘点日并不是资产负债表日,而有可能是在资产负债表日之后或之前甚至是在不同日期进行。在各种情况下,注册会计师应当根据各种情况的特点实施程度不同的审计程序,以便确定被审计单位对于盘点日与资产负债表日之间的存货变动情况是否已作出了正确的记录。

当然,监盘的时间以资产负债表日以前为优。如果被审计单位有条件进行期中盘点,注

册会计师应在盘点时加以监督,同时对盘存日与资产负债表日间的收发记录加以测试。如果被审计单位的盘点在资产负债表日以后的时间进行,那么就必须编制从盘点日到资产负债表日的存货余额调节表,但应尽量使盘点的时间靠近资产负债表日。

(三) 存货监盘中的特殊问题

如果由于被审计单位存货的性质或位置等原因导致无法实施存货监盘,注册会计师应当考虑能否实施替代审计程序,获取有关期末存货数量和状况的充分、适当的审计证据。注册会计师实施的替代审计程序主要包括:①检查进货交易凭证或生产记录以及其他相关资料;②检查资产负债表日后发生的销货交易凭证;③向顾客或供应商函证。

(1) 存货的特殊性质。由于被审计单位存货的性质而可能导致注册会计师无法实施存货监盘。例如:商品在生产过程中需要利用特殊配方或制造工艺,涉及保密的问题;或者是辐射性化学物品或气体这类危害性物质等。对与这些特殊性质的存货审计,通常需要存在值得信赖的内部控制。注册会计师应当审阅购货、生产和销售记录以获取必要的审计证据,通常情况下还可向能够接触到相关存货项目的第三方检查人员作出询证。此外,注册会计师还可以实施其他替代审计程序,例如,对于危害性存货物资,如果被审计单位对其生产、使用和处置存在正式报告,注册会计师可通过追查至有关报告的方式确定此类危害性物质是否存在。

(2) 存货的特殊位置。由于被审计单位存货的位置而可能导致注册会计师无法实施存货监盘,一种比较典型的情况是在途存货。由于此类项目通常仅占存货中的一小部分,所以一般情况下可以通过审查相关的凭证加以查验。对于储放在独立于被审计单位的仓库中的存货,可通过询证方式审查。

(3) 存货的特殊位置。这类存货诸如木材、钢线圈、管子,糖、煤、废钢料等堆积型存货,化学制品、水产品等。对这些特殊类型的存货,注册会计师应当运用一些创造性的办法来验证存货数量。例如,在企业使用照相测量、工程研究以及类似的专门技术进行实地盘存的情况下,可以考虑聘请专家来进行监盘。在某些情况下,注册会计师可以根据企业存货收发制度来确认存货的数量。表 14-4 列举了被审计单位特殊存货的类型、通常采用的盘点方法与存在的潜在问题,以及可供注册会计师实施的监盘程序。

表 14-4 　　　　　　　　　　　　　　　　特殊类型存货的监盘程序

存货类型	盘点方法与潜在问题	可供实施的审计程序
木材、钢筋盘条、管子	通常无标签,但在盘点时会做上标记或用粉笔标识;难以确定存货的数量或等级	检查标记或标识; 利用专家或被审计单位内部有经验人员的工作
堆积型存货（比如糖、煤、钢废料）	通常既无标签也不做标记;在估计存货数量时存在困难	运用工程估测、几何计算、高空勘测,并依赖详细的存货记录; 如果堆场中的存货堆不高,可进行实地监盘,或通过旋转存货堆加以估计
使用磅秤测量的存货	在估计存货数量时存在困难	在监盘前和监盘过程中均应检验磅秤的精准度,并留意磅秤的位置移动与重新调校程序; 将检查和重新称量程序相结合; 检查称量尺度的换算问题

(续表)

存货类型	盘点方法与潜在问题	可供实施的审计程序
散装物品（如贮窖存货，使用桶、箱、罐、槽等容器储存的液、气体、谷类粮食、流体存货等）	在盘点时通常难以加以识别和确定；在估计存货数量时存在困难；在确定存货质量时存在困难	使用容器进行监盘或通过预先编号的清单列表加以确定；使用浸蘸、测量棒、工程报告以及依赖永续存货记录；选择样品进行化验与分析，或利用专家的工作
贵金属、石器、艺术品与收藏品	在存货辨认与质量确定方面存在困难	选择样品进行化验与分析，或利用专家的工作
生产纸浆用木材、牲畜	在存货辨认与数量确定方面存在困难；可能无法对此类存货的移动实施控制	通过高空摄影以确定其存在性，对不同时点的数量进行比较，并依赖永续存货记录

注册会计师在审计实务中，应当根据被审计单位所处行业的特点、存货的类别和特点以及内部控制等具体情况，并在通用的存货监盘程序基础上，设计关于特殊类型存货监盘的具体审计程序。

三、存货计价审计

监盘程序只能对存货的结存数量予以确认。为验证财务报表上存货余额的真实性，还必须对存货的计价进行审计。存货计价审计涉及以下几个方面：

（1）样本的选择。计价审计的样本，应从存货数量已经盘点、单价和总金额已经记入存货汇总表的结存存货中选择。选择样本时应着重选择结存余额较大且价格变化比较频繁的项目，同时考虑所选样本的代表性。抽样方法一般采用分层抽样法。例如，可以把存货按其重要性区分为 A 类、B 类、C 类（ABC 分类法）。抽样规模应足以推断总体的情况。

（2）计价方法的确认。存货的计价包括实际成本计价和计划成本计价。在实际成本计价的情况下，根据不同的成本流转假设有先进先出法、简单加权平均法、移动加权平均法、最后进价法等，注册会计师除应了解掌握被审计单位的存货计价方法外，还应对这种计价方法的合理性与一贯性予以关注，没有足够理由，计价方法在同一会计年度不得变动。

（3）计价测试。注册会计师进行计价测试时，首先应对存货价格的组成内容予以审核，然后按照所了解的计价方法对所选择的存货样本进行计价审计。审计时，应排除企业已有计算程序和结果的影响，进行独立审计。待审计结果出来后，应与企业账面记录对比，编制对比分析表，分析形成差异的原因。如果差异过大，应扩大范围继续审计，并根据审计结果作出审计调整。在存货计价审计中，由于企业对期末存货采用成本与可变现净值孰低的方法计价，所以注册会计师应充分关注企业对存货可变现净值的确定及存货跌价准备的计提。

四、存货截止测试

所谓存货截止测试，就是检查截至资产负债表日止，购入并已包括在资产负债表日存货盘点范围内的存货。在会计上，就是检查存货及其对应的会计科目是否一并记入当年财务报表内。存货正确截止的关键在于存货实物纳入盘点范围的时间与存货引起的借贷双方会计科目的入账时间都处于同一会计期间。注册会计师应当获取盘点日前后存货收发及移动的凭证,检查库存记录与会计记录期末截止是否正确。注册会计师在对期末存货进行截止测试时,通常应当关注:

(1)所有在截止日以前入库的存货项目是否均已包括在盘点范围内,并已反映在截止日以前的会计记录中;任何在截止日期以后入库的存货项目是否均未包括在盘点范围内,也未反映在截止日以前的会计记录中。

(2)所有在截止日以前装运出库的存货项目是否均未包括在盘点范围内,且未包括在截止日的存货账面余额中;任何在截止日期以后装运出库的存货项目是否均已包括在盘点范围内,并已包括在截止日的存货账面余额中。

(3)所有已确认为销售但尚未装运出库的商品是否均未包括在盘点范围内,且未包括在截止日的存货账面余额中。

(4)所有已记录为购货但尚未入库的存货是否均已包括在盘点范围内,并已反映在会计记录中。

(5)在途存货和被审计单位直接向顾客发运的存货是否均已得到了适当的会计处理。

例如,如果当年12月31日购入的货物,并已包括在当年12月31日的实物盘点范围内,而购货发票是在次年1月3日才收到,并已记入次年1月份账内,当年12月份账上并无进货和对应的负债记录,这就少记了存货和应付账款;相反,如果在当年12月31日就收到一张购货发票,并记入当年12月份账内,而这张发票所对应的存货实物却在次年1月3日才收到,未包括在当年年底的盘点范围内,这就有可能虚减本年利润,可能是在12月31日对尚未收到的存货就借记了"主营业务成本",并贷记了"存货"。

在存货监盘过程中,注册会计师应当获取存货验收入库、装运出库以及内部转移截止等信息,以便将来追查至被审计单位的会计记录。存货截止测试审计的主要方法是抽查存货盘点日期前后的购货发票与验收报告(或入库单),档案中的每张发票是否均附有验收报告(或入库单)。①12月底入账的发票如果附有12月31日或之前的验收报告(或入库单),则说明货物已经入库,并包括在本年的实地盘点存货范围内;②如果验收报告日期为1月份的日期,则货物不会列入年底实地盘点存货的范围内;③如果仅有验收报告(或入库单)而并无购货发票,则应认真审核每一张验收报告单上面是否加盖暂估入库印章,并以暂估价记入当年存货账内,待次年年初以红字冲销。

存货截止审计的另一种方法是审阅验收部门的业务记录,凡是接近年底(包括次年年初)购入的货物,必须查明其相对应的购货发票是否在同期入账,对于未收到购货发票的入库存货,是否将入库单分开存放并按暂估价入账。

在确定截止审计的样本时,一般以截止日为界限,分别向前倒推或向后顺推若干日,按顺序选取较大金额购货业务的发票或验收报告作审计样本。截止审计完成后,对于发现的错误,应提请被审计单位作必要的账务调整。

第六节 应付职工薪酬审计

薪酬是企业支付给员工的劳动报酬,其主要核算方式有计时制和计件制两种。职工薪酬可能采用现金的形式支付,因而相对于其他业务更容易发生错误或舞弊行为,如虚报冒领、重复支付和贪污等。同时,职工薪酬有时是构成企业成本费用的重要项目,所以在审计中便显得十分重要。

一、审计目标

应付职工薪酬的审计目标一般包括:

(1) 确定资产负债表中记录的应付职工薪酬是否存在。

(2) 所有应当记录的应付职工薪酬是否均已记录。

(3) 确定记录的应付职工薪酬是否为被审计单位应当履行的现时义务。

(4) 确定应付职工薪酬是否以恰当的金额包括在财务报表中,与之相关的计价调整是否已恰当记录。

(5) 确定应付职工薪酬是否已按照企业会计准则的规定在财务报表中作出恰当列报。

二、应付职工薪酬的实质性程序

应付职工薪酬薪酬的实质性程序通常包括:

第一,获取或编制应付职工薪酬明细表,复核加计是否正确,并与报表数、总账数和明细账合计数核对是否相符。

第二,实施实质性分析程序

针对已识别需要运用分析程序的有关项目,并基于对被审计单位及其环境的了解,通过进行以下比较,同时考虑有关数据间关系的影响,以建立有关数据的期望值:

(1) 比较被审计单位员工人数的变动情况,检查被审计单位各部门各月工资费用的发生额是否有异常波动,若有,则查明波动原因是否合理。

(2) 比较本期与上期工资费用总额,要求被审计单位解释其增减变动原因,或取得公司管理当局关于员工工资标准的决议。

(3) 结合员工社保缴纳情况,明确被审计单位员工范围,检查是否与关联公司员工工资混淆列支。

(4) 核对下列相互独立部门的相关数据:①工资部门记录的工资支出与出纳记录的工资支付数;②工资部门记录的工时与生产部门记录的工时。

(5) 比较本期应付职工薪酬余额与上期应付职工薪酬余额,是否有异常变动。

第三,检查工资、奖金、津贴和补贴

(1) 计提是否正确,依据是否充分,将执行的工资标准与有关规定核对,并对工资总额进行测试;被审计单位如果实行工效挂钩的,应取得有关主管部门确认的效益工资发放额认定证明,结合有关合同文件和实际完成的指标,检查其计提额是否正确,是否应作纳税调整。

(2) 检查分配方法与上年是否一致,除因解除与职工的劳动关系给予的补偿直接计入管理费用外,被审计单位是否根据职工提供服务的受益对象,分别下列情况进行处理:①应由生产产品、提供劳务负担的职工薪酬,计入产品成本或劳务成本;②应由在建工程、无形资产负担的职工薪酬,计入建造固定资产或无形资产;③作为外商投资企业,按规定从净利润中提取的职工奖励及福利基金,是否相应记入"利润分配——提取的职工奖励及福利基金"科目;④其他职工薪酬,计入当期损益。

(3) 检查发放金额是否正确,代扣的款项及其金额是否正确;是否存在属于拖欠性质的职工薪酬,并了解拖欠的原因。

第四,检查社会保险费(包括医疗、养老、失业、工伤、生育保险费)、住房公积金、工会经费和职工教育经费等计提(分配)和支付(或使用)的会计处理是否正确,依据是否充分。

第五,实施其他实质性程序。如对辞退福利、非货币性福利、与职工结算的股份支付、在财务报表中是否作出恰当列报等情况实施实质性程序。

第七节　其他相关账户审计

存货审计在整个财务报表审计中占有十分重要的地位,在前面几节中,我们已经介绍了存货监盘、存货计价与截止测试等审计程序,然而仅仅实施这些审计程序还难以实现存货的全部审计目标。在存货与仓储循环中,要全面实现存货审计的目标,注册会计师还需要对表14-5中列示的会计账户实施实质性程序,注册会计师应视具体情况,充分运用专业判断作合理增删。

表 14-5　　　　　存货与仓储循环其他相关账户的实质性测试程序

相关账户	主要的实质性测试程序
(一)材料成本差异	(1) 获取或编制材料成本差异的明细表,复核加计是否正确,并与总账数、明细账合计数核对是否相符。 (2) 对本期内各月的材料成本差异率进行分析,并与上期进行比较,检查是否有异常波动,计算方法是否前后期一致,注意是否存在调节成本的现象。 (3) 结合以计划成本计价的原材料、包装物等的入账基础测试,比较计划成本与供货商发票或其他实际成本资料,检查材料成本差异的发生额是否正确。 (4) 抽查若干月发出材料汇总表,检查材料成本差异是否按月分摊,使用的差异率是否为当月实际差异率,差异的分配是否正确,分配方法前后期是一致。 (5) 确定材料成本差异的披露是否恰当
(二)库存商品	(1) 获取或编制库存商品明细表,复核加计正确,并与总账数、明细账合计数核对相符;同时抽查明细账与仓库台账、卡片记录,检查是否相符。 (2) 针对已识别需要运用分析程序的有关项目,并基于对被审计单位及其环境的了解,通过相关数据的比较,并考虑数据间关系的影响,实施实质性分析程序。 (3) 执行存货监盘程序。选取代表性样本,抽查库存商品明细账的数量与盘点记录的库存商品数量是否一致,以确定库存商品明细账的数量的准确性和完整性。 (4) 实施计价测试和截止测试。 (5) 实施其他实质性测试程序。例如,检查库存商品的披露是否恰当等
(三)发出商品	(1) 获取或编制发出商品明细表,复核加计是否正确,并与总账数、明细账合计数核对是否相符。 (2) 检查发出商品有关的合同、协议和凭证,分析交易实质,检查其会计处理是否正确。 (3) 检查发出商品品种、数量和金额与库存商品的结转额核对一致,并作交叉索引。 (4) 了解被审计单位对发出商品的结转的计价方法,并抽取主要发出商品检查其计算是否正确;若发出商品以计划成本计价,还应检查产品成本差异发生和结转金额是否正确。 (5) 实施其他实质性测试程序。例如,审核有无长期挂账的发出商品等

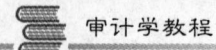

（续表）

相关账户	主要的实质性测试程序
（四）商品进销差价	(1) 获取或编制商品进销差价明细表,复核加计是否正确,并与总账数、明细账合计数核对是否相符。 (2) 对本期内每月商品进销差价率进行分析,检查是否存在异常波动,计算方法前后期是否一致,注意是否存在调节成本的现象。 (3) 结合以售价核算的库存商品入账基础的测试,检查商品进销差价的发生额是否正确。 (4) 抽查月度商品发出汇总表,检查商品进销差价是否按月分摊,使用的差价率是否系当月实际差价率,并注意分配方法前后期是否一致。 (5) 检查库存商品发生盈余或损失时,商品进销差价及增值税进项税的会计处理方法是否正确。 (6) 检查被审计单位是否在年度终了对商品进销差价进行核实调整。 (7) 检查商品进销差价的披露是否恰当
（五）委托加工物资	(1) 获取或编制委托加工物资明细表,复核加计是否正确,并与总账数、明细账合计数核对是否相符。 (2) 抽查一定数量的委托加工业务合同,检查有关发料、加工费、运费结算的凭证,核对成本计算是否正确,会计处理是否及时、正确。 (3) 抽查加工完成物资的验收入库手续是否齐全,会计处理是否正确;需要缴纳消费税的委托加工物资,由受托方代收代缴消费税的会计处理是否正确。 (4) 编制本期委托加工物资发出汇总表,与相关科目勾稽核对,并抽查复核月度委托加工物资发出汇总表的正确性。 (5) 实施其他实质性测试程序。例如,对委托加工物资现场察看或函询核实、审核有无长期挂账的情况等
（六）周转材料	(1) 获取或编制周转材料(低值易耗品、包装物)的明细表,复核加计是否正确,并与总账数、明细账合计数核对是否相符;同时抽查明细账与仓库台账、卡片记录检查是否相符。 (2) 检查周转材料(低值易耗品、包装物)的入库和领用的手续是否齐全,会计处理是否正确。 (3) 执行存货监盘程序。选取代表性样本,抽查周转材料(低值易耗品、包装物)明细账的数量与盘点记录的周转材料(低值易耗品、包装物)数量是否一致,以确定周转材料(低值易耗品、包装物)明细账的数量的准确性和完整性。 (4) 检查周转材料(低值易耗品、包装物)与固定资产的划分是否符合规定。 (5) 实施计价测试和截止测试。 (6) 实施其他实质性测试程序。例如,检查与关联方的购销交易是否正常、披露是否恰当等
（七）存货跌价准备	(1) 获取或编制存货跌价准备明细表,复核加计是否正确,并与总账数和明细账合计数核对是否相符。 (2) 检查存货跌价准备计提和存货损失转销的批准程序,取得书面报告、销售合同或劳务合同等证明文件。 (3) 检查分析存货是否存在减值迹象,以计提存货跌价准备的合理性。 (4) 根据成本与可变现净值孰低的计价方法,评价存货跌价准备所依据的资料、假设及计提方法,考虑是否有确凿证据为基础计算确定存货的可变现净值,检查其合理性及方法是否前后一致。 (5) 考虑不同存货的可变现净值的确定原则,复核其可变现净值计算的正确性(即充足但不过度)。 (6) 实施其他实质性测试程序。例如,确定存货跌价准备的披露是否恰当等

复习思考题

1. 简述存货与仓储循环的主要业务活动、主要的凭证和会计记录。
2. 在存货与仓储循环中,管理当局违背认定的常见手段有哪些?
3. 简述存货与仓储循环控制测试和实质性测试的主要内容。
4. 主营业务成本审计的目标是什么?怎样实施主营业务成本审计的实质性测试?
5. 在存货与仓储循环中,怎样运用简单比较法和比率分析法进行分析性复核?
6. 存货审计的目标是什么?如何实施存货的监盘、计价测试和截止测试?

练 习 题

【实务题1】 练习存货审计

(一)资料

注册会计师张明对远东公司存货项目的相关内部控制进行研究评价以后,发现存在以下五种可能导致错误的情况:

(1)所有存货都未经认真盘点。

(2)委托明光公司加工的甲材料可能不存在。

(3)资产负债表日前已验收入库但发票未到的部分原材料,已列入盘点存货内,但在资产负债表日后作了相应会计处理。

(4)本年度对存货发出计价方法由加权平均法改为后进先出法。

(5)远东公司以前年度未经审计。

(二)要求

为了证实上述情况是否会导致错报,注册会计师张明应分别执行的最主要的实质性测试程序是什么?并分别指出能实现的主要审计目标和可获得的审计证据类型。

【实务题2】 练习存货内部控制的评价

(一)资料

大众制造公司材料消耗较大,平时库存数量较多。注册会计师李洪对该公司20×8年度财务报表进行审计时,非常关心该公司材料内部控制情况。在对材料内部控制情况进行调查时,注册会计师发现以下情况:

(1)采购部根据使用部门或仓库提交的请购单,与供应商签订采购合同(零星采购除外)。

(2)由仓库验收到货的材料,并填制收货单一式两份,一份留存,一分交财务部。

(3)财务部会计员将收货单和采购发票进行核对,并据以登记购货和应付账款明细账。

(4)由会计员开具付款通知单,后附收料及发票等有关资料,交出纳付款。

(5)材料由仓库保管员保管和登记明细账。

(6)各使用部门有材料的消耗额度,领用物品时填制领用单一式两份,一份留存,另一份仓库留存。

(7)仓库发货后,在使用部门账册中进行登记,并于月底将各部门领用的材料编制汇总表,向财务部报送。

(8)仓库与使用部门和财务部对材料使用、结余情况不定期核对。

(9) 从一些部门了解到,从财务部报来的材料耗用数量常常与实际耗用的有较大出入,原因不明。

(二) 要求

(1) 指出大众制造公司材料内部控制存在的问题。

(2) 根据大众制造公司材料内部控制存在的问题,请列出改善内部控制建议的内容。

【实务题3】 练习存货审计

(一) 资料

注册会计师王耘在观察被审计单位存货实地盘点时,注意到下特殊的项目:

(1) 产成品储藏室内有数台电动马达没有悬挂盘点单。经查询,这些马达属于被审计单位的承销品。

(2) 验收部门有切片机一台(为被审计单位主要产品之一),盘点单上标明"重做"字样。

(3) 运输部门有一台已装箱的切片机,没有悬挂盘点单,据称该机已售给红光公司。

(4) 在一间小仓库内存有五种布满灰尘的原材料,每种原材料均挂有盘点单,经王耘抽点与盘点单上的记录相符。

(二) 要求

注册会计师王耘对以上项目应进一步实施哪些审计程序?

第十五章　筹资与投资循环审计

筹资与投资循环审计的总目标是评价该循环各项目余额是否公允表达,该循环中所涉及的资产负债表项目主要包括:其他应收款、债权投资、长期股权投资、投资性房地产、短期借款、交易性金融负债、其他应付款、长期借款、应付债券、实收资本(或股本)、资本公积、盈余公积、未分配利润和交易性金融资产、衍生金融资产等相关项目;所涉及的利润表项目主要包括:财务费用、投资收益等。

第一节　筹资与投资循环的特性

筹资与投资循环由筹资活动和投资活动的交易事项构成,筹资与投资循环具有如下特征:①审计年度内发生的交易数量较少,而每笔交易的金额通常较大;②漏记或不恰当地对一笔业务进行会计处理,将会导致重大错误,从而对企业财务报表的公允反映产生较大的影响;③筹资与投资循环的交易必须遵守国家法律、法规和相关契约的规定。

一、主要业务活动

(一) 筹资所涉及的主要业务活动

筹集企业所需的资金是企业生存、发展的重要基础。筹资活动是指企业为满足生存和发展的需要,通过改变企业资本及债务规模和构成而筹集资金的活动。筹资活动主要由借款交易和股东权益交易组成。筹资活动主要包括以下五项:

(1)授权审批。企业通过借款筹集资金须经管理当局的授权审批,其中债券的发行每次均要由董事会授权;企业发行股票必须依据国家有关法规或企业章程的规定,报经企业最高权力机构(如董事会)及国家有关管理部门批准。

(2)签订合同或协议。向银行或其他金融机构融资须签订借款合同。发行债券须签订债券契约和债券承销或包销合同。

(3)取得资金。企业实际取得银行或金融机构划入的款项或债券、股票的融入资金。

(4)计算利息或股利。企业应按有关合同或协议的规定,及时计算利息或股利。

(5)偿还本息或发放股利。银行借款或发行债券应按有关合同或协议的规定偿还本息,股本分红应根据股东大会的决定发放股利。

(二) 投资所涉及的主要业务活动

恰当、有效地运用企业的资金是企业生存、发展、获利的前提。投资活动是指企业为通过分配来增加财富,或为谋求其他利益,将资产让渡给其他单位而获得另一项资产的活动。投资活动主要由权益性投资交易和债权性投资交易组成,具体包括以下四个方面:

（1）授权审批。投资业务应由企业的高层管理机构进行授权审批。

（2）取得证券或其他投资。企业可以通过购买股票或债券进行投资，也可以通过与其他单位联合形成投资。

（3）取得投资收益。企业可以取得股权投资的股利收入、债券投资的利息收入和其他投资收益。

（4）转让证券或收回其他投资。企业可以通过转让证券实现投资的收回；其他投资已经投出，除联营合同期满，或由于其他特殊原因联营企业解散外，一般不得抽回投资。

二、凭证和会计记录

（一）筹资活动的凭证和会计记录

（1）债券。债券是公司依据法定程序发行、约定在一定期限还本付息的有价证券。

（2）股票。股票是公司签发的证明股东所持股份的凭证。

（3）债券契约。这是明确债券持有人与发行企业双方权利和义务的法律性文件，其内容一般包括：债券发行的标准；债券的明确表述；利息或利息率；受托管理人证书；登记和背书；如系抵押债券，所担保的财产；债券发生拖欠情况，如何处理，以及对偿债基金、利息支付、本金返还等的处理。

（4）股东名册。发行记名股票的公司应记载的内容一般包括：股东的姓名或者名称及住所；各股东所持股份数；各股东所持股票的编号；各股东取得其股份的日期。发行无记名股票的公司应当记载其股票数量、编号及发行日期。

（5）公司债券存根簿。发行记名公司债券的公司应当记载：债券持有人的姓名或名称及住所；债券持有人取得债券的日期及债券的编号；债券总额、债券的票面金额、债券的利率、债券还本付息的期限和方式；债券的发行日期。发行无记名债券的应当在公司的债券存根簿上记载债券总额、利率、偿还期限和方式、发行日期和债券编号。

（6）承销或包销协议。公司向社会公开发行股票或债券时，应当由依法设立的证券经营机构承销或包销，公司应与其签订承销或包销协议。

（7）借款合同或协议。公司向银行或其他金融机构借入款项时与其签订的合同或协议。

（8）其他凭证或会计记录。例如，有关记账凭证、有关会计科目明细账和总账等。

（二）投资活动的凭证和会计记录

（1）股票或债券。

（2）经纪人通知书。

（3）债券契约。

（4）企业的章程和有关协议。

（5）投资合同或协议。

（6）有关记账凭证，以及有关会计科目的明细账和总账等。

三、管理当局违背认定的表现形式和常见手段

（一）筹资活动中违背认定和失控的表现形式

筹资活动中可能发生的违背认定和失控情形主要有：盲目筹资，实际工作中有的企业无合理的借款计划，有的企业甚至根本不进行可行性的预算；企业内部集资未经批准，不符合

法定程序;负债经营,资产负债率高居不下,财务风险逐渐加大;借款使用效率低下,有的企业资金使用不合理,资本成本高于资金收益率;借款使用不当,在实际使用中不按规定用途使用借款,长期占用或挪用借款;集团内部借贷资金,隐匿资金,转移资金;还本付息时利息计算不正确,利息财务处理不规范,利用利息调节利润;长期借款归还不及时,甚至存在借款欺诈等,应当予以关注。

(二) 投资活动中违背认定和失控的表现形式

投资活动中可能发生的违背认定和失控的情形主要有:盲目投资,效益极差;隐匿投资,保留账外资产;截留投资收益,形成账外资金或截留投资资产,形成账外资产;将投资收益移作他用,逃避税收;证券投资"暗箱"操作,亏损由企业负担,盈利截留或私分;证券投资保管不妥,账实不符;投资会计处理不当,滥用会计处理方法,随意调节投资收益等。

第二节 筹资与投资循环的控制测试和交易的实质性测试

一、筹资活动的内部控制测试和交易的实质性测试

筹资活动由借款交易和股东权益交易组成。企业的借款交易涉及短期借款、长期借款和应付债券,这些内部控制基本类似,股东权益增减变动的业务较少而金额较大,注册会计师在审计中一般直接进行实质性测试。下面我们将介绍有关筹资活动的一般性内部控制测试和交易的实质测试,当然在实际操作中,注册会计师应运用以下方法,并根据被审计单位的具体情况,设计富有效率和效果的审计方案。

(一) 筹资交易的真实性(存在)测试

被审计单位要确保登记的借款和所有者权益账面余额在资产负债表日确实存在,借款利息费用和已支付的股利是由被审计期间实际发生的交易事项引起的(发生),一般必须建立和执行的关键内部控制有:①借款或发行股票经过授权审批;②签订借款合同或协议、债券契约、承销或包销协议等相关法律性文件。

针对以上关键的内部控制,注册会计师常用的控制测试方法有:①索取借款或发行股票的授权批准文件,检查权限是否恰当,手续是否齐全;②索取借款合同或协议、债券契约、承销或包销协议。注册会计师可以通过控制测试,分析筹资业务"真实性(发生)"的控制风险。例如,注册会计师可以取得证券发行的法律性文件,检查证券发行是否经董事会授权,是否履行了适当的批准手续,是否符合法律规定。这些控制措施可以确保企业的筹资得到适当的授权,并且符合企业的发展计划以及有关法规的规定。

为了实现筹资审计的真实性目标,注册会计师应在相关控制测试的基础上确定实质性测试的性质、时间和范围,以明确审计重点。实现筹资活动"真实性"目标常用的实质性测试程序包括:①获取或编制借款或股本明细表,复核加计正确,并与报表数、总账数和明细账合计数核对相符;②检查与借款或股票发行有关的原始凭证,确认其真实性,并与会计记录核对;③检查利息计算的依据,复核应计利息的正确性,并确认全部利息记入相关账户。注册会计师在确定交易的实质性测试程序时,应充分考虑被审计单位关键的内部控制及其测试结果,同时考虑重要性原则,被审计单位上年的审计结果以及其他相关因素。

(二) 筹资交易的完整性测试

为保证所有已发生的借款和所有者权益的增减变动及其利息和股利均已登记入账(完

整性),被审计单位必须建立和执行以下几项关键的内部控制:①筹资业务的会计记录与授权和执行等方面明确职责分工;②借款合同或协议由专人保管,如保留债券持有人的明细资料,应同总分类账核对相符,如由外部机构保存,须定期与外部机构核对。合法的筹资业务,应在业务的授权、业务的执行、业务的会计记录以及与筹资有关的文件资料保管等方面都有明确的分工,不得由一人同时负责上述任何两项工作。这种合理的分工所形成的相互牵制机制有利于避免或减少筹资业务中发生错误或舞弊的可能性。对于资料的保管如由企业自行保管必须建立严格的联合控制制度,即至少要由2名以上人员共同控制,不得一人单独接触;如由独立的专门机构保管则由于它与投资业务的会计记录工作完全分离,可以大大降低舞弊的可能性。

为测试以上关键的内部控制的有效性,注册会计师常使用的控制测试方法有:①观察并描述筹资业务的职责分工;②了解债券持有人明细资料的保管制度,检查被审计单位是否与总账或外部机构核对。

在相关控制测试的基础上注册会计师还应进行以下实质性测试:检查年度内借款和所有者权益增减变动的原始凭证,核实变动的真实性、合规性,检查授权批准手续是否完备,入账是否及时、准确。

(三) 筹资交易中所有者权益和负债的权利与义务测试

因为企业内部的记录或凭证对于证明有关的权利、义务不具有足够的权威性,为证实借款均为被审计单位承担的债务,所有者权益代表所有者的法定求偿权(权利与义务),注册会计师可以直接进行有关的实质性测试:①向银行或其他金融机构、债券包销人函证,并与账面余额核对;②检查股东是否已按合同、协议、章程约定时间缴付出资额,其出资额是否经注册会计师审验。

(四) 筹资业务的计价测试

正确地计价是保证财务信息真实、准确的前提,因此企业必须确保借款和所有者权益的期末余额正确(计价),针对这项目标企业应设立的关键内部控制有:①建立严密完善的账簿体系和记录制度;②核算方法符合企业会计准则和会计制度的规定。

为了检验以上内部控制的有效性,注册会计师常用的控制测试方法是:抽查筹资业务的会计记录,从明细账抽取部分会计分录,按原始凭证到明细账、总账的顺序核对有关数据和情况,判断其会计处理过程是否合规完整。借款和所有者权益期末余额的实质性测试将结合有关账户余额的实质性测试一并进行。

(五) 筹资业务的列报测试

为保证企业在资产负债表上正确列报借款和所有者权益(分类和可理解性),应当设置的关键内部控制有:①筹资业务明细账与总账的登记职务分离;②筹资披露符合企业会计准则和会计制度的要求。对于以上内部控制的有效性主要通过观察职务是否分离加以测试。在此基础上验证该项控制目标实现情况的交易实质性测试是:确定借款和所有者权益的披露是否恰当,注意1年内到期的借款是否列入流动负债。

二、投资活动的内部控制测试和交易的实质性测试

投资活动主要由权益性投资交易和债权性投资交易组成。以下是投资活动的一般性内部控制测试和交易的实质测试,在实际操作中,注册会计师应运用以下方法,结合被审计单位的实际情况,设计更有效的审计方案。

(一) 投资交易的真实性(存在或发生)测试

为了确保投资账面余额为资产负债表日确实存在的投资,投资收益(或损失)是由被审计期间实际发生的投资交易事项引起的(存在或发生),被审计单位一般应建立和执行以下关键的内部控制:一是,投资业务经过授权审批。被审计单位应建立严格的对外投资业务授权批准制度,明确审批人的授权批准方式、权限、程序、责任相关控制措施,规定经办人的职责范围和工作要求。审批人应当根据对外投资授权批准制度的规定,在授权范围内进行审批,不得超越审批权限。经办人应当在职责范围内,按照审批人的意思办理对外投资业,对于审批人超越权限审批的对外投资业务,经办人有权拒绝办理,并及时向上级部门报告。二是,与被投资单位签订合同、协议,并获取被投资单位出具的投资证明。

对以上关键的内部控制,注册会计师常用的控制测试方法有:①索取投资的授权批准文件,检查权限是否恰当,手续是否齐全;②索取投资合同或协议,检查是否合理有效;③获取被投资单位的投资证明,检查其是否合理有效。为了进一步确定投资活动的真实性,注册会计师应进行的实质性测试程序有:①获取或编制投资明细表,复合加计正确,并与报表数、总账数和明细账合计数核对相符;②向被投资单位函证投资金额、持股比例及发放股利情况。

(二) 投资业务登记入账的完整性测试

被审计单位要确保所有投资增减变动及其收益(或损失)均已登记入账(完整性),应当建立和执行以下几项关键的内部控制:一是,投资业务的会计记录与授权,执行和保管等方面明确职责分工。合法的投资业务,应在业务的授权、业务的执行、业务的会计记录以及投资资产的保管等方面都有明确的分工,不得由一人同时负责上述任何两项工作。比如,投资业务在企业高层管理机构核准后,可由高层负责人员授权签批,由财务经理办理具体的股票或债券的买卖业务,由会计部门负责进行会计记录和财务处理,并由专人保管股票或债券。这种合理的分工所形成的相互牵制机制有利于避免或减少投资业务中发生错误或舞弊的可能性。二是,健全证券投资资产的保管制度,或者委托专门机构保管,在这种情况下,由于这些机构拥有专门的保存和防护措施,可以防止各种证券及单据的失窃或毁损,并且由于它与投资业务的会计记录工作完全分离,可以大大降低舞弊的可能性;或者由内部建立至少 2 名人员以上的联合控制制度,债券的存取均须详细记录和签名。

注册会计师常使用以下控制测试方法测试以上关键的内部控制的有效性:①观察并描述投资业务的职责分工,重点检查岗位设置是否科学、合理,是否存在不相容职务混岗的现象,以及人员配备是否合理;②了解证券资产的保管制度,检查被审计单位自行保管时,存取证券是否进行详细的记录并由所有经手人员签字。在这两项控制测试的基础上注册会计师还应进行的实质性测试程序是:检查年度内投资增减变动的原始凭证,对于增加项目要核实其入账基础是否符合投资合同、协议的有关规定,会计处理是否正确;对于减少的项目要核实其变动的原因及授权批准手续。

(三) 投资业务中投资所有权(权利与义务)测试

为保证投资均为被审计单位所有(权利与义务),被审计单位应建立的关键内部控制是:内部注册会计师或其他不参与投资业务的人员定期盘点证券投资资产,检查是否为企业实际拥有。对于该项内部控制有效性的控制测试是:①了解企业是否定期进行证券投资资产的盘点;②审阅盘核报告,检查盘点方法是否恰当,盘点结果与会计记录核对情况以及出现差异的处理是否合规。为进一步证实投资均为被审计单位所有,注册会计师应进行的交易

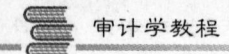

实质性测试程序是：①盘点证券投资资产；②向委托的专门保管机构函证，以证实投资证券的真实存在。

（四）投资业务的计价测试

为保证财务信息的真实、正确，企业应确保投资的计价方法正确，期末余额正确（计价与分摊）。保证投资计价正确的关键内部控制有：①建立详尽的会计核算制度，按每一种投资分别设立明细账，详细记录相关资料；②核算方法符合会计制度和会计准则的规定；③期末进行成本与市价或可收回金额孰低比较，并正确记录投资跌价准备。针对以上内部控制的常用控制测试是：抽查投资业务的会计记录，从明细账抽取部分会计分录，按原始凭证到明细账、总账的顺序核对有关数据和情况，判断其会计处理过程是否合规完整。在此基础上测试有关内部控制有效性的实质性测试程序是：①检查投资的入账价值是否符合投资合同、协议的规定，会计处理是否正确，重大投资项目应查阅董事会的有关决议，并取证；②检查长期股权投资的核算是否按规定采取权益法或成本法，期末短期投资是否计提跌价准备，长期投资是否计提减值准备；③检查长期债券投资的溢价或折价，是否按有关规定摊销。

（五）投资业务的列报测试

为保证投资在资产负债表上的列报正确（分类与可理解性），被审计单位应当设置的关键内部控制有：①投资明细账与总账的登记职务分离；②投资披露符合会计准则和会计制度的要求。对于上述内部控制是否效，常采用观察职务是否分离进行测试。在此基础上，验证投资在资产负债表上的列报是否正确的交易实质性测试是：①查明库存股票是否已提供质押或受到其他约束，应取证并提请被审计单位作恰当披露；②验明投资的列报是否恰当，注意1年内到期的长期投资是否列入流动资产。

为了检验被审计单位筹资与投资业务的相关内部控制制度设计与执行的有效性，注册会计师一般要编制"筹资与投资循环内部控制调查表"。注册会计师可以围绕审计测试目标进行询问，并对筹资与投资循环的控制风险进行初步评价。筹资与投资循环内部控制调查表如表15-1所示。

表 15-1 　　　　　　　　　　筹资与投资循环内部控制调查表

被审计单位_____ 　编制人_____ 　日期_____ 　索引号_____

被审计期间_____ 　复核人_____ 　日期_____ 　页　次_____

问　题	回答			取得方式	评　注
	是	否	不适用		
1. 重大借款和筹资行为是否经董事会批准？					
2. 融资借款是否均签订借款合同？					
3. 抵押、担保是否获得授权批准？					
4. 利息支出是否按期入账，并划清资本性支出和收益性支出的界限？					
5. 实收资本是否经注册会计师验证并作会计处理？					
6. 是否按年编制资本预算，并经董事会批准？					

（续表）

问 题	回答			取得方式	评 注
	是	否	不适用		
7. 购买证券、期货是否经董事会、高级管理机构、财务部门核准？					
8. 全部公司债券、股票、期货和外汇交易是否经董事会授权人员的处理？					
9. 对上述的巨额交易是否对被授权人规定一定的限额并获得董事会的批准？					
10. 上述交易所得是否如数及时存入银行？					
11. 财务部门是否把所有投资合同、协议存档，妥善保管？					
12. 是否定期盘核有价证券，并与会计记录核对？					
13. 有价证券保管人员是否与该项会计处理人员分离？					
14. 有价证券是否以被审计单位的名义登记？					
15. 是否对每一种有价证券设立明细分类账，并逐笔登记交易情况，记录盈亏？					
16. 投资项目是否均经过授权批准，投资金额是否及时入账？					
17. 与被投资单位签订投资合同、协议，是否获得被投资单位出具的投资证明？					
18. 长期投资的核算是否符合有关财务制度，相关的投资收益会计处理是否正确？					
19. 对投资收益合并报表和按权益法计算的附属企业是否进行过审计					

评价：

第三节 借款相关项目审计

借款是企业承担的一项经济义务，是企业的负债项目。借款项目主要包括短期借款、长期借款和应付债券。在一般情况下，被审计单位不会高估负债，因为这样于自身不利，且难以与债权人的会计记录相互印证；注册会计师对于负债项目的审计，主要是防止企业低估或漏记债务，从而达到低估成本、费用和高估利润的目的。财务报表应如实反映企业的财务状况，维护企业债权人、债务人双方的合法权益，所以，注册会计师在执行借款业务审计时，应将被审计单位是否低估借款作为一个关注的要点。

一、短期借款审计

（一）短期借款审计的目标

短期借款是指偿还期限在1年或超过1年的一个营业周期的借款。短期借款的审计目标一般包括：

（1）确定被审计单位在特定期间内发生的短期借款业务是否均已记录完毕，有无遗漏（完整性）。

（2）确认被审计单位所记录的短期借款在特定期间是否确实存在，是否为被审计单位所承担（存在、义务）。

（3）确认被审计单位短期借款的会计处理是否正确。

（4）确定被审计单位各项短期借款的发生是否符合有关法律的规定，被审计单位是否遵守了有关债务契约的规定。

（5）确认被审计单位短期借款余额在有关财务报表上的反映是否恰当。

（二）短期借款的实质性程序

对短期借款的实质性测试，注册会计师应根据被审计单位年末短期借款余额的大小、占负债总额的比例、以前年度发现问题的多少以及对相关内部控制制度的测试结果等，确定实质性测试的程序和方法。一般对于短期借款的实质性测试程序有：

（1）取得或编制短期借款明细表，复核其加计数是否正确，并与明细账和总账核对相符。短期借款明细表也可以和长期借款明细表合并编制。

（2）向银行或其他债权人函证重要的短期借款。为确定短期借款实有数，注册会计师应在期末对余额较大或认为较为重要的短期借款向债权人函证。如果回函金额不符，应查明原因并调整；如果函证无法收回，应实施替代审计程序。

（3）检查审计期内短期借款的增减情况。①对年度内增加的短期借款，注册会计师应检查借款合同和授权批准，了解借款数额、借款条件、借款日期、还款期限、借款利率，并与相关会计记录核对；②对年度内减少的短期借款，注册会计师应检查相关记录和原始凭证，核实还款数额。

（4）审查短期借款的使用是否合理。

（5）检查有关记录和原始凭证以查明被审计单位有无到期未偿还的短期借款，如有延期借款，则应查明是否已向债权人提出申请并经同意后办理延期手续。

（6）复核短期借款的利息是否正确。注册会计师应根据短期借款的利率和期限，复核被审计单位短期借款的利息计算是否正确，如有未计利息或多计利息，应作出记录，必要时进行调整。

（7）检查外币借款折算是否正确。对于被审计单位的外币短期借款，注册会计师应检查外币短期借款的增减变动是否按业务发生时的市场汇率或期初市场汇率折算为记账本位币金额；期末是否按市场汇率将外币短期借款余额折算为记账本位币金额；折算差额是否按规定进行会计处理；折算方法是否前后各期一致。

（8）检查短期借款在资产负债上的反映是否恰当。企业的短期借款在资产负债表上通常设"短期借款"项目单独列示，对于抵押取得的短期借款，应在资产负债表附注中揭示，注册会计师应注意被审计单位对短期借款项目的反映是否充分。

二、长期借款审计

（一）长期借款审计的目标

长期借款的审计目标一般包括：

（1）确定资产负债表中记录的长期借款是否存在。

（2）确定所有应当记录的长期借款是否均已记录。

（3）确定记录的长期借款是否为被审计单位应当履行的现时义务。

（4）确定长期借款是否以恰当的金额包括在财务报表中，与之相关的计价调整是否已恰当记录。

（5）确定长期借款是否已按照企业会计准则的规定在财务报表中作出恰当列报。

（二）长期借款的实质性程序

长期借款同短期借款一样都是企业向银行或其他金融机构借入的款项，因此，长期借款的实质性程序同短期借款的实质性程序较为相似。长期借款的实质性程序通常包括：

（1）获取或编制长期借款明细表，复核其加计数是否正确，并与明细账和总账核对相符。

（2）了解金融机构对被审计单位的授信情况以及被审计单位的信用等级评估情况，了解被审计单位获得短期借款和长期借款的抵押和担保情况，评估被审计单位的信誉和融资能力。

（3）对年度内增加的长期借款，应检查借款合同和授权批准，了解借款数额、借款条件、借款日期、还款期限、借款利率，并与相关会计记录相核对。

（4）检查长期借款的使用是否符合借款合同的规定，重点检查长期借款使用的合理性。

（5）向银行或其他债权人函证重大的长期借款。

（6）对年度内减少的长期借款，注册会计师应检查相关记录和原始凭证。核实还款数额。

（7）检查年末有无到期未偿还的借款，逾期借款是否办理了延期手续；分析计算逾期借款的金额、比率和期限，判断被审计单位的资信程度和偿债能力。

（8）计算短期借款、长期借款在各个月份的平均余额，选取适用的利率匡算利息支出总额，并与财务费用的相关记录核对，判断被审计单位是否高估或低估利息支出，必要时进行适当调整。

（9）检查非记账本位币折合记账本位币时采用的折算汇率，折算差额是否按规定进行会计处理。

（10）检查借款费用的会计处理是否正确。借款费用是指企业因借款而发生的利息及其他相关成本，包括折价或溢价的摊销、辅助费用以及因外币借款而发生的汇兑差额。按照企业会计准则的规定，企业发生的借款费用，可直接归属于符合资本化条件的资产的购建或生产的，应当予以资本化，计入相关资产成本；其他借款费用，应当在发生时根据其发生额确认费用，计入当期损益。

（11）检查企业长期借款的抵押资产的所有权是否属于企业，其价值和实际状况是否与抵押契约中的规定相一致。

（12）检查企业重大的资产租赁合同，判断被审计单位是否存在资产负债表外融资的现象。

（13）检查长期借款是否已在资产负债表上充分披露。长期借款在资产负债表上列示于长期负债类下，该项目应根据"长期借款"科目的期末余额扣减将于1年内到期的长期借款后的数额填列，该项扣除数应当填列在流动负债类下的"一年内到期的非流动资产"项目单独反映。注册会计师应根据审计结果，确定被审计单位长期借款在资产负债表上的列示是否充分，并注意长期借款的抵押和担保是否已在财务报表附注中作了充分的说明。

三、应付债券审计

(一) 应付债券审计的目标

应付债券是企业为筹集长期资金而依法发行的借款凭证,其审计目标一般包括:

(1) 确定资产负债表中记录的应付债券是否存在。

(2) 确定所有应当记录的应付债券是否均已记录。

(3) 确定记录的应付债券是否为被审计单位应当履行的现时义务。

(4) 确定应付债券是否以恰当的金额包括在财务报表中,与之相关的计价调整是否已恰当记录。

(5) 确定应付债券是否已按照企业会计准则的规定在财务报表中作出恰当列报。

(二) 应付债券的实质性程序

应付债券的实质性程序一般包括:

(1) 取得或编制应付债券明细表,并同有关的明细分类账和总分类账核对相符。应付债券明细账通常都包括债券名称、承销机构、发行日、到期日、债券总额(面值)、实收金额、折价和溢价及其摊销、应付利息、担保情况等内容。

(2) 检查债券交易的有关原始凭证。检查债券交易的各项原始凭证,是确定应付债券金额及其合法性的重要程序,注册会计师应作好以下工作:①检查企业现有债券副本,确定其发行是否合法,各项内容是否同相关的会计记录相一致;②检查企业发行债券所收入现金的收据、汇款通知单、送款登记簿及相关的银行对账单;③检查用以偿还债券的支票存根,并检查利息费用的计算;④检查已偿还债券数额同应付债券借方发生额是否相符;⑤如果企业发行债券时已作抵押或担保,注册会计师还应检查相关契约的履行情况。

(3) 检查应计利息、债券折(溢)价摊销及其会计处理是否正确。此项工作一般可通过检查债券利息、溢价、折价等账户分析表来进行。该表可让企业代为编制,注册会计师加以检查,也可由注册会计师自己编制。

(4) 函证"应付债券"科目期末余额。为了确定"应付债券"科目期末余额的真实性,注册会计师如果认为必要,可以直接向债权人及债券的承销人或包销人进行函证。函证内容应包括应付债券的名称、发行日、到期日、利率、已付利息期间、年内偿还的债券、资产负债表日尚未偿还的债权及注册会计师认为应包括的其他重要事项。

(5) 检查到期债券的偿还。对到期债券的偿还,注册会计师应检查相关会计记录,检查其会计处理是否正确。对可转换公司债券持有人行使转换权利,将其持有的债券转换为股票,则应检查其转股的会计处理是否正确。

(6) 检查借款费用的会计处理是否正确。

(7) 检查应付债券是否已恰当列报。应付债券在资产负债表中列示于长期负债类下,该项目应根据"应付债券"科目的期末余额扣除将于 1 年内到期的应付债券后的数额填列,该扣除数应当填列在流动负债类下的"一年内到期的长期负债"项目单独反映。注册会计师应根据审计结果,确定被审计单位应付债券在财务报表上的披露是否充分,应注意有关应付债券的类别是否已在财务报表附注中作了充分的说明。

四、财务费用审计

财务费用是指企业筹集生产经营所需资金而发生的费用。财务费用通常包括利息净支出(减利息收入)、汇兑净损失(减汇兑收益)、金融机构手续费以及筹集生产经营所需资金的其他费用等。因此财务费用审计应与筹资业务审计一起进行。

(一)财务费用的审计目标

财务费用的审计目标一般包括：

(1) 确定利润表中记录的财务费用是否已发生,且与被审计单位有关。

(2) 确定所有应当记录的财务费用是否均已记录。

(3) 确定与财务费用有关的金额及其他数据是否已恰当记录。

(4) 确定财务费用是否已记录于正确的会计期间。

(5) 确定财务费用的内容是否正确。

(6) 确定财务费用是否已按照企业会计准则的规定在财务报表中作出恰当的列报。

(二)财务费用的实质性程序

财务费用的实质性程序通常包括：

(1) 获取或编制财务费用明细表,复核加计是否正确,与报表数、总账数和明细账合计数核对是否相符。

(2) 将本期、上期财务费用各明细项目作比较分析,必要时比较本期各月的财务费用,如有重大波动和异常情况,应查明原因,扩大审计范围或增加测试量。

(3) 检查利息支出明细账,确认利息支出的真实性及正确性,检查各项借款期末应计利息有无预计入账,注意检查现金折扣的会计处理是否正确。

(4) 检查汇兑损失明细账,检查汇兑损益计算方法是否正确,核对所用汇率是否正确,前后期是否一致。

(5) 检查"财务费用——其他"明细账,注意检查大额金融机构手续费的真实性与正确性。

(6) 审阅下期期初的财务费用明细账,检查财务费用各项目有无跨期入账的现象,对于重大跨期项目,应作必要调整。

(7) 检查从其他企业或非银行金融机构取得的利息收入是否按规定交税。

(8) 检查财务费用的列报是否恰当。

第四节 所有者权益相关项目审计

所有者权益是企业投资者对企业净资产的所有权,包括投资者对企业的投入资本以及企业存续过程中形成的资本公积、盈余公积和未分配利润。根据资产负债表的平衡原理,所有者权益在数量上等于企业的全部资产减去全部负债后的余额,即企业净资产数额。如果注册会计师能够对企业的资产和负债进行充分的审计,证明两者的期初余额、期末余额和本期变动都是正确的。这便从侧面为所有者权益的期末余额和本期变动的正确性提供了有力的证据。同时,由于所有者权益增减变动的业务较少、金额较大的特点,注册会计师在审计了企业的资产和负债之后,往往只花费相对较少的时间对所有者权益进行审计。尽管如此,在审计过程中,对所有者权益进行单独审计仍是十分必要的。限于篇幅,以下对所有者权益相关项目的审计目标和实质性测试程序在表15-2中作简要说明,注册会计师应视具体情况,充分运用专业判断作合理增删。

表 15-2 所有者权益相关账户的审计目标与实质性测试程序

账户及相关审计目标	主要的实质性测试程序
（一）实收资本（股本） 其审计目标一般包括： (1) 确定资产负债表中记录的实收资本（股本）是否存在。 (2) 确定所有应当记录的实收资本（股本）是否均已记录。 (3) 确定实收资本（股本）是否以恰当的金额包括在财务报表中。 (4) 实收资本（股本）是否已按照企业会计准则的规定在财务报表中作出恰当列报	实收资本（股本）的主要实质性测试程序有： (1) 获取或编制实收资本（股本）增减变动情况明细表，复核加计是否正确，与报表数、总账数和明细账合计数核对是否相符。 (2) 查阅公司章程、股东大会、董事会会议记录中有关实收资本（股本）的规定。收集与实收资本（股本）变动有关的董事会会议纪要、合同、协议、公司章程及营业执照。公司设立批文、验资报告等法律性文件，并更新永久性档案。 (3) 检查实收资本（股本）增减变动的原因，查阅其是否与董事会纪要、补充合同、协议及其他有关法律性文件的规定一致，逐笔追查至原始凭证，检查其会计处理是否正确。注意有无抽资或变相抽资的情况；如有，应取证核实，作恰当处理。对首次接受委托的客户，除取得验资报告外，还应检查并复印记账凭证及进账单。 (4) 对于以资本公积、盈余公积和未分配利润转增资本的，应取得股东（大）会等资料，并审核是否符合国家有关规定。 (5) 以权益结算的股份支付，取得相关资料，检查是否符合相关规定。 (6) 实施其他实质性测试程序。如检查以非记账本位币出资的折算汇率是否符合规定、实收资本（股本）的列报是否恰当等
（二）资本公积 其审计目标一般包括： (1) 确定资产负债表中记录的资本公积是否存在。 (2) 确定所有应当记录的资本公积是否均已记录，资本公积的增减变动是否符合法律、法规和合同、章程的规定。 (3) 确定资本公积是否以恰当的金额包括在财务报表中。 (4) 确定资本公积是否已按照企业会计准则的规定在财务报表中作出恰当列报	资本公积的主要实质性测试程序有： (1) 获取或编制资本公积明细表，复核加计正确，并与报表数、总账数和明细账合计数核对相符。 (2) 收集与资本公积变动有关的股东（大）会决议，董事会会议纪要、资产评估报告等文件资料，更新永久性档案。首次接受委托的，应检查期初资本公积的原始发生依据。 (3) 根据资本公积明细账，对股本溢价、其他资本公积各明细的发生额逐项进行审查。 (4) 检查资本公积各项目，考虑对所得税的影响。 (5) 记录资本公积中不能转增资本的项目。 (6) 确定资本公积的列报是否恰当
（三）盈余公积 其审计目标一般包括： (1) 确定资产负债表中记录的盈余公积是否存在。 (2) 确定被审计单位所有应当记录的盈余公积是否均已记录，盈余公积的增减变动是否符合法律、法规和合同、章程的规定。 (3) 确定盈余公积是否以恰当金额包括在财务报表中，与之相关的计价调整是否已恰当记录。 (4) 确定盈余公积是否已按照企业会计准则的规定在财务报表中作出恰当列报	盈余公积的主要实质性测试程序有： (1) 取得或编制盈余公积明细表，复核加计正确，并与报表数、总账数和明细账合计数核对相符。 (2) 收集与盈余公积变动有关的董事会会议纪要、股东（大）会决议以及政府主管部门、财政部门批复等文件资料，进行审阅，并更新永久性档案。 (3) 对法定盈余公积和任意盈余公积的发生额逐项审查至原始凭证。 (4) 如系外商投资企业，应对储备基金、企业发展基金的发生额逐项审查至原始凭证。 (5) 如系中外合作经营企业，应对利润归还投资的发生额审查至原始凭证，并与"实收资本——已归还投资"科目的发生金额核对。 (6) 确定盈余公积的列报是否恰当

（续表）

账户及相关审计目标	主要的实质性测试程序
（四）未分配利润 其审计目标一般包括： （1）确定资产负债表中记录的未分配利润是否存在。 （2）确定被审计单位所有应当记录的未分配利润是否均已记录，未分配利润增减变动是否符合法律、法规和章程的规定。 （3）确定未分配利润是否以恰当的金额包括在财务报表中，与之相关的计价调整是否已恰当记录。 （4）确定未分配利润是否已按照企业会计准则的规定在财务报表中作出恰当列报	未分配利润的主要实质性测试程序有： （1）获取或编制利润分配明细表。复核加计是否正确，与报表数、总账数及明细账合计数核对是否相符。 （2）检查未分配利润期初数与上期审定数是否相符，涉及损益的上期审计调整是否正确入账。 （3）收集和检查与利润分配有关的董事会会议纪要、股东（大）会决议、政府部门批文及有关合同、协议、公司章程等文件资料更新永久性档案。 （4）检查本期未分配利润变动除净利润转入以外的全部相关凭证，结合所获取的文件资料，确定其会计处理是否正确。 （5）了解本年利润弥补以前年度亏损的情况，如果已超过弥补期限，且已因为抵扣亏损而确认递延所得税资产的，应当进行调整。 （6）实施其他实质性测试程序。如检查以前年度损益调整的内容是否真实、合理，确定未分配利润的列报是否恰当等
（五）应付股利 其审计目标一般包括： （1）确定资产负债表中记录的应付股利是否存在。 （2）确定所有应当记录的应付股利是否均已记录。 （3）确定记录的应付股利是否为被审计单位应当履行的现时义务。 （4）确定应付股利是否以恰当的金额包括在财务报表中，与之相关的计价调整是否已恰当记录。 （5）确定应付股利是否已按照企业会计准则的规定在财务报表中作出恰当列报	应付股利的主要实质性测试程序有： （1）获取或编制应付股利明细表，复核加计是否正确，并与报表数、总账数和明细账合计数核对是否相符。 （2）审阅公司章程和股东（大）会决议中有关股利的规定，了解股利分配标准和发放方式是否符合有关规定并经法定程序批准。若被审计单位董事会或类似机构通过利润分配方案拟分配现金股利或利润的，注意是否披露。 （3）检查应付股利的发生额。是否根据股东（大）会决定的利润分配方案，从可供分配利润中计算确定，并复核应付股利计算和会计处理的正确性。 （4）检查股利支付的原始凭证的内容、金额和会计处理是否正确。 （5）现金股利是否按公告规定的时间、金额予以发放结算，对无法结算及委托发放而长期未结的股利是否作出适当处理。 （6）确定应付股利的列报是否恰当

第五节　投资相关项目审计

与投资相关的项目包括：长期股权投资、投资性房地产、其他应收款、投资收益、交易性金融资产、衍生金融资产等相关项目。限于篇幅，金融资产相关项目的审计不介绍。下面主要介绍长期股权投资的审计，其他项目的审计简要介绍。

一、长期股权投资审计

长期股权投资核算企业持有的采用权益法或成本法核算的长期股权投资，具体包括：①企业持有的能够对被投资单位实施控制的权益性投资，即对子公司的投资；②企业持有的能够与其他合营方一同对被投资单位实施共同控制的权益性投资，即对合营企业的投资；③企业持有的能够对被投资单位施加重大影响的权益性投资，即对联营企业的投资；④企业对被投资单位不具有控制、共同控制或重大影响，且在活跃市场中没有报价、公允价值不能可靠计量的权益性投资。

(一) 长期股权投资的审计目标

长期股权投资的审计目标一般包括：

(1) 确定资产负债表中记录的长期股权投资是否存在。

(2) 确定所有应当记录的长期股权投资是否均已记录。

(3) 确定记录的长期股权投资是否由被审计单位拥有或控制。

(4) 确定长期股权投资是否以恰当的金额包括在财务报表中，与之相关的计价调整是否已恰当记录。

(5) 确定长期股权投资是否已按照企业会计准则的规定在财务报表中作出恰当列报。

(二) 长期股权投资的实质性程序

(1) 获取或编制长期股权投资明细表，复核加计正确，并与总账数和明细账合计数核对相符；结合长期股权投资减值准备科目与报表数核对相符。

(2) 根据有关合同和文件，确认股权投资的股权比例和持有时间，检查股权投资核算方法是否正确。

(3) 对于重大的投资，向被投资单位函证被审计单位的投资额、持股比例及被投资单位发放股利等情况。

(4) 对于应采用权益法核算的长期股权投资，获取被投资单位已经注册会计师审计的年度财务报表，如果未经注册会计师审计，则应考虑对被投资单位的财务报表实施适当的审计或审阅程序。

(5) 对于采用成本法核算的长期股权投资，检查股利分配的原始凭证及分配决议等资料确定会计处理是否正确；对被审计单位实施控制而采用成本法核算的长期股权投资，比照权益法编制变动明细表，以备合并报表使用。

(6) 对于成本法和权益法相互转换的，检查其投资成本的确定是否正确。

(7) 确定长期股权投资的增减变动的记录是否完整。

(8) 期末对长期股权投资进行逐项检查，以确定长期股权投资是否已经发生减值。

(9) 结合银行借款等的检查，了解长期股权投资是否存在质押、担保情况；如有，则应详细记录，并提请被审计单位进行充分披露。

(10) 确定长期股权投资在资产负债表上已恰当列报。与被审计单位人员讨论确定是否存在被投资单位由于所在国家和地区及其他方面的影响，其向被审计单位转移资金的能力受到限制的情况；如存在，应详细记录受限情况，并提请被审计单位进行充分披露。

二、投资其他相关项目的审计

投资相关其他项目包括投资性房地产、应收利息、投资收益、应收股利、交易性金融负债等。限于篇幅，以下对投资的其他相关项目的审计目标和实质性测试程序在表 15-3 中作简要说明，注册会计师应视具体情况，充分运用专业判断作合理增删。

表 15-3　　　　　　　　　投资其他相关账户的审计目标与实质性测试程序

账户及相关审计目标	主要的实质性测试程序
（一）投资性房地产 其审计目标一般包括： （1）确定资产负债表中记录的投资性房地产是否存在。 （2）确定所有应当记录的投资性房地产是否均已记录。 （3）确定记录的投资性房地产是否由被审计单位拥有或控制。 （4）确定投资性房地产是否以恰当的金额包括在财务报表中，与之相关的计价调整是否恰当记录。 （5）确定投资性房地产是否已按照企业会计准则的规定在财务报表中作出恰当列报	投资性房地产的主要实质性测试程序有： （1）获取或编制投资性房地产明细表，复核加计正确，并与总账数和明细账合计数核对相符；结合累计摊销（折旧）、投资性房地产减值准备科目与报表数核对相符。 （2）检查纳入投资性房地产范围的建筑物和土地使用权是否符合会计准则的规定。 （3）检查投资性房地产后续计量模式选用的依据是否充分。与上年政策进行比较，确定后续计量模式的一致性。如不一致，则详细记录变动原因。 （4）确定投资性房地产后续计量选用公允价值模式政策是否恰当，计算复核期末计价是否正确。 （5）如投资性房地产后续计量选用成本计量模式的，确定投资性房地产累计摊销（折旧）政策是否恰当，计算复核本年度摊销（折旧）的计提是否正确。 （6）对成本计量的投资性房地产进行逐项检查，以确定投资性房地产是否已经发生减值。 （7）确定投资性房地产后续计量模式的转换是否恰当：①检查董事会等决议文件，确定后续计量模式改变的适当性，会计处理的正确性，并提请被审计单位进行充分披露；②审查投资性房地产成本计量模式转为公允价值计量模式是否作为会计政策变更进行追溯调整期初留存收益处理；采用公允价值计量模式的投资性房地产不得从公允价值计量模式转为成本计量模式。 （8）实施其他实质性测试程序。如检查有无与关联方的投资性房地产购售活动，是否经适当授权，交易价格是否公允；投资性房地产是否已恰当列报等
（二）应收利息 其审计目标一般包括： （1）确定资产负债表中记录的应收利息是否存在。 （2）确定所有应当记录的应收利息均已记录。 （3）确定记录的应收利息是否由被审计单位拥有或控制。 （4）确定应收利息是否以恰当的金额包括在财务报表中，与之相关的计价调整是否已恰当记录。 （5）确定应收利息已按照企业会计准则的规定在财务报表中作出恰当的列报	应收利息的主要实质性测试程序有： （1）获取或编制应收利息明细表，复核加计正确，并与总账数和明细账合计数核对相符，结合坏账准备科目与报表数核对相符。 （2）实质性分析程序。按照不同借款类别，将借款平均余额与平均利率的乘积，与账面利息收入相比较。确定两者差异额是否合理。 （3）与长期股权投资等相关项目的审计结合，验证确定应收利息的计算是否充分、正确，检查会计处理是否正确。 （4）对于重大的应收利息项目，审阅相关文件，复核其计算的准确性。必要时，向有关单位函证并记录。 （5）关注长期未收回及金额较大的应收利息，询问被审计单位管理人员及相关职员，确定应收利息的可收回性。必要时，向被投资单位函证利息支付情况，复核并记录函证结果。 （6）实施其他实质性测试程序。如检查应收利息减少有无异常、列报是否恰当等
（三）投资收益 其审计目标一般包括： （1）确定利润表中记录的投资收益是否已发生，且与被审计单位有关。	投资收益的主要实质性测试程序有： （1）获取或编制投资收益分类明细表，复核加计正确并与总账数和明细账合计数核对相符，与报表数核对相符。 （2）与以前年度投资收益比较，结合投资本期的变动情况，分析本期投资收益是否存在异常现象；如有，应查明原因，并作出适当的调整。

（续表）

账户及相关审计目标	主要的实质性测试程序
（2）确定所有应当记录的投资收益是否均已记录。 （3）确定与投资收益有关的金额及其他数据是否已恰当记录。 （4）确定投资收益是否已记录于正确的会计期间。 （5）确定投资收益是否已记录于恰当的账户。 （6）确定投资收益是否已按照企业会计准则的规定在财务报表中作出恰当列报	（3）与长期股权投资等相关项目的审计结合，验证确定投资收益的记录是否正确，确定投资收益被计入正确的会计期间。 （4）检查投资收益是否已恰当列报。检查投资协议等文件，确定国外投资收益汇回是否存在重大限制，若存在重大限制，应说明原因，并作出恰当披露
（四）应收股利 其审计目标一般包括： （1）确定资产负债表中记录的应收股利是否存在。 （2）确定所有应当记录的应收股利是否均已记录。 （3）确定记录的应收股利是否由被审计单位拥有或控制。 （4）确定应收股利是否以恰当的金额包括在财务报表中，与之相关的计价调整已恰当记录。 （5）确定应收股利是否已按照企业会计准则的规定在财务报表中作出恰当列报	应收股利的主要实质性测试程序有： （1）获取或编制应收股利明细表，复核加计正确，并与总账数和明细账合计数核对相符，结合"坏账准备"账户与报表数核对相符。 （2）与长期股权投资等项目的审计结合，验证确定应收股利的计算是否正确，检查会计处理是否正确。 （3）对于重大的应收股利项目，审阅相关文件，测试其计算的准确性。必要时，向被投资单位函证并记录。 （4）检查期后收款情况，对至审计时已收回金额较大的款项进行常规检查，如核对收款凭证、银行对账单、股利分配方案等。 （5）关注长期未收回且金额较大的应收股利，询问被审计单位管理人员及相关职员或者查询被投资单位的情况，确定应收股利的可收回性。必要时，向被投资单位函证股利支付情况，复核并记录函证结果。 （6）实施其他实质性测试程序。如检查应收股利减少有无异常、列报是否恰当等
（五）交易性金融负债 交易性金融负债是指企业为了近期回购而持有的金融负债，其审计目标一般包括： （1）确定资产负债表中记录的交易性金融负债是否存在。 （2）确定所有应当记录的交易性金融负债是否均已记录。 （3）确定记录的交易性金融负债是否是被审计单位应当履行的现时义务。 （4）确定交易性金融负债是否以恰当的金额包括在财务报表中，与之相关的计价调整是否已恰当记录。 （5）确定交易性金融负债是否已按照企业会计准则的规定在财务报表中作出恰当列报	交易性金融负债的主要实质性测试程序有： （1）获取或编制交易性金融负债明细表，复核加计正确，并与总账数和明细账合计数核对相符。 （2）根据相关的债券交易资料，审查交易性金融负债内容的真实性和完整性。 （3）必要时向对方单位函证。 （4）审查交易性金融负债的会计处理是否正确，特别注意公允价值的合理性，是否存在低估公允价值调增利润的情况。 （5）检查交易性金融负债的披露是否恰当

第六节 其他相关账户审计

在筹资与投资循环审计中,除了以上介绍的财务报表项目或账户审计之外,还有其他应收款、其他应付款、长期应付款、预计负债、所得税费用、递延所得税资产、递延所得税负债、资产减值损失、公允价值变动收益、营业外收入、营业外支出等项目。限于篇幅,以下对这些项目的审计目标和实质性测试程序在表 15-4 中作简要说明,注册会计师应视具体情况,充分运用专业判断作合理增删。

表 15-4　　　　　筹资与投资循环其他相关账户审计目标与实质性测试程序

账户及相关审计目标	主要的实质性测试程序
(一)其他应收款 其审计目标一般包括: (1) 确定资产负债表中记录的其他应收款是否存在。 (2) 确定所有应当记录的其他应收款是否均已记录。 (3) 确定记录的其他应收款是否由被审计单位拥有或控制。 (4) 确定其他应收款是否以恰当的金额包括在财务报表中,与之相关的计价调整是否已恰当记录。 (5) 确定其他应收款是否已按照企业会计准则的规定在财务报表中作出恰当列报	其他应收款的主要实质性测试程序有: (1) 获取或编制其他应收款明细表,复核加计是否正确,并与报表数、总账数和明细账合计数核对是否相符。 (2) 检查其他应收款的账龄分析是否正确;分析有贷方余额的项目,查明原因,必要时作重新分类调整。 (3) 结合应收账款明细账余额,查验是否有双方同时挂账的项目,核算内容是否重复,必要时作出适当调整;标明应收关联方(包括持股 5% 以上的股东)的款项,并注明合并报表时应予抵销的数字。 (4) 判断选择一定金额以上、账龄较长或异常的明细账户余额发函询证,编制函证结果汇总表。 (5) 对发出询证函未能收到回函的样本,采用替代审计程序,如查核下期明细账,或追踪至其他应收款发生时的原始凭证。特别注意是否存在抽逃资金、隐藏费用的现象。 (6) 实施其他实质性测试程序。如检查其他应收款转作坏账损失是否符合规定、列报是否恰当实施检查等
(二)其他应付款 其审计目标一般包括: (1) 确定资产负债表中记录的其他应付款是否存在。 (2) 确定所有应当记录的其他应付款是否均已记录。 (3) 确定记录的其他应付款是否为被审计单位应当履行的现时义务。 (4) 确定其他应付款是否以恰当的金额包括在财务报表中,与之相关的计价调整是否已恰当记录。 (5) 确定其他应付款是否已按照企业会计准则的规定在财务报表中作出恰当列报	其他应付款的主要实质性测试程序有: (1) 获取或编制其他应付款明细表,复核加计是否正确,并与报表数、总账数和明细账合计数核对是否相符。 (2) 分析有借方余额的项目,查明原因,必要时作重分类调整。 (3) 结合应付账款、其他应付款明细账余额,查明有否双方同时挂账的项目,核算内容是否重复,必要时作重分类调整;标出应付关联方(包括持股 5% 以上的股东)的款项,并注明合并报表时应抵销的金额。 (4) 请被审计单位协助,在其他应付款明细表上标出截至审计日已支付的其他应付款项,抽查付款凭证、银行对账单等,并注意这些凭证发生日期的合理性。 (5) 判断选择一定金额以上和异常的明细余额,检查其原始凭证,并考虑向债权人发函询证。 (6) 实施其他实质性测试程序,如检查其他应付款中关联方的余额是否正常、列报是否恰当等

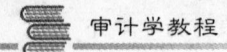

(续表)

账户及相关审计目标	主要的实质性测试程序
（三）长期应付款 其审计目标一般包括： (1) 确定资产负债表中记录的长期应付款是否存在。 (2) 确定所有应当记录的长期应付款是否均已记录。 (3) 确定记录的长期应付款是否为被审计单位应当履行的现时义务。 (4) 确定长期应付款是否以恰当的金额包括在财务报表中，与之相关的计价调整是否已恰当记录。 (5) 确定长期应付款是否已按照企业会计准则的规定在财务报表中作出恰当列报	长期应付款的主要实质性测试程序有： (1) 获取或编制长期应付款明细表复核加计是否正确，并与报表数、总账数和明细账合计数核对是否相符；检查长期应付款的内容是否符合企业会计准则的规定。 (2) 检查各项长期应付款相关的契约，有无抵押情况。对融资租赁固定资产应付款，还应审阅融资租赁合约规定的付款条件是否履行，检查授权批准手续是否齐全，并作适当记录。 (3) 向债权人函证重大的长期应付款。 (4) 检查各项长期应付款本息的计算是否准确，会计处理是否正确。 (5) 检查与长期应付款有关的汇兑损益是否按规定进行了会计处理。 (6) 检查长期应付款的列报是否恰当，注意1年内到期的长期应付款应列入流动负债
（四）预计负债 预计负债主要因企业确认的对外担保、未决诉讼、产品质盘保证、重组义务、亏损性合同等形成，其审计目标一般包括： (1) 确定资产负债表中记录的预计负债是否存在。 (2) 确定所有应当记录的预计负债是否均已记录。 (3) 确定记录的预计负债是否为被审计单位应当履行的现时义务。 (4) 确定预计负债是否以恰当的金额包括在财务报表中，与之相关的计价调整是否已恰当记录。 (5) 确定预计负债是否已按照企业会计准则的规定在财务报表中作出恰当列报	预计负债的主要实质性测试程序有： (1) 获取或编制预计负债明细表，复核加计是否正确，并与报表数、总账数和明细账合计数核对是否相符。 (2) 向相关银行函证担保事项。 (3) 对已涉诉并已判决的对外担保，取得并审阅相关法院判决书。 (4) 对已涉诉但尚未判决的对外担保，取得被审计单位律师或法律顾问的法律意见。 (5) 检查预计负债的估计是否准确，会计处理是否正确。 (6) 检查预计负债的列报是否恰当
（五）所得税费用 其审计目标一般包括： (1) 确定利润表中记录的所得税费用是否已发生，且与被审计单位有关。 (2) 确定所有应当记录的所得税费用是否均已记录。 (3) 确定与所得税费用有关的金额及其他数据是否已恰当记录。	所得税费用的主要实质性测试程序有： (1) 获取或编制所得税费用明细表、递延所得税资产明细表、递延所得税负债明细表，核对与明细账合计数、总账及报表数是否相符。 (2) 根据审计结果和税法规定，核实当期的纳税调整事项，确定应纳税所得额，计算当期所得税费用。 (3) 根据期末资产及负债的账面价值与其计税基础之间的差异，以及未作为资产和负债确认的项目的账面价值与按照税法的规定确定的计税基础的差异，计算递延所得税资产、递延所得税负债期末应有余额，并根据递延所得税资产、递延所得税负债期初余额，倒轧出递延所得税费用(收益)。

（续表）

账户及相关审计目标	主要的实质性测试程序
(4) 确定所得税费用是否已记录于正确的会计期间。 (5) 确定被审计单位记录的所得税费用是否已记录于恰当的账户。 (6) 确定所得税费用是否已按照企业会计准则的规定在财务报表中作出恰当列报	(4) 将当期所得税费用与递延所得税费用之和与利润表上的"所得税费用"项目金额相核对。 (5) 确定所得税费用、递延所得税资产、递延所得税负债是否已在财务报表中恰当列报
（六）递延所得税资产 其审计目标一般包括： (1) 确定资产负债表中记录的递延所得税资产是否存在。 (2) 确定所有应当记录的递延所得税资产是否均已记录。 (3) 确定记录的递延所得税资产是否由被审计单位拥有或控制。 (4) 确定递延所得税资产是否以恰当的金额包括在财务报表中，与之相关的计价调整是否已恰当记录。 (5) 确定递延所得税资产是否已按照企业会计准则的规定在财务报表中作出恰当列报	递延所得税资产的主要实质性测试程序有： (1) 获取或编制递延所得税资产明细表，复核加计是否正确，并与报表数、总账数和明细账合计数核对是否相符。 (2) 检查被审计单位采用的会计政策是否恰当，前后期是否一致；用于确认递延所得税资产的税率是否正确。 (3) 检查递延所得税资产增减变动记录，以及可抵扣暂时性差异的形成原因，确定是否符合有关规定、计算是否正确，预计转销期是否适当，并关注某些特别事项。 (4) 检查被审计单位是否在资产负债表日对递延所得税资产的账面价值进行复核，如果预计未来期间很可能无法获得足够的应纳税所得额用以抵扣递延所得税资产，应当减记递延所得税资产的账面价值。 (5) 当适用税率发生变化时，检查被审计单位是否对递延所得税资产进行重新计量，对其影响数的会计处理是否正确。 (6) 检查递延所得税资产的列报是否恰当
（七）递延所得税负债 其审计目标一般包括： (1) 确定资产负债表中记录的递延所得税负债是否存在。 (2) 确定所有应当记录的递延所得税负债是否均已记录。 (3) 确定资产负债表中记录的递延所得税负债是否为被审计单位应当履行的现时义务。 (4) 确定递延所得税负债是否以恰当的金额包括在财务报表中，与之相关的计价调整是否已恰当记录。 (5) 确定递延所得税负债是否已按照企业会计准则的规定在财务报表中作出恰当列报	递延所得税负债的主要实质性测试程序有： (1) 获取或编制递延所得税负债明细表，复核加计正确，并与报表数、总账数和明细账合计数核对相符。 (2) 检查被审计单位采用的会计政策是否恰当，前后期是否一致，用于确认递延所得税负债的税率是否正确。 (3) 检查递延所得税负债增减变动记录，以及应纳税暂时性差异的形成原因，确定是否符合有关规定，计算是否正确，预计转销期是否适当，并关注某些特别事项。 (4) 当适用税率发生变化时，检查被审计单位是否对递延所得税负债进行重新计量，对其影响数的会计处理是否正确。 (5) 递延所得税负债的披露是否恰当

（续表）

账户及相关审计目标	主要的实质性测试程序
（八）资产减值损失 资产减值准备包括坏账准备、存货跌价准备、长期股权投资减值准备、可供出售金融资产减值准备、持有至到期投资减值准备、投资性房地产减值准备、固定资产减值准备、工程物资减值准备、在建工程减值准备、无形资产减值准备、商誉减值准备等项目，其审计目标一般包括： (1) 确定利润表中记录的资产减值损失是否已发生，且与被审计单位有关。 (2) 确定应当记录的资产减值损失是否均已记录。 (3) 确定与资产减值损失有关的金额及其他数据是否已恰当记录。 (4) 确定资产减值损失是否已记录于正确的会计期间。 (5) 确定资产减值损失是否已记录于恰当的账户。 (6) 确定资产减值损失是否已按照企业会计准则的规定在财务报表中作出恰当列报	资产减值损失的主要实质性测试程序有： (1) 获取或编制资产减值损失明细表，复核加计是否正确，并与报表数、总账数和明细账合计数核对是否相符。 (2) 检查资产减值损失核算内容是否符合规定。 (3) 对本期增减变动情况作如下检查：①对本期增加及转回的资产减值损失，与"坏账准备"等账户进行交叉勾稽；②对本期转销的资产减值损失，结合相关资产账户的审计，检查会计处理是否正确。 (4) 检查资产减值损失的披露是否恰当
（九）公允价值变动收益 公允价值变动收益包括交易性金融资产、交易性金融负债，以及采用公允价值模式计量的投资性房地产、衍生金融工具、套期保值业务等公允价值变动形成的应计入当期损益的利得或损失，其审计目标一般包括： (1) 确定利润表中记录的公允价值变动损益是否已发生，且与被审计单位有关。 (2) 确定所有应当记录的公允价值变动损益是否均已记录。 (3) 确定与公允价值变动损益有关的金额及其他数据是否已恰当记录。 (4) 确定公允价值变动损益是否记录于正确的会计期间。	公允价值变动收益的主要实质性测试程序有： (1) 获取或编制公允价值变动收益明细表，复核加计是否正确，并与报表数、总账数及明细账合计数核对是否相符。 (2) 根据公允价值变动收益明细账，对交易性金融资产（或负债）、衍生工具、套期保值业务和投资性房地产等各明细发生额逐项检查：①在资产负债表日，被审计单位是否将交易性金融资产（或负债）的公允价值与其账面价值的差额记入本账户；处置交易性金融资产（或负债）时，是否将原已记入本账户的公允价值变动金额转入投资收益；②在资产负债表日，被审计单位是否将衍生金融工具的公允价值与其账面价值的差额记入本账户；终止确认衍生金融工具时，其会计处理是否正确；③对于在资产负债表日，满足运用套期会计方法条件的现金流量套期和境外经营净投资套期产生的利得和损失，是否进行了正确的会计处理；④以公允价值模式计量的投资性房地产的公允价值变动收益，应结合对应账户，检查其初始成本确定是否正确，期末公允价值确定是否合理；处置时原公允价值变动（含记入本账户和资本公积）有无正确结转至其他业务成本。 (3) 检查公允价值变动收益的列报是否恰当

（续表）

账户及相关审计目标	主要的实质性测试程序
（5）确定被审计单位记录的公允价值变动损益是否记录于恰当的账户。 （6）确定公允价值变动损益是否已按照企业会计准则的规定在财务报表中作出恰当列报	
（十）营业外收入 其审计目标一般包括： （1）确定利润表中记录的营业外收入是否已发生，且与被审计单位有关。 （2）确定所有应当记录的营业外收入是否均已记录。 （3）确定与营业外收入有关的金额及其他数据是否已恰当记录。 （4）确定营业外收入是否已记录于正确的会计期间。 （5）确定营业外收入是否已记录于恰当的账户。 （6）确定营业外收入是否已按照企业会计准则的规定在财务报表中作出恰当的列报	营业外收入的主要实质性测试程序有： （1）获取或编制营业外收入明细表，复核加计是否正确，并与报表数、总账数及明细账合计数核对是否相符。 （2）检查营业外收入的核算内容是否符合会计准则的规定。 （3）抽查营业外收入中金额较大或性质特殊的项目，审核其内容的真实性和依据的充分性。 （4）对营业外收入中各项目，包括非流动资产处理利得、非货币性资产交换利得、债务重组利得、政府补助、盘盈利得、接受捐赠利得等相关账户记录核对相符，并追查至相关原始凭证。 （5）检查营业外收入的列报是否恰当
（十一）营业外支出 其审计目标一般包括： （1）确定利润表中记录的营业外支出是否已发生，且与被审计单位有关。 （2）确定所有应当记录的营业外支出是否均已记录。 （3）确定与营业外支出有关的金额及其他数据是否已恰当记录。 （4）确定营业外支出是否已记录于正确的会计期间。 （5）确定营业外支出是否已记录于恰当的账户。 （6）确定营业外支出是否已按照企业会计准则的规定在财务报表中作出恰当的列报	营业外支出的主要实质性测试程序有： （1）获取或编制营业外支出明细表，复核加计是否正确，并与报表数、总账数及明细账合计数核对是否相符。 （2）检查营业外支出内容是否符合会计准则的规定。 （3）对营业外支出的各项目，包括非流动资产处理损失、非货币性资产交换损失、债务重组损失、盘亏损失、公益性捐赠支出等，与固定资产、无形资产等相关账户记录核对相符，并追查至相关原始凭证。 （4）检查是否存在非公益性捐赠支出、税收滞纳金、罚金、罚款支出、各种赞助费支出，必要时进行应纳税所得额调整。 （5）对非常损失应详细检查有关资料、被审计单位实际损失和保险理赔情况及审批文件，检查有关会计处理是否正确。 （6）检查营业外支出的列报是否恰当

复 习 思 考 题

1. 简述筹资与投资循环的主要业务活动、主要的凭证和会计记录。

2. 在筹资与投资循环中,管理当局违背认定和相关内部控制失控的表现形式有哪些?

3. 简述筹资与投资循环控制测试和实质性测试的主要内容。

4. 短期借款和长期借款的审计目标是什么? 如何实施实质性测试程序?

5. 所有者权益审计有何特点?

6. 简述投资相关项目审计的目标和实质性测试程序。

练 习 题

【实务题 1】 练习应付债券的审计

(一) 资料

注册会计师沈莉在执行某公司 20×8 年度财务报表审计时,得知该公司被审计年度内曾向社会公开发行 3 年期债券(分年付息,到期一次还本),沈莉查阅了上年度执行年度财务报表审计的工作底稿,上年度对该公司筹资交易相关的固有风险评估为低水平,与该类交易所有认定相关的控制风险评价亦为低水平,即综合这两个方面,该公司的重大错报风险评估为低水平。

(二) 要求

获取支持真实性(存在与发生)、计价、分类与可理解性目标的审计证据。

【实务题 2】 练习股本的审计

(一) 资料

某注册会计师继续接受委托审计某公司,他现在开始审计股本,在被审计年度内该公司有关股本业务仅两笔:一是,于 6 月 1 日发行面值为 10 元的普通股股票 100 000 股;二是,于 9 月 30 日购回以前年度发行的面值为 10 元的股票 10 000 股。

(二) 要求

如果你是该注册会计师,你准备执行哪些审计程序?

第十六章　货币资金与现金流量表审计

货币资金是指以货币形态存在的资金。根据存放地点及用途的不同,货币资金分为现金、银行存款及其他货币资金,它是企业生产经营不可缺少的物资条件。企业编制现金流量表的目的是为财务报表使用者提供企业一定会计期间内现金和现金等价物流入和流出的信息以便于报表使用者了解和评价企业获得现金和现金等价物的能力,并据以预测企业未来现金流量,从而对企业整体财务状况作出客观评价。可见,现金流量与货币资金增减变动密切联系。

第一节　货币资金审计概述

货币资金审计是企业资产负债表审计的重要组成部分,主要包括库存现金、银行存款及其他货币资金的审计。在前面介绍的交易循环审计中都或多或少地涉及货币资金,因此,货币资金审计有助于注册会计师确定财务报表其他项目的正确性。另外,由于货币资金较容易发生舞弊,所以审计风险较高,一般审计的范围较广,需要花费较多的审计时间。

由于货币资金具有高度流动性,且容易被盗用,企业必须加强对货币资金的管理,建立良好的货币资金内部控制,以确保全部应该收到的货币资金均能收进,及时正确地予以记录,并按规定送存银行;所有货币资金支出都是按照经批准的用途进行的,并及时正确地予以记录;库存现金、银行存款报告正确,并得以恰当保管;正确预测企业日常经营所需的货币资金收支额,做好资金计划工作,确保企业有充足又不过剩的货币资金余额。

一、货币资金内部控制的主要内容

一般而言,对于货币资金交易被审计单位应确保:①有关货币资金交易的内部控制存在、有效并一贯切实执行;②被审计单位资产负债表中记录的货币资金在财务报表日确实存在,并且为被审计单位所拥有;③被审计单位在特定期间内发生的货币资金收支业务均已记录完毕,无遗漏;④货币资金的余额正确;⑤货币资金在财务报表上的披露充分、恰当。为此,被审计单位通常应建立执行的内部控制应有:①有关货币资金的交易必须由多人分工完成,严禁一人包办,货币资金收支与记账的岗位分离;②货币资金收入、支出要有合理、合法的凭据;③全部收支及时准确入账,并且支出要有核准手续;④控制现金坐支,当日收入现金应及时送存银行;⑤按时盘点现金,按月编制银行存款余额调节表,以做到账实相符;⑥加强对货币资金收支业务的内部审计。

货币资金内部控制的主要内容如下。

（一）岗位分工及授权批准

控制内容包括：

（1）单位应当建立货币资金业务的岗位责任制，明确相关部门和岗位的职责权限，确保办理货币资金业务的不相容岗位相互分离、制约和监督。出纳人员不得兼任稽核、会计档案保管和收入、支出、费用、债权债务账目的登记工作。单位不得由一人办理货币资金业务的全过程。

（2）单位应当对货币资金业务建立严格的授权批准制度，明确审批人对货币资金业务的授权批准方式、权限、程序、责任和相关控制措施，规定经办人办理货币资金业务的职责范围和工作要求。审批人应当根据货币资金授权批准制度的规定，在授权范围内进行审批，不得超越审批权限。经办人应当在职责范围内，按照审批人的批准意见办理货币资金业务。对于审批人超越授权范围审批的货币资金业务，经办人员有权拒绝办理，并及时向审批人的上级授权部门报告。

（3）单位应当按照规定的程序办理货币资金支付业务，控制程序为：①支付申请，即单位有关部门或个人用款时，应当提前向审批人提交货币资金支付申请，注明款项的用途、金额、预算、支付方式等内容，并附有效经济合同或相关证明；②支付审批，即审批人根据其职责、权限和相应程序对支付申请进行审批。对不符合规定的货币资金支付申请，审批人应当拒绝批准；③支付复核，即复核人应当对批准后的货币资金支付申请进行复核，复核货币资金支付申请的批准范围、权限、程序是否正确，手续及相关单证是否齐备，金额计算是否准确，支付方式、支付单位是否妥当等。复核无误后，交由出纳人员办理支付手续；④办理支付，即出纳人员应当根据复核无误的支付申请，按规定办理货币资金支付手续，及时登记现金和银行存款日记账。

（4）被审计单位对于重要货币资金支付业务，应当实行集体决策和审批，并建立责任追究制度，防范贪污、侵占、挪用货币资金等行为。

（5）严禁未经授权的机构或人员办理货币资金业务或直接接触货币资金。

（二）现金和银行存款的管理

控制内容包括：

（1）单位应当加强现金库存限额的管理，超过库存限额的现金应及时存入银行。

（2）单位必须根据《现金管理暂行条例》的规定，结合本单位的实际情况，确定本单位现金的开支范围。不属于现金开支范围的业务应当通过银行办理转账结算。

（3）单位现金收入应当及时存入银行，不得用于直接支付单位自身的支出。因特殊情况需坐支现金的，应事先报经开户银行审查批准。单位借出款项必须执行严格的授权批准程序，严禁擅自挪用、借出货币资金。

（4）单位取得的货币资金收入必须及时入账，不得私设"小金库"，不得账外设账，严禁收款不入账。

（5）单位应当严格按照《支付结算办法》等国家有关规定，加强银行账户的管理，严格按照规定开立账户，办理存款、取款和结算；单位应当定期检查、清理银行账户的开立及使用情况，发现问题，及时处理；单位应当加强对银行结算凭证的填制、传递及保管等环节的管理与控制。

（6）单位应当严格遵守银行结算纪律，不准签发没有资金保证的票据或远期支票，套取银行信用;不准签发、取得和转让没有真实交易和债权债务的票据,套取银行和他人资金;不准无理拒绝付款,任意占用他人资金;不准违反规定开立和使用银行账户。

(7) 单位应当指定专人定期核对银行账户,每月至少核对一次,编制银行存款余额调节表,使银行存款账面余额与银行对账单调节相符;如调节不符,应查明原因,及时处理。

(8) 单位应当定期和不定期地进行现金盘点,确保现金账面余额与实际库存相符;如发现不符,应及时查明原因,作出处理。

(三)票据及有关印章的管理

控制内容包括:

(1) 单位应当加强与货币资金相关的票据的管理,明确各种票据的购买、保管、领用、背书转让、注销等环节的职责权限和程序,并专设登记簿进行记录,防止空白票据的遗失和被盗用。

(2) 单位应当加强银行预留印鉴的管理。财务专用章应由专人保管,个人名章必须由本人或其授权人员保管。严禁一人保管支付款项所需的全部印章。按规定需要有关负责人签字或盖章的经济业务,必须严格履行签字或盖章手续。

(四)监督检查

控制内容包括:

(1) 单位应当建立对货币资金业务的监督检查制度,明确监督检查机构或人员的职责权限,定期和不定期地进行检查。

(2) 货币资金监督检查的内容主要包括:①货币资金业务相关岗位及人员的设置情况,重点检查是否存在货币资金业务不相容职务混岗的现象;②货币资金授权批准制度的执行情况,重点检查货币资金支出的授权批准手续是否健全,是否存在越权审批行为;③支付款项印章的保管情况,重点检查是否存在办理付款业务所需的全部印章交由一人保管的现象;④票据的保管情况,重点检查票据的购买、领用、保管手续是否健全,票据保管是否存在漏洞。

(3) 对监督检查过程中发现的货币资金内部控制中的薄弱环节,应当及时采取措施,加以纠正和完善。

二、货币资金控制的测试

针对以上内部控制,注册会计师通常进行以下控制测试。

(一)了解被审计单位有关货币资金的内部控制

注册会计师可以根据实际情况采用不同的方法了解有关货币资金的内部控制:对于中小企业可以通过观察获得的一手资料及对有关人员的询问来评价被审计单位的内部控制;对于大公司一般可以采用流程图或内部控制调查表来了解被审计单位的内部控制。有时注册会计师还需执行穿行测试来了解内部控制是否有效并一贯执行。注册会计师了解内部控制时需要关注以下几点:

(1) 企业所有的货币资金是否全部处于被管理状态。

(2) 货币资金的收支是否按规定的程序和权限办理。

(3) 是否存在与本单位无关的货币资金收支情况。

(4) 是否存在出租、出借银行账户的情况。

(5) 被审计单位是否进行了适当的职责划分,尤其是出纳和会计的职责是否严格分离。

(6) 出纳人员是否严格按照审核编制的收付款凭证办理出纳工作,主管会计是否经常

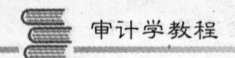

检查出纳人员的工作。

（7）货币资金是否定期盘点、核对，做到账实相符。

此外，注册会计师还应检查与被审计单位货币资金收支有关的内部控制文件和调节表，被审计单位的货币资金预测或预算业务，并对以后发生的预测与实际的差额进行审核。

（二）抽取并审查收款凭证

如果货币资金内部控制制度不健全，很可能发生贪污舞弊或挪用等情况。例如，如果出纳同时记录应收账款，很可能发生循环挪用的情况。为了测试货币资金内部控制，注册会计师应按货币资金的收款凭证分类，选取适当的样本量进行下列检查：

（1）核对收款凭证与存入银行账户的日期和金额是否相符。

（2）核对现金、银行存款日记账的收入金额是否相符。

（3）核对收款凭证和银行对账单是否相符。

（4）核对收款凭证和应收账款明细账的有关记录是否相符。

（5）核对实收金额和销售发票是否一致等。

（三）抽取并检查付款凭证

为测试货币资金付款的内部控制，注册会计师应按付款凭证分类，并选取适当的样本量进行下列检查：

（1）付款的授权批准手续是否符合规定。

（2）核对现金、银行存款日记账的付出金额是否正确。

（3）核对付款凭证与银行对账单是否相符。

（4）核对付款凭证与应付账款等相关明细账的记录是否一致。

（5）核对实付金额与购货发票等相关凭据是否相符等。

（四）将现金、银行存款日记账与总账核对

为证实会计记录的正确、可靠，注册会计师应抽取一定期间的现金、银行存款日记账，检查其有无计算错误，加总是否正确无误。如果检查中发现问题较多，说明被审计单位货币资金的会计记录不够可靠。注册会计师还应根据发现的问题，核对总账中的"库存现金"、"银行存款"、"应收账款"、"应付账款"等有关账户的记录。如果发现问题较为严重应视具体情况扩大审计程序。

（五）检查银行存款余额调节表

为证实银行存款记录的正确性，注册会计师必须抽取一定期间的银行存款余额调节表，将其同银行对账单、银行存款日记账及总账进行核对，确定被审计单位是否按月正确编制并复核银行存款余额调节表。

（六）检查外币资金的折算方法是否符合有关规定，是否与上年度一致

对于有外币货币现金、外币银行存款的被审计单位，注册会计师应进行以下检查：

（1）核对外币货币资金日记账、外币银行存款日记账及"财务费用"、"在建工程"等账户的记录，确定企业有关外币货币资金、外币银行存款的增减变动是否按业务发生时的市场汇率或业务发生当期期初的市场汇率折合为记账本位币，选用方法是否前后期保持一致。

（2）检查企业的外币货币资金、银行存款账户的余额是否按期末市场汇率折合为记账本位币金额，有关汇兑损益的计算和处理是否正确。

（七）评价货币资金的内部控制

注册会计师在完成上述控制测试之后，即可对货币资金的内部控制进行评价。此评价实质是评估货币资金的内部控制的控制风险，据以确定将要执行的实质性测试的性质、时间和范围。评价时，注册会计师应首先确定货币资金内部控制可信赖的程度以及存在的薄弱环节和缺点，然后据以确定在货币资金实质性测试中对哪些环节可以适当减少审计程序，哪些环节应增加审计程序，作重点检查，以减少审计风险。

三、货币资金审计涉及的主要凭证和会计记录

货币资金审计涉及的凭证和会计记录主要有：

（1）现金盘点表。

（2）银行对账单。

（3）银行存款余额调节表。

（4）有关科目的记账凭证。

（5）有关会计账簿。

四、违背认定的常见手段

货币资金如果控制失效，会产生贪污、挪用等危及企业资产的安全，增加货币资金以及其他审计项目的控制风险。在该业务循环中，被审计单位违背认定的常见手段有：

（1）贪污货款或虚报支出。即在销售时销售收入不开票不入账或少入账；或者通过涂改单据以少报多，虚报冒领。

（2）私挪库存。以伪造的单据、不实的单据或不合手续的临时单据抵冲库存现金并挪用抵冲库存部分。

（3）私作折扣或少报折扣。即利用"折扣"之机，将不应享有折扣的客户私作折扣，从中贪污；或在购买商品时将享受的折扣以多报少，或将已享受的折扣列为未享受的折扣进行贪污。

（4）故列呆账，即故意将难以收回的应收账款列作呆账，予以转销以便收回时予以贪污。

（5）张冠李戴或虚设账户。如收到现金不计现金账户而是记入费用等其他账户，或借记虚假应收账款账户抑或贷记真实的应收账款账户；或在应收账款账户中设置虚假账户用以记录某些赊销事项，收到款时据为己有，将明细账户作为呆账注销。

（6）重报单据或隐瞒退货。

（7）截留挪用或增加合计数，即在现销或收到应收账款时，先作正确分录，正确入账，但在加计汇总时少计以贪污；或者在支出现金时先作正确分录，正确入账，但在加计汇总时多记现金贷方数或有关账户借方数以贪污多记现金。

五、货币资金内部控制调查表

为了测试被审计单位货币资金内部控制制度设计与执行的有效性，注册会计师一般要编制"货币资金内部控制调查表"。注册会计师可以围绕审计测试目标进行询问，并对货币资金控制风险进行评价。货币资金内部控制调查表如表 16-1 所示。

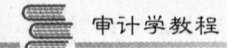

表 16-1　　　　　　　　　　　**货币资金内部控制调查表**

被审计单位＿＿＿＿＿　　编制人＿＿＿＿＿　　日期＿＿＿＿＿　　索引号＿＿＿＿＿

被审计期间＿＿＿＿＿　　复核人＿＿＿＿＿　　日期＿＿＿＿＿　　页　次＿＿＿＿＿

问　题	回答			取得方式	评　注
	是	否	不适用		
1. 经办人员办理有关货币资金业务是否经过授权批准？					
2. 经办人员是否在有关原始凭证上签章？					
3. 业务部门负责人是否审签该原始凭证？					
4. 财会部门是否审核有关原始凭证？					
5. 会计主管或指定人员是否审签有关原始凭证？					
6. 有关收付款凭证、转账、结算凭证是否连续编号，按顺序使用？					
7. 有关作废凭证是否加盖"作废"戳记？					
8. 财务部门是否指派专人复核有关凭证？					
9. 收、付款之后是否在有关凭证上加盖"收讫"或"付讫"标志？					
10. 收付款凭证是否经过稽核人员复核？					
11. 出纳人员是否根据经过复核的记账凭证逐笔登记现金或银行存款日记账？					
12. 会计人员是否根据审核后的记账凭证登记相应的明细账？					
13. 总分类账是否由总账会计负责登记？					
14. 盘点对账					
14.1　出纳人员是否每天盘点库存现金并核对日记账结余额？					
14.2　月末是否由非记账人员核对现金日记账及有关明细账、总账？					
14.3　银行存款日记账是否同银行对账单逐笔核对？					
14.4　银行存款余额调节表是否由非出纳人员编制并核对？					
14.5　银行存款总账是否定期与银行存款日记账进行核对？					
14.6　银行存款总账是否同相关明细账核对？					
14.7　各类账务误差是否报有关负责人审批处理？					
15. 结算、记账、稽核、对账职务是否由不同的人担任					

评价：

注册会计师在具体审计时还应关注以下内容：

（1）在调查现金内部控制时，还应注意：①出纳人员是否根据记账凭证收付现金？②现金是否存放在保险柜等安全设施中？③现金支票、印鉴是否分别有人保管？④出纳人员是否负责会计凭证编制及会计账簿登记工作？⑤超过库存限额的现金是否当日送存银行？

⑥现金清点溢缺是否报经有关负责人审批处理? ⑦清查小组是否按期盘点库存现金并核对现金账存款数?

(2) 在调查银行存款内部控制时,还应注意:①购销双方是否事先确定结算方式? ②超出业务部门审批权限的有关银行存款收付事项是否报经上级领导批准? ③材料采购、固定资产购置等项付款是否经验收部门同意?

第二节 库存现金审计

一、库存现金的审计目标

库存现金包括库存的人民币现金和外币现金。库存现金是货币资金的重要项目之一,现代商品经济中由于各种大宗款项的支付都是通过银行进行的,因此以库存现金为支付手段的金额较小。但是由于各种零星开支仍需用现金,业务的发生仍很频繁,同时由于库存现金是企业流动性最强的资产,便于携带、隐匿、不易控制,所以极易发生贪污、挪用、盗窃等弊端,其审计风险极大。注册会计师应该重视库存现金审计,其审计目标一般包括:

(1) 确定被审计单位资产负债表的货币资金项目中的库存现金在资产负债表日是否确实存在,是否为被审计单位所拥有或控制。

(2) 确定被审计单位在特定期间内发生的现金收支业务是否均记录完毕,有无遗漏。

(3) 确定库存现金余额是否正确。

(4) 确定库存现金是否已按照企业会计准则的规定在财务报表中作出恰当列报。

二、库存现金的实质性程序

(一) 核对库存现金日记账与总账的余额是否相符

注册会计师测试库存现金余额的起点,是核对库存现金日记账与总账的余额是否相符。如果不相符,应查明原因,看是否存在少计、多记支出、挪用库存现金或其他不正当情况,并作出适当记录或调整。

(二) 检查库存现金

盘点库存现金是证实资产负债表中所列现金是否存在的一项重要程序。库存现金通常包括对已收到但未存入银行的现金、零用金、找换金等。盘点库存现金主要是为了确定库存现金的实有数是否与账面余额相符,是否严格执行现金管理制度,有无超过库存限额、以白条抵库、私人借支、挪用公款、私设小金库以及贪污舞弊等问题。

盘点库存现金的步骤和方法有:

(1) 制定库存现金盘点程序。盘点库存现金的时间和人员应视被审计单位的具体情况而定,一般应实施突击性的检查,以免出纳人员有所准备,使盘点不能反映账实情况,时间最好选择在上午上班前或下午下班时进行,盘点的范围一般包括企业各部门经管的现金。盘点时必须有出纳人员和被审计单位会计主管人员参加,并由注册会计师进行监盘。注意盘点时出纳人员和被审计单位会计主管人员必须始终在场,结束时要求他们签字,以确认出纳人员和被审计单位会计主管人员在盘点时始终在场,以免出现现金短缺时,出纳人员将责任推给注册会计师。在进行现金盘点前,应由出纳人员将现金集中起来存入保险柜。必要时可加以封存,然后由出纳人员把已办妥现金收付手续的收付款凭证登入现金日记账。如企

业现金存放部门有两处或两处以上的,应同时进行盘点。

(2) 审阅现金日记账并同时与现金收付凭证相核对。一方面检查日记账的记录与凭证的内容和金额是否相符;另一方面了解凭证日期与日记账日期是否相符或接近。

(3) 由出纳人员根据现金日记账进行加计累计数额结出现金结余额。

(4) 盘点保险柜的现金实存数,同时编制"库存现金盘点表"(格式参见表16-2),分币种、面值列示盘点金额。如果盘点是在资产负债表日后进行的,应调整至资产负债表日的金额。

表16-2   **库存现金盘点表**

被审计单位_____ 项目__现金监盘__ 编制人_____ 日期_____ 索引号_____

被审计期间_____ 盘点日期_____ 复核人_____ 日期_____ 页 次_____

检查盘点记录						实有现金盘点记录					
项目	项次	人民币	美元	某外币	面额	人民币		美元		某外币	
						张	金额	张	金额	张	金额
上一日账面库存余额	1				1 000元						
盘点日未记账传票收入金额	2				500元						
盘点日未记账传票支出金额	3										
盘点日账面应有金额	4=1+2-3				100元						
盘点实有现金数额	5				50元						
盘点日应有与实有差异	6=4-5				10元						
差异原因分析	白条抵库(张)				5元						
					2元						
					1元						
					0.5元						
					0.1元						
					0.1元						
					合计						
追溯调整	报表日至查账日现金付出总额				情况说明及审计结论:						
	报表日至查账日现金收入总额										
	报表日库存现金应有余额										
	报表日账面汇率										
	报表日余额折合本位币金额										
本位币合计											

盘点人: 监盘人: 复核:

（5）盘点金额与现金日记账余额进行核对；如有差异，应查明原因，并作出记录或适当调整。若有冲抵库存现金的借条、未提现支票、未作报销的原始凭证，应在"库存现金盘点表"中注明或作出必要的调整。

（三）抽查大额现金收支

注册会计师应抽查大额现金收支的原始凭证内容是否完整，有无授权批准，并核对相关账户的进账情况。如有与被审计单位生产经营业务无关的收支事项，应查明原因，并作相应的记录。

（四）对现金收支进行截止测试

被审计单位资产负债表的货币资金项目中的库存现金数额，应以结账日实有数额为准。因此，注册会计师必须验证现金收支的截止日期。通常，注册会计师可考虑对结账日前后一段时期内现金收支凭证进行审计，以确定是否存在跨期事项，是否应考虑提出调整建议。

（五）检查外币现金的折算

检查外币现金的折算方法是否符合规定，是否与上年度一致。

（六）检查现金是否在资产负债表上恰当披露

根据有关会计制度的规定，库存现金在资产负债表中"货币资金"项目中反映，注册会计师应在实施上述审计程序后，确定"库存现金"账户的期末余额是否恰当，据以确定库存现金是否在资产负债表上恰当披露。

第三节　银行存款审计

一、银行存款的审计目标

银行存款是指企业存放在银行或其他金融机构的货币资金。按照国家有关规定，企业必须在银行开户办理结算。企业的一切款项收入，除按核定的限额保留库存现金外，超过限额的现金必须存入银行；企业的各种支出除了在规定的范围内可以用现金直接支付的款项外，在经营过程中所发生的一切货币收支业务，都必须通过银行存款账户进行结算。银行存款具有流动性强、涉及面广、收付方式多的特点，容易被不法分子钻空子贪污挪用，造成资产不实或资产流失，因此银行存款审计历来是审计的重点之一。银行存款的审计目标主要包括：

（1）确定被审计单位资产负债表的货币资金项目中的银行存款在资产负债表日是否确实存在，是否为被审计单位所拥有或控制。

（2）确定被审计单位在特定期间内发生的银行存款收支业务是否均记录完毕，有无遗漏。

（3）确定银行存款余额是否正确。

（4）确定银行存款是否已按照企业会计准则的规定在财务报表中作出恰当列报。

二、银行存款的实质性程序

（一）核对银行存款日记账与总账的余额是否相符

注册会计师应核对银行存款日记账与总账的余额是否相符。如果不相符，应查明原因，追查至原始凭证，并作出适当调整。

（二）实施实质性分析程序

计算银行存款累计余额应收利息收入，分析比较被审计单位银行存款应收利息收入与

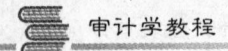

实际利息收入的差异是否恰当,评估利息收入的合理性。

检查是否存在高息资金拆借,如存在应进一步分析拆出资金的安全性,检查高额利差的入账情况;计算存放于非银行金融机构的存款占银行存款的比例,分析这些资金的安全性。

(三) 取得并检查银行存款余额调节表

检查银行存款余额调节表是证实资产负债表中所列银行存款是否存在的重要措施。银行存款余额调节表通常应由被审计单位根据不同的银行账户及货币种类,以及银行对账单和银行存款日记账编制(其格式如表 16-3 所示)。一般应从银行存款日记账和银行对账单的余额调节至结算日银行存款应有余额。

表 16-3　　　　　　　　　　　　银行存款余额调节表

被审计单位_____ 币种_____ 编制人_____ 日期_____ 索引号_____

日期_____ 户别_____ 复核人_____ 日期_____ 页　次_____

项　　目	项　　目
银行对账单余额(　　年　　月　　日)_____	企业银行存款日记账余额(　　年　　月　　日)_____
加:企业已收、银行尚未入账金额 其中:1._____元 　　　2._____元	加:银行已收、企业尚未入账金额 其中:1._____元 　　　2._____元
减:企业已付、银行尚未入账金额 1._____元 2._____元	减:银行已付、企业尚未入账金额 其中:1._____元 　　　2._____元
调整后银行对账单余额 _____	调整后企业银行存款日记账余额 _____
经办会计人员:(签字)_____	会计主管:(签字)_____

如果经调节后的银行存款余额存在差异,则无论差额大小、多少,均属于严重问题,注册会计师应查明原因,并作出记录或进行适当的调整。

对于企业和银行的未达账项不应只满足于调整后的平衡,注册会计师应检查调节表中未达账项的真实性,账目金额的正确性,一般应追查至原始凭证;以及检查资产负债表日后的进账情况,如果存在应于资产负债表日之前进账的应作相应的调整。其程序一般包括:

(1) 核实调节表上数字计算的正确性。

(2) 对于金额较大的未提现支票、可提现的未提现支票以及注册会计师认为重要的未提现支票,列示未提现支票清单,注明开票日期和收票人姓名或单位,并进行审查。

(3) 追查截止日期银行对账单上的在途存款,并在银行账户调节表上注明存款日期。

(4) 检查截止日仍未提现的大额支票和其他已签发 1 个月以上的未提现支票。

(5) 追查截止日期银行对账单已收、企业未收的款项性质及款项来源。

(6) 检查其他调整项目如银行手续费、银行记账的差错等是否已正确入账。

(7) 核对银行存款总账余额、银行对账单加总金额。

(四) 函证银行存款余额

银行存款审计的目标之一是确定资产负债表中所列银行存款在资产负债表日确实存在,实现这一目标的一种常用方法是函证。函证是指注册会计师在执行审计业务过程中,需要以被审计单位名义向有关单位发函询证,以验证被审计单位的银行存款是否真实、合法、完整。通过函证,注册会计师不仅可以了解银行存款的存在,同时,还可以了解企业借款的情况,以及发现企业未登记入账的银行借款。

对函证工作,财政部、中国人民银行于 1999 年 1 月 6 日联合印发的《关于做好企业的银行存款、借款及往来款项函证工作的通知》(以下简称《通知》)提出了明确的要求,并提供了银行询证函和企业询证函参考格式:

银 行 询 证 函

编号:

×××银行

本企业聘请的×××会计师事务所正在对本企业会计报表进行审计,按照《中国注册会计师独立审计准则》的要求,应当询证本企业与贵行的存款、借款等往来事项,下列数额出自本企业账簿记录,如与贵行记录相符,请在本函下端"数额证明无误"处签章证明;如有不符,请在"数据不符"处列明不符金额,有关询证费用可直接从本企业×××存款账户中收取。回函请直接寄至×××会计师事务所。

地址××省××市××路×号 邮编_____ 电话_____ 传真_____

截至　年　月　日,本企业银行存款、借款账户余额等列示如下:

1. 银行存款

账户名称	银行账号	币种	利率	余额	备注

2. 银行借款

银行账号	币种	余额	借款日期	还款日期	利率	借款条件	备注

3. 其他事项

　　　　　　　　　　　　　　　　　　　　　　　　　(本企业签章)　(日期)

结论:1. 数据证明无误　　　　　　　　　　　　　　　　　(银行签章)　(日期)

　　　2. 数据不符,请列明不符金额　　　　　　　　　　　(银行签章)　(日期)

《通知》还规定,各商业银行、政策性银行、非银行金融机构要在收到询证函之日起 10 个工作日内,根据函证的具体要求及时回函,并可按照国家的有关规定收取询证费用;其他企业或单位应根据函证的具体要求回函。

函证时,注册会计师应向被审计单位在本年存过款(含外埠存款、银行汇票存款、银行本票存款、信用卡存款、信用证保证金存款)的所有银行发函,其中包括企业存款账户已结清的

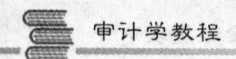

银行。同时,虽然注册会计师已直接从某一银行取得了银行对账单和所有已付支票,但仍应向这一银行进行函证。

(五) 检查银行存单

编制银行存单检查表,检查是否与账面记录金额一致,是否被质押或限制使用,存单是否为被审计单位所拥有。

(1) 对已质押的定期存款,应检查定期存单,并与相应的质押合同核对,同时关注定期存单对应的质押借款有无入账。

(2) 对未质押的定期存款,应检查开户证实书原件。

(3) 对审计外勤工作结束日前已提取的定期存款,应核对相应的兑付凭证、银行对账单和定期存款复印件。

(六) 其他实质性程序

(1) 检查银行存款账户存款人是否为被审计单位,若存款人非被审计单位,应获取该账户户主和被审计单位的书面声明,确认资产负债表日是否需要调整。

(2) 关注是否存在质押、冻结等对变现有限制或存在境外的款项,是否已作必要的调整和披露。

(3) 对不符合现金及现金等价物条件的银行存款在审计工作底稿中予以列明,以考虑对现金流量表的影响。

(4) 抽查大额银行存款收支的原始凭证,检查原始凭证是否齐全、记账凭证与原始凭证是否相符、账务处理是否正确、是否记录于恰当的会计期间等项内容。检查是否存在非营业目的的大额货币资金转移,并核对相关账户的进账情况;如有与被审计单位生产经营无关的收支事项,应查明原因并作相应的记录。

(5) 检查银行存款收支的正确截止。选取资产负债表日前后若干天的银行存款收支凭证实施截止测试,关注业务内容及对应项目,如有跨期收支事项,应考虑是否应提出调整建议。

(6) 检查外币银行存款的折算是否符合有关规定,是否与上年度一致。

(7) 检查银行存款的列报是否恰当。根据有关规定,企业的银行存款在资产负债表的"货币资金"项目中反映,所以,注册会计师应在实施上述审计程序后,确定银行存款账户的期末余额是否恰当,进而确定银行存款是否在资产负债表上恰当披露。

第四节 其他货币资金审计

其他货币资金包括企业到外地进行临时或零星采购而汇往采购地银行开立采购专户的款项所形成的外埠存款;企业为取得银行汇票按照规定存入银行的款项所形成的银行汇票存款;企业为取得银行本票按照规定存入银行的款项而形成的银行本票存款;信用卡存款和信用证保证金存款等。对其他货币资金企业应按上述内容设置明细账进行核算和监督。

其他货币资金的审计可以参照库存现金和银行存款的审计方法进行。如果被审计单位的其他货币资金业务通常较少,注册会计师可以直接实施其他货币资金的实质性程序。表16-4列举了其他货币资金的审计目标和主要的实质性程序,注册会计师应视具体情况,充分运用专业判断作合理增删。

表 16-4 其他货币资金的审计目标与实质性测试程序

审计目标	主要的实质性测试程序
(1) 确定被审计单位资产负债表的货币资金项目中的其他货币资金在资产负债表日是否确实存在,是否为被审计单位所拥有或控制; (2) 确定被审计单位在特定期间内发生的其他货币资金收支业务是否均记录完毕,有无遗漏; (3) 确定其他货币资金余额是否正确; (4) 确定其他货币资金是否已按照企业会计准则的规定在财务报表中作出恰当列报	(1) 获取或编制其他货币资金明细表:①复核银行汇票存款、银行本票存款、信用卡存款、信用证保证金存款、存出投资款、外埠存款等加计是否正确,并与总账数和日记账、明细账合计数核对是否相符;②检查非记账本位币其他货币资金的折算汇率及折算是否正确。 (2) 取得并检查其他货币资金余额调节表:①取得被审计单位银行对账单,检查被审计单位提供的银行对账单是否存在涂改或修改的情况,确定银行对账单金额的正确性,并与银行回函结果核对是否一致,抽样核对账面记录的已付款金额及存款金额是否与对账单记录一致;②获取资产负债表日的其他货币资金存款余额调节表,检查调节表中加计数是否正确,调节后其他货币资金日记账余额与银行对账单余额是否一致;③检查调节事项的性质和范围是否合理,如存在重大差异应作审计调整。 (3) 函证银行汇票存款、银行本票存款、信用卡存款、信用证保证金存款、存出投资款、外埠存款等期末余额,编制其他货币资金函证结果汇总表,检查银行回函。 (4) 检查其他货币资金存款账户存款人是否为被审计单位,若存款人非被审计单位,应获取该账户户主和被审计单位的书面声明,确认资产负债表日是否需要调整。 (5) 关注是否有质押、冻结等对变现有限制,或存放于境外,或有潜在回收风险的款项。 (6) 选取资产负债表日前后若干张、一定金额以上的凭证,对其他货币资金收支凭证实施截止测试,如有跨期收支事项,应考虑是否进行调整。 (7) 抽查大额其他货币资金收付记录。检查原始凭证是否齐全、记账凭证与原始凭证是否相符、账务处理是否正确、是否记录于恰当的会计期间等项内容。 (8) 对不符合现金及现金等价物条件的其他货币资金在审计工作底稿中予以列明,以考虑对现金流量表的影响。 (9) 检查其他货币资金的列报是否恰当

第五节　现金流量表审计

一、现金流量表的审计目标

注册会计师审计现金流量表的目的主要在于:
(1) 确定现金流量表的内容、性质和数额是否正确、合理、完整。
(2) 确定现金流量表有关项目数额与其他报表及附注的勾稽关系是否正确。
(3) 确定现金流量表各项目的披露是否恰当。

二、现金流量表的实质性程序

基于现金流量表的审计目标,注册会计师实施的审计程序主要包括:
(1) 获取编制现金流量表的基础资料:①复核加计是否正确;②将基础资料中的有关数

据和财务报表及附注、账册凭证、辅助账簿、审计工作底稿等核对相符,并进行详细分析,检查数额是否正确、完整,现金流量分类是否合理;③根据审计调整分录对基础资料的有关数额作相应调整。

(2) 检查对现金及现金等价物的界定是否符合规定,界定范围在前后会计期间是否保持一致。在此,现金是指企业库存现金以及可以随时用于支付的存款,即包括库存现金、可以随时用于支付的银行存款和其他货币资金;现金等价物是指企业持有的期限短(一般是指从购买日起3个月内到期)、流动性强、易于转换为已知金额现金、价值变动风险很小的投资。

(3) 了解现金流量表编制方法。如果被审计单位未利用计算机程序编制现金流量表,应查明其是否专门为编制现金流量表设置辅助账簿记录,并取得现金流量表编制底稿;如果被审计单位利用计算机程序编制现金流量表,应对其计算机程序进行了解分析,必要时可聘请专家协助工作。

(4) 检查合并现金流量表编制方法,关注集团内部往来及购销业务是否已作抵销。对本期存在收购子公司或部门以及出售子公司或部门的情况,检查是否已作正确处理。

(5) 关注现金流量表编制过程中,对有关特殊事项的处理是否正确,如:以净资产或非货币性资产对外投资;收购其他公司时,权益性投资所支付的现金是否已扣除被收购公司被收购日的现金;处置子公司时,处置投资所收到的现金是否已扣除被处置子公司被处置日的现金;以承担债务形式购置资产;融资租入固定资产;发行1年内到期的可转换公司债券;债务重组;非货币性交易;新设改制公司年度及股份公司上市年度现金流量表的特殊处理;金融保险等特殊行业现金流量表的编制。

(6) 检查现金流量表的勾稽关系。如:①主表与补充资料之"现金及现金等价物净增加额"是否一致;②主表与补充资料之"经营活动产生的现金流量净额"的勾稽关系是否合理;③补充资料之货币资金期末、期初余额与资产负债表的勾稽关系是否合理;④现金流量表有关数据与审计后财务报表及附注的勾稽关系是否合理。

(7) 对现金流量表实施实质性分析程序。关注存在金额异常的现金流量表项目,并作追查调整。例如:①若以净额为基础分析经营性其他应收款、其他应付款时,其本期增减变动金额是否已正确列入"收到其他与经营活动有关的现金"或"支付其他与经营活动有关的现金";②是否出现金额异常的项目,如"支付其他与经营活动有关的现金"金额大大低于本期管理费用和营业费用的合计数;③是否存在某项现金流量未发生,而现金流量表对应项目却有发生额的情形,或某项现金流量有发生额,而现金流量表对应项目却无发生额的情形;④比较个别现金流量表和合并现金流量表相同项目金额,分析是否存在异常。

(8) 检查现金流量表补充资料中不涉及现金收支的投资和筹资活动各项目金额是否正确、合理、完整。

(9) 检查现金流量表各项目的披露是否恰当。应当注意,按照《企业会计准则》的规定,对于不涉及当期现金收支,但影响企业财务状况或可能在未来影响企业现金流量的重大投资、筹资活动,也应在财务报表附注中加以说明,如企业以承担债务形式购置资产等。

复习思考题

1. 简述货币资金内部控制的主要内容及控制测试程序。

2. 在货币资金业务中,管理当局违背认定的常见手段有哪些?

3. 简述库存现金审计实质性程序的主要内容。

4. 简述银行存款审计实质性程序的主要内容。

5. 简述其他货币资金审计实质性程序的主要内容。

6. 简述现金流量表的审计目标和主要的实质性测试程序。

练 习 题

【实务题 1】 练习货币资金内部控制的评价

(一) 资料

注册会计师张茂对某公司货币资金内部控制状况进行调查,发现以下情况:

(1) 出纳人员负责现金收付,收取、保管和开具银行支票,保管法人代表印鉴,开具销售发票,登记现金和银行存款日记账,不定期盘点现金、每年编制一次银行存款余额调节表(不论收到几张对账单),3 天去一次银行存取现金,并收取银行账单。

(2) 3 名会计员分别登记现金、银行存款总账及收入、费用总账和明细账,但不了解银行存款未达账项,也不作任何账务处理。

(3) 副总经理以上领导及经批准的特殊人员,可以根据需要到出纳人员处开取印章齐全的空白支票,供用款之需。

(4) 出差人员可以到出纳人员处预支差旅费,经填写特地印制的借条,经副总经理以上领导批准后付款,借条抵作库存现金,不进行账务处理,出差人员回来报销后收回借条销毁。

(二) 要求

指出上述内部控制存在的缺陷,并提出相应的改进建议。

【实务题 2】 练习银行存款的审计

(一) 资料

公信会计师事务所的注册会计师首次接受某公司委托进行年度财务报表审计,经初步了解公司管理当局十分重视银行存款账户的内部控制。

(二) 要求

请就该公司银行存款有关"存在"、"完整性"认定完成以下审计内容:

(1) 简述内部控制的内容。

(2) 简述相关内部控制测试的程序。

(3) 设计与上述实质性程序的性质、时间、范围相关的主要测试程序。

【实务题 3】 练习银行存款的审计

(一) 资料

注册会计师林伟在对某公司 20×8 年度财务报表进行审计时,对该公司的银行存款实施的部分审计程序为:

(1) 取得 20×8 年 12 月 31 日银行存款余额调节表。

(2) 向开户银行寄发银行询证函,并直接收取寄回的询证函回函。

(3) 取得开户银行 20×9 年 1 月 31 日银行对账单。

(二) 要求

(1) 请问注册会计师林伟向开户银行函证的作用有哪些?

　　(2) 请问注册会计师林伟应采取什么方式才能直接收回开户银行的询证函？是目的是什么？

　　(3) 请问注册会计师林伟取得银行存款余额调节表后,应检查哪些内容？

　　(4) 请问注册会计师林伟索取 20×9 年 1 月 31 日银行对账单,能证实 20×8 年 12 月 31 日银行存款余额调节表的哪些内容？

第十七章　其他特殊项目审计

由于会计估计、持续经营、期初余额等项目具有内容特殊、性质敏感、金额较大、情况复杂等特点，因此在审计实务中往往是由专业理论知识比较扎实、执业经验比较丰富的注册会计师专门实施审计。

第一节　会计估计审计

会计估计是指在缺乏精确计量手段的情况下，采用的某项金额的近似值。会计估计一般包括存在估计不确定性时以公允价值计量的金额，以及其他需要估计的金额。其中，涉及公允价值计量的会计估计简称公允价值会计估计。由于经营活动具有内在的不确定性，某些财务报表项目只能进行估计。进一步来说，某项资产、负债或所有者权益组成部分的具体特征或财务报告编制基础规定的计量基础或方法，可能导致有必要对某一财务报表项目作出估计。当然，作出会计估计的难易程度取决于估计对象的性质。需要提醒的是，会计估计的结果与财务报表中原来已确认或披露的金额存在差异，并不必然表明财务报表存在错报。这对于公允价值会计估计而言尤其如此，因为任何已观察到的结果都不可避免地受到作出会计估计的时点后所发生的事项或情况的影响。

一、会计估计审计的风险评估程序和相关活动

在审计会计估计，实施风险评估程序和相关活动时，为了熟悉被审计单位及其环境，注册会计师应当了解以下内容，作为识别和评估会计估计重大错报风险的基础。

（一）了解适用的财务报告编制基础的要求

了解适用的财务报告编制基础的要求，有助于注册会计师确定该编制基础是否：①规定了会计估计的确认条件或计量方法；②明确了某些允许或要求采用公允价值计量的条件（如与管理层执行与某项资产或负债相关的特定措施的意图挂钩）；③明确了要求作出或允许作出的披露。

了解适用的财务报告编制基础的要求，可以为注册会计师就以下方面与管理层进行讨论提供基础：一是，管理层如何运用与会计估计相关的要求；二是，注册会计师对这些要求是否得到恰当运用的判断。

（二）了解管理层如何识别是否需要作出会计估计

编制财务报表要求管理层确定是否有必要对某项交易、事项和情况作出会计估计，以及确定是否已按照适用的财务报告编制基础确认、计量和披露所有必要的会计估计。

管理层可能通过对被审计单位经营情况和所在行业的了解，对当前期间实施经营战略

情况的了解,结合以前期间编制财务报表所积累的经验,识别需要作出会计估计的交易、事项和情况。对此,注册会计师主要通过询问管理层,就可以了解管理层如何识别需要作出会计估计的情形。询问的内容一般包括:①被审计单位是否已从事可能需要作出会计估计的新型交易;②需要作出会计估计的交易的条款是否已改变;③由于适用的财务报告编制基础的要求或其他规定的变化,与会计估计相关的会计政策是否已经相应变化;④可能要求管理层修改或作出新会计估计的外部监管变化或其他不受管理层控制的变化是否已经发生;⑤是否已经发生可能需要作出新估计或修改现有估计的新情况或事项。

而当管理层作出会计估计的流程更为结构化时(如管理层设有正式的风险管理职责),注册会计师可以针对管理层定期复核导致会计估计的情况及在必要时重新估计会计估计的方法及惯常做法实施风险评估程序。会计估计(特别是与负债相关的会计估计)的完整性,通常是注册会计师考虑的重要因素。当然,在审计过程中,注册会计师可能识别出一些管理层没有识别出但需要作出会计估计的交易、事项和情况,此时注册会计师应考虑如何确定与被审计单位的风险评估过程相关的内部控制是否存在值得关注的内部控制缺陷。

(三)了解管理层如何作出会计估计

编制财务报表也要求管理层建立针对会计估计的财务报告过程(包括适当的内部控制)。这些过程通常包括:①选择适当的会计政策,并规定作出会计估计的流程,包括适当的估计或估值的方法或模型(如适用);②形成或识别影响会计估计的相关数据和假设;③定期复核需要作出会计估计和在必要时重新作出会计估计的情形。管理层作出会计估计的方法和依据通常包括:①用以作出会计估计的方法,包括模型(如适用);②作出会计估计的人员的经验与胜任能力,以及与会计估计相关的内部控制;③管理层是否利用专家的工作;④会计估计所依据的假设;⑤用以作出会计估计的方法是否已经发生或应当发生不同于上期的变化,以及变化的原因;⑥管理层是否评估以及如何评估估计不确定性的影响。

二、识别和评估重大错报风险

在识别和评估重大错报风险时,注册会计师应当评价与会计估计相关的估计不确定性程度,并根据职业判断确定识别出的具有高度估计不确定性的会计估计是否会导致特别风险。

(一)估计不确定性

与会计估计相关的估计不确定性的程度受以下因素的影响:①会计估计对判断的依赖程度;②会计估计对假设变化的敏感性;③是否存在可以降低估计不确定性的经认可的计量技术(当然,作为输入数据的假设,其主观程度仍可导致估计不确定性);④预测期的长度和从过去事项得出的数据对预测未来事项的相关性;⑤是否能够从外部来源获得可靠数据;⑥会计估计依据可观察到的或不可观察到的输入数据的程度。需要注意的是,与会计估计相关的估计不确定性程度,可能影响会计估计对管理层偏向的敏感性。

在评估重大错报风险时,注册会计师考虑的事项也可能包括:①会计估计的实际的或预期的重要程度;②会计估计的记录金额与注册会计师预期应记录金额的差异;③管理层在作出会计估计时是否利用专家工作;④对上期会计估计进行复核的结果。

(二)具有高度估计不确定性的会计估计

可能存在高度估计不确定性的会计估计的例子很多,例如:①高度依赖判断的会计估计,如对未决诉讼的结果或未来现金流量的金额和时间安排的判断,而未决诉讼的结果或未

来现金流量的金额和时间安排取决于多年后才能确定结果的不确定事项；②未采用经认可的计量技术计算的会计估计；③注册会计师对上期财务报表中类似会计估计进行复核的结果表明最初会计估计与实际结果之间存在很大差异，在这种情况下管理层作出的会计估计；④采用高度专业化的、由被审计单位自主开发的模型，或在缺乏可观察到的输入数据的情况下作出的公允价值会计估计。

在某些情况下，估计不确定性非常高，以致难以作出合理的会计估计。因此，适用的财务报告编制基础可能禁止在财务报表中对此进行确认或以公允价值计量。在这种情况下，特别风险不仅与会计估计是否应予确认或以公允价值计量相关，而且与披露的充分性相关。针对这种会计估计，适用的财务报告编制基础可能要求披露会计估计和与之相关的高度估计不确定性。如果认为会计估计导致特别风险，注册会计师需要了解与会计估计相关的控制，包括控制活动。

三、应对评估的重大错报风险

基于评估的重大错报风险，注册会计师应当确定：①管理层是否恰当运用与会计估计相关的适用的财务报告编制基础的规定；②作出会计估计的方法是否恰当，并得到一贯运用，以及会计估计或作出会计估计的方法不同于上期的变化是否适合于具体情况。在应对评估的重大错报风险时，注册会计师应当考虑会计估计的性质，并实施下列一项或多项程序。

（一）确定截至审计报告日发生的事项是否提供有关会计估计的审计证据

截至审计报告日发生的事项有时可能提供有关会计估计的充分、适当的审计证据。例如，期后不久出售某被替代的产品的全部存货，可能提供有关其可变现净值估计的审计证据。如果截至审计报告日可能发生的事项预期发生并提供用以证实或否定会计估计的审计证据，确定这些事项是否提供有关会计估计的审计证据可能是恰当的应对措施。在这种情况下，可能没有必要对会计估计实施追加的审计程序。

而对于某些会计估计，截至审计报告日发生的事项不可能提供审计证据。例如，与某些会计估计相关的情况或事项需要较长时间才有进展；同样，由于公允价值会计估计的计量目标，期后信息可能不反映财务报表日存在的事项或情况，因而可能与公允价值会计估计的计量无关。当然，即使决定对特定会计估计不采取这种方法，注册会计师仍需要遵守《中国注册会计师审计准则第1332号——期后事项》及其应用指南的相关规定。注册会计师需要实施审计程序，获取充分、适当的审计证据，以确定财务报表日至审计报告日之间发生的、需要在财务报表中调整或披露的事项是否已经按照适用的财务报告编制基础在财务报表中得到恰当反映。由于除公允价值会计估计外的许多会计估计的计量通常取决于未来情况、交易或事项的结果，《中国注册会计师审计准则第1332号——期后事项》规定的审计工作对于这些会计估计尤为相关。

（二）测试管理层如何作出会计估计以及会计估计所依据的数据

在以下情况下，测试管理层如何作出会计估计和会计估计所依据的数据，可能是恰当的应对措施：①会计估计是依据模型（使用可观察到的或不可观察到的输入数据）作出的公允价值会计估计；②会计估计源于被审计单位会计系统对数据的常规处理；③注册会计师对上期财务报表中类似的会计估计的复核表明管理层本期的会计估计流程可能是有效的；④会计估计建立在性质相似、单项不重要但数量众多的项目的基础上。

在进行测试时，注册会计师应当评价采用的计量方法在具体情况下是否恰当，以及根据适用的财务报告编制基础确定的计量目标,管理层使用的假设是否合理。测试管理层如何作出会计估计还可能涉及以下方面:①测试会计估计所依据的数据的准确性、完整性和相关性,以及管理层是否使用这些数据和假设恰当地作出会计估计;②考虑外部数据或信息的来源、相关性和可靠性,包括从管理层聘请的、用以协助其作出会计估计的外部专家那里获取的数据或信息;③重新计算会计估计,并复核有关会计估计信息的内在一致性;④考虑管理层的复核和批准流程。本教材着重讨论以下三个方面:

(1) 评价计量方法。当适用的财务报告编制基础没有规定计量方法时,评价计量方法(包括适用的模型)是否适用于具体情况属于职业判断。为了评价计量方法是否适用于具体情况,注册会计师可能需要考虑如下事项:①管理层选择计量方法的理由是否合理;②管理层是否充分评价和恰当运用适用的财务报告编制基础提供的,用以支持所选择的计量方法的标准(如存在);③根据被估计的资产或负债的性质和适用的财务报告编制基础的要求,评价计量方法是否适用于具体情况;④计量方法相对于被审计单位开展的业务、所处行业和环境是否恰当。在某些情况下,管理层可能已确定采用不同的估计方法会导致一系列显著不同的会计估计。在这种情况下,了解被审计单位如何调查导致这些差异的原因可能有助于注册会计师评价管理层所选择方法的恰当性。

(2) 评价模型的使用。在某些情况下,特别是作出公允价值会计估计时,管理层可能使用模型。使用的模型是否适用于具体情况,可能取决于多种因素,如被审计单位的性质及其环境,包括被审计单位所处的行业和需要计量的特定资产或负债。根据所处的不同环境,在测试模型时,注册会计师可能需要考虑一些事项,这些事项的相关程度取决于具体情况,包括模型是否公开出售供特定部门或行业使用,或是专有的模型。在某些情况下,被审计单位可能利用专家来开发和测试模型,这些事项包括:①在使用前是否验证模型,并定期复核以确保其能持续满足预定用途;②是否存在针对模型变更的恰当控制政策和程序;③是否定期校准和测试模型的有效性,特别是当输入数据具有主观性时;④是否对模型输出数据作出调整,包括作出公允价值会计估计时,这些调整是否反映市场参与方在类似环境中所使用的假设;⑤模型是否得到恰当记录,包括模型的预定用途、局限性和关键参数、要求的输入数据和实施验证分析的结果。

(3) 评价管理层使用的假设。首先应当明确的是,注册会计师对管理层使用的假设的评价,仅以其在审计时可获得的信息为基础。针对管理层假设而实施审计程序是为了财务报表审计的目的,而不是为了针对假设本身发表意见。在评价管理层使用的假设的合理性时,注册会计师可能需要考虑:①单项假设是否显得合理;②假设是否相互依赖且具有内在一致性;③当将这些假设汇总起来考虑或结合其他假设考虑时,无论是对于特定会计估计还是其他会计估计,这些假设是否显得合理;④对于公允价值会计估计,假设是否恰当地反映可观察到的市场假设。

(三) 测试与管理层如何作出会计估计相关的控制的运行有效性,并实施恰当的实质性程序

审计准则规定,当存在下列情形之一时,注册会计师需要测试控制运行的有效性:①在评估认定层次重大错报风险时,预期针对会计估计流程的控制的运行是有效的;②仅实施实质性程序不能提供认定层次充分、适当的审计证据。

如果管理层作出会计估计的流程的设计、执行和维护良好,测试与管理层如何作出会计估计相关的控制运行的有效性可能是适当的。这样的例子比如:存在适当层级的管理层和治理层(如适用)对会计估计进行复核和批准的控制;会计估计源于被审计单位会计系统对数据的常规处理。

(四) 作出注册会计师的点估计或区间估计,以评价管理层的点估计

注册会计师的点估计或区间估计,是指从审计证据中得出的,用于评价管理层点估计的金额或金额区间。所谓管理层的点估计,是指管理层在财务报表中确认或披露一项会计估计而选择的金额。注册会计师应当针对下列两种情况分别予以处理:

(1) 如果使用有别于管理层的假设或方法,注册会计师应当充分了解管理层的假设或方法,以确定注册会计师在作出点估计或区间估计时已考虑了相关变量,并评价与管理层的点估计存在的任何重大差异。这种了解可能向注册会计师提供与其作出恰当点估计或区间估计相关的信息,并有助于了解和评价任何有别于管理层点估计的重大差异。例如,差异可能源于注册会计师与管理层使用不同但同样有效的假设。这可能显示出会计估计对某些假设高度敏感,因此受高度估计不确定性的影响,这意味着会计估计可能存在特别风险。此外,差异也可能是由于管理层造成的事实错误所导致的。根据具体情况,注册会计师在得出结论时,与管理层就使用的假设的基础及其有效性以及作出会计估计的方法差异(如存在)进行讨论可能是有帮助的。

(2) 如果认为使用区间估计是恰当的,注册会计师应当基于可获得的审计证据来缩小区间估计,直至该区间估计范围内的所有结果均可被视为合理。当注册会计师认为运用区间估计(注册会计师的区间估计)来评价管理层点估计的合理性是恰当的时,作出的区间估计需要包括所有"合理"的结果而不是所有可能的结果。这是因为包括所有可能结果的区间估计太宽泛,以至于不能有效地确定会计估计是否存在错报。如果注册会计师的区间估计范围足够小,以至于能够确定会计估计是否存在错报,它就是有用和有效的。

通常情况下,当区间估计的区间已缩小至等于或低于实际执行的重要性时,该区间估计对于评价管理层的点估计是适当的。而对于某些特定行业,可能难以将区间缩小至低于某一金额。这并不必然否定管理层对会计估计的确认,但是可能意味着与会计估计相关的估计不确定性可能导致特别风险。

以下方法可以将区间估计的区间缩小至某一区域,使得在该区域内的所有结果视为是合理的:①从区间估计中剔除注册会计师认为不可能发生的极端结果;②根据可获得的审计证据,继续缩小区间估计直至注册会计师认为该区间估计内的所有结果均视为是合理的。在极其特殊的情况下,注册会计师可能缩小区间估计直至审计证据指向点估计。

四、实施进一步实质性程序以应对特别风险

在审计导致特别风险的会计估计时,注册会计师在实施进一步实质性程序时需要重点评价:①管理层是如何评估估计不确定性对会计估计的影响,以及这种不确定性对财务报表中会计估计的确认的恰当性可能产生的影响;②相关披露的充分性。

(一) 估计不确定性

对导致特别风险的会计估计,注册会计师实施的审计程序主要有:

(1) 评价管理层如何考虑替代性的假设或结果,以及拒绝采纳的原因,或者在管理层没有考虑替代性的假设或结果的情况下,评价管理层在作出会计估计时如何处理估计不确定性。管理层可能根据具体情况采用多种方法评价会计估计的可供选择的假设或结果。方法之一是敏感性分析,可能涉及确定会计估计的金额如何随着假设的不同而变化。即使对于公允价值会计估计,由于不同市场参与方使用不同的假设,会计估计仍然可能存在差异。敏感性分析可能针对"乐观"和"悲观"等不同情形得出一系列结果。敏感性分析结果可能表明会计估计对特定假设的变化不敏感,也可能表明会计估计对一个或多个假设敏感,因而这些假设成为注册会计师重点关注的对象。

在处理估计不确定性时,某种特定方法(如敏感性分析)并不一定比其他方法更合适,管理层也并不一定需要通过细致的过程和详尽的记录来体现对可供选择的假设或结果的考虑。重要的是管理层是否已评估了估计不确定性影响会计估计的方式,而不是所采用的具体评估方法。相应地,当管理层没有考虑可供选择的假设或结果时,注册会计师有必要与管理层讨论其如何处理估计不确定性对会计估计的影响,并要求管理层提供支持性证据。

(2)评价管理层使用的重大假设是否合理。如果在作出会计估计时运用的某些假设的合理变化可能对会计估计的计量产生重大影响,则这些假设被视为重大假设。注册会计师从管理层建立的持续战略分析和风险管理流程中可能获得相关信息,以支持管理层根据其了解的情况作出的重大假设。即使没有建立正式的流程(如在小型被审计单位),注册会计师可以通过询问管理层或与其讨论评价假设,并结合其他审计程序,获取充分、适当的审计证据。

(3)当管理层实施特定措施的意图和能力与其使用的重大假设的合理性或对适用的财务报告编制基础的恰当应用相关时,评价这些意图和能力。

(二)作出区间估计

如果根据职业判断认为管理层没有适当处理估计不确定性对导致特别风险的会计估计的影响,注册会计师应当在必要时作出用于评价会计估计合理性的区间估计。在编制财务报表时,管理层可能确信已经适当地处理了估计不确定性对导致特别风险的会计估计的影响。但是,在某些情况下,注册会计师可能认为管理层的工作是不够的,例如,注册会计师可能作出以下判断:

(1)通过评价管理层如何处理估计不确定性的影响不能获取充分、适当的审计证据。

(2)有必要进一步分析与会计估计相关的估计不确定性的程度。例如,注册会计师注意到类似环境下类似会计估计的结果存在较大差别。

(3)不大可能通过如复核截至审计报告日发生的事项等审计程序获得其他审计证据。

(4)可能有迹象表明管理层在作出会计估计时存在管理层偏向。

(三)确认和计量的标准

对导致特别风险的会计估计,注册会计师应当获取充分、适当的审计证据,以确定下列方面是否符合适用的财务报告编制基础的规定:

(1)管理层对会计估计在财务报表中予以确认或不予确认的决策。如果管理层在财务报表中确认一项会计估计,注册会计师评价的重点是会计估计的计量是否足够可靠,能否满足适用的财务报告编制基础规定的确认标准。对于没有在财务报表中确认的会计估计,注册会计师评价的重点是会计估计是否在实质上已满足适用的财务报告编制基础规定的确认标准。即使某一项会计估计没有得到确认,且注册会计师认为这种处理是恰当的,可能仍然有必要在财务报表附注中披露具体情况。注册会计师也可能认为有必要在审计报告中增加强调事项段,以提醒财务报表使用者关注重大不确定性的存在。

(2)作出会计估计所选择的计量基础。对于公允价值会计估计,某些适用的财务报告编制基础在要求或者允许进行公允价值计量和披露时,是以公允价值可以可靠计量这一假定作为前提条件的。在某些情况下,如不存在恰当的计量方法或基础,这种假定可能不成立。在这种情况下,注册会计师评价的重点是管理层用以推翻适用的财务报告编制基础所规定的与采用公允价值相关的假定的依据是否恰当。

五、评价会计估计的合理性并确定错报

注册会计师应当根据获取的审计证据,评价财务报表中的会计估计在适用的财务报告编制基础下是合理的还是存在错报。根据获取的审计证据,注册会计师可能认为这些证据指向与管理层的点估计不同的会计估计。当审计证据支持点估计时,注册会计师的点估计与管理层的点估计之间的差异构成错报。当注册会计师认为使用其区间估计能够获取充分、适当的审计证据时,则在注册会计师区间估计之外的管理层的点估计得不到审计证据的支持。在这种情况下,错报不小于管理层的点估计与注册会计师区间估计之间的最小差异。

当管理层根据其对环境变化的主观判断而改变某项会计估计,或者改变上期作出会计估计的方法时,基于获取的审计证据,注册会计师可能认为会计估计被管理层随意改变而产生错报,或者将其视为可能存在管理层偏向的迹象。

一项错报,无论是由于舞弊还是错误导致,当与会计估计相关时,可能是由于以下因素导致的:①毋庸置疑地存在错报(事实错报);②由注册会计师认为管理层对会计估计作出的判断不合理,或认为管理层对会计政策的选择或运用不恰当而产生的差异(判断错报);③注册会计师对总体中错报的最佳估计,包括由审计样本中识别出的错报推断出总体中的错报(推断错报)。当然,在某些涉及会计估计的情形中,错报可能由上述因素共同导致,因此难以或不可能区分出由哪一具体因素导致。

评价在财务报表附注中的会计估计和相关披露(无论是由适用的财务报告编制基础要求的还是属于自愿披露的)的合理性时考虑的事项,与在审计财务报表中确认的会计估计时考虑的事项在实质上是相同的。

六、其他相关审计程序

(一) 关注与会计估计相关的披露

注册会计师应当获取充分、适当的审计证据,以确定与会计估计相关的财务报表披露是否符合适用的财务报告编制基础的规定。对导致特别风险的会计估计,注册会计师还应当评价在适用的财务报告编制基础下,财务报表对估计不确定性的披露的充分性。

(1) 按照适用的财务报告编制基础作出的披露。按照适用的财务报告编制基础列报财务报表,包括对重大事项的充分披露。适用的财务报告编制基础可能允许或规定与会计估计相关的披露,并且某些实体可能在财务报表附注中自愿披露额外信息。这些披露可能包括:①使用的假设;②使用的估计方法,包括适用的模型;③选择估计方法的基础;④改变上期估计方法产生的影响;⑤估计不确定性的原因和影响。这些披露与财务报表使用者理解在财务报表中确认或披露的会计估计相关,注册会计师需要就其披露是否符合适用的财务报告编制基础的规定获取充分、适当的审计证据。在某些情况下,适用的财务报告编制基础可能对披露估计不确定性作出特别规定。例如:①披露关键假设以及产生估计不确定性的其他原因,该估计不确定性具有导致对资产和负债账面价值作出重大调整的特别风险,这些

要求可能用"估计不确定性的关键原因"或"关键会计估计"等术语表述;②对于区间估计,披露可能出现的结果的区间和用以确定该区间的假设;③披露关于公允价值会计估计相对被审计单位财务状况和经营成果的重要程度的信息;④披露定性信息(如受风险影响的情况、被审计单位管理风险的目标、政策和程序以及计量风险的方法),以及自上期以来这些定性信息的任何变化;⑤披露定量信息,如受风险影响的程度(以内部提供给关键管理人员的信息为基础),包括信用风险、流动性风险和市场风险等。

(2) 披露导致特别风险的会计估计的估计不确定性。对具有特别风险的会计估计,即使已按照适用的财务报告编制基础的要求进行了披露,注册会计师仍可能根据所涉及的情况和事实认为对估计不确定性的披露是不充分的。会计估计可能结果的区间估计相对于重要性越大,注册会计师对估计不确定性的披露充分性的评价越重要。在某些情况下,注册会计师可能认为鼓励管理层在财务报表附注中描述与估计不确定性相关的情况是适当的。当注册会计师认为管理层在财务报表中对估计不确定性的披露不充分或存在误导时,应当考虑其对审计报告的影响。

(二) 识别可能存在管理层偏向的迹象

注册会计师应当复核管理层在作出会计估计时的判断和决策,以识别是否可能存在管理层偏向的迹象。在审过程中,注册会计师可能注意到管理层作出的、可能导致出现管理层偏向迹象的判断和决策。这些迹象可能影响注册会计师对有关风险评估结果和相关应对措施是否仍然恰当的判断,并且注册会计师可能有必要考虑对审计其他方面的影响。进一步讲,这些迹象可能影响注册会计师对财务报表整体是否不存在重大错报的评估。与会计估计相关的、可能存在管理层偏向迹象的例子包括:①管理层主观地认为环境已经发生变化,并相应地改变会计估计或估计方法;②针对公允价值会计估计,被审计单位的自有假设与可观察到的市场假设不一致,但仍使用被审计单位的自有假设;③管理层选择或作出重大假设以产生有利于管理层目标的点估计;④选择带有乐观或悲观倾向的点估计。

(三) 获取书面声明

注册会计师应当向管理层和治理层(如适用)获取书面声明,以确定其是否认为在作出会计估计时使用的重大假设是合理的。根据估计不确定性的性质、重要性和程度,有关财务报表中确认或披露的会计估计的书面声明可能包括以下内容:①计量流程(包括管理层在根据适用的财务报告编制基础作出会计估计时使用的相关假设和模型)的恰当性,以及流程的一贯运用;②假设恰当地反映了管理层代表被审计单位执行特定措施的意图和能力(当这些意图和能力与会计估计和披露相关时);③在适用的财务报告编制基础下与会计估计相关的披露的完整性和适当性;④不存在需要对财务报表中会计估计和披露作出调整的期后事项。针对未在财务报表中确认或披露的会计估计,书面声明也可能包括以下内容:①管理层用于确定不满足适用的财务报告编制基础规定的确认或披露标准的依据的恰当性;②针对未在财务报表中以公允价值计量或披露的会计估计,管理层用于推翻适用的财务报告编制基础规定的与使用公允价值相关的假定的依据的恰当性。

在审计过程中,注册会计师应当将识别出的可能存在管理层偏向的迹象形成审计工作底稿,这有助于注册会计师确定风险评估结果和相关应对措施是否仍然恰当,以及评价财务报表整体是否不存在重大错报。

第二节 持续经营假设审计

持续经营假设通常是会计确认和计量的基本假定之一,对财务报表的编制和审计关系重大。是否以持续经营假设为基础编制财务报表,对会计确认、计量和列报将产生很大影响。例如,对于固定资产,企业在持续经营假设基础上,以历史成本计价,并在预计使用年限内对该项资产计提折旧。通过此方式,可将资产的成本分摊到不同期间的费用中去,据以核算各个期间的损益。如果这一假设不再成立,该项资产应以清算价格计价。通用目的财务报表是在持续经营基础上编制的,除非管理层计划将被审计单位予以清算或终止经营,或者除此之外没有其他现实可行的选择。

一、管理层的责任和注册会计师的责任

(一)管理层的责任

某些适用的财务报告编制基础明确要求管理层对持续经营能力作出评估,并规定了与此相关的需要考虑的事项和作出的披露。相关法律、法规还可能对管理层评估持续经营能力的责任和相关财务报表披露作出具体规定。而其他财务报告编制基础可能没有明确要求管理层对持续经营能力作出评估。但由于持续经营假设是编制财务报表的基本原则,即使其他财务报告编制基础没有对此作出明确规定,管理层也需要在编制财务报表时评估持续经营能力。

管理层对持续经营能力的评估涉及在特定时点对事项或情况的未来结果作出判断,这些事项或情况的未来结果具有固有不确定性。下列因素与管理层的判断相关:

(1)某一事项或情况结果出现的时点距离管理层作出评估的时点越远,与事项或情况的结果相关的不确定性程度将显著增加。因此,明确要求管理层对持续经营能力作出评估的大多数财务报告编制基础可能规定了管理层应当考虑所有可获得信息的期间。

(2)被审计单位的规模和复杂程度、经营活动的性质和状况以及被审计单位受外部因素影响的程度,将影响对事项或情况的结果作出的判断。

(3)对未来的所有判断都以作出判断时可获得的信息为基础。管理层作出的判断在当时情况下可能是合理的,但之后发生的事项可能导致事项或情况的结果与作出的判断不一致。

(二)注册会计师的责任

在执行财务报表审计业务时,注册会计师的责任是就管理层在编制和列报财务报表时运用持续经营假设的适当性获取充分、适当的审计证据,并就持续经营能力是否存在重大不确定性得出结论。即使编制财务报表时采用的财务报告编制基础没有明确要求管理层对持续经营能力作出专门评估,注册会计师的这种责任仍然存在。

如果存在可能导致被审计单位不再持续经营的未来事项或情况,审计的固有限制对注册会计师发现重大错报能力的潜在影响会加大。注册会计师不能对这些未来事项或情况作出预测。相应地,注册会计师未在审计报告中提及持续经营的不确定性,不能被视为对被审计单位持续经营能力的保证。

二、风险评估程序和相关活动

注册会计师在实施风险评估程序时,应当考虑是否存在可能导致对被审计单位持续经

营能力产生重大疑虑的事项或情况,并确定管理层是否已对被审计单位持续经营能力作出初步评估。如果管理层已对持续经营能力作出初步评估,注册会计师应当与管理层进行讨论,并确定管理层是否已识别出单独或汇总起来可能导致对被审计单位持续经营能力产生重大疑虑的事项或情况;如果管理层已识别出这些事项或情况,注册会计师应当与其讨论应对计划;如果管理层未对持续经营能力作出初步评估,注册会计师应当与管理层讨论其拟运用持续经营假设的基础,询问管理层是否存在单独或汇总起来可能导致对被审计单位持续经营能力产生重大疑虑的事项或情况。

在计划审计工作和实施风险评估程序时,注册会计师应当考虑是否存在可能导致对持续经营能力产生重大疑虑的事项或情况及相关的经营风险,评价管理层对持续经营能力作出的评估,并考虑已识别的事项或情况对重大错报风险评估的影响。被审计单位在财务、经营以及其他方面存在的某些事项或情况可能导致经营风险,这些事项或情况单独或连同其他事项或情况可能导致对持续经营假设产生重大疑虑。

（一）财务方面

被审计单位在财务方面存在的可能导致对持续经营假设产生重大疑虑的事项或情况主要包括:

(1) 净资产为负或营运资金出现负数。资不抵债有可能使被审计单位在近期内无法偿还到期债务,从而引发债务危机。

(2) 定期借款即将到期,但预期不能展期或偿还,或过度依赖短期借款为长期资产筹资。过度依赖短期借款为长期资产筹资,将使被审计单位长期面临巨大的短期偿债压力,如果无法及时偿还到期债务,将陷入财务困境。

(3) 存在债权人撤销财务支持的迹象。如果被审计单位不再能够获得供应商正常商业信用,就意味着无法通过赊购取得生产经营所必需的原材料或其他物资,现金偿付压力巨大。一旦资金短缺,生产经营就有可能中断。

(4) 历史财务报表或预测性财务报表表明经营活动产生的现金流量净额为负数。如果被审计单位的营运资金以及经营活动产生的现金流量净额出现负数,表明被审计单位的现金流量可能不能有效维持正常的生产经营,从而影响被审计单位的盈利能力和偿债能力,降低其在市场竞争中的信用等级,最终可能因资金周转困难而导致破产。

(5) 关键财务比率不佳。

(6) 发生重大经营亏损或用以产生现金流量的资产的价值出现大幅下跌。经营亏损可能是由于被审计单位经营管理不善引起的,也可能是行业整体不景气造成的。巨额经营亏损可能意味着被审计单位丧失盈利能力,并导致其持续经营能力存在着重大的不确定性。

(7) 拖欠或停止发放股利。

(8) 在到期日无法偿还债务。

(9) 无法履行借款合同的条款。为了保证贷款的安全,银行往往在借款合同中订有诸如流动资金保持量、资本支出的限制等条款。一旦被审计单位无法履行这些条款,银行为保全其债权,就有可能要求被审计单位提前偿还借款,从而导致被审计单位的资金周转出现困难。

(10) 与供应商由赊购变为货到付款。

(11) 无法获得开发必要的新产品或进行其他必要的投资所需的资金。被审计单位无法获得必需的资金,则没有能力在盈利前景良好的项目上进行投资并获取未来收益。当现

有产品失去市场竞争力时，将直接影响到被审计单位的盈利能力，从而对被审计单位的持续经营能力产生重大影响。

（二）经营方面

被审计单位在经营方面存在的可能导致对持续经营假设产生重大疑虑的事项或情况主要包括：

（1）管理层计划清算被审计单位或终止经营。

（2）关键管理人员离职且无人替代。通常，关键管理人员负责管理企业的日常经营活动，在被审计单位中起着重要作用。如果关键管理人员离职且无人替代，则会对被审计单位的经营活动产生重大不利影响，从而使持续经营能力存在重大的不确定性。

（3）失去主要市场、关键客户、特许权、执照或主要供应商。如果被审计单位失去主要市场、关键客户、特许权、执照或主要供应商，表明其在销售、经营和采购方面将面临极大困境，从而影响其持续经营能力。

（4）出现用工困难问题。一些企业的生产经营高度依赖于科技研发人员、技术熟练工人等，如软件开发公司从事软件设计的关键人员。如果企业缺乏这些对持续经营具有决定性影响的人力资源，将可能无法持续经营。

（5）重要供应短缺。一些企业的生产经营高度依赖于重要原材料供应；一旦短缺，企业将可能无法持续经营。

（6）出现非常成功的竞争者。一旦出现非常成功的竞争者，将可能对企业产品市场、原材料供应、关键管理人员和重要员工的稳定性等诸多方面产生影响，进而可能影响企业的持续经营能力。

（三）其他方面

被审计单位在其他方面存在的可能导致对持续经营假设产生重大疑虑的事项或情况主要包括：

（1）违反有关资本或其他法定要求。被审计单位在生产经营过程中如果严重违反有关法律、法规或政策，则有可能被有关部门撤销或责令关闭，或被处以较大数额的罚款，这将导致被审计单位无法持续经营或对其持续经营能力产生重大影响。

（2）未决诉讼或监管程序，可能导致其无法支付索赔金额。未决诉讼或监管程序可能导致企业财产被冻结或被有关部门责令停产整改，也可能导致其无法支付索赔金额，从而影响其持续经营。

（3）法律、法规或政府政策的变化预期会产生不利影响。例如，被审计单位的利润和现金流量主要来自对境外子公司的投资分得的红利。如果该子公司所在国家加强了外汇管制，被审计单位能否收到红利存在重大不确定性，就可能影响其持续经营。

（4）对发生的灾害未购买保险或保额不足。不可抗力因素超出了企业可控制和预测的范围，企业可能因此无法开展正常的经营活动，从而导致无法持续经营。

需要说明的是，以上是单独或汇总起来可能导致对持续经营假设产生重大疑虑的事项或情况的示例。这些示例并不能涵盖所有事项或情况，也不意味着存在其中一个或多个项目就一定表明存在重大不确定性，就必然导致被审计单位无法持续经营。某些措施通常可以减轻这些事项或情况的严重性，注册会计师对此应作出职业判断。例如，被审计单位无法正常偿还债务的影响，可能被管理层通过替代方法（如处置资产、重新安排贷款偿还或获得额外资本金计划）保持足够的现金流量所抵销。类似地，主要供应商的流失也可以通过寻找适当的替代供应来源以降低损失。在这种情况下,注册会计师不一定会得出被审计单位无法持续经营的结论。

针对有关可能导致对被审计单位持续经营能力产生重大疑虑的事项或情况的审计证据,注册会计师应当在整个审计过程中保持警觉。注册会计师对此类事项或情况的考虑应当随着审计工作的开展而不断深入。如果被审计单位存在资不抵债、无法偿还到期债务等事项或情况,这可能表明被审计单位存在因持续经营问题导致的重大错报风险,该项风险与财务报表整体广泛相关,从而会影响多项认定。

三、评价管理层对持续经营能力作出的评估

任何企业都可能面临终止经营的风险,因此,管理层应当定期对其持续经营能力作出分析和判断,确定以持续经营假设为基础编制财务报表的适当性。管理层对被审计单位持续经营能力的评估,是注册会计师考虑管理层运用持续经营假设的一个关键部分。注册会计师应当评价管理层对持续经营能力作出的评估。

(一)管理层评估涵盖的期间

在评价管理层对被审计单位持续经营能力作出的评估时,注册会计师的评价期间应当与管理层按照适用的财务报告编制基础或法律法规(如果法律法规要求的期间更长)的规定作出评估的涵盖期间相同。

大多数明确要求管理层作出评估的财务报告编制基础都详细规定了管理层需要在多长期间考虑所有可获得的信息。持续经营假设是指被审计单位在编制财务报表时,假定其经营活动在可预见的将来会继续下去,而可预见的将来通常是指财务报表日后 12 个月。因此,管理层对持续经营能力的合理评估期间应是自财务报表日起的下一个会计期间。如果管理层评估持续经营能力涵盖的期间短于自财务报表日起的 12 个月,注册会计师应当提请管理层将其至少延长至自财务报表日起的 12 个月。

(二)管理层的评估、支持性分析和注册会计师的评价

纠正管理层缺乏分析的错误不是注册会计师的责任。在某些情况下,管理层缺乏详细分析以支持其评估,可能不妨碍注册会计师确定管理层运用持续经营假设是否适合具体情况。例如,如果被审计单位具有盈利经营的记录并很容易获得财务支持,管理层可能不需要进行详细分析就能作出评估。在这种情况下,如果其他审计程序足以使注册会计师认为管理层在编制财务报表时运用的持续经营假设适合具体情况,注册会计师可能无须实施详细的评价程序,就可以对管理层评估的适当性得出结论。

在其他情况下,注册会计师评价管理层对被审计单位持续经营能力所作的评估,可能包括评价管理层作出评估时遵循的程序、评估依据的假设、管理层的未来应对计划以及管理层的计划在当前情况下是否可行。

注册会计师应当考虑管理层作出的评估是否已考虑所有相关信息,其中包括注册会计师实施审计程序获取的信息。管理层的评估所遵循的程序包括对可能导致对其持续经营能力产生重大疑虑的事项或情况的识别、对相关事项或情况结果的预测、对拟采取改善措施的考虑和计划以及最终的评估结论。在考虑管理层的评估程序时,注册会计师应当关注管理层是如何识别可能导致对其持续经营能力产生重大疑虑的事项或情况的,所识别的事项或情况是否完整,是否已经对注册会计师在实施审计程序过程中发现的所有相关信息进行了充分考虑。在考虑管理层作出的评估所依据的假设时,注册会计师应当考虑管理层对相关

事项或情况结果的预测所依据的假设是否合理，并特别关注具有以下几类特征的假设：①对预测性信息具有重大影响的假设；②特别敏感的或容易发生变动的假设；③与历史趋势不一致的假设。注册会计师应当基于对被审计单位的了解，比较以前年度的预测与实际结果、本期的预测和截至目前的实际结果。如果发现某些因素的影响尚未反映在相关预测中，注册会计师应当与管理层讨论这些因素，必要时，要求管理层对相关预测所依据的假设作出修正。

四、超出管理层评估期间的事项或情况

注册会计师应当询问管理层是否知悉超出评估期间的、可能导致对持续经营能力产生重大疑虑的事项或情况。可能存在着已知的事项（预定的或非预定的）或情况，是超出管理层评估期间发生的，可能导致注册会计师对管理层编制财务报表时运用持续经营假设的适当性产生怀疑。注册会计师需要对存在这些事项或情况的可能性保持警觉。由于事项或情况发生的时点距离作出评估的时点越远，与事项或情况的结果相关的不确定性的程度也相应增加，因此在考虑更远期间发生的事项或情况时，只有持续经营事项的迹象达到重大时，注册会计师才需要考虑采取进一步措施。如果识别出这些事项或情况，注册会计师可能需要提请管理层评价这些事项或情况对于其评估被审计单位持续经营能力的潜在重要性。在这种情况下，注册会计师应当通过实施追加的审计程序（包括考虑缓解因素），获取充分、适当的审计证据，以确定是否存在重大不确定性。

除询问管理层外，注册会计师没有责任实施其他任何审计程序，以识别超出管理层评估期间并可能导致对被审计单位持续经营能力产生重大疑虑的事项或情况。

五、识别出事项或情况时实施追加的审计程序

如果识别出可能导致对持续经营能力产生重大疑虑的事项或情况，注册会计师应当通过实施追加的审计程序（包括考虑缓解因素），获取充分、适当的审计证据，以确定是否存在重大不确定性。这些程序应当包括：

第一，如果管理层尚未对被审计单位持续经营能力作出评估，提请其进行评估。如果管理层没有对持续经营能力作出初步评估，注册会计师应当与管理层讨论运用持续经营假设的理由，询问是否存在导致对持续经营能力产生重大疑虑的事项或情况，并提请管理层对持续经营能力作出评估。

第二，评价管理层与持续经营能力评估相关的未来应对计划，这些计划的结果是否可能改善目前的状况，以及管理层的计划对于具体情况是否可行。评价管理层未来应对计划可能包括向管理层询问该计划。管理层的应对计划可能包括管理层变卖资产、对外借款、重组债务、削减或延缓开支或者获得新的资本。

第三，如果被审计单位已编制现金流量预测，且对预测的分析是评价管理层未来应对计划时所考虑的事项或情况的未来结果的重要因素，评价用于编制预测的基础数据的可靠性，并确定预测所基于的假设是否具有充分的支持。

此外，注册会计师还可能：①将最近若干期间的预测性财务信息与实际结果相比较；②将本期预测性财务信息与截至目前的实际结果相比较。

如果管理层的假设包括第三方通过放弃贷款优先求偿权、承诺保持或提供补充资金或担保等方式向被审计单位提供持续的支持，且这种支持对于被审计单位的持续经营能力很

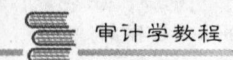

重要,注册会计师可能需要考虑要求该第三方提供书面确认(包括条款和条件),并获得有关该第三方有能力提供这种支持的证据。

第四,考虑自管理层作出评估后是否存在其他可获得的事实或信息。

第五,要求管理层和治理层(如适用)提供有关未来应对计划及其可行性的书面声明。

如果合理预期不存在其他充分、适当的审计证据,注册会计师应当就对财务报表有重大影响的事项向管理层和治理层(如适用)获取书面声明。

由于管理层就持续经营能力而提出的应对计划和其他缓解措施通常基于假设基础之上,注册会计师在进行评价时,取得的审计证据多为说服性而非结论性的,因此注册会计师应当向管理层获取有关应对计划的书面声明。

此外,尽管被审计单位当前可能是盈利的,但一些特殊的事项或情况可能导致被审计单位发生重大损失。为避免诸如诉讼事项可能发生的巨额赔偿支出,管理层将会考虑主动寻求破产保护。在这种情况下,获取管理层和治理层(如适用)声明是非常有必要的。注册会计师可以要求管理层和治理层(如适用)作出如下声明:"在财务报表日起的 12 个月内,管理层和治理层(如适用)没有申请破产保护的计划。"

六、得出审计结论

注册会计师应当评价是否就管理层编制财务报表时运用持续经营假设的适当性获取了充分、适当的审计证据,并就运用持续经营假设的适当性得出结论,并考虑对审计报告的影响。

注册会计师应当根据获取的审计证据,运用职业判断,确定是否存在与事实或情况相关的重大不确定性(且这些事项或情况单独或汇总起来可能导致对被审计单位持续经营能力产生重大疑虑)并考虑对审计意见的影响。如果注册会计师根据职业判断认为,鉴于不确定性潜在影响的重要程度和发生的可能性,为了使财务报表实现公允反映,有必要适当披露该不确定性的性质和影响,则表明存在重大不确定性。

如果认为运用持续经营假设适合具体情况,但存在重大不确定性,注册会计师应当确定以下内容:

(1) 财务报表是否已充分描述可能导致对持续经营能力产生重大疑虑的主要事项或情况,以及管理层针对这些事项或情况的应对计划。

(2) 财务报表是否已清楚披露可能导致对持续经营能力产生重大疑虑的事项或情况存在重大不确定性,并由此导致被审计单位可能无法在正常的经营过程中变现资产和清偿债务。

如果已识别出可能导致对被审计单位持续经营能力产生重大疑虑的事项或情况,但根据获取的审计证据,注册会计师认为不存在重大不确定性,则注册会计师应当根据实用的财务报告编制基础的规定,评价财务报表是否对这些事项或情况作出充分披露。

第三节　首次接受委托时对期初余额的审计

广义地讲,期初余额的审计,既包括注册会计师首次接受委托对被审计单位的财务报表进行审计时所涉及的如何审计财务报表期初余额问题,也包括注册会计师执行连续审计业

务时所涉及的如何审计财务报表期初余额问题。对于后者,注册会计师在当期审计中通常只需关注被审计单位经审计的上期期末余额是否已正确结转至本期,或在适当的情况下已作出重新表述,很少再实施其他专门的审计程序。因此,本节主要针对注册会计师首次接受委托对被审计单位的财务报表进行审计时所涉及的期初余额审计问题进行阐述。注册会计师首次接受被审计单位委托主要有两类情况:一是,会计师事务所在被审计单位财务报表首次接受审计的情况下接受的审计委托;二是,会计师事务所在被审计单位上期财务报表由其他会计师事务所审计的情况下接受的审计委托,即由于种种原因,被审计单位更换会计师事务所对其本期财务报表进行审计。

一、期初余额的含义

期初余额是指期初存在的账户余额。期初余额以上期期末余额为基础,反映了以前期间的交易和事项以及上期采用的会计政策的结果。正确理解期初余额的含义,需要把握以下三点:

(1) 期初余额是期初已存在的账户余额。期初已存在的账户余额是由上期结转至本期的金额,或是上期期末余额调整后的金额。期初余额与上期期末余额是一个事物的两个方面。通常,期初余额是上期账户结转至本期账户的余额,在数额上与相应账户的上期期末余额相等。但是,由于受上期期后事项、会计政策变更、前期会计差错更正等因素的影响,上期期末余额结转至本期时,有时需经过调整或重新表述。例如,根据《企业会计准则第28号——会计政策、会计估计变更和差错更正》的规定,对于会计政策变更,企业应当采用追溯调整法处理,将会计政策变更累积影响数调整列报前期最早期初留存收益,其他相关项目的期初余额、列报前期披露的其他比较数据也应当一并调整;对于前期会计差错更正事项,企业应当采用追溯重述法更正重要的前期差错。实际上,采用追溯调整法或者追溯重述法,就是在上期期末数的基础上进行适当调整,形成本期期初数。

(2) 期初余额反映了以前期间的交易或事项以及上期采用的会计政策的结果。期初余额应以客观存在的经济业务为根据,是被审计单位按照上期采用的会计政策对以前会计期间发生的交易和事项进行处理的结果。

(3) 期初余额与注册会计师首次审计业务相联系。所谓首次审计业务,是指在上期财务报表未经审计,或上期财务报表由前任注册会计师审计的情况下承接的审计业务。

注册会计师对财务报表进行审计,是对被审计单位所审期间财务报表发表审计意见,一般无须专门对期初余额发表审计意见,但因为期初余额是本期财务报表的基础,所以要对期初余额实施适当的审计程序。注册会计师应当根据期初余额对财务报表的影响程度,合理运用职业判断,以确定期初余额的审计范围。判断期初余额对本期财务报表的影响程度应着眼于以下三个方面:①上期结转至本期的金额;②上期所采用的会计政策;③上期期末已存在的或有事项及承诺。注册会计师应以这三方面的内容为重点,确定期初余额对本期财务报表的影响。

二、期初余额的审计目标

在执行首次审计业务时,注册会计师针对期初余额的目标是,获取充分、适当的审计证据以确定:①期初余额是否含有对本期财务报表产生重大影响的错报;②期初余额反映的恰当的会计政策是否在本期财务报表中得到一贯运用,或会计政策的变更是否已按照适用的财务报告编制基础作出恰当的会计处理和充分的列报与披露。

(1) 确定期初余额是否含有对本期财务报表产生重大影响的错报。要确定期初余额是否存在对本期财务报表产生重大影响的错报,主要是判断期初余额的错报对本期财务报表使用者进行决策的影响程度,是否足以改变或影响其判断。如果期初余额存在对本期财务报表产生重大影响的错报,则注册会计师在审计中必须对此提出恰当的审计调整或披露建议;反之,注册会计师无须对此予以特别关注和处理。例如,上期财务报表中对某项新增固定资产的初始计量存在重大差错,这一差错不仅会影响本期期末资产负债表中固定资产项目和资产总额项目的正确列报,同时还会因此影响本期损益核算的正确性,进而可能使得本期财务报表使用者在决策时作出错误判断。

(2) 确定期初余额反映的恰当的会计政策是否在本期财务报表中得到一贯运用,或会计政策的变更是否已按照适用的财务报告编制基础作出恰当的会计处理和充分的列报与披露。按照《企业会计准则第 28 号——会计政策、会计估计变更和差错更正》的规定,企业采用的会计政策,在每一会计期间和前后各期应当保持一致,不得随意变更。但是,在满足下列条件之一的情形下,可以变更会计政策:①法律、行政法规或者国家统一的会计制度等要求变更会计政策;②会计政策变更能够提供更可靠、更相关的会计信息。会计政策变更能够提供更可靠、更相关的会计信息的,应当采用追溯调整法处理,即将会计政策变更累积影响数调整列报前期最早期初留存收益,其他相关项目的期初余额和列报前期披露的其他比较数据也应当一并调整,但确定该项会计政策变更累积影响数不切实可行的情况除外。《企业会计准则第 28 号——会计政策、会计估计变更和差错更正》同时对本期财务报表附注中披露与会计政策变更有关的信息方面的问题提出了明确要求。

因此,在审计期初余额时,注册会计师应当按照《企业会计准则第 28 号——会计政策、会计估计变更和差错更正》的有关要求,评价被审计单位是否一贯运用恰当的会计政策,或是否对会计政策的变更作出了正确的会计处理和恰当的列报。

三、审计程序与结论

为达到上述期初余额的审计目标,注册会计师应当阅读被审计单位最近期间的财务报表和相关披露,以及前任注册会计师出具的审计报告(如有),获取与期初余额相关的信息。注册会计师对期初余额需要实施的审计程序的性质和范围取决于下列事项:①被审计单位运用的会计政策;②账户余额、各类交易和披露的性质以及本期财务报表存在的重大错报风险;③期初余额相对于本期财务报表的重要程度;④上期财务报表是否经过审计,如果经过审计,前任注册会计师的意见是否为非无保留意见。注册会计师对期初余额实施审计程序后得出相应的审计结论。

(一) 上期期末余额结转至本期的正确性

确定上期期末余额是否已正确结转至本期,或在适当的情况下已作出重新表述上期期末余额已正确结转至本期,主要是指:①上期账户余额计算正确;②上期总账余额与各明细账余额合计数或日记账余额合计数相等;③上期各总账余额和相应的明细账余额或日记账余额已经分别恰当地过入本期的总账和相应的明细账或日记账。

上期期末余额通常应直接结转至本期。但在出现某些情形时,上期期末余额不应直接结转至本期,而应当作出重新表述。例如,企业会计准则和相关会计制度的要求发生变化;或者上期期末余额存在重大的前期差错,如果前期差错累积影响数能够确定,按规定应当采用追溯重述法进行更正。

（二）确定期初余额是否反映对恰当会计政策的运用

首先，注册会计师应了解、分析被审计单位所选用的会计政策是否恰当，是否符合适用的财务报告编制基础的要求，按照所选用会计政策对被审计单位发生的交易或事项进行处理，是否能够提供可靠、相关的会计信息；其次，如果认定被审计单位所选用的会计政策恰当，应确认该会计政策是否在每一会计期间和前后各期得到一贯执行，有无变更；最后，如果发现会计政策发生变更，应确定其变更理由是否充分，是否按规定予以变更，或者由于具体情况发生变化，会计政策变更能够提供更可靠、更相关的会计信息，并关注被审计单位是否已经按照适用的财务报告编制基础的要求，对会计政策变更作出适当的会计处理和充分披露。如果被审计单位上期适用的会计政策不恰当或与本期不一致，注册会计师在实施期初余额审计时应提请被审计单位进行调整或予以披露。

（三）实施一项或多项审计程序

注册会计师实施的一项或多项审计程序包括以下内容。

1. 查阅前任注册会计师的审计工作底稿

如果上期财务报表已经审计，查阅前任注册会计师的审计工作底稿，以获取有关期初余额的审计证据，主要包括进行以下工作：

（1）查阅前任注册会计师的工作底稿。查阅的重点通常限于对本期审计产生重大影响的事项，如前任注册会计师对上期财务报表发表的审计意见的类型和主要内容，针对上期财务报表的审计计划和审计总结等，具体来讲有：①查阅前任注册会计师工作底稿中的所有重要审计领域；②考虑前任注册会计师是否已实施审计程序，收集充分、适当的审计证据，以支持资产负债表重要账户期初余额；③复核前任注册会计师建议的调整分录和未更正错报汇总表，并评价其对当期审计的影响。

（2）考虑前任注册会计师的独立性和专业胜任能力。注册会计师能否通过查阅前任注册会计师的审计工作底稿获取有关期初余额的充分、适当的审计证据，在很大程度上依赖于注册会计师对前任注册会计师的独立性和专业胜任能力的判断。如果认为前任注册会计师不具有独立性，或者不具有应有的专业胜任能力，则无法通过查阅其审计工作底稿获取有关期初余额的充分、适当的审计证据。

（3）与前任注册会计师沟通时的考虑。在与前任注册会计师沟通时，注册会计师应当遵守职业道德守则和《中国注册会计师审计准则第1153号——前任注册会计师和后任注册会计师的沟通》的规定。该准则要求，注册会计师无论在接受委托前、接受委托后，还是在发现前任注册会计师审计的财务报表可能存在重大错报时，均应当采取相应的措施。这些同样是注册会计师在与前任注册会计师沟通时所必须遵守的。

2. 实施其他专门的审计程序

注册会计师应当评价本期实施的审计程序是否提供了有关期初余额的审计证据，进而考虑实施其他专门的审计程序，以进一步获取有关期初余额的审计证据。

注册会计师应当根据期初余额有关账户的不同性质实施相应的审计程序。账户的性质主要按照账户属于资产类还是负债类、属于流动性还是非流动性等标准加以区分。

（1）对流动资产和流动负债的审计程序。对流动资产和流动负债，注册会计师通常可以通过本期实施的审计程序获取部分审计证据。例如，本期应收账款的收回（或应付账款的支付）为其在期初的存在、权利和义务、完整性和计价提供了部分审计证据。然而，就存货而言,如果因为委托时间滞后,注册会计师可能未能对上期期末存货实施监盘,本期对存货的期末余额实施的审计程序,几乎无法提供有关期初持有存货的审计证据。因此,注册会计师有必要实施追加的审计程序。下列一项或多项审计程序可以为存货期初余额提供充分、适当的审计证据:①监盘当前的存货数量并调节至期初存货数量;②对期初存货项目的计价实施审计程序;③对毛利和存货截止实施审计程序。

(2) 对非流动资产和非流动负债的审计程序。对非流动资产和非流动负债,如长期股权投资、固定资产和长期借款,注册会计师可以通过检查形成期初余额的会计记录和其他信息获取审计证据。在某些情况下,注册会计师还可以通过向第三方函证获取有关初余额(如长期借款和长期股权投资的期初余额)的部分审计证据。而在另外一些情况下,注册会计师还可能需要实施追加的审计程序。

如果获取的审计证据表明期初余额存在可能对本期财务报表产生重大影响的错报,注册会计师应当实施适合具体情况的追加的审计程序,以确定对本期财务报表的影响。如果认为本期财务报表中存在这类错报,注册会计师应当按照审计准则的规定,就这类错报与适当层级的管理层和治理层进行沟通。

如果上期财务报表已由前任注册会计师审计,并发表了非无保留意见,注册会计师应当按照《中国注册会计师审计准则第 1211 号——通过了解被审计单位及其环境识别和评估重大错报风险》的规定,在评估本期财务报表重大错报风险时,评价导致对上期财务报表发表非无保留意见的事项的影响。

在对期初余额实施审计程序后,注册会计师应当分析已获取的审计证据,区分审计后不能获取有关期初余额的充分适当的审计证据、期初余额存在对本期财务报表产生重大影响的错报、前任注册会计师对上期财务报表发表了非无保留意见等不同情况形成对被审计单位期初余额相应的审计结论,在此基础上确定其对本期财务报表出具审计报告的影响。

复习思考题

1. 如何了解管理层作出的会计估计?
2. 在审计会计估计时,如何识别和评估重大错报风险?
3. 在审计会计估计时,如何应对评估的重大错报风险?
4. 简述持续经营假设审计考虑中被审计单位管理层的责任和注册会计师的责任。
5. 简述持续经营假设审计考虑的风险评估程序和相关活动。
6. 注册会计师如何实施首次接受委托时对期初余额的审计?

练 习 题

【实务题1】 练习实施会计估计审计程序

(一) 资料

龙腾公司是诚信会计师事务所的常年审计客户,注册会计师李江负责审计该公司 20×8 年度财务报表,确定财务报表的整体重要性水平为 200 万元。审计工作底稿中与会计估计审计相关的部分事项摘要如下:

(1) 因龙腾公司 20×8 年度经营情况较上年度没有发生重大变化,注册会计师李江通

过实施分析程序对上年会计估计在本年的结果进行了复核,以评估与会计估计相关的重大错报风险。

(2) 龙腾公司管理层实施固定资产减值测试时采用的重大假设具有高度估计不确定性,导致特别风险。注册会计师李江评价了管理层采用的计量方法,测试了基础数据,并将重大假设与相关历史数据进行了比较,未发现重大差异,据此认为管理层的减值测试结果合理。

(3) 20×8年度龙腾公司聘请某咨询公司提供精算服务,并根据精算结果进行了会计处理。注册会计师李江评价了该咨询公司的胜任能力和专业素质,了解和评价了其工作,认为可以将其结果作为审计证据。

(二) 要求

针对上述第(1)至第(3)项,逐项指出注册会计师李江的做法是否恰当,并简要说明理由。

【实务题2】 练习实施会计估计审计程序

(一) 资料

信达会计师事务所负责审计东大公司20×8年度财务报表,审计项目组在审计工作底稿中记录了与公允价值和会计估计审计的情况,部分内容摘录如下:

(1) 东大公司持有以公允价值计量的投资性房地产。审计项目组认为该项公允价值计量不存在特别风险,无须了解相关控制,聘请某资产评估公司对该投资性房地产的公允价值进行了评估。

(2) 20×8年年末,东大公司针对一项未决诉讼确认了500万元预计负债。审计项目组作出的区间估计为550万元至650万元,据此认为预计负债存在少计50万元的事实错报。

(3) 为减少利润总额和应纳税所得额之间的差异,东大公司自20×8年1月1日起将固定资产折旧年限调整为税法规定的最低年限。审计项目组根据变更后的折旧年限检查了东大公司20×8年度计提的折旧额,结果满意。

(二) 要求

针对上述第(1)至第(3)项,逐项指出审计项目组的做法是否恰当,并简要说明理由。

第十八章　审计终结与审计报告

注册会计师在按业务循环完成各财务报表项目的审计测试和一些特殊项目（如期初余额、期后事项、或有事项、持续经营、管理层声明等）的审计工作后,应汇总审计测试结果,进行更具综合性的审计工作,如编制审计差异调整表和试算平衡表,执行分析程序,撰写审计总结以及完成审计工作底稿的复核等。在此基础上,应评价审计结果,在与客户沟通以后,确定应出具审计报告的意见类型和措辞,进而编制并致送审计报告,终结审计工作。

第一节　审计报告编制前的工作

审计报告编制前的工作主要包括以下几项:编制审计差异调整表和试算平衡表,执行分析程序,撰写审计总结以及完成审计工作底稿的复核等。

一、编制审计差异调整表和试算平衡表

在完成按业务循环进行的控制测试、财务报表项目的实质性程序和特殊项目的审计后,对审计项目组成员在审计中发现的被审计单位的会计处理方法与企业会计准则的不一致,即审计差异内容,审计项目经理应根据审计重要性原则予以初步确定并汇总,并建议被审计单位进行调整。使经审计的财务报表所载信息能够公允地反映被审计单位的财务状况、经营成果和现金流量。这一对审计差异内容的初步确定并汇总直至形成已审计的财务报表的过程,主要是通过编制审计差异调整表和试算平衡表得以完成的。

（一）编制审计差异调整表

审计差异内容按是否需要调整账户记录可分为核算错误和重分类错误。核算错误是因企业对经济业务进行了不正确的会计核算而引起的错误;重分类错误是因企业未按企业会计准则列报财务报表而引起的错误。例如,企业在应付账款项目中反映的预付账款、在应收账款项目中反映的预收账款等。

无论是核算错误和重分类错误,在审计工作底稿中通常都是以会计分录的形式反映的(调整分录和重分类分录的编制方法见第七章第三节)。由于审计中发现的错误往往不止一两项,为便于审计项目的各级负责人综合判断、分析和决定,也为了便于有效编制试算平衡表和代编经审计的财务报表,通常需要将这些建议调整的不符事项、未调整不符事项和重分类错误分别汇总至调整分录汇总表、重分类分录汇总表和未调整不符事项汇总表。三张汇总表的参考格式分别如表 18-1 至表 18-3 所示。

表 18-1 　　　　　　　　　　　　账项调整分录汇总表

被审计单位：_____　　　　索引号：_____

项目：_____　　　　财务报表截止日/期间：_____

编制：_____　　　　复核：_____

日期：_____　　　　日期：_____

序号	内容及说明	索引号	调整内容				影响利润表 +（—）	影响资产 负债表 +（—）
			借方 项目	借方 金额	贷方 项目	贷方 金额		

表 18-2 　　　　　　　　　　　　重分类调整分录汇总表

被审计单位：_____　　　　索引号：_____

项目：_____　　　　财务报表截止日/期间：_____

编制：_____　　　　复核：_____

日期：_____　　　　日期：_____

序号	内容及说明	索引号	调整项目和金额			
			借方项目	借方金额	贷方项目	贷方金额

表 18-3　　　　　　　　　　　　未更正错报汇总表

被审计单位：＿＿＿＿＿＿＿＿＿　　　索引号：＿＿＿＿＿＿＿＿＿
项目：＿＿＿＿＿＿＿＿＿＿　　　　财务报表截止日/期间：＿＿＿＿＿
编制：＿＿＿＿＿＿＿＿＿＿　　　　复核：＿＿＿＿＿＿＿＿＿＿
日期：＿＿＿＿＿＿＿＿＿＿　　　　日期：＿＿＿＿＿＿＿＿＿＿

序号	内容及说明	索引号	未调整内容				备注
			借方项目	借方金额	贷方项目	贷方金额	

未更正错报的影响：

项目	金额	百分比	计划百分比
1. 总资产	＿＿＿＿＿	＿＿＿＿＿	＿＿＿＿＿
2. 净资产	＿＿＿＿＿	＿＿＿＿＿	＿＿＿＿＿
3. 销售收入	＿＿＿＿＿	＿＿＿＿＿	＿＿＿＿＿
4. 费用总额	＿＿＿＿＿	＿＿＿＿＿	＿＿＿＿＿
5. 毛利	＿＿＿＿＿	＿＿＿＿＿	＿＿＿＿＿
6. 净利润	＿＿＿＿＿	＿＿＿＿＿	＿＿＿＿＿

结论：

被审计单位授权代表签字：＿＿＿＿＿＿　日期：＿＿＿＿＿

注册会计师确定核算错误和重分类错误后，应以书面方式及时征求被审计单位的意见。若被审计单位予以采纳，应取得其同意调整的书面确认；若被审计单位不予采纳，应分析原因，并根据错报的性质和重要程度，确定是否在审计报告中予以反映，以及如何反映。

（二）编制试算平衡表

试算平衡表是注册会计师在被审计单位提供未审财务报表的基础上，考虑调整分录、重分类分录等内容以确定已审数与报表披露数的表式。有关资产负债表和利润表的试算平衡表的参考格式分别如表 18-4 和表 18-5 所示。需要说明以下几点：

（1）试算平衡表中的"未审数"栏，应根据被审计单位提供的未审计财务报表填列。

（2）在编制完试算平衡表后，应注意核对相应的勾稽关系。例如，资产负债表试算平衡表左边的期末未审数、期末审定数的合计数应分别等于其右边相应合计数；资产负债表试算平衡表左边的账项调整栏中的借方合计数与贷方合计数之差应等于右边的账项调整栏中的贷方合计数与借方合计数之差；资产负债表试算平衡表左边的重分类调整栏中的借方合计数与贷方合计数之差应等于右边的重分类调整栏中的贷方合计数与借方合计数之差等。

表18-4

资产负债表试算平衡表

项目	期末未审数	账项调整 借方	账项调整 贷方	重分类调整 借方	重分类调整 贷方	期末审定数
货币资金						
交易性金融资产						
衍生金融资产						
应收票据及应收账款						
预付款项						
其他应收款						
存货						
合同资产						
持有待售资产						
一年内到期的非流动资产						
其他流动资产						
……						
……						
长期应收款						
长期股权投资						

项目	期末未审数	账项调整 借方	账项调整 贷方	重分类调整 借方	重分类调整 贷方	期末审定数
短期借款						
交易性金融负债						
衍生金融负债						
应付票据及应付账款						
预收款项						
应付职工薪酬						
应交税费						
……						
……						
其他应付款						
一年内到期的非流动负债						
其他流动负债						
长期借款						
应付债券						
长期应付款						

（续表）

项目	期末未审数	账项调整 借方	账项调整 贷方	重分类调整 借方	重分类调整 贷方	期末审定数
投资性房地产						
固定资产						
……						
……						
……						
无形资产						
开发支出						
商誉						
长期待摊费用						
递延所得税资产						
其他非流动资产						
合　计						

项目	期末未审数	账项调整 借方	账项调整 贷方	重分类调整 借方	重分类调整 贷方	期末审定数
……						
预计负债						
递延所得税负债						
其他非流动负债						
实收资本（或股本）						
资本公积						
盈余公积						
未分配利润						
合　计						

表 18-5　　　　　　　　　　　　**利润表试算平衡表**

项　目	未审数	调整金额		审定数	索引号
		借方	贷方		
一、营业收入					
减：营业成本					
税金及附加					
销售费用					
管理费用					
财务费用					
……					
加：公允价值变动损益					
……					
二、营业利润					
加：营业外收入					
减：营业外支出					
三、利润总额					
减：所得税费用					
四、净利润					

二、对财务报表总体合理性实施分析程序

在审计结束或临近结束时，注册会计师运用分析程序的目的是确定审计调整后的财务报表整体是否与其对被审计单位的了解一致，注册会计师应当围绕这一目的运用分析程序。这时运用分析程序是强制要求，注册会计师在这个阶段应当运用分析程序。

在运用分析程序进行总体复核时，如果识别出以前未识别的重大错报风险，注册会计师应当重新考虑对全部或部分各类交易、账户余额、列报评估的风险是否恰当，并在此基础上重新评价之前计划的审计程序是否充分，是否有必要追加审计程序。

三、评价审计结果

注册会计师评价审计结果，主要为了确定将要发表的审计意见的类型以及在整个审计工作中是否遵循了审计准则。为此，注册会计师必须完成两项工作：一是对重要性和审计风险进行最终的评价；二是对被审计单位已审计财务报表形成审计意见并草拟审计报告。

（一）对重要性和审计风险进行最终的评价

对重要性和审计风险进行最终评价，是注册会计师决定发表何种类型审计意见的必要过程。该过程可通过以下两个步骤来完成：

（1）确定可能错报金额。可能错报金额包括已经识别的具体错报和推断误差，详见本

教材第七章。

(2) 根据财务报表层次重要性水平,确定可能的错报金额的汇总数(即可能错报总额)对财务报表的影响程度。应当注意的是:①这里的财务报表层次的重要性水平是指审计计划阶段确定的重要性水平。如果该重要性水平在审计过程中已作过修正,则当然应按修正后的财务报表层次重要性水平进行比较;②这里的可能错报总额一般是指各财务报表项目可能的错报金额的汇总数,但也可能包括上一期间的任何未更正可能错报对本期财务报表的影响。上一期间的未更正可能错报与本期未更正可能错报累计起来,可能会导致本期财务报表产生重大错报。因此,注册会计师估计本期的可能错报总和时,应当包括上一期间的未更正可能错报。

注册会计师在审计计划阶段已确定了审计风险的可接受水平。随着可能错报总和的增加,财务报表可能被严重错报的风险也会增加。如果注册会计师得出结论,审计风险处在一个可接受的水平,则可以直接提出审计结果所支持的意见;如果注册会计师认为审计风险不能接受,则应追加测试或者说服被审计单位作必要调整,以便将重要错报的风险降低到一个可接受的水平。否则,注册会计师应慎重考虑该审计风险对审计报告的影响。

(二) 对被审计单位已审计财务报表形成审计意见并草拟审计报告

在审计过程中,要实施各种测试。这些测试通常是由参与本次审计工作的审计项目组成员来执行的,而每个成员所执行的测试可能只限于某几个领域或账项。所以,在每个功能领域或报表项目的测试都完成之后,审计项目经理应汇总所有成员的审计结果。

在完成审计工作阶段,为了对财务报表整体发表适当的意见,必须将这些分散的审计结果加以汇总和评价,综合考虑在审计过程中所收集到的全部证据。负责该审计项目的主任会计师对这些工作负有最终的责任。在有些情况下这些工作可以先由审计项目经理初步完成,然后再逐级交给部门经理和主任会计师认真复核。

在对审计意见形成最后决定之前会计师事务所通常要与被审计单位召开沟通会。在会议上,注册会计师可口头报告本次审计所发现的问题,并说明建议被审计单位作必要调整或表外披露的理由。当然,管理层也可以在会上申辩其立场。最后,通常会对需要被审计单位作出的改变达成协议。如达成了协议,注册会计师一般即可签发标准审计报告;否则,注册会计师则可能不得不发表其他类型的审计意见。注册会计师的审计意见是通过审计报告来反映的,我们将在本章的下面几节介绍不同类型的审计报告。

第二节 审计报告概述

一、审计报告的含义与作用

审计报告是指注册会计师根据中国注册会计师审计准则的规定,在实施审计工作的基础上对被审计单位财务报表发表审计意见的书面文件。具体来说,注册会计师签发的审计报告,主要具有以下三方面的作用:

(1) 鉴证作用。注册会计师签发的审计报告,不同于政府审计和内部审计的审计报告,是以超然独立的第三者身份,对被审计单位会计报表的合法性、公允性发表意见。这种意见,具有鉴证作用,得到了政府及其各部门和社会各界的普遍认可。政府有关部门,如财政部门、税务部门等了解、掌握企业的财务状况和经营成果的主要依据是企业提供的财务报

表。财务报表是否合法、公允,主要依据注册会计师的审计报告作出判断。股份制企业的股东,主要依据注册会计师的审计报告,来判断被投资企业的财务报告是否公允地反映了财务状况和经营成果,以进行投资决策等。

(2) 保护作用。注册会计师通过审计,可以对被审计单位出具不同类型审计意见的审计报告,以提高或降低财务报告信息使用者对财务报告的信赖程度,能够在一定程度上对被审计单位的财产、债权人和股东的权益及企业利害关系人的利益起到保护作用。如投资者为了减少投资风险,在进行投资之前,必须要查阅被投资企业的财务报表和注册会计师的审计报告,了解被投资企业的经营情况和财务状况。投资者根据注册会计师的审计报告作出投资决策,可以减少其投资风险。

(3) 证明作用。审计报告是对注册会计师审计任务完成情况及其结果所做的总结,它可以表明审计工作的质量并明确注册会计师的审计责任。因此,审计报告可以对审计工作质量和注册会计师的审计责任起证明作用。通过审计报告,可以证明注册会计师在审计过程中是否实施了必要的审计程序,是否以审计工作底稿为依据发表审计意见,发表的审计意见是否与被审计单位的实际情况相一致,审计工作的质量是否符合要求。通过审计报告,可以证明注册会计师审计责任的履行情况。

二、审计意见的形成和审计报告的类型

注册会计师应当评价根据审计证据得出的结论,以作为对财务报表形成审计意见的基础。在对财务报表形成审计意见时,注册会计师应当根据已获取的审计证据,评价是否已对财务报表整体不存在重大错报获取合理保证。

(一) 审计意见的形成

注册会计师对审计结论的评价贯穿于审计的全过程,评价财务报表时应当考虑以下两方面的内容。

1. 评价财务报表的合法性

即在评价财务报表是否按照适用的会计准则编制时,注册会计师应当考虑下列内容:

(1) 选择和运用的会计政策是否符合适用的会计准则,并适合于被审计单位的具体情况。会计政策是被审计单位在会计确认、计量和报告中采用的原则、基础和会计处理方法。注册会计师在考虑被审计单位选用的会计政策是否适当时,应当关注重要的事项。重要事项包括重要项目的会计政策和行业惯例、重大和异常交易的会计处理方法、在新领域和缺乏权威性标准或共识的领域采用重要会计政策产生的影响、会计政策的变更等。

(2) 管理层作出的会计估计是否合理。会计估计通常是指被审计单位以最近可利用的信息为基础对结果不确定的交易或事项所作的判断。由于会计估计的主观性、复杂性和不确定性,管理层作出的会计估计发生重大错报的可能性较大。因此,注册会计师应当判断管理层作出的会计估计是否合理,确定会计估计的重大错报风险是否是特别风险,是否采取了有效的措施予以应对。

(3) 财务报表反映的信息是否具有相关性、可靠性、可比性和可理解性。财务报表反映的信息应当符合信息质量特征,具有相关性、可靠性、可比性和可理解性。注册会计师应当根据企业会计基本准则的规定,考虑财务报表反映的信息是否符合信息质量特征。

(4) 财务报表是否作出充分披露,使财务报表使用者能够理解重大交易和事项对被审计单位财务状况、经营成果和现金流量的影响。

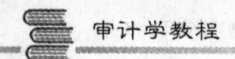

2. 评价财务报表的公允性

在评价财务报表是否作出公允反映时,注册会计师应当考虑下列内容:

(1) 经营管理层调整后的财务报表,是否与注册会计师对被审计单位及其环境的了解一致。在完成审计工作后,如果财务报表存在重大错报,注册会计师应当要求管理层进行调整。管理层作出调整或拒绝调整后,注册会计师可以确定已审计财务报表是否还存在重大错报,并形成恰当的审计意见。为了进一步确定已审计财务报表是否符合被审计单位的实际情况,注册会计师尚需对财务报表作出总体复核,并判断是否与其对被审计单位及其环境的了解一致。

(2) 财务报表的列报、结构和内容是否合理。企业会计准则对财务报表的列报、结构和内容作了规定。注册会计师应当根据有关具体会计准则及其指南,考虑财务报表的列报、结构和内容是否合理。

(3) 财务报表是否真实地反映了交易和事项的经济实质。

(二) 审计报告的类型

注册会计师的目标是在评价根据审计证据得出的审计结论基础上,对财务报表形成审计意见,并通过书面报告的形式清楚地表达审计意见。审计报告分为无保留意见审计报告和非无保留意见审计报告。

如果认为财务报表在所有重大方面按照适用的财务报告编制基础编制并实现公允反映,注册会计师应当发表无保留意见,相应地出具无保留意见审计报告。当存在下列情形之一时,注册会计师应当在审计报告中发表非无保留意见:①根据获取的审计证据,得出财务报表整体存在重大错报的结论;②无法获取充分、适当的审计证据,不能得出财务报表整体不存在重大错报的结论。非无保留意见包括保留意见、否定意见或无法表示意见三种情形,相应地非无保留意见审计报告包括保留意见审计报告、否定意见审计报告或无法表示意见审计报告三种类型。

第三节　审计报告的要素与无保留意见审计报告

审计报告一般应当包括标题、收件人、引言段、管理层对财务报表的责任段、注册会计师的责任段、审计意见段、注册会计师的签名和盖章、会计师事务所的名称与地址及盖章、报告日期等要素。

一、标题

审计报告的标题应当统一规范为"审计报告"。

考虑到这一标题已广为社会公众所接受,因此,我国注册会计师出具的审计报告中标题没有包含"独立"两个字,但注册会计师在执行财务报表审计业务时,应当遵守独立性的要求。

二、收件人

审计报告的收件人是指注册会计师按照业务约定书的要求致送审计报告的对象,一般是指审计业务的委托人。审计报告应当载明收件人的全称。

注册会计师应当与委托人在业务约定书中约定致送审计报告的对象,以防止在此问题上发生分歧或审计报告被委托人滥用。针对整套通用目的财务报表出具的审计报告,审计报告的致送对象通常为被审计单位的全体股东或董事会。

三、引言段

审计报告的引言段应当说明被审计单位的名称和财务报表已经过审计,并包括下列内容:①指出构成整套财务报表的每张财务报表的名称;②提及财务报表附注;③指明财务报表的日期和涵盖的期间。

根据企业会计准则规定,整套财务报表的每张财务报表的名称分别为资产负债表、利润表、所有者(股东)权益变动表和现金流量表。此外,由于附注是财务报表不可或缺的重要组成部分,因此,也应提及财务报表附注。财务报表有反映时点的,有反映期间的,注册会计师应在引言段中指明财务报表的日期或涵盖的期间。

引言段举例如下:

"我们审计了后附的 ABC 股份有限公司(以下简称 ABC 公司)财务报表,包括 20×8 年12 月 31 日的资产负债表,20×8 年度的利润表、股东权益变动表和现金流量表以及财务报表附注。"

四、管理层对财务报表的责任段

管理层对财务报表的责任段应当说明,按照适用的会计准则编制财务报表是管理层的责任,这种责任包括:①设计、实施和维护与财务报表编制相关的内部控制,以使财务报表不存在由于舞弊或错误而导致的重大错报;②选择和运用恰当的会计政策;③作出合理的会计估计。

在审计报告中指明管理层的责任,有利于区分管理层和注册会计师的责任,降低财务报表使用者误解注册会计师责任的可能性。

管理层对财务报表的责任段举例如下:

"一、管理层对财务报表的责任

按照企业会计准则的规定编制财务报表是 ABC 公司管理层的责任。这种责任包括:①设计、实施和维护与财务报表编制相关的内部控制,以使财务报表不存在由于舞弊或错误而导致的重大错报;②选择和运用恰当的会计政策;③作出合理的会计估计。"

五、注册会计师的责任段

注册会计师的责任段应当说明下列内容:

(1) 注册会计师的责任是在实施审计工作的基础上对财务报表发表审计意见。注册会计师按照中国注册会计师审计准则的规定执行了审计工作。中国注册会计师审计准则要求注册会计师遵守职业道德规范,计划和实施审计工作以对财务报表是否不存在重大错报获取合理保证。

(2) 审计工作涉及实施审计程序,以获取有关财务报表金额和披露的审计证据。选择的审计程序取决于注册会计师的判断,包括对由于舞弊或错误导致的财务报表重大错报风险的评估。在进行风险评估时,注册会计师考虑与财务报表编制相关的内部控制,以设计恰当的审计程序,但目的并非对内部控制的有效性发表意见。审计工作还包括评价管理层选

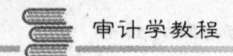

用会计政策的恰当性和作出会计估计的合理性，以及评价财务报表的总体列报。

（3）注册会计师相信已获取的审计证据是充分、适当的，为其发表审计意见提供了基础。

注册会计师的责任段举例如下：

"二、注册会计师的责任

我们的责任是在实施审计工作的基础上对财务报表发表审计意见。我们按照中国注册会计师审计准则的规定执行了审计工作。中国注册会计师审计准则要求我们遵守职业道德规范，计划和实施审计工作以对财务报表是否不存在重大错报获取合理保证。

审计工作涉及实施审计程序，以获取有关财务报表金额和披露的审计证据。选择的审计程序取决于注册会计师的判断，包括对由于舞弊或错误导致的财务报表重大错报风险的评估。在进行风险评估时，我们考虑与财务报表编制相关的内部控制，以设计恰当的审计程序，但目的并非对内部控制的有效性发表意见。审计工作还包括评价管理层选用会计政策的恰当性和作出会计估计的合理性，以及评价财务报表的总体列报。

我们相信，我们获取的审计证据是充分、适当的，为发表审计意见提供了基础。"

如果接受委托，结合财务报表审计对内部控制有效性发表意见，注册会计师应当省略"但目的并非对内部控制的有效性发表意见"的术语。

理解注册会计师的责任段内容时，应当注意以下几点：

第一段内容阐明注册会计师的责任、注册会计师执行审计业务的标准以及审计准则对注册会计师提出的核心要求。同时向财务报表使用者说明，注册会计师应当计划和实施审计工作以对财务报表是否不存在重大错报获取合理保证。不存在重大错报，是指注册会计师认为已审计的财务报表不存在影响财务报表使用者决策的错报。合理保证是指注册会计师通过不断修正的、系统的执业过程，获取充分、适当的审计证据，对财务报表整体发表审计意见，提供的是一种高水平但非百分之百的保证。

第二段内容阐明注册会计师执行审计工作的主要过程，包括运用职业判断实施风险评估程序、控制测试（必要时或决定测试时）以及实质性程序。同时向财务报表使用者说明，注册会计师的审计是建立在风险导向审计基础上的。在进行风险评估时，注册会计师考虑与财务报表编制相关的内部控制，以设计恰当的审计程序，但目的并非对内部控制的有效性发表意见。因此，审计报告对内部控制不提供任何保证。

第三段内容阐明注册会计师通过实施审计工作，获取了充分、适当的审计证据，具备了发表审计意见的基础。

六、审计意见段

审计意见段应当说明，财务报表是否按照适用的会计准则编制，是否在所有重大方面公允反映了被审计单位的财务状况、经营成果和现金流量。财务报表审计的目标是注册会计师通过执行审计工作，对财务报表的下列方面发表审计意见：①财务报表是否按照适用的会计准则编制；②财务报表是否在所有重大方面公允反映了被审计单位的财务状况、经营成果和现金流量。因此，当注册会计师完成审计工作，获取了充分、适当的审计证据，应当就上述内容对财务报表发表审计意见。

如果认为财务报表符合下列所有条件，注册会计师应当出具无保留意见的审计报告：

（1）财务报表已经按照适用的会计准则编制，在所有重大方面公允反映了被审计单位

的财务状况、经营成果和现金流量；

（2）注册会计师已经按照中国注册会计师审计准则的规定计划和实施审计工作，在审计过程中未受到限制。

当出具无保留意见的审计报告时，注册会计师应当以"我们认为"作为意见段的开头，并使用"在所有重大方面""公允反映"等术语。

无保留意见的审计报告意味着，注册会计师通过实施审计工作，认为被审计单位财务报表的编制符合合法性和公允性的要求，合理保证财务报表不存在重大错报。

无保留意见的审计报告的意见段举例如下：

"三、审计意见

我们认为，ABC公司财务报表已经按照企业会计准则的规定编制，在所有重大方面公允反映了ABC公司20×8年12月31日的财务状况以及20×8年度的经营成果和现金流量。"

七、注册会计师的签名和盖章

审计报告应当由注册会计师签名并盖章。注册会计师在审计报告上签名并盖章，有利于明确法律责任。根据我国的有关规定，合伙会计师事务所出具的审计报告，应当由一名对审计项目负最终复核责任的合伙人和一名负责该项目的注册会计师签名盖章；有限责任会计师事务所出具的审计报告，应当由会计师事务所主任会计师或其授权的副主任会计师和一名负责该项目的注册会计师签名盖章。

八、会计师事务所的名称与地址及盖章

审计报告应当载明会计师事务所的名称与地址，并加盖会计师事务所公章。

根据《中华人民共和国注册会计师法》的规定，注册会计师承办业务，由其所在的会计师事务所统一受理并与委托人签订委托合同。因此，审计报告除了应由注册会计师签名并盖章外，还应载明会计师事务所的名称和地址，并加盖会计师事务所公章。

注册会计师在审计报告中载明会计师事务所地址时，标明会计师事务所所在的城市即可。在实务中，审计报告通常载于会计师事务所统一印刷的、标有该所详细通讯地址的信笺上，因此，无须在审计报告中注明详细地址。此外，根据国家工商行政管理部门的有关规定，在主管登记机关管辖区内，已登记注册的企业名称不得相同。因此在同一地区内不会出现重名的会计师事务所。

九、报告日期

审计报告应当注明报告日期。审计报告的日期不应早于注册会计师获取充分、适当的审计证据（包括管理层认可对财务报表的责任且已批准财务报表的证据），并在此基础上对财务报表形成审计意见的日期。

注册会计师在确定审计报告日期时，应当考虑：①应当实施的审计程序已经完成；②应当提请被审计单位调整的事项已经提出，被审计单位已经作出调整或拒绝作出调整；③管理层已经正式签署财务报表。

审计报告的日期非常重要。注册会计师对不同时段的资产负债表日后事项有着不同的责任，而审计报告的日期是划分时段的关键时点。在实务中，注册会计师在正式签署审计报告前，通常把审计报告草稿和已审计财务报表草稿一同提交给管理层。如果管理层批准并

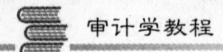

签署已审计财务报表,注册会计师即可签署审计报告。注册会计师签署审计报告的日期通常与管理层签署已审计财务报表的日期为同一天,或晚于管理层签署已审计财务报表的日期。在审计报告日期晚于管理层签署已审计财务报表日期时,注册会计师应当获取自管理层声明书日到审计报告日期之间的进一步审计证据,如补充的管理层声明书。

【例18-1】 无保留意见审计报告的参考格式如下:

审 计 报 告

ABC股份有限公司全体股东:

我们审计了后附的ABC股份有限公司(以下简称ABC公司)财务报表,包括20×8年12月31日的资产负债表,20×8年度的利润表、股东权益变动表和现金流量表以及财务报表附注。

一、管理层对财务报表的责任

按照企业会计准则的规定编制财务报表是ABC公司管理层的责任。这种责任包括:①设计、实施和维护与财务报表编制相关的内部控制,以使财务报表不存在由于舞弊或错误而导致的重大错报;②选择和运用恰当的会计政策;③作出合理的会计估计。

二、注册会计师的责任

我们的责任是在实施审计工作的基础上对财务报表发表审计意见。我们按照中国注册会计师审计准则的规定执行了审计工作。中国注册会计师审计准则要求我们遵守职业道德规范,计划和实施审计工作以对财务报表是否不存在重大错报获取合理保证。

审计工作涉及实施审计程序,以获取有关财务报表金额和披露的审计证据。选择的审计程序取决于注册会计师的判断,包括对由于舞弊或错误导致的财务报表重大错报风险的评估。在进行风险评估时,我们考虑与财务报表编制相关的内部控制,以设计恰当的审计程序,但目的并非对内部控制的有效性发表意见。审计工作还包括评价管理层选用会计政策的恰当性和作出会计估计的合理性,以及评价财务报表的总体列报。

我们相信,我们获取的审计证据是充分、适当的,为发表审计意见提供了基础。

三、审计意见

我们认为,ABC公司财务报表已经按照企业会计准则的规定编制,在所有重大方面公允反映了ABC公司20×8年12月31日的财务状况以及20×8年度的经营成果和现金流量。

××会计师事务所	中国注册会计师:×××
	(签名并盖章)
(盖章)	中国注册会计师:×××
	(签名并盖章)
中国××市	20×9年×月×日

第四节　非无保留意见审计报告

非无保留意见的审计报告包括保留意见的审计报告、否定意见的审计报告和无法表示意见的审计报告。当出具非无保留意见的审计报告时,注册会计师应当在注册会计师的责任段之后、审计意见段之前增加说明段,清楚地说明导致所发表意见或无法发表意见的所有原因,并在可能情况下,指出其对财务报表的影响程度。审计报告的说明段是指审计报告中位于审计意见段之前用于描述注册会计师对财务报表发表保留意见、否定意见或无法表示意见理由的段落。

一、影响出具非无保留意见的情形

影响注册会计师出具非无保留意见的情形有两种:一是,注册会计师与管理层的分歧;二是,审计范围受到限制。

(一) 注册会计师与管理层的分歧

(1) 注册会计师与管理层在会计政策选用方面的分歧。主要体现在以下方面:一是管理层选用的会计政策不符合适用的会计准则和相关会计制度的规定;二是管理层选用的会计政策不符合具体情况的需要(相应地,财务报表整体列报与注册会计师获得的对被审计单位及其环境的了解不一致);三是由于管理层选用了不适当的会计政策,导致财务报表在所有重大方面未能公允反映被审计单位的财务状况、经营成果和现金流量;四是管理层选用的会计政策没有按照适用的会计准则和相关会计制度的要求得到一贯运用,即没有一贯地运用于不同期间相同的或者相似的交易和事项。

(2) 注册会计师与管理层在会计估计方面的分歧。主要体现在以下方面:一是管理层没有对所有应当进行会计估计的项目作出会计估计;二是管理层没有识别出可能影响作出会计估计的相关因素;三是管理层没有充分收集作出会计估计所依赖的相关数据;四是没有正确提出会计估计依据的假设;五是管理层没有依据数据、假设和其他因素对事项的金额作出正确估计;六是管理层没有按照适用的会计准则和相关会计制度的规定作出充分披露。

(3) 注册会计师与管理层在财务报表披露方面的分歧。主要体现在:管理层没有按照适用的会计准则和相关会计制度的要求披露所有的信息,或者没有充分、清晰地披露所有信息,使财务报表使用者不能了解重大交易和事项对被审计单位财务状况、经营成果和现金流量的影响。

(二) 审计范围受到限制

审计范围可能受到下列两方面的限制:

(1) 客观环境造成的限制。例如,由于被审计单位存货的性质或位置特殊等原因导致注册会计师无法实施存货监盘等。在客观环境造成限制的情况下,注册会计师应当考虑是否可能实施替代审计程序,以获取充分、适当的审计证据。

(2) 管理层造成的限制。例如,管理层不允许注册会计师观察存货盘点,或者不允许对特定账户余额实施函证等。在管理层造成限制的情况下,注册会计师应当提请管理层放弃限制。如果管理层不配合,注册会计师应当考虑这一事项对风险评估的影响以及是否可能实施替代审计程序,以获取充分、适当的审计证据。

注册会计师通过审计,对被审计单位的财务报表存有异议,或审计范围受到限制,就不应签发无保留意见的审计报告。注册会计师应视被审计单位的实际情况及所掌握的审计证据,签发保留意见、否定意见或无法表示意见的审计报告。

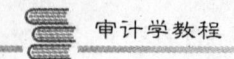

二、保留意见的审计报告

保留意见是指注册会计师对财务报表的反映有所保留的审计意见。如果认为财务报表整体是公允的,但还存在下列情形之一,注册会计师应当出具保留意见的审计报告:

(1) 会计政策的选用、会计估计的作出或财务报表的披露不符合适用的会计准则的规定,虽影响重大,但不至于出具否定意见的审计报告。

(2) 因审计范围受到限制,不能获取充分、适当的审计证据,虽影响重大,但不至于出具无法表示意见的审计报告。

当出具保留意见的审计报告时,注册会计师应当在审计意见段中使用"除……的影响外"等术语。如果因审计范围受到限制,注册会计师还应当在注册会计师的责任段中提及这一情况。

【例18-2】 保留意见的审计报告(审计范围受到限制)如下:

审 计 报 告

ABC 股份有限公司全体股东:

我们审计了后附的 ABC 股份有限公司(以下简称 ABC 公司)财务报表,包括20×8年12月31日的资产负债表,20×8年度的利润表、股东权益变动表和现金流量表以及财务报表附注。

一、管理层对财务报表的责任

按照企业会计准则的规定编制财务报表是 ABC 公司管理层的责任。这种责任包括:①设计、实施和维护与财务报表编制相关的内部控制,以使财务报表不存在由于舞弊或错误而导致的重大错报;②选择和运用恰当的会计政策;③作出合理的会计估计。

二、注册会计师的责任

我们的责任是在实施审计工作的基础上对财务报表发表审计意见。除本报告"三、导致保留意见的事项"所述事项外,我们按照中国注册会计师审计准则的规定执行了审计工作。中国注册会计师审计准则要求我们遵守职业道德规范,计划和实施审计工作以对财务报表是否不存在重大错报获取合理保证。

审计工作涉及实施审计程序,以获取有关财务报表金额和披露的审计证据。选择的审计程序取决于注册会计师的判断,包括对由于舞弊或错误导致的财务报表重大错报风险的评估。在进行风险评估时,我们考虑与财务报表编制相关的内部控制,以设计恰当的审计程序,但目的并非对内部控制的有效性发表意见。审计工作还包括评价管理层选用会计政策的恰当性和作出会计估计的合理性,以及评价财务报表的总体列报。

我们相信,我们获取的审计证据是充分、适当的,为发表审计意见提供了基础。

三、导致保留意见的事项

ABC 公司 20×8 年 12 月 31 日的应收账款余额×万元,占资产总额的×%。由于 ABC 公司未能提供债务人地址,我们无法实施函证以及其他替代审计程序,以获取充分、适当的审计证据。

四、审计意见

我们认为,除了前段所述未能实施函证可能产生的影响外,ABC 公司财务报表已经按照企业会计准则的规定编制,在所有重大方面公允反映了 ABC 公司 20×8 年 12 月 31 日的财务状况以及 20×8 年度的经营成果和现金流量。

<table>
<tr><td>××会计师事务所</td><td>中国注册会计师:×××</td></tr>
<tr><td>(盖章)</td><td>(签名并盖章)</td></tr>
<tr><td></td><td>中国注册会计师:×××</td></tr>
<tr><td></td><td>(签名并盖章)</td></tr>
<tr><td>中国××市</td><td>20×9 年×月×日</td></tr>
</table>

值得注意的是,注册会计师因审计范围受到限制而出具保留意见的审计报告,取决于无法实施的审计程序对形成审计意见的重要性。注册会计师在判断重要性时,应当考虑有关事项潜在影响的性质和范围以及在财务报表中的重要程度。当注册会计师因审计范围受到限制而出具保留意见的审计报告时,意见段的措辞应当表明保留意见是针对审计范围对财务报表可能产生的影响而不是针对审计范围限制本身。

【例 18-3】　保留意见的审计报告(财务报表披露不充分)如下:

审 计 报 告

ABC 股份有限公司全体股东:

我们审计了后附的 ABC 股份有限公司(以下简称 ABC 公司)财务报表,包括 20×8 年 12 月 31 日的资产负债表,20×8 度的利润表、股东权益变动表和现金流量表以及财务报表附注。

一、管理层对财务报表的责任

按照企业会计准则的规定编制财务报表是 ABC 公司管理层的责任。这种责任包括:①设计、实施和维护与财务报表编制相关的内部控制,以使财务报表不存在由于舞弊或错误而导致的重大错报;②选择和运用恰当的会计政策;③作出合理的会计估计。

二、注册会计师的责任

我们的责任是在实施审计工作的基础上对财务报表发表审计意见。我们按照中国注册会计师审计准则的规定执行了审计工作。中国注册会计师审计准则要求我们遵守职业道德规范,计划和实施审计工作以对财务报表是否不存在重大错报获取合理保证。

审计工作涉及实施审计程序,以获取有关财务报表金额和披露的审计证据。选择的审计程序取决于注册会计师的判断,包括对由于舞弊或错误导致的财务报表重大错报风险的评估。在进行风险评估时,我们考虑与财务报表编制相关的内部控制,以设计恰当的审计程序,但目的并非对内部控制的有效性发表意见。审计工作还包括评价管理层选用会计政策的恰当性和作出会计估计的合理性,以及评价财务报表的总体列报。

我们相信,我们获取的审计证据是充分、适当的,为发表审计意见提供了基础。

三、导致保留意见的事项

我们发现,20×8 年 10 月 18 日,ABC 公司将账面价值为××万元的房屋一幢作为抵押品,向××银行借款××万元,但未在财务报表中对抵押事项予以披露。

四、审计意见

我们认为,除了未在财务报表中对抵押事项予以披露可能产生的影响外,上述财务报表符合国家颁布的企业会计准则的规定,在所有重大方面公允地反映了 ABC 公司 20×8 年 12

月 31 日的财务状况以及 20×8 年度的经营成果和现金流量。

××会计师事务所	中国注册会计师:×××
(盖章)	(签名并盖章)
	中国注册会计师:×××
	(签名并盖章)
中国××市	20×9 年×月×日

应当指出的是,只有当注册会计师认为财务报表就其整体而言是公允的,但还存在对财务报表产生重大影响的情形,才能出具保留意见的审计报告。如果注册会计师认为所报告的情形对财务报表产生的影响极为严重,则应出具否定意见的审计报告或无法表示意见的审计报告。因此,保留意见的审计报告被视为注册会计师在不能出具无保留意见的审计报告情况下最不严厉的审计报告。

如果会计政策的选用、会计估计的作出或财务报表的披露不符合适用的会计准则和相关会计制度的规定,注册会计师在判断其影响是否重大时,应当考虑该影响所涉及的金额或性质并与确定的重要性水平进行比较。

三、否定意见的审计报告

所谓否定意见,是指与无保留意见相反,提出否定财务报表公允地反映被审计单位财务状况、经营成果和现金流量的审计意见。如果认为财务报表没有按照适用的会计准则和相关会计制度的规定编制,未能在所有重大方面公允反映被审计单位的财务状况、经营成果和现金流量,注册会计师应当出具否定意见的审计报告。

当出具否定意见的审计报告时,注册会计师应当在审计意见段中使用"由于上述问题造成的重大影响""由于受到前段所述事项的重大影响"等术语。

【例 18-4】 否定意见的审计报告如下:

审 计 报 告

ABC 股份有限公司全体股东:

我们审计了后附的 ABC 股份有限公司(以下简称 ABC 公司)财务报表,包括 20×8 年 12 月 31 日的资产负债表,20×8 年度的利润表、股东权益变动表和现金流量表以及财务报表附注。

一、管理层对财务报表的责任

按照企业会计准则的规定编制财务报表是 ABC 公司管理层的责任。这种责任包括:①设计、实施和维护与财务报表编制相关的内部控制,以使财务报表不存在由于舞弊或错误而导致的重大错报;②选择和运用恰当的会计政策;③作出合理的会计估计。

二、注册会计师的责任

我们的责任是在实施审计工作的基础上对财务报表发表审计意见。我们按照中国注册会计师审计准则的规定执行了审计工作。中国注册会计师审计准则要求我们遵守职业道德规范,计划和实施审计工作以对财务报表是否不存在重大错报获取合理保证。

审计工作涉及实施审计程序,以获取有关财务报表金额和披露的审计证据。选择的审计程序取决于注册会计师的判断,包括对由于舞弊或错误导致的财务报表重大错报风险的评估。在进行风险评估时,我们考虑与财务报表编制相关的内部控制,以设计恰当的审计程序,但目的并非对内部控制的有效性发表意见。审计工作还包括评价管理层选用会计政策的恰当性和作出会计估计的合理性,以及评价财务报表的总体列报。

我们相信,我们获取的审计证据是充分、适当的,为发表审计意见提供了基础。

三、导致否定意见的事项

如财务报表附注×所述,ABC 公司的长期股权投资未按企业会计准则的规定采用权益法核算。如果按权益法核算,ABC 公司的长期投资账面价值将减少×万元,净利润将减少×万元,从而导致 ABC 公司由盈利×万元变为亏损×万元。

四、审计意见

我们认为,由于受到前段所述事项的重大影响,ABC 公司财务报表没有按照企业会计准则的规定编制,未能在所有重大方面公允反映 ABC 公司 20×8 年 12 月 31 日的财务状况以及 20×8 年度的经营成果和现金流量。

××会计师事务所　　　　　　　　　　　　　中国注册会计师:×××

(盖章)　　　　　　　　　　　　　　　　　　　(签名并盖章)

　　　　　　　　　　　　　　　　　　　　　　中国注册会计师:×××

　　　　　　　　　　　　　　　　　　　　　　　　(签名并盖章)

中国××市　　　　　　　　　　　　　　　　20×9 年×月×日

应当指出的是,只有当注册会计师认为财务报表存在重大错报会误导使用者,以至财务报表的编制不符合适用的会计准则和相关会计制度的规定,未能从整体上公允反映被审计单位的财务状况、经营成果和现金流量,注册会计师才出具否定意见的审计报告。

四、无法表示意见的审计报告

无法表示意见是指注册会计师说明其对被审计单位的财务报表不能发表意见,也即对财务报表不发表包括无保留、保留和否定的审计意见。如果审计范围受到限制可能产生的影响非常重大和广泛,不能获取充分、适当的审计证据,以至于无法对财务报表发表审计意见,注册会计师应当出具无法表示意见的审计报告。

当出具无法表示意见的审计报告时,注册会计师应当删除注册会计师的责任段,并在审计意见段中使用"由于审计范围受到限制可能产生的影响非常重大和广泛""我们无法对上述财务报表发表意见"等术语。

【例 18-5】 无法表示意见的审计报告如下:

审 计 报 告

ABC 股份有限公司全体股东:

我们接受委托,审计后附的 ABC 股份有限公司(以下简称 ABC 公司)财务报表,包括 20×8 年 12 月 31 日的资产负债表,20×8 年度的利润表、股东权益变动表和现金流量表以及财务报表附注。

一、管理层对财务报表的责任

按照企业会计准则的规定编制财务报表是 ABC 公司管理层的责任。这种责任包括:①设计、实施和维护与财务报表编制相关的内部控制,以使财务报表不存在由于舞弊或错误

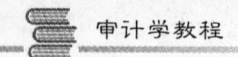

而导致的重大错报;②选择和运用恰当的会计政策;③作出合理的会计估计。

二、导致无法表示意见的事项

ABC公司未对20×8年12月31日的存货进行盘点,金额为×万元,占期末资产总额的40%。我们无法实施存货监盘,也无法实施替代审计程序,以对期末存货的数量和状况获取充分、适当的审计证据。

三、审计意见

由于上述审计范围受到限制可能产生的影响非常重大和广泛,我们无法对ABC公司财务报表发表意见。

××会计师事务所　　　　　　　　　　　　　中国注册会计师:×××

(盖章)　　　　　　　　　　　　　　　　　　　(签名并盖章)

　　　　　　　　　　　　　　　　　　　　　中国注册会计师:×××

　　　　　　　　　　　　　　　　　　　　　(签名并盖章)

中国××市　　　　　　　　　　　　　　　　20×9年×月×日

需要进一步强调的是,只有当审计范围受到限制可能产生的影响非常重大和广泛,不能获取充分、适当的审计证据,以至于无法确定财务报表的合法性与公允性时,注册会计师才应当出具无法表示意见的审计报告。无法表示意见不同于否定意见,它通常仅仅适用于注册会计师不能获取充分、适当的审计证据。如果注册会计师发表否定意见,必须获得充分、适当的审计证据。无论是无法表示意见还是否定意见,都只有在非常严重的情形下采用。

五、对确定审计报告类型的进一步讨论

注册会计师在出具保留意见、否定意见和无法表示意见的审计报告时,要判断财务报表错报金额或因审计范围受到限制的影响是否重大,往往离不开重要性水平。在其他条件相同的情况下,重要性水平是考虑审计报告类型的重要依据。如果某项错报金额或审计范围受到限制对被审计单位财务报表并不重要,预计也不会对未来各期财务报表产生重要影响,注册会计师就可出具无保留意见的审计报告。

(一)错报金额与重要性水平的比较

重要性取决于在具体环境下对错报金额和性质的判断,如果一项错报单独或连同其他错报可能影响财务报表使用者依据财务报表作出的经济决策,则该项错报是重大的。注册会计师对重要性水平的评估取决于被审计单位及其环境、财务报表项目的性质和自身的职业判断。重要性水平的判断基础通常包括资产总额、净资产、营业收入、净利润等。例如,注册会计师可以采用资产总额的0.5%～1%、净资产的1%、营业收入的0.5%～1%或净利润的5%～10%等来确定重要性水平。验证重要性水平是否合适的方法是将其纳入财务指标体系的计算中,观察其对财务指标的影响。测试时,运用的财务指标既涉及资产负债表又涉及利润表和其他财务资料时更有用,如净资产收益率。下面将错报金额或审计范围受到限制的影响与重要性水平进行比较,以判断出具审计报告的类型。

(1)错报金额或审计范围受到限制的影响不重要。当被审计单位会计政策的选用、会计估计的作出或财务报表的披露不符合适用的会计准则和相关会计制度的规定,或因审计范围受到限制,无法获取充分、适当的审计证据,但所涉金额不大,远远低于重要性水平,不至于影响财务报表使用者的决策,因而注册会计师认为该金额是不重要的,就可以出具无保

留意见的审计报告。例如,被审计单位办公用品直接作为制造费用,因其金额很小,错报就不重要,可以出具无保留意见的审计报告。

(2) 错报金额或审计范围受到限制的影响重要,但就财务报表整体而言是公允的。当被审计单位会计政策的选用、会计估计的作出或财务报表的披露不符合适用的会计准则和相关会计制度的规定,或因审计范围受到限制,无法获取充分、适当的审计证据,所涉金额超过重要性水平,在某些方面影响财务报表使用者的决策,但对财务报表整体仍然是公允的,注册会计师可以出具保留意见的审计报告。例如,被审计单位在资产负债表日拥有的存货金额较大(超过重要性水平),已将其用作商业银行贷款抵押品,但没有在财务报表附注中进行披露。如果其他商业银行利用该财务报表进行贷款决策,因不了解存货已作抵押就会受到一定影响。但这一错报并不影响现金、应收账款和其他财务报表项目以及整个财务报表,因此,注册会计师可以考虑出具保留意见的审计报告。

(3) 错报金额重要或审计范围受到重要限制且影响广泛,以至财务报表整体公允性存在问题。当被审计单位会计政策的选用、会计估计的作出或财务报表的披露不符合适用的会计准则和相关会计制度的规定,或因审计范围受到限制,无法获取充分、适当的审计证据,金额超过重要性水平且影响广泛,将会全面影响财务报表使用者的决策,注册会计师应当出具否定意见或无法表示意见的审计报告。例如,被审计单位在资产负债表日拥有的存货金额很大,远远超过重要性水平。如果存货出现错报,对财务报表许多项目乃至整个财务报表都会产生影响。因此,注册会计师需要考虑存货错报对净资产、流动资产、营运资本、资产总额、销售成本、利润总额、所得税、税后净利润的综合影响。在判断综合影响时,必须考虑该项目对财务报表其他项目的影响程度,亦即牵扯性(pervasiveness)。现金和应收账款之间的分类不当会影响这两个账户,因此并无牵扯性;而一项重要的销售业务没有入账则会影响应收账款、流动资产、资产总额、销售收入、所得税、利润总额、净利润、留存收益等,因此牵扯性很广。一项错报金额或审计范围受到限制所涉及的影响牵扯性越广,注册会计师出具否定意见或无法表示意见审计报告的可能性就越大。例如,注册会计师可能对现金与应收账款的分类不当出具保留意见的审计报告,而对相同金额的销售业务没有入账出具否定意见的审计报告。

错报金额或审计范围受到限制与审计报告类型的关系如表 18-6 所示。

表 18-6　　　　　　　　　　　　审计意见决策表

对财务报表的影响程度 导致非无保留意见事项	重　要	重要且广泛
错报金额	保留意见	否定意见
审计范围受到限制	保留意见	无法表示意见

(二) 错报的性质

错报性质的不同对财务报表使用人的决策产生的影响也不一样,对注册会计师出具审计报告类型的影响也不一样。从性质上看,以下列举的错报通常认为是严重的:

(1) 非法交易或舞弊。

(2) 对当期影响不大,但对将来各期影响重大。

(3) 具有心理效应(如小额利润相对于小额亏损;存款结余相对于透支)。

(4) 根据合同责任判断影响重大(违反合同某一条款导致银行收回贷款)。

（5）对遵守国家有关法律、法规和规章影响重大（如商业银行的资本充足率、首次发行股票公司的净资产收益率）。

第五节 在审计报告中增加强调事项段

审计报告的强调事项段是指审计报告中含有的一个段落，该段落提及已在财务报表中恰当列报或披露的事项，根据注册会计师的职业判断，该事项对财务报表使用者理解财务报表至关重要。

一、增加强调事项段的情形

如果认为有必要提醒财务报表使用者关注已在财务报表中列报或披露，且根据职业判断认为对财务报表使用者理解财务报表至关重要的事项，注册会计师在已获取充分、适当的审计证据证明该事项在财务报表中不存在重大错报的条件下，应当在审计报告中增加强调事项段。

注册会计师可能认为需要增加强调事项段的情形举例如下：

（1）异常诉讼或监管行动的未来结果存在不确定性。

（2）提前应用（在允许的情况下）对财务报表有广泛影响的新会计准则。

（3）存在已经或持续对被审计单位财务状况产生重大影响的特大灾难。

强调事项段的过多使用会降低注册会计师沟通所强调事项的有效性。此外，与财务报表中的列报或披露相比，在强调事项段中包括过多的信息，可能隐含着这些事项未被恰当列报或披露。因此，强调事项段应当仅提及已在财务报表中列报或披露的信息。

二、在审计报告中增加强调事项段时注册会计师采取的措施

如果在审计报告中增加强调事项段，注册会计师应当采取下列措施：

（1）将强调事项段紧接在审计意见段之后。

（2）使用"强调事项"或其他适当标题。

（3）明确提及被强调事项以及相关披露的位置，以便能够在财务报表中找到对该事项的详细描述。

（4）指出审计意见没有因该强调事项而改变。

由于增加强调事项段是为了提醒财务报表使用者关注某些事项，并不影响注册会计师的审计意见，为了使财务报表使用者明确这一点，注册会计师应当在强调事项段中指明，该段内容仅用于提醒财务报表使用者关注，并不影响已发表的审计意见。

【例18-6】 带强调事项段的无保留意见的审计报告如下：

审 计 报 告

ABC股份有限公司全体股东：

我们审计了后附的 ABC 股份有限公司（以下简称 ABC 公司）财务报表，包括20×8年12月31日的资产负债表，20×8度的利润表、股东权益变动表和现金流量表以及财务报表附注。

一、管理层对财务报表的责任

按照企业会计准则的规定编制财务报表是 ABC 公司管理层的责任。这种责任包括：①设计、实施和维护与财务报表编制相关的内部控制，以使财务报表不存在由于舞弊或错误而导致的重大错报；②选择和运用恰当的会计政策；③作出合理的会计估计。

二、注册会计师的责任

我们的责任是在实施审计工作的基础上对财务报表发表审计意见。我们按照中国注册会计师审计准则的规定执行了审计工作。中国注册会计师审计准则要求我们遵守职业道德规范，计划和实施审计工作以对财务报表是否不存在重大错报获取合理保证。

审计工作涉及实施审计程序，以获取有关财务报表金额和披露的审计证据。选择的审计程序取决于注册会计师的判断，包括对由于舞弊或错误导致的财务报表重大错报风险的评估。在进行风险评估时，我们考虑与财务报表编制相关的内部控制，以设计恰当的审计程序，但目的并非对内部控制的有效性发表意见。审计工作还包括评价管理层选用会计政策的恰当性和作出会计估计的合理性，以及评价财务报表的总体列报。

我们相信，我们获取的审计证据是充分、适当的，为发表审计意见提供了基础。

三、审计意见

我们认为，ABC 公司财务报表已经按照企业会计准则的规定编制，在所有重大方面公允反映了 ABC 公司 20×8 年 12 月 31 日的财务状况以及 20×8 年度的经营成果和现金流量。

四、强调事项

我们提醒财务报表使用者关注，如财务报表附注×所述，ABC 公司在 20×8 年发生亏损×万元，在 20×8 年 12 月 31 日，流动负债高于资产总额×万元。ABC 公司已在财务报表附注×充分披露了拟采取的改善措施，但其持续经营能力仍然存在重大不确定性。本段内容不影响已发表的审计意见。

××会计师事务所	中国注册会计师：×××
（盖章）	（签名并盖章）
	中国注册会计师：×××
	（签名并盖章）
中国××市	20×9 年×月×日

第六节　比较数据与审计报告

财务报表使用者为了确定在一段时期内被审计单位财务状况和经营成果的变化趋势，需要了解涉及一个或多个以前会计期间的比较信息。为满足这种需求，我国的企业会计准则对重要会计事项的信息披露作出了明确规定，多项具体会计准则都对比较数据的列报提出了要求，现行的其他相关法律法规对比较数据的披露也作出了明确规定。例如，我国《企业会计准则第 30 号——财务报表列报》第八条明确规定："当期财务报表的列报，至少应当提供所有列报项目上一可比会计期间的比较数据。"可见，比较数据是当期财务报表不可缺少的组成部分。而且，当存在会计政策变更、重大会计差错，或者企业执行的会计制度发生变化而引起财务报表格式变化，或者发生共同控制下的企业合并等情形，均要求对比较数据作出相应调整。相应地,注册会计师在对财务报表发表审计意见时,就应当考虑比较数据对审计意见的影响。

一、注册会计师对比较数据的责任

比较数据是指作为本期财务报表组成部分的上期对应数和相关披露。比较数据本身不构成完整的财务报表,应当与本期相关的金额和披露联系起来阅读。注册会计师对比较数据的责任,可以从比较数据的审计目标、针对比较数据实施的审计程序的范围、应当评价的事项、首次接受委托时对比较数据的审计要求以及注意到比较数据存在重大错报时的审计要求等五个方面进行阐述。

(一)比较数据的审计目标

注册会计师应当获取充分、适当的审计证据,以确定比较数据的编制是否符合适用的会计准则和相关会计制度的规定。

既然比较数据是本期财务报表的组成部分,注册会计师受托对本期财务报表进行审计,就需要对包括比较数据在内的本期财务报表整体承担相应的责任。因此,注册会计师需要根据审计准则和职业判断对比较数据实施恰当的审计程序,合理设计审计程序的性质、时间和范围并有效执行,获取充分、适当的审计证据,以合理保证比较数据不存在对本期财务报表产生重大影响的错报,在所有重大方面符合适用的会计准则和相关会计制度的规定。

(二)针对比较数据实施的审计程序的范围

注册会计师针对比较数据实施的审计程序的范围明显小于针对本期数据实施的审计程序的范围,通常限于评价比较数据是否正确列报和适当分类。

按照企业会计准则和相关会计制度的规定,如果本期财务报表中的报表项目名称和内容与上期不一致,应将上期报表项目的名称和数据进行调整,作为本期财务报表中的比较数据。因此,在本期财务报表中,比较数据是否得到正确列报和适当分类是注册会计师审计所必须关注的。但在注册会计师以前已对上期财务报表进行了审计的情况下,由于注册会计师已对上期财务报表实施了必要的审计程序,取得了充分、适当的审计证据,在上期数据结转至本期财务报表后,上期审计所获取的审计证据即可视作有关本期财务报表中比较数据的审计证据,所以,对比较数据实施的审计程序通常限于评价比较数据是否正确列报和适当分类,其范围明显小于针对本期数据实施的审计程序的范围。

(三)应当评价的事项

为达到对比较数据的审计目标,获取充分、适当的审计证据,以确定比较数据的编制是否符合适用的会计准则和相关会计制度的规定,注册会计师应当实施以下两个方面的审计程序:

(1)评价比较数据采用的会计政策与本期数据采用的会计政策是否一致;如不一致,是否已经作出适当调整和充分披露。当被审计单位变更会计政策时,注册会计师检查的内容通常包括:①会计政策变更是否符合会计准则和会计制度的规定;②会计政策变更是否经过被审计单位有权限机构的批准;③会计政策变更的会计处理是否恰当,如是否对比较数据进行了适当的调整;④会计政策变更,包括会计政策变更的性质、内容和原因,比较数据中受影响的项目名称和调整金额,无法进行追溯调整的事实和原因,是否已充分披露。

(2)评价比较数据与上期财务报表反映的金额和相关披露是否一致;如不一致,是否已经作出适当调整和充分披露。本期财务报表中的比较数据来源于上期财务报表中的本期数据,因此,有必要将比较数据与上期财务报表反映的金额和相关披露进行核对,以确定两者之间是否一致。当然,在某些情况下,比较数据与上期财务报表反映的金额和相关披露可能并不一致,例如:会计准则和会计制度发生变化,或相关法律法规对信息披露提出了新的要求,会导致财务报表格式和内容发生重大改变。

(四)首次接受委托时对比较数据的审计要求

如果上期财务报表由前任注册会计师审计,或未经审计,注册会计师应当评价比较数据是否正确列报和适当分类,并按照有关审计准则的规定实施审计程序,获取充分、适当的审计证据。

注册会计师接受委托,对本期财务报表进行审计时,应关注上期财务报表的审计情况,如果上期财务报表已经前任注册会计师审计或上期财务报表未经审计。注册会计师为了获取充分、适当的审计证据,以确定比较数据的编制是否符合适用的会计准则和相关会计制度的规定,应当对比较数据实施以下审计程序:

(1) 评价比较数据采用的会计政策与本期采用的会计政策是否一致,以及比较数据与上期财务报表反映的金额和相关披露是否一致;如不一致,是否已经作出适当调整和充分披露。

(2) 将比较数据视作期初余额,实施恰当的审计程序,获取充分、适当的审计证据,以确定:期初余额不存在对本期财务报表产生重大影响的错报;上期期末余额已正确结转至本期,或在适当的情况下已作出重新表述。

(五)注意到比较数据存在重大错报时的审计要求

在实施本期审计时,如果注意到比较数据可能存在重大错报,注册会计师应当根据实际情况实施追加的审计程序。实施本期审计是指对本期财务报表实施审计,既包括对本期财务报表中所含的本期数据的审计,也包括对本期财务报表所含的比较数据的审计。本期财务报表中的比较数据出现重大错报的情形通常包括:

(1) 上期财务报表存在重大错报,该财务报表虽经审计,但注册会计师因未发现而未在针对上期财务报表出具的审计报告中对该事项发表非无保留意见,本期财务报表中的比较数据未作更正。

(2) 上期财务报表存在重大错报,该财务报表未经注册会计师审计,比较数据未作更正。

(3) 上期财务报表不存在重大错报,但比较数据与上期财务报表存在重大不一致,由此导致重大错报。

(4) 上期财务报表不存在重大错报,但在某些特殊情形下,比较数据未按照会计准则和相关会计制度的要求适当调整和列报。

当注册会计师注意到比较数据可能存在重大错报时,应当根据重大错报的性质、影响程度和范围等实际情况,有针对性地实施追加的审计程序。

二、比较数据对审计报告的影响

由于审计意见是针对包括比较数据在内的本期财务报表整体发表的,注册会计师通常无须在审计报告中特别提及比较数据。只有在特定情形下,注册会计师才应当在审计报告中提及比较数据。在此,按比较数据对审计报告的影响简单归纳如下。

(一)上期导致非无保留意见的事项仍未解决的处理

导致非无保留意见的事项仍未解决,是指注册会计师在以前对上期财务报表进行审计时,出具了保留意见、否定意见或无法表示意见的审计报告,导致对上期财务报表发表非无保留意见的事项在本期尚未解决,仍对本期财务报表产生重大影响。该事项可能既对比较数据产生重大影响,也对本期数据产生重大影响;也可能仅对比较数据产生重大影响,而对本期数据无重大影响。注册会计师应当区分这两种不同情况,出具恰当的非无保留意见的审计报告。

1. 未解决的事项导致对本期数据出具非无保留意见的审计报告

如果未解决事项既对比较数据产生重大影响,也对本期数据产生重大影响,注册会计师应当对本期财务报表整体发表非无保留意见,在说明段中清楚说明未解决事项对比较数据和本期数据的重大影响,并在可能情况下,指出影响程度。

【例18-7】 某被审计单位从上年度开始采用对房屋建筑物和机器设备不计提折旧的会计政策,由于不符合会计准则和相关会计制度的规定,注册会计师针对上年度财务报表出具了非无保留意见的审计报告。本年度该被审计单位仍采用上年度确定的对房屋建筑物和机器设备不计提折旧的会计政策,因此,注册会计师在本年度审计报告中应当对上年度比较数据和本年度数据均发表非无保留意见。

针对以上未解决事项导致对本期数据发表非无保留意见情形下的审计报告范例如下:

审 计 报 告

ABC 股份有限公司全体股东:

我们审计了后附的 ABC 股份有限公司(以下简称 ABC 公司)财务报表,包括 20×8 年12 月 31 日的资产负债表,20×8 年度的利润表、股东权益变动表和现金流量表以及财务报表附注。

一、管理层对财务报表的责任

按照企业会计准则的规定编制财务报表是 ABC 公司管理层的责任。这种责任包括:①设计、实施和维护与财务报表编制相关的内部控制,以使财务报表不存在由于舞弊或错误而导致的重大错报;②选择和运用恰当的会计政策;③作出合理的会计估计。

二、注册会计师的责任

我们的责任是在实施审计工作的基础上对财务报表发表审计意见。我们按照中国注册会计师审计准则的规定执行了审计工作。中国注册会计师审计准则要求我们遵守职业道德规范,计划和实施审计工作以对财务报表是否不存在重大错报获取合理保证。

审计工作涉及实施审计程序,以获取有关财务报表金额和披露的审计证据。选择的审计程序取决于注册会计师的判断,包括对由于舞弊或错误导致的财务报表重大错报风险的评估。在进行风险评估时,我们考虑与财务报表编制相关的内部控制,以设计恰当的审计程序,但目的并非对内部控制的有效性发表意见。审计工作还包括评价管理层选用会计政策的恰当性和作出会计估计的合理性,以及评价财务报表的总体列报。

我们相信,我们获取的审计证据是充分、适当的,为发表审计意见提供了基础。

三、导致保留意见的事项

如财务报表附注×所述,自 20×7 年度开始,ABC 公司未对房屋建筑物和机器设备计提折旧,我们认为,这不符合企业会计准则和《××会计制度》的规定,并因此对上年度财务报表发表了保留意见。如按照房屋建筑物 5% 和机器设备 10% 的年折旧率计提折旧,20×7 年度和 20×8 年度的当年亏损将增加××元和××元,20×7 年末和 20×8 年末的固定资产净值将因累计折旧的增加而减少××元和××元,并且20×7年末和20×8年末的累计亏损将分别增加××元和××元。

四、审计意见

我们认为,除了前段所述未按规定计提折旧产生的影响外,ABC公司财务报表已经按照企业会计准则的规定编制,在所有重大方面公允反映了ABC公司20×8年12月31日的财务状况以及20×8年度的经营成果和现金流量。

××会计师事务所	中国注册会计师:×××
(盖章)	(签名并盖章)
	中国注册会计师:×××
	(签名并盖章)
中国××市	20×9年×月×日

2. 未解决的事项不导致对本期数据出具非无保留意见的审计报告

如果未解决事项仅对比较数据产生重大影响,而对本期数据无重大影响,注册会计师仍应当对本期财务报表整体发表非无保留意见,但由于未解决事项并未对本期数据产生重大影响,因此,在说明段中仅需说明未解决事项对比较数据的重大影响。

【例18-8】　某会计师事务所于20×7年末接受审计委托,由于其注册会计师未能对20×7年初的存货实施监盘,也无法实施替代审计程序,不能确定期初存货对20×7年度经营成果和期初留存收益的影响,因此对20×7年度财务报表出具了非无保留意见的审计报告。该未解决事项仍对20×8年度财务报表中的比较数据产生重大影响,但由于注册会计师已对20×7年末存货实施监盘,取得了充分、适当的审计证据,因此该未解决事项不再对20×8年度财务报表中的本期数据产生重大影响。注册会计师在对20×8年度财务报表出具的非无保留意见的审计报告中,仅需说明上述事项对比较数据的重大影响。

针对以上未解决事项不导致对本期数据发表非无保留意见情形下的审计报告范例如下:

审 计 报 告

ABC股份有限公司全体股东:

我们审计了后附的ABC股份有限公司(以下简称ABC公司)财务报表,包括20×8年12月31日的资产负债表,20×8年度的利润表、股东权益变动表和现金流量表以及财务报表附注。

一、管理层对财务报表的责任

按照企业会计准则的规定编制财务报表是ABC公司管理层的责任。这种责任包括:①设计、实施和维护与财务报表编制相关的内部控制,以使财务报表不存在由于舞弊或错误而导致的重大错报;②选择和运用恰当的会计政策;③作出合理的会计估计。

二、注册会计师的责任

我们的责任是在实施审计工作的基础上对财务报表发表审计意见。除本报告"三、导致保留意见的事项"所述事项外,我们按照中国注册会计师审计准则的规定执行了审计工作。中国注册会计师审计准则要求我们遵守职业道德规范,计划和实施审计工作以对财务报表是否不存在重大错报获取合理保证。

审计工作涉及实施审计程序,以获取有关财务报表金额和披露的审计证据。选择的审计程序取决于注册会计师的判断,包括对由于舞弊或错误导致的财务报表重大错报风险的评估。在进行风险评估时,我们考虑与财务报表编制相关的内部控制,以设计恰当的审计程序,但目的并非对内部控制的有效性发表意见。审计工作还包括评价管理层选用会计政策的恰当性和作出会计估计的合理性,以及评价财务报表的总体列报。

我们相信,我们获取的审计证据是充分、适当的,为发表审计意见提供了基础。

三、导致保留意见的事项

由于我们在20×7年末接受审计委托,我们未能对该年年初存货进行监盘,也无法实施替代审计程序。因期初存货影响经营成果,我们不能确定是否应对20×7年度的经营成果和期初留存收益作必要的调整,因此,我们对20×7年度的财务报表出具了保留意见的审计报告。

四、审计意见

我们认为,除了我们未能监盘20×7年年初存货并确定是否应对20×7年度经营成果作出必要的调整,而对20×8年度财务报表中的比较数据可能产生影响外,ABC公司财务报表已经按照企业会计准则的规定编制,在所有重大方面公允反映了ABC公司20×8年12月31日的财务状况以及20×8年度的经营成果和现金流量。

××会计师事务所	中国注册会计师:×××
(盖章)	(签名并盖章)
	中国注册会计师:×××
	(签名并盖章)
中国××市	20×9年×月×日

(二)上期导致非无保留意见的事项已经解决的处理

当以前针对上期财务报表出具的审计报告为非无保留意见的审计报告时,如果导致非无保留意见的事项已经解决,并已在本期财务报表中得到恰当处理,即该事项已不再对本期财务报表产生重大影响,对比较数据和本期数据均无重大影响,注册会计师针对本期财务报表出具的审计报告通常不再提及该事项。例外情况是,如果导致非无保留意见的事项虽已解决,但对本期仍很重要,注册会计师可在审计报告中增加强调事项段,并提及这一情况。

【例18-9】 某上市公司违规为关联方提供了巨额债务担保。20×7年内,因债务人未能偿还到期债务而被判决承担连带责任,并被法院查封了主要的经营性资产。公司按照规定计提了巨额预计负债,导致资不抵债并连续两年出现亏损。由于持续经营能力存在重大不确定性,而管理层拒绝对持续经营能力作出评估,注册会计师对公司20×7年度财务报表出具了保留意见的审计报告。20×8年内,债务人偿还了逾期债务,资产查封得以解除,公司因转回对应的预计负债,20×8年度出现盈利,避免了因3年连续亏损而被交易所暂停股票上市的情况出现。上述导致对20×7年度财务报表发表保留意见的事项虽已解决,但由于预计负债的转回对公司20×8年度扭亏为盈起到了很大的作用,说明该事项对20×8年度仍很重要,注册会计师可以在对公司20×8年度财务报表出具的审计报告中增加强调事项段,提及这一情况。

针对以上上期导致非无保留意见的事项虽已解决但对本期仍很重要情形下的审计报告范例如下:

审 计 报 告

ABC 股份有限公司全体股东：

我们审计了后附的 ABC 股份有限公司（以下简称 ABC 公司）财务报表，包括 20×8 年 12 月 31 日的资产负债表，20×8 年度的利润表、股东权益变动表和现金流量表以及财务报表附注。

一、管理层对财务报表的责任

按照企业会计准则的规定编制财务报表是 ABC 公司管理层的责任。这种责任包括：①设计、实施和维护与财务报表编制相关的内部控制，以使财务报表不存在由于舞弊或错误而导致的重大错报；②选择和运用恰当的会计政策；③作出合理的会计估计。

二、注册会计师的责任

我们的责任是在实施审计工作的基础上对财务报表发表审计意见。我们按照中国注册会计师审计准则的规定执行了审计工作。中国注册会计师审计准则要求我们遵守职业道德规范，计划和实施审计工作以对财务报表是否不存在重大错报获取合理保证。

审计工作涉及实施审计程序，以获取有关财务报表金额和披露的审计证据。选择的审计程序取决于注册会计师的判断，包括对由于舞弊或错误导致的财务报表重大错报风险的评估。在进行风险评估时，我们考虑与财务报表编制相关的内部控制，以设计恰当的审计程序，但目的并非对内部控制的有效性发表意见。审计工作还包括评价管理层选用会计政策的恰当性和作出会计估计的合理性，以及评价财务报表的总体列报。

我们相信，我们获取的审计证据是充分、适当的，为发表审计意见提供了基础。

三、审计意见

我们认为，ABC 公司财务报表已经按照企业会计准则的规定编制，在所有重大方面公允反映了 ABC 公司 20×8 年 12 月 31 日的财务状况以及 20×8 年度的经营成果和现金流量。

四、强调事项

我们提醒财务报表使用者关注，如财务报表附注×所述，ABC 公司因对外担保而被判决承担连带责任，并被法院查封了主要经营性资产，20×7 年度已按规定计提了预计负债人民币××元，导致资不抵债。因持续经营能力存在重大不确定性，而管理层拒绝对持续经营能力作出评估，注册会计师对 ABC 公司 20×7 年度财务报表出具了保留意见的审计报告。在 20×8 年内，债务人偿还了逾期债务，上述事项已解决，预计负债人民币××元的转回对 20×8 年度扭亏为盈起到了很大作用。本段内容不影响已发表的审计意见。

××会计师事务所　　　　　　　　　　　　　中国注册会计师：×××

（盖章）　　　　　　　　　　　　　　　　　　　　（签名并盖章）

　　　　　　　　　　　　　　　　　　　　中国注册会计师：×××

　　　　　　　　　　　　　　　　　　　　　　　（签名并盖章）

中国××市　　　　　　　　　　　　　　　20×9 年×月×日

（三）注意到上期未提及的重大错报的处理

注册会计师在对本期财务报表进行审计时，可能注意到影响上期财务报表的重大错报，而以前未就该重大错报出具非无保留意见的审计报告。在这种情况下，由于针对上期财务报表的审计报告已经出具,注册会计师应当考虑是否需要修改上期财务报表,并与管理层讨论,同时根据具体情况采取适当措施:一是如果上期财务报表已经更正,并已重新出具审计报告,注册会计师应当获取充分、适当的审计证据,以确定比较数据与更正的财务报表是否一致;二是如果上期财务报表未经更正,也未重新出具审计报告,且比较数据未经恰当重述和充分披露,注册会计师应当对本期财务报表出具非无保留意见的审计报告,说明比较数据对本期财务报表的影响;三是如果上期财务报表未经更正,也未重新出具审计报告,但比较数据已在本期财务报表中恰当重述和充分披露,注册会计师可以在审计报告中增加强调事项段,说明这一情况。

具体来讲,当发现上期财务报表存在以前未发现的重大错报时,根据上期财务报表更正的情况以及比较数据在本期财务报表中重述和披露的情况,注册会计师可以针对本期财务报表出具以下类型的审计报告。

第一,在下列条件同时满足时,应当出具标准无保留意见的审计报告,不需提及比较数据:

(1)管理层更正了上期财务报表,并且注册会计师重新出具了针对上期财务报表的审计报告。

(2)本期财务报表中的比较数据已经得到恰当调整和列报,与更正后的上期财务报表一致,在附注中已对更正情况作了充分披露。

(3)注册会计师已实施必要的审计程序,获取了充分、适当的审计证据。

第二,当以下情形同时出现时,应当出具非无保留意见的审计报告,在说明段中说明比较数据存在的重大错报及其可能导致的本期数据的重大错报:

(1)管理层未更正上期财务报表,注册会计师也未重新出具针对上期财务报表的审计报告。

(2)本期财务报表中的比较数据仍和上期未经更正的财务报表一样存在重大错报。

【例 18-10】 上期财务报表未经更正且比较数据未经恰当重述和充分披露情形下的审计报告范例如下:

审 计 报 告

ABC 股份有限公司全体股东:

我们审计了后附的 ABC 股份有限公司(以下简称 ABC 公司)财务报表,包括 20×8 年 12 月 31 日的资产负债表,20×8 年度的利润表、股东权益变动表和现金流量表以及财务报表附注。

一、管理层对财务报表的责任

按照企业会计准则的规定编制财务报表是 ABC 公司管理层的责任。这种责任包括:①设计、实施和维护与财务报表编制相关的内部控制,以使财务报表不存在由于舞弊或错误而导致的重大错报;②选择和运用恰当的会计政策;③作出合理的会计估计。

二、注册会计师的责任

我们的责任是在实施审计工作的基础上对财务报表发表审计意见。我们按照中国注册会计师审计准则的规定执行了审计工作。中国注册会计师审计准则要求我们遵守职业道德规范,计划和实施审计工作以对财务报表是否不存在重大错报获取合理保证。

审计工作涉及实施审计程序,以获取有关财务报表金额和披露的审计证据。选择的审计程序取决于注册会计师的判断,包括对由于舞弊或错误导致的财务报表重大错报风险的评估。在进行风险评估时,我们考虑与财务报表编制相关的内部控制,以设计恰当的审计程序,但目的并非对内部控制的有效性发表意见。审计工作还包括评价管理层选用会计政策的恰当性和作出会计估计的合理性,以及评价财务报表的总体列报。

我们相信,我们获取的审计证据是充分、适当的,为发表审计意见提供了基础。

三、导致保留意见的事项

如财务报表附注×所述,ABC 公司 20×7 年度多计资本化利息××元,使得利润总额增加××元。20×7 年度财务报表未经更正,20×8 年度财务报表中的比较数据也未经恰当重述和充分披露。如果将 20×7 年度多计的资本化利息冲回,20×7 年度的利润将减少××元,20×7 年末和 20×8 年末的在建工程余额将分别减少××元和××元。

四、审计意见

我们认为,除了前段所述多计资本化利息产生的影响外,ABC 公司财务报表已经按照企业会计准则的规定编制,在所有重大方面公允反映了 ABC 公司 20×8 年 12 月 31 日的财务状况以及 20×8 年度的经营成果和现金流量。

××会计师事务所　　　　　　　　　　　中国注册会计师:×××

(盖章)　　　　　　　　　　　　　　　　　(签名并盖章)

　　　　　　　　　　　　　　　　　　　中国注册会计师:×××

　　　　　　　　　　　　　　　　　　　(签名并盖章)

中国××市　　　　　　　　　　　　　　20×9 年×月×日

第三,当以下情形同时出现时,可以出具带强调事项段的无保留意见的审计报告,并在强调事项段中说明比较数据已经恰当调整和披露:

(1) 管理层未更正上期财务报表,注册会计师也未重新出具针对上期财务报表的审计报告。

(2) 比较数据已在本期财务报表中恰当调整和列报,不存在重大错报,并在附注中对更正情况作了充分披露。

复习思考题

1. 简述审计报告编制前的主要工作。
2. 什么是审计报告?审计报告有何作用?
3. 审计报告是如何分类的?审计报告应包括哪些基本要素?
4. 审计报告包括哪些基本类型?请分别说明发表各种类型审计意见的条件。
5. 如何进行审计意见的决策?
6. 什么是比较数据?比较数据是怎样影响审计报告的?

练 习 题

【实务题 1】 练习审计意见的发表
(一) 资料
注册会计师杜丽审计了下列五家公司,除了下述情况外,其他情况均符合发表无保留意

见的条件:

(1) A公司在本年度变更会计政策,并在会计报表上充分披露,杜丽对变更会计原则亦表示同意。

(2) B公司亏损累累,净资产已成负数,管理当局尚无具体改善计划,B公司已在会计报表上充分披露。

(3) C公司产品品质不良伤害消费者,消费者提出巨额诉讼,律师判断可能须赔偿,但金额无法估计,C公司已在会计报表上充分披露。

(4) D公司的产品专利被仿冒,目前已向对方提出诉讼,索赔1 000万元,对方提议庭外和解赔偿600万元。

(5) E公司在美国的子公司由美国的会计师审计时,依据的是国际审计准则,杜丽审计E公司依据的是中国独立审计准则。

(二) 要求

请代注册会计师杜丽判断对A、B、C、D、E五家公司应分别发表何种审计意见?

【实务题2】 练习审计报告的编制

(一) 资料

东方会计师事务所的注册会计师王壕、李民已于20×9年3月10日完成金山股份有限公司20×8年度会计报表外勤审计工作,现正草拟审计报告。按审计业务约定书的要求,审计报告应于20×9年3月25日提交,在复核审计工作底稿时,王壕、李民发现存在以下几种主要情况:

(1) 审计工作底稿显示,20×8年度损益表重要性水平为85万元,20×8年12月31日的资产负债表重要性水平为95万元。

(2) 20×9年3月5日,某人民法院最终裁定,20×8年2月金山股份有限公司被控告侵权,应赔偿黑山股份有限公司125万元。

(3) 金山股份有限公司20×8年度面临的信用环境稍有恶化,因此计提坏账准备的比例由20×7年度按应收账款年末余额的0.3%提高至0.5%;

(4) 在20×8年12月31日对金山股份有限公司产品进行监盘时,发现数量短缺1 000件,该产品单位成本870元,但金山股份有限公司未作调整。

(二) 要求

(1) 针对上述第(1)种情况,王壕、李民应选择的重要性水平为多少?为什么?

(2) 针对上述第(2)种情况,应对金山股份有限公司提出何种建议?

(3) 针对上述第(3)、第(4)种情况,王壕、李民应提出何种处理建议?若需提出调整建议,应列示调整分录。

(4) 如果只考虑第(4)种情况,并假定金山股份有限公司未接受调整建议,请代王壕、李民编写一份审计报告(只要求编写说明段、意见段,其他略)。

练习题参考答案

第一章 审 计 概 论

一、单项选择题

1. (D)；2. (A)；3. (C)；4. (B)；5. (C)

二、多项选择题

1. (ACD)；2. (BCD)；3. (BD)；4. (ABCD)；5. (BCD)

三、判断题

1. (×)；2. (√)；3. (√)；4. (×)；5. (√)

第二章 注册会计师管理

一、单项选择题

1. (C)；2. (C)；3. (B)；4. (D)；5. (C)；6. (A)；7. (A)；8. (D)

二、多项选择题

1. (ABCD)；2. (ABCD)；3. (BCD)；4. (CD)；5. (AB)；6. (BC)

三、判断题

1. (×)；2. (×)；3. (√)；4. (×)；5. (×)；6. (√)；7. (√)；8. (√)

第三章 注册会计师职业规范体系

一、单项选择题

1. (B)；2. (A)；3. (D)；4. (C)；5. (C)；6. (B)；7. (D)；8. (A)

二、多项选择题

1. (BCD)；2. (AB)；3. (ACD)；4. (BCD)；5. (BC)；6. (ABCD)

三、判断题

1. (×)；2. (×)；3. (√)；4. (×)；5. (×)；6. (√)

四、分析题

(1) 威胁独立性。因为信诚会计师事务所正在审计东海岸商业银行20×8年度的财务报表,信诚会计师事务所以答应降低收费为条件换取其正在申请的购买办公楼的按揭贷款利息率的优惠,信诚会计师事务所与东海岸商业银行之间存在审计收费以外的其他经济利益,威胁独立性。

(2) 威胁独立性。因为甲注册会计师持有东海岸商业银行的股票,甲注册会计师与东海岸商业银行存在直接经济利益,威胁独立性。

(3) 威胁独立性。因为乙注册会计师是审计项目负责人之一,其妹妹属于关系密切的家庭成员,并且所从事的会计核算工作能够对年报审计业务产生直接重大影响,乙注册会计师未予回避,威胁独立性。

(4) 威胁独立性。因为信诚会计师事务所正在审计东海岸商业银行20×8年度的财务报表,同时信诚会计师事务所聘请曾参与东海岸商业银行计算机信息系统设计的李先生协助该事务所测试计算机信息系统。这种行为相当于注册会计师向审计客户提供了IT系统服务,产生自我评价威胁,损害独立性。

(5) 威胁独立性。因为信诚会计师事务所得到的审计客户是东海岸商业银行信贷评审部介绍的,信诚会计师事务所将所得审计收费与该银行信贷评审部平均分配,双方之间存在经营关系,威胁独立性。

第四章 注册会计师的法律责任

一、单项选择题

1. (A)；2. (B)；3. (B)

二、多项选择题

1.（ABC）；　2.（AB）；　3.（BC）

三、判断题

1.（×）；2.（√）；3.（×）；4.（√）；5.（×）

四、分析题

注册会计师将被视为重大过失。因为监盘属于公认的审计程序,如果注册会计师没有执行该必要程序,就属于根本没有遵循专业准则或没有按专业准则的基本要求执行审计,所以可能被认定为重大过失。

第五章　审计目标与审计流程

一、单项选择题

1.（D）；2.（A）；3.（A）；4.（A）；5.（B）；6.（C）；7.（C）；8.（A）；9.（C）；10.（C）

二、多项选择题

1.（CD）；2.（ABD）；3.（BD）；4.（BCD）；5.（CD）

三、判断题

1.（×）；2.（×）；3.（×）；4.（√）；5.（×）

四、分析题

审计实质性程序表

认　定	最常用的实质性程序
外购固定资产所有权认定	检查购货合同、购货发票、保险单、发运凭证、所有权证等
存货存在认定	从存货明细账、存货盘点记录中选取项目追查至存货实物,以测试存货明细账和存货盘点记录的正确性
原材料转让业务截止认定	①从资产负债表日前后若干天的账簿记录追查至记账凭证,检查发票存根与发运凭证,证实已入账收入是否在同一期间已开具发票并发货,有无多记收入;②从资产负债表日前后若干天的发票存根追查发运凭证与账簿记录,确定已开具发票的货物是否已发货,并于同一会计期间确认收入。(或从资产负债表日前后若干天的发运凭证追查至发票与账簿记录,确定相关业务收入是否已计入恰当的会计期间)

第六章　审计证据与审计工作底稿

一、单项选择题

1.（A）；2.（C）；3.（B）；4.（D）；5.（A）；6.（D）

二、多项选择题

1.（BCD）；2.（ACD）；3.（ABCD）；4.（ABC）；5.（ABD）

三、判断题

1.（×）；2.（×）；3.（×）；4.（×）；5.（×）

四、分析题

该附注可能存在一个不合理之处:A产品20×8年销售毛利率为17.56%,大大高于20×7年的5%,既然公司20×8年的供产销形势与上年相当,通常应维持大致相当的销售毛利率水平。

注:20×8年的营业收入和营业成本的附注信息是"已记录金额",据此计算的毛利率是财务指标;因20×7年的数据已经审计,在经营环境等因素变化不大的条件下可以用作"预期值"计算。

第七章　计划审计工作

一、单项选择题

1.（D）；2.（C）；3.（A）；4.（D）；5.（D）；6.（A）

二、多项选择题

1. (CD)；2. (AB)；3. (ABD)；4. (ABCD)；5. (BCD)

三、判断题

1. (×)；2. (×)；3. (×)；4. (√)；5. (√)

四、分析题

(1) 存货低估 20 万元,如果是收付、计量差错或自然损耗等客观原因造成,因金额只占利润总额的 2％,或占资产总额的 0.4％,可认为是不重要错误(通常情况下利润总额的重要性水平固定比率为 5％～10％;资产总额为 0.5％～1％);如果是弄虚作假,故意低估存货以低估利润,偷漏税款,因性质严重,可认为是重要错误。

(2) 技术服务费 5 万元列入小金库,金额虽然不大,但因是管理舞弊,且还可能存在其他类似问题,属重要错误。

(3) 职工工资虚构 2 000 元并占为己有,说明企业管理混乱,内部控制失效,而且还可能不只是一个月的问题,属重要错误。

第八章 风 险 评 估

一、单项选择题

1. (B)；2. (A)；3. (C)；4. (D)；5. (D)

二、多项选择题

1. (ABC)；2. (BCD)；3. (ABD)；4. (ABD)；5. (ABCD)

三、判断题

1. (×)；2. (×)；3. (×)；4. (√)；5. (×)

四、分析题

就甲公司内部控制如(1)所述,会计人员张红同时登记产成品总账和明细账,不相容职务未进行分离,应建议甲公司由不同的会计人员登记产品总账和明细账。内部控制在这方面的缺陷与存货(产成品)的"完整性"、"计价和分摊"、"存在"认定相关。

就甲公司内部控制如(3)和(4)所述:

(1) 验收单未连续编号,不能保证所有的采购都已记录或不被重复记录。应建议甲公司对验收单进行连续编号。内部控制在这方面的缺陷与材料采购的"完整性"认定相关。

(2) 付款凭单未付订购单及供应单位的发票等,会计部门无法核对采购事项是否真实,登记有关账簿时,金额或数量可能就会出现差错。应建议甲公司将订购单和发票等与付款凭单一起交会计部。内部控制在这方面的缺陷与材料采购的"发生"、"计价和分摊"认定相关。

(3) 会计部月末审核付款凭单后才付款。应建议甲公司采购部及时将付款凭单交会计部,按约定时间付款。内部控制在这方面的缺陷与材料采购的"计价和分摊"、"发生"认定相关。

第九章 风 险 应 对

一、单项选择题

1. (D)；2. (B)；3. (A)；.4. (B)；5. (D)

二、多项选择题

1. (ABCD)；2. (ABCD)；3. (ABCD)；4. (ABC)；5. (AC)

三、判断题

1. (×)；2. (×)；3. (×)；4. (√)；5. (√)

四、分析题

综合已经实施的控制测试的结果显示,针对销售收入的发生、准确性和完整性认定和应收账款的存在和准确性认定的控制是有效运行的,注册会计师对控制有较高程度的信赖,只需要从实质性程序中获取较低程度的保证。

第十章 审计测试中的抽样技术

一、单项选择题

1. (D)；2. (C)；3. (A)；4. (B)；5. (B)

二、多项选择题

1. (CD)；2. (BD)；3. (BD)；4. (ABC)；5. (AD)

三、判断题

1. (×)；2. (√)；3. (×)；4. (√)；5. (√)

四、分析题

(1) 信赖过度风险。

(2) 虚列现金支出。

(3) 伪造应收账款。

(4) 漏记应付账款。

第十一章　信息技术对审计影响的考虑

一、单项选择题

1. (C)；2. (D)；3. (D)；4. (B)；5. (C)；6. (D)；7. (A)；8. (D)

二、多项选择题

1. (AB)；2. (ABCD)；3. (ABD)；4. (ABCD)；5. (ABCD)；6. (ABCD)；7. (ABCD)；
8. (ABCD)；9. (ABCD)；10. (ABCD)

三、判断题

1. (√)；2. (×)；3. (×)；4. (√)；5. (√)；6. (√)；7. (×)；8. (√)

第十二章　销售与收款循环审计

【实务题 1】

(1) 注册会计师应检查 20×8 年 12 月 25 日以后的银行存款对账单和银行存款日记账,确定该货款收妥入账的日期,最终确定资产负债表日该应收账款是否存在。

(2) 注册会计师应首先检查销售退回的有关文件资料,其次检查退回货物的验收入库,此外检查有关会计处理是否正确。

(3) 注册会计师应审查与丙公司的代销合同和代销清单,确认是否为应收账款。若属于尚未售出,则提请被审计单位调整。

(4) 注册会计师应首先检查与丁公司的销售合同;其次,检查 20×8 年 12 月 25 日及以后的银行存款对账单和银行存款日记账,确定收到 300 000 元的时间,若 12 月 31 日以后收到,则确认 300 000 元应收账款的存在;最后,提请被审计单位将多计的 600 000 元的应收账款进行调整。

(5) 注册会计师应首先查明退函的原因,其次执行替代程序(检查与销售有关的合同、发运单、销售发票等)或执行追加程序(再次函证),以确认应收账款是否存在。

【实务题 2】

可能存在两个不合理之处:一是坏账准备年末余额 52.77 万元/应收账款年末余额 16 553 万元＝3.2‰,与该公司坏账核算规定按 5‰的比例计提坏账准备不相符;二是应收账款账龄分析中,"2～3 年"和"3 年以上"这两部分的年初数之和仅为 2 582 万元,而"3 年以上"的年末数却为 2874 万元,通常,在公司 20×8 年度未发生购并、分立和债务重组行为等的前提下是不太可能的。

第十三章　采购与付款循环审计

【实务题 1】

"应付账款——开开化工厂"明细账可能存在的问题有:①该公司与开开化工厂在业务上有纠纷,故拒付货款;②该公司故意拖欠货款,占用开开化工厂的资金;③可能是记账差错。

要查明事实真相,应该进一步进行审查,方法是采用面询或函证的方法向开开化工厂进行调查。针对不同的情况,注册会计师应作出相应的处理。

【实务题 2】

该注册会计师应选择 B 公司和 D 公司进行应付账款余额的函证。因为函证客户的应付账款,应选择那些可能存在较大余额或并非在会计决算日有较大余额的债权人。函证的目的在于查实有无未入账的负债,而不在于验证具有较大年末余额的债务。本年度该公司从 B 和 D 两家公司采购了大量商品,存在漏记业务的可能性更大。

【实务题3】

注册会计师张明应采取的审计程序为:①检查其厂房是否办理了产权过户手续,所有权证明是否齐备;②检查固定资产计价及确认的债务重组损益是否符合会计准则及相关会计制度的规定;③实地观察固定资产;④确定CMF公司估计固定资产使用年限和残值是否合理;⑤检查CMF公司对该厂房及流水线计算的折旧是否正确;⑥检查对该事项是否在财务报告中作适当披露。

第十四章　存货与仓储循环审计

【实务题1】

审计资料表

主要审计程序	具体审计目标	审计证据类型
(1) 重新组织监盘	存在,完整性	实物证据
(2) 发函询证	存在	书面证据
(3) 审核验收报告上面是否加盖暂估入库印章,并以暂估价记入当年存货账内	截止	书面证据
(4) 抽样测试存货计价,检查计价方法的合理性与一惯性	计价	书面证据
(5) 检查上年末存货的盘点记录和计价方法,测试其价值量	存在,计价	书面证据

【实务题2】

(1) 材料内部控制存在的问题:①由仓库验收材料不符合职责分工的要求;②验收后未将验收凭证同时送交采购部,使采购部不了解实际到货情况;③会计员开具付款凭证后未经领导批准即由出纳付款;④材料由仓库保管员一人保管和登记明细账,不相容职务没有分离;⑤领用单未送财务部,而由仓库月底报送,属单线联系,很难避免差错和舞弊;⑥仓库与使用部门和财务部对材料使用、结余情况未定期核对;⑦领用部门实际耗用的材料与财务部报来耗用数量常常有较大出入,很可能存在重大错误或舞弊。

(2) 由于材料内部控制存在重大缺陷,很可能导致重大错误或舞弊,应向管理当局出具管理建议书。改善内部控制的建议:①建议由专人验收材料;②建议增加一联验收单,并送交采购部;③建议每张付款凭单须经领导签字后才能付款;④在仓库,建议由两人分别担任保管员和记账员;⑤建议增加一联领用单,并送达财务部;⑥建议仓库与使用部门和财务部定期核对材料使用、结余情况;⑦建议高度关注领用部门实际耗用的材料与财务部报来耗用数量之间的重大差异。

【实务题3】

(1) 承销品的口头凭证应通过下列步骤证实:审查承销品记录、寄销合同和往来信函、向寄销人直接函证等。

(2) 从切片机的存放地点和盘点单上的"重做"字样看,可能是退回的货物,应审核验收报告、销货退回及折让通知单、应收账款函证回函等,查明切片机的所有权。如果所有权仍属于顾客,则不应列入被审计单位的存货中。

(3) 查阅有关购销协议、结算凭证,查证装箱切片机的所有权,若销售尚未实现,则应将切片机列入被审计单位的存货中。

(4) 应向生产主管查询这些原材料还能否用于生产,若属于毁损、报废材料,则不应列入客户的存货。

第十五章　筹资与投资循环审计

【实务题1】

真实性(存在)、计价目标应获取:能支持"应付债券明细表"期末数存在的询证回函;支持发行债券交易

发生的收款凭证及相关银行对账单。分类与可理解性目标应获取：期末未付利息已列入流动负债的支持依据；债券类别、担保等情况已在"附注"披露的依据。

【实务题2】

应执行的审计程序有：①向被审计单位索取公司章程、实施细则和股东大会、董事会会议记录的副本，审查股票的发行和购回是否经过批准，了解核定股份和已发行股票的股数、股票面值、股票购回的情况；②审查有关原始凭证和会计记录，确定股票发行和购回是否确实存在；③函证发行在外的股票；④审查股票发行费用的会计处理是否正确；⑤确定股本是否已在资产负债表上恰当披露。

第十六章　货币资金与现金流量表审计

【实务题1】

审计分析表

存在的问题	改进建议
（1）出纳员保管法人代表印鉴	法人代表印鉴由本人保管
（2）出纳员开具销售发票	销售发票由收款以外的人开
（3）不定期盘点现金	应定期盘点现金，做到日清月结
（4）三天去一次银行可能造成坐支现金	有现金收入应及时送存银行
（5）由出纳员调节银行存款	应由会计员调节银行存款
（6）调节银行存款后不编制调整分录	对重要的银行已入账、企业未入账的事项，应编制调整分录
（7）可以根据需要开空白支票	任何情况都不得开空白支票
（8）预支差旅费不入账	预支差旅费应计入其他应收款
（9）差旅费报销后销毁借条	借条应留存，另开收据给报销人

【实务题2】

（1）了解内部控制的内容：①银行存款的收支是否按规定的程序和权限办理；②银行账户是否存在与本单位经营无关的款项收支情况；③是否存在出租、出借银行账号的情况；④出纳与会计的职责是否严格分离；⑤是否定期取得银行对账单并编制银行存款余额调节表等。

（2）相关内控测试程序包括：①抽取并检查收款凭证；②抽取并检查付款凭证；③抽取一定期间的银行存款日记账与总账核对；④抽取一定期间的银行存款余额调节表，查验其是否按月正确编制并经复核。

（3）主要实质性程序：①取得并检查银行存款余额调节表；②函证银行存款余额；③抽查大额银行存款收支；④检查银行存款收支的正确截止。

【实务题3】

（1）注册会计师林伟通过开户银行函证，不仅可以查明该公司的银行存款、借款的存在，还可以发现企业未登记入账的银行存款、借款。

（2）在询证函内指明回函请直接寄往注册会计师林伟所在的会计师事务所，或在询证函内附上贴足邮票的以注册会计师林伟的会计师事务所为回函地址的信封，注册会计师林伟直接收回开户银行询证函的目的是防止该公司截留或更改回函。

（3）注册会计师林伟应检查银行存款余额调节表中未达账项的真实性，以及资产负债表日后的入账情况。

（4）注册会计师林伟索取开户银行20×9年1月31日的银行对账单，可以证实列示在银行存款余额调节表上的在途存款和未兑现支票的真实性。

第十七章　其他特殊项目的审计考虑

【实务题1】

（1）不恰当。对具有高度估计不确定性的会计估计仅实施分析程序不够。

（2）不恰当。对存在特别风险的会计估计,未评价管理层如何考虑替代性的假设(未评价管理层在作出会计估计时如何处理估计不确定性)。

（3）不恰当。注册会计师李江未评价咨询公司的客观性(应评价管理层的专家的客观性)。

【实务题 2】

（1）不恰当。即使不存在特别风险,注册会计师亦应了解相关控制。

（2）不恰当。根据审计项目组的区间估计,只能得出错报不少于 50 万元的结论,并不能确定就是 50 万元。该错报是判断错报,不是事实错报。

（3）不恰当。管理层变更折旧年限的理由不合理。

第十八章　审计终结与审计报告

【实务题 1】

（1）无保留意见。

（2）无保留意见(带强调事项段)。

（3）无保留意见(带强调事项段)。

（4）无保留意见。

（5）无保留意见。

【实务题 2】

（1）王壕、李民应选择的重要性水平为 85 万元。因为按照独立审计准则的规定,当不同会计报表的重要性水平不同时,注册会计师应选择最低的重要性水平。重要性水平越低,审计风险越高,注册会计师就应执行更充分的审计测试,以将审计风险降低至可接受水平。

（2）属于期后事项,应建议金山股份有限公司调整财务报表,并在附注中予以披露。

（3）①针对第(3)种情况,《企业会计准则》允许企业变更会计政策,且金山股份有限公司调整后计提坏账准备的比率在合理范围内,但应提请金山股份有限公司在会计报表附注中予以披露;②针对第(4)种情况,影响利润总额 870 000 元(1 000×870),应建议编制调整分录:

```
借:管理费用                                            870 000
  贷:存货(或产成品)                                     870 000
```

或:

```
借:主营业务成本                                         870 000
  贷:存货(或产成品)                                     870 000
```

（4）其他段(略),说明段、意见段分别如下:

"三、导致保留意见的事项(说明段)

通过对 20×8 年 12 月 31 日的存货监盘,我们发现贵公司 A 产品短缺 1 000 件,导致利润总额虚增 87 万元,我们建议贵公司调整,但贵公司未接受我们的意见。

四、审计意见

我们认为,除存在本报告第三段所述情况外,上述财务报表符合企业会计准则的有关规定,在所有重大方面公允地反映了贵公司 20×8 年 12 月 31 日的财务状况和 20×8 年度的经营成果及现金流量情况。"

主要参考文献

［1］中国注册会计师协会. 审计[M]. 北京:中国财政经济出版社,2018.

［2］宋良荣. 审计学教程[M]. 上海:立信会计出版社,2009.

［3］中国注册会计师协会. 中国注册会计师执业准则指南 2006(上册、下册)[M]. 北京:中国财政经济出版社,2006.

［4］财政部注册会计师考试委员会办公室. 审计[M]. 北京:中国财政经济出版社,2004.

［5］中国注册会计师协会. 审计[M]. 北京:经济科学出版社,2008.

［6］刘明辉. 审计[M]. 大连:东北财经大学出版社,2007.

［7］宋良荣,顾晓安. 审计学[M]. 上海财经大学出版社,2005.

［8］周勤业,尤家荣,达世华. 审计[M]. 上海三联书店,1996.

［9］李若山. 审计学. 沈阳:辽宁人民出版社,1995.

［10］汤云为,储一昀,宋良荣. 现代审计管理[M]. 上海:立信会计出版社,2001.

［11］刘兴榜,冯均科,宋良荣. 会计错弊查证方法[M]. 北京:中国审计出版社,2000.

［12］周勤业. 审计学[M]. 北京:中国财政经济出版社,2000.

［13］宋良荣,丁宇甦. 现代审计理论与实务[M]. 上海:同济大学出版社,1997.

［14］Campbell, L. G. (1985). International Auditing[M]. Macmillan Publishers Ltd. 1985.

［15］Klaassen J., Buisman J. (1998). "International auditing" in Comparative International Accounting [M]. edited by Nobes, C. W. and Parker, R. H., 5th edition, Prentice-Hall, Inc.

［16］李三喜,高雅青,陈新环. 内部审计准则实务操作[M]. 北京:中国时代经济出版社,2003.

［17］《内部会计控制规范》课题研究组. 内部会计控制规范操作实务[M]. 北京:中国商业出版社,2001.

［18］吕兆德,樊朝晖;吕睿智,李民,朱大庆. 审计流程:原理、实践与案例[M]. 北京:中信出版社,2003.